Henry Thode

Die Malerschule von Nürnberg

Henry Thode

Die Malerschule von Nürnberg

ISBN/EAN: 9783743427938

Hergestellt in Europa, USA, Kanada, Australien, Japan

Cover: Foto ©Thomas Meinert / pixelio.de

Manufactured and distributed by brebook publishing software (www.brebook.com)

Henry Thode

Die Malerschule von Nürnberg

Die

Malerschule von Nürnberg

im

XIV. und XV. Jahrhundert

in ihrer Entwickelung bis auf Dürer

dargestellt

von

Henry Thode.

„Wie friedsam treuer Sitten,
Getrost in That und Werk.
Liegt nicht in Deutschlands Mitten
Mein liebes Nürenberg.“

Richard Wagner: Die Meistersinger
von Nürnberg.

Frankfurt a. M.
Verlag von Heinrich Keller.
1891.

Adolf von Groß

gewidmet!

Theuerster Freund! Deinen Namen gestatte mir
an die Spitze dieses Buches zu stellen! Von längst
vergangenen Zeiten deutscher Kunst zu künden, ist es
bestimmt, von Künstlern, deren ernstes, tief wahr=
haftiges Ringen nach dem Ausdruck einer großen,
leidenschaftlichen Gefühlswelt fast in völlige Vergessen=
heit gerathen war. Derselbe Geist, aus dem sie ihre
Werke schufen, ist es, der in neuer, nie gekannter, all=
umfassender künstlerischer Form auch das Kunstwerk
ins Leben gerufen hat, das als das theuerste Erbe zu
wahren und zu hüten Dir zu hoher Aufgabe ward.
Daß das Bayreuther Festspielhaus, wie es sein er=
habener Schöpfer gewollt, eine den edelsten Idealen
der Menschheit geweihte Stätte bleibe und dauernd
seine Wunderkraft allen nach Befreiung und Erhebung
der Seele sehnlich Verlangenden spende — Dich selbst
setztest Du daran in aufopfernder Hingabe, Deinen
Muth, Deine Kraft, Deine Liebe! Nur Wenige
wissen es, durch welche schweren Kämpfe und ernsten
Sorgen in rastloser Arbeit Du das Gelingen des

Unerhörten sichertest — den Wenigen blieb es nicht verborgen, daß solches Schaffen den Lohn nur in sich selber findet. Nicht Worte noch Handlungen vermögen die Dankbarkeit, die man in Deutschland Dir schuldig ist, zu bezeugen — einzig und allein vielleicht das Gedenken! Und so, wenn ich diese Forschungen über deutsche Kunst Dir, mein Freund, widme, geschieht es nur in dem einen Wunsche, Du möchtest wissen, daß ich bei ihnen Deiner in tiefinniger Verehrung gedacht!

Frankfurt a. Main,
12. Oktober 1890.

Henry Thode.

Die

Malerschule von Nürnberg.

Von

Henry Thode.

Vorwort.

✦

Ein von der Forschung bisher fast gänzlich vernachlässigtes Gebiet
deutscher Kunst ist es, mit welchem dieses Buch sich beschäftigt.
Zum ersten Male wird in demselben versucht, die Geschichte einer
deutschen Malerschule im Zusammenhange von ihren Anfängen
bis zu der Epoche ihrer höchsten Leistungen darzulegen. Alles,
was früher in dieser Richtung geschehen ist, beschränkte sich auf flüchtige
Andeutung, auf Versuche der Charakteristik einiger weniger Werke, auf die Erwähnung eines oder des anderen Namens. Da selbst die gründlichsten Forscher
sich mit derartigen kurzgefaßten, spärlichen Angaben begnügten, konnte es den
Anschein gewinnen, als sei die Möglichkeit wirklich ausgeschlossen, das Dunkel
zu lichten, das die Entwickelung der deutschen Malerei im 14. und 15. Jahrhundert verhüllt, als fehle es an jedem Material zu dem Aufbau der Geschichte
derselben. Ja, merkwürdig genug, zu derselben Zeit, da man doch zu voller
Erkenntniß dessen gelangte, welche außerordentliche Bedeutung für die historische
Betrachtung das eindringende Studium gerade der primitiven, der Vollendung
vorangehenden Perioden künstlerischen Schaffens habe, und mit leidenschaftlichster Theilnahme sich der Erforschung des italienischen Trecento und Quattrocento zuwandte, bewahrte man denselben Phasen deutscher Kunst gegenüber
eine auffallende Gleichgültigkeit, als seien dieselben der Berücksichtigung
kaum werth. Das einzige Feld, auf dem man sich thätig zeigte, war das der
frühen Kupferstichkunst, sonst kam es nur zu sehr vereinzelten, zusammenhangs-

losen Bestimmungen und zu einer in den großen Zügen sich wiederholenden, traditionell typischen Schilderung in den Handbüchern der Kunstgeschichte, selbst in solchen, denen wir im Uebrigen wichtige neue Aufschlüsse, namentlich über die frühmittelalterliche und die spätere Kunst, verdanken. Eine rühmliche Ausnahme bildeten allein die Untersuchungen über „Die hervorragendsten anonymen Meister und Werke der Kölnischen Malerschule von 1460—1500" von Ludwig Scheibler, welche, wenn auch nur einen kurzen Zeitraum behandelnd, und auf wenige Charakteristiken sich beschränkend, als die ersten gründlichen Nachforschungen auf dem unbekannten Gebiet der deutschen Malerei im 15. Jahrhundert von dauernder Bedeutung sind.

Scheibler schlug in ihnen den Weg ein, der einzig und allein zu bestimmten Resultaten führen kann, denjenigen nämlich sorgfältigster, stilkritischer Vergleichung, hierin den Spuren verdienstvoller älterer Forscher, wie Hotho's, Passavant's, Schnaase's und Waagen's folgend, die freilich mehr als einen allgemeinen Hinweis nicht zu geben vermocht hatten. Auch die hiermit zur Veröffentlichung gelangende „Geschichte der Nürnberger Malerschule" konnte auf keine andere Methode der Forschung sich gründen. Kein Wegweiser, wie ihn für die italienische Kunst die Künstlerbiographien Vasari's bieten, erleichterte die Wahl und sichere Verfolgung des Weges. Das unausgesprochene Geheimniß war eben nur den Gemälden selbst, die uns, ohne den Namen ihrer Verfertiger zu tragen, bis auf den heutigen Tag erhalten blieben, abzuzwingen. Sie selbst mußten Rede stehen, da alle anderen Zeugnisse schwiegen. Es galt, sie auf Grund der stilistischen Merkmale in Gruppen zu sondern, die Werke eines und desselben Meisters von denen anderer zu unterscheiden und zusammenzubringen, die Beziehungen zwischen den einzelnen Gruppen und Meistern zu errathen und so den ganzen Zusammenhang festzustellen. Alle diese Bilder, zum großen Theil kaum beachtet, geschweige denn gewürdigt, werden in Kirchen und Gallerien bisher nur als Arbeiten der Nürnbergischen Schule ganz allgemein bezeichnet — nur ein Theil derselben und zwar kurzweg fast alle diejenigen, welche im Zeitraum von etwa 1460 bis 1500 entstanden sind, werden einem bekannten Meister, dem einzigen, dessen Name ein den Kunstfreunden geläufiger geworden ist: Michel Wolgemut, dem Lehrer Dürer's, zugeschrieben. Zwar hat sich die Forschung mit diesem späten Künstler, eben weil er Dürer's erste Ausbildung leitete, eingehender beschäftigt und ist allmählich zu bestimmteren, auf kritischen Vergleich gegründeten Ansichten über ihn gelangt, aber auch hier blieb der erneuten Prüfung eine große Aufgabe vorbehalten, die, im Zusammenhange mit Untersuchungen über die vorhergehende Zeit vorgenommen, zu wesentlich neuen Resultaten führen sollte.

Erst als die wichtigste Arbeit, die kritische Sichtung der erhaltenen Gemälde, gethan, durfte die Aufmerksamkeit sich der Frage zuwenden, ob denn

nicht einer oder der andere der ihrer künstlerischen Individualität nach unterschiedenen Meister mit Namen zu benennen sei. Der Menge anonymer Bilder,
deren Verfertiger wir nicht kennen, steht eine gleichfalls nicht unbeträchtliche
Fülle von Malernamen gegenüber, welche durch die archivalischen Forschungen,
namentlich v. Murr's und Baader's, bekannt geworden sind, fast ausschließlich
Namen von Malern, die ohne Erwähnung irgend eines Werkes, das sich noch
nachweisen ließe, urkundlich angeführt werden. Also auf der einen Seite Bilder
ohne Angabe des Meisters, der sie geschaffen, auf der anderen Künstler ohne
Angabe ihrer Werke. Es galt, durch Kombination die Brücke zwischen diesen
beiden getrennten Gebieten zu schlagen. In einzelnen, glücklicherweise aber wichtigen Fällen war dies möglich, eben so oft aber blieb jeder derartige Versuch
erfolglos, und es mußte dann ein Meister, wie dies in der kunstgeschichtlichen
Forschung gebräuchlich geworden, in irgend einer Weise, am besten nach einem
seiner Werke, getauft werden.

Im vollen Bewußtsein von der Schwierigkeit der Aufgabe, die er sich gesetzt, von der Verantwortlichkeit, die er mit ihr auf sich genommen, zugleich
aber auch von der Bedeutung der damit einer Beantwortung entgegengeführten
Fragen, übergibt hiermit der Verfasser seine Untersuchungen, die als ab-
schließende zu betrachten er selbst weit entfernt ist, der Oeffentlichkeit. Daß
dieselben die Geduld des Lesers, der statt biographischer Schilderungen fast ausschließlich eingehende Bilderbeschreibungen und -charakteristiken erhält, auf eine
harte Probe setzen, liegt in ihrem Wesen begründet. Erreichen sie gleichwohl
ihren Zweck, die Liebe und die Theilnahme für deutsche Art und Kunst zu
steigern, das leider allzu sehr verflüchtigte Verständniß für die Grundbedingungen
der Kraft und des Wirkens germanischen Wesens zu vertiefen, so ist ihre Aufgabe erfüllt.

Der Verfasser.

Inhalts-Uebersicht.

＊

Verzeichniß der Abbildungen
(mit Quellenangabe).

Die mit * bezeichneten Abbildungen sind nach Tafeln des Werkes: „Die Gemälde von Dürer und Wolgemut in Reproduktionen nach den Originalen zu Augsburg, Berlin u. s. w., herausgegeben von Sigmund Soldan. Mit Text von Dr. Berthold Riehl", mit gefl. Genehmigung des jetzigen Verlegers, Herrn Th. Schiener (J. A. Stein's Buchhandlung) in Nürnberg ausgeführt.

(Ausführung der Autotypien von C. Angerer & Göschl, Wien.)

I.

Die Anfänge der Tafelmalerei in Nürnberg.

Eine verhältnißmäßig nur geringe Anzahl erhaltener Werke ist es, durch welche wir über den Beginn der Tafelmalerei in Deutsch= land belehrt werden können, aber sie genügt, uns hinreichenden Aufschluß über die wesentlichen und bedeutungsvollen Thatsachen dieser Entstehungsgeschichte zu geben. Nach zwei Seiten hin hatte sich die Kunst der Malerei im frühen Mittelalter bethätigt: einmal als monumentale Ausschmückung der Architektur, andererseits als Verzierung der Handschriften. In beiden Fällen hatte sie sich bis zu einem gewissen Grade in einer untergeordneten, dienenden Stellung befunden: erst im 14. Jahr= hundert sollte sie, vom architektonischen Ganzen und der Schrift sich trennend, eine höhere Selbstständigkeit erringen. Mit der Ausbildung des gothischen Baustiles schwanden immer mehr die Flächen, deren Ausschmückung einst den Malern anvertraut war: für jene umfangreichen Cyklen biblischer Darstellungen, die wie eine Chronik den Gläubigen die christlichen Geschichten im Zusammen= hange erzählten, war kein Raum mehr an diesen durch große Fenster durch= brochenen Wänden. Statt der Wände galt es jetzt vorzugsweise die Fenster bildnerisch zu verzieren; an Stelle des Wandmalers trat der Glasmaler, dessen Kunst bald, Dank den großen neuen Aufgaben, einen hohen Aufschwung erlebte. Mit ihm aber theilte sich der Tafelmaler in das von der Wandmalerei hinter= lassene Erbe. Wie jenem das durch Maaßwerk belebte Fenster, fiel diesem das Devotionsbild auf den in dieser Zeit zahlreich entstehenden Altären zu, indeß der Wandmaler bald seine Thätigkeit fast einzig auf ornamental Dekoratives eingeschränkt sah und nur ausnahmsweise noch größere figürliche Kompositionen auszuführen hatte.

Die Wandlung war eine große und entscheidende. Gänzlich veränderten Bedingungen hatten sich die Maler anzubequemen. An Stelle der großen, auf

1*

monumentale Wirkung berechneten Figuren traten im Glas wie im Altargemälde solche von kleinen Verhältnissen. Bei dieser Uebertragung aber hatten
der Glasmaler und der Tafelmaler von ganz verschiedenen Gesichtspunkten
auszugehen. Die Aufgabe des ersteren stand geradezu in direktem Gegensatz
zu der des Wandmalers: hatte dieser in richtigem stilistischen Gefühl die
dunklen Wände durch hell gehaltene, scharf in den Umrissen gezeichnete und
deutlich von einander gesonderte Figuren licht zu machen und dadurch künst-
lich den Kirchenraum scheinbar zu erweitern gesucht, so galt es für den Glasmaler, das durch die großen Fenster einfallende Licht zu dämpfen, die Einheit
des geschlossenen Raumes wieder herzustellen, das helle Tageslicht mit den
dunklen Wänden zu versöhnen und auszugleichen. Er konnte dies nur, indem
er möglichst tiefe, leuchtende Farben anwandte, mit ihnen in ununterbrochener
Aufeinanderfolge den ganzen Rahmen des Fensters ausfüllte. Hierbei wurde
Etwas, was eigentlich ein Mangel war: die geringe Ausbildung der Technik
der Glasmalerei, der zufolge nur mit ganz kleinen farbigen Scheiben mosaik-
artig gearbeitet werden konnte, zum stilistisch künstlerischen Vorzuge. Die
Klarheit der figürlichen Kompositionen, welche ein besonders charakteristisches
Stilmoment der Wandmalerei war, verlor sich in der Glasmalerei in so
hohem Grade, daß der Beschauer eigentlich nur den Eindruck einer dekorativen
reichen Farbenzusammenstellung erhielt, nicht aber den von Bildern, die durch
Zeichnung und Anordnung fesselten. Hier, in der Glasmalerei bildete sich
also ein künstlerischer Stil aus, der geradezu das Gegentheil von dem der
Wandmalerei war. Anders verhielt es sich mit der Tafelmalerei. Man darf
wohl behaupten, daß diese in ihren Anfängen in Deutschland nichts Anderes
als in kleinere Verhältnisse übertragene Wandmalerei war. Die stilistischen Eigenthümlichkeiten der letzteren kehren wie in den Miniaturen so in den frühesten Altar-
gemälden wieder. Hier wie dort die einfache, bestimmte Umrißzeichnung, der helle
gelbe, jeder Modellirung entbehrende Fleischton, die lichte Färbung der Gewänder,
die ornamental symmetrische Fältelung der Stoffe und Anordnung der Haare,
eine typische, bloß auf einem ganz allgemeinen Erfassen der Verhältnisse be-
ruhende Bildung der Gesichtszüge. Ein Stil also, der seine strenge Gesetzmäßigkeit aus einer ganz bestimmten Aufgabe, derjenigen einer Flächendekoration,
gewonnen und entwickelt hatte. Selbst der Drang nach Ausdruck tief erregten
religiösen Empfindens, wie er im 13. Jahrhundert sich stärker bemerkbar zu
machen anfing, vermochte diese Gesetzmäßigkeit nicht zu durchbrechen: mochten
auch die Künstler die Gestalten in Schmerz und Freude, Sehnen und Ringen
sich stärker beugen und krümmen, in krampfhafter excentrischer Haltung und
Bewegung von Kopf und Gliedern die Leidenschaften der Seele nach außen
treten, ja vor lauter Sehnsucht, Alles zu beleben, selbst die Gewänder in
zackigen Falten flattern lassen, immer doch blieb jeder Versuch, an Stelle des

Andeutenden, Flächenhaften den Schein plastischer Wirklichkeit zu setzen, noch ausgeschlossen, blieb es bei der alten Technik, wie dem alten, wesentlich zeichnerischen Princip.

Ihren Ausgangspunkt nahm also die Tafelmalerei in Deutschland von der Wandmalerei, und durch das ganze 14. Jahrhundert hindurch löst sie sich nicht eigentlich von solcher künstlerischen Tradition. Gleichwohl aber sind gewisse Wandlungen nicht zu verkennen. Dieselben ergaben sich mit Nothwendigkeit aus den gänzlich veränderten Bedingungen. Der Altaraufsatz war ein in sich geschlossenes Ganze: eine Zeitlang konnten die Gemälde, die denselben zierten, vielleicht noch als dekorativer Schmuck aufgefaßt werden, bald aber wurden sie zur Hauptsache, zum Selbstzweck. Dies mußte in entscheidender Weise bestimmend für die Ausbildung eines Stiles werden, der von dem der Wandmalerei immer mehr sich entfernte. Das Bestreben, das Auge zu fesseln und zugleich bei kleinen räumlichen Verhältnissen die Darstellung deutlich zu machen, führte von selbst zu einer tieferen Farbenstimmung einerseits, zu einer auf größere Plastik hinzielenden Modellirung in Licht und Schatten andererseits. Sehr allmählich ist die Entwicklung, aber sie kann dem aufmerksamen Auge nicht entgehen, und zwar schreitet sie derart vor, daß zunächst die Gewandfarben kräftiger, gesättigter werden, dann erst das monoton gleichmäßige Gelb der Fleischfarben durch bräunlichere, wärmere Tinten ersetzt wird. Die sich vollziehende Umgestaltung ist demnach als eine vom Zeichnerischen zum Malerischen fortschreitende zu betrachten. Zu gleicher Zeit aber beginnen auch bei erstarkendem Können der Künstler und bei wachsender Bedeutung der Altargemälde die räumlichen Dimensionen sich zu vergrößern und zu erweitern. So bereitet sich allmählich jener Stil vor, der etwa um 1400 in voller Kraft ins Leben tritt, jene Richtung, mit der man zumeist ohne noch an eine eingehende Berücksichtigung der vorausgehenden Versuche zu denken, die geschichtliche Betrachtung der deutschen Tafelmalerei begonnen hat.

Vergleicht man nun die Anfänge der letzteren, so wie sie uns soeben ersichtlich geworden sind, mit jenen der italienischen Kunst, so gewahrt man höchst charakteristische Abweichungen, aus denen mancher wichtige Aufschluß über die Wesensverschiedenheit der deutschen und italienischen Kunst überhaupt zu gewinnen sein dürfte. Auch in Italien, namentlich in Toskana, hat es im 11. und 12. Jahrhundert eine Wandmalerei gegeben, die der Tafelmalerei als Ausgangspunkt hätte dienen können. Doch ist sie dies nur in sehr beschränktem Maaße geworden, und zwar hauptsächlich deßwegen, weil sich hier nicht wie in Deutschland das Altarbild gleichsam aus Uranfängen selbstständig herauszubilden hatte, sondern bereits ältere Vorbilder für dasselbe gegeben waren, an welche die Künstler sich nur anzuschließen hatten. Diese Vorbilder waren die byzantinischen Tafelbilder, die bei dem regen Verkehr und den mannichfachen Beziehungen zwischen Italien und dem Orient frühzeitig in ersterem Lande eingeführt worden waren. Als unter dem Einflusse der religiösen Bewegung, die ihren Ausdruck in der Gründung der Bettelmönchorden fand, das Bedürfniß künstlerischer Ausstattung der zahllosen neu gegründeten Kirchen und Altäre im 13. Jahrhundert sich immer stärker geltend machte, sahen sich die Maler, denen zur Gestaltung ihrer Empfindung und zur würdigen Darstellung der religiösen Stoffe jedes technische Vermögen abging, nothgedrungen nach Werken um, durch deren Nachahmung sie selbst zu freierem künstlerischen Können gelangten. Die byzantinischen Gemälde, in denen noch, wenn auch erstarrt, das Formenschema einer großen älteren Kunst, sowie ein bis zu äußerster Konsequenz durchgebildetes technisches Verfahren erhalten war, boten das erwünschte Vorbild, und so kam es, daß von Guido von Siena und von Giunta Pisano an bis auf Cimabue die toskanische Kunst unter dem Banne der byzantinischen stand, von dem sich das starke originale künstlerische Gefühl nur allmählich durch Lockerung jener strengen Formenwelt zu befreien vermochte. Diese Zeit der Schulung nach fremdem Muster, die den deutschen Tafelmalern ganz abging, dieses sich Einleben in einen strengen, gesetzmäßigen Stil, gab von Vorneherein den Italienern einen großen Vorsprung vor den Deutschen. Als Giotto um 1300 gänzlich mit der byzantinischen Kunst brach, that er es auf Grund eines Dank jenen Studien vielseitig ausgebildeten und zu großer Sicherheit des Stilgefühles gelangten künstlerischen Vermögens. Hätte die toskanische Kunst, die der deutschen um hundert Jahre vorausging, wie diese ganz selbständig ihren Weg suchen müssen, so wäre ihr vielleicht schwerlich schon so früh ein Giotto beschieden gewesen.

Unter den Malerschulen Deutschlands die älteste und zugleich diejenige, bei der es einzig möglich ist, den innigen Zusammenhang der späteren Kunst mit der frühmittelalterlichen deutlich zu erfassen und verfolgen, ist die niederrheinische, deren Vorort Köln war. Die hohe Kultur, die hier frühzeitig auf den Trümmern der antiken Welt erblühte, brachte ein reiches, vielseitiges Kunstleben mit sich. Noch heute sind uns zahlreiche, zum Theil sehr umfassende Reste von Wandmalereien aus dem 12., 13. und 14. Jahrhundert erhalten, welche uns die allmählichen Wandlungen des Stiles erkennen lassen, wie weiter es dann auch an Tafelbildern aus dem 14. Jahrhundert nicht fehlt, deren Studium die wichtigsten Aufschlüsse verdankt werden.

Jener anderen Schule, die man gewöhnt ist, unmittelbar in Vergleich mit der Kölnischen zu setzen, derjenigen von Prag, ist für die Erkenntniß der Geschichte deutscher Kunst nicht entfernt die gleiche Bedeutung beizumessen. Von einer sich stetig und original entwickelnden Kunstthätigkeit kann hier nicht die Rede sein. Vielmehr setzt dieselbe unvermittelt ein, hervorgerufen nur durch die Kunstliebe eines einzigen Fürsten, Karl's IV., nach dessen Tode sie bald wieder

erlischt. Nicht böhmische, sondern fremde Meister sind die Begründer der alten
Prager Malerei: der eine, Nikolaus, kam von Worms, der andere, Tommaso
von Modena, aus Italien, und der italienische Einfluß ist es, aus dem allein
der eigenthümlich monumentale, von der gleichzeitigen deutschen Richtung
durchaus verschiedene Stil von Prager Malern, wie Dietrich, zu erklären ist.
Weiteres Interesse vermag diese Schule nur dadurch zu erregen, daß von ihr,
wie ausführlicher im Laufe dieser Untersuchungen nachgewiesen werden soll,
am Anfang des 15. Jahrhunderts die Nürnberger Malerei wichtige und fruchtbare Anregungen erhält.

Diese letztere aber ist es nun, welche nächst der Kölnischen die zweite
Stelle in der Entfaltung originaler deutscher Kunst einnimmt. Eine so lange
und große Vergangenheit wie die niederrheinische Malerei, hat freilich die
fränkische nicht gehabt. Mit Köln verglichen, war Nürnberg eine junge, spät
erst aufblühende Stadt. Ihr erstes Wachsthum und Gedeihen verdankte sie
dem besonderen Schutze und Interesse, welches die Hohenstauffischen Kaiser ihr
zu Theil werden ließen, aber erst im 14. Jahrhundert erstarkte sie zu jener
Selbstständigkeit, die ihr im folgenden eine geradezu herrschende Stellung
unter den deutschen Städten sichern sollte. Von Karl IV., Wenzel und Sigis-
mund bevorzugt, gewann sie Freiheitsrechte, die wie in keiner anderen Stadt
die Grundlage eines zu reichster Ausbildung gelangenden, selbstherrlichen, mit
Weisheit von einer aristokratischen Minderheit regierten Gemeinwesens wurden.
Aus eigenster Kraft, begünstigt durch die guten Folgen einer männlichen,
charaktervollen Gesinnung, schuf sich ein kerniges, schaffensfreudiges Bürgerthum
seine Verfassung, seinen Handel und seine Kunst. Im 14. Jahrhundert gewinnt die Stadt, sich nach allen Seiten ausbreitend, auch in den Bauten ihre
eigenartige Physiognomie: ihr Stil ist der gothische, wie der des älteren Köln
der romanische ist. S. Lorenz, S. Sebald, die Liebfrauenkirche, mit deren Ausschmückung zunächst die Bildhauer, dann die Maler bis auf Dürer und noch später-
hin vorzugsweise beschäftigt sein sollten, entstehen in dieser Zeit. Mächtige Mauern
mit Thürmen erheben sich, die Stadt zu umfrieden, indessen drinnen die ehrbaren Mitglieder der angesehenen Geschlechter sich behaglich geräumige Wohn-
und Handelshäuser erbauen, um welche auf dem Markt und in den Gassen
fröhlich das Schaffen und Treiben des Handwerkerthums brandet. Des guten
Einvernehmens mit den Kaisern sicher, denselben in stolzer Treue verbunden,
darf die Bürgerschaft sich getrost mit ihrer Niederlassung bis zum Fuß des
Hügels wagen, auf dem die alte Burg, mehr ein Wahrzeichen der vom Kaiser
gewährten Rechte, als eine Bedrohung der Freiheit, lagert.

Der Entwicklung der Stadt Nürnberg entsprechend, beginnt eine eigentliche
künstlerische Thätigkeit hier erst im 14. Jahrhundert, und zwar äußert sich
dieselbe vorwiegend auf dem Gebiete der Architektur und der Plastik, während

der Entfaltung der Malerei noch ein verhältnißmäßig geringer Spielraum
gewährt ist. Eine Wandmalerei von ähnlicher Bedeutung wie in den Rhein-
landen hat es hier nie gegeben, weil dieselbe eben auf das Innigste mit dem
romanischen Baustil zusammenhing, in den gothischen Kirchen aber nur ein
kümmerliches Leben weiter fristete. Den Uebergang von der Wandmalerei zur
Tafelmalerei kann man demnach in der Nürnbergischen Kunst nicht so deutlich,
wie in der Kölnischen, verfolgen. Daß er sich in ganz ähnlicher Weise vollzogen
hat, daran ist nicht zu zweifeln. Die uns erhaltenen Nürnberger Bilder des
14. Jahrhunderts vertreten genau dieselbe stilistische Richtung wie die Kölnischen aus derselben Zeit. Zu vermuthen ist nun, daß bei dem Mangel an
einer großen älteren Malerschule in Nürnberg Anregung und Belehrung
von anderer Seite, vermuthlich eben vom Rhein her, gekommen ist, daß
die ersten zu größeren Aufgaben bestimmten Künstler von auswärts her berufen waren. Es ist vielleicht nicht zufällig, daß viele der urkundlich genannten Maler, selbst noch in der zweiten Hälfte des 14. Jahrhunderts, als
Fremde bezeichnet werden. Der erste, dessen Namen wir überhaupt erfahren,
ein Nikolaus, erwähnt im Jahre 1310, stammte aus Böhmen. Aber auf diese
frühesten Anregungen ist schließlich nur wenig Gewicht zu legen, da es sich bloß
um Erlernung einer durchaus primitiven Technik handelte. Thatsache ist es,
daß eine eigentliche, lokale Kunstschule, und zwar eine solche, der frühzeitig als
Aufgabe die Tafelmalerei zufiel, in jenem Jahrhundert des Aufschwunges der
Stadt sich zu bilden begann. Bloß aus den Urkunden ließe sich dies erweisen:
eine höchst stattliche Anzahl von Malern ist für die Zeit von etwa 1350 bis
1400 durch die Forschungen v. Murr's und Baader's festgestellt worden. Für
die vorhergehenden Jahrzehnte gelang es bisher, neben jenem Böhmen Nikolaus
nur zwei Maler dem Namen nach kennen zu lernen: einen 1311 erwähnten
Winschrot, dessen eigentlicher Name vielleicht Weinschroter war — ein Künstler
dieses Namens wird 1363 angeführt — und einen Otto, der irgend eines
Vergehens wegen 1329 auf ein Jahr aus der Stadt verwiesen wurde. Unter
jenen späteren Meistern aber scheint ein Berthold, der 1363, dann 1378
und 1396 genannt wird, und auf den später gelegentlich eines jüngeren
Malers desselben Namens noch zurückzukommen ist, sowie ein Hans Vackanbey
oder Fakunde, von dem wir aus den Jahren 1393 und 1397 erfahren, eine
besonders hervorragende künstlerische Stellung eingenommen zu haben, da Beide
nicht allein als Maler, sondern auch als Bildschnitzer thätig gewesen sind, was
auf einen Kunstbetrieb in größerem Sinne, wie er dann im 15. Jahrhundert
für manche großen Nürnberger Künstler charakteristisch ist, schließen läßt.

    Doch diese Namen, wie die vielen anderen, die kurz im Anhange unten
zusammengestellt werden, sind für uns vorläufig nicht mehr als ein leerer Schall.
Wie andererseits auch für die geistige Wiederherstellung des einzigen größeren

Cyklus alter Wandmalereien in Nürnberg, von dem wir flüchtige Nachricht haben, nur ein ganz allgemeiner Anhaltspunkt unserer Phantasie geboten ist. Zu unserem großen Leidwesen, denn was Sigmund Meisterlin in seiner Chronik (Chronik der deutschen Städte, Nürnberg III. Bd. S. 155) berichtet, ist merkwürdig genug und die Wißbegierde erregend! Er sagt: „es was das rathaus under Ludo vico etwas gepavet und gemalt mit historien genonen auß Valerio masimo, Plutarcho und Aggellio: die histori die rathsherren und richter sollten bewegen zu gerechtigkeit, desgleichen die notari und schreiber. Aber das gemeld hat abgenonen und ist auch veracht das, das es bedeutet, doch ward es nach dem Auflauf gar gebawet und zu gericht."

Die Zeit, in welcher diese Wandbilder entstanden, läßt sich wenigstens ungefähr bestimmen, da wir wissen, daß das Rathhaus 1332 begonnen und 1340 vollendet war. In dieser oder der nächsten Zeit mag man an die Ausschmückung gegangen sein. Im Jahre 1378 wurden nach den, dem obigen Berichte beigegebenen Mittheilungen Lexer's, die Bilder gesäubert „item dedimus ½ U hlr. (Haller), daz man daz hawse schön macht und die pilor wischet und sawbert" — und in demselben Jahre wurde die Rathstube ausgemalt. Eine Erneuerung des Vorhandenen und weitere Verzierung des Baues auch im Aeußeren ist später, wie wir sehen werden, 1423 einem Meister Berthold anvertraut worden.

Die Meisterlin'sche Notiz ist von hohem Interesse als die früheste Kunde von der bald, wie es scheint, im Norden ganz allgemein werdenden Sitte, die Sitzungszimmer der Rathsherren mit Darstellungen edler Vorbilder wahrer Gerechtigkeitspflege zu schmücken. Bisher nahm man irrthümlicher Weise an, daß die uns wohlbekannten, für gleiche Räume und mit gleicher Absicht geschaffenen Werke flandrischer Meister des 15. Jahrhunderts, wie Rogier's van der Weyden und Dirk Bouts', die ersten derartigen Gemälde gewesen seien, und sand in ihnen höchst bezeichnend einen Ausbruck der neuen Geistes- und Kunstrichtung eben dieses Jahrhunderts. Durch Meisterlin werden wir über diesen Irrthum belehrt: die Nürnberger Rathhausbilder sind hundert Jahre älter als die Rogier's van der Weyden, und damit ist der innige Zusammenhang dieser Sitte mit den mittelalterlichen Vorstellungen und Gebräuchen auf das Deutlichste erwiesen. Vermuthlich stellten auch die Malereien, die Meister Wilhelm 1378 im Kölner Rathhause ausführte, nichts Anderes als geschichtliche Beispiele der Gerechtigkeit dar. Die flandrischen Werke und die für das Baseler Rathhaus gemalten Bilder Holbein's aber dürften uns Aufschluß darüber geben, welche Darstellungen schon den Nürnberger Richtern bei ihren Verhandlungen ins Gewissen sprachen. Einmal war es sicher die bekannte Geschichte von der göttlichen Gnade, welche dem Kaiser Trajan dafür, daß er in einem Kriegszuge inne hielt, um zuvor einen Mörder zu strafen, vom Himmel gewährt wurde, dann die Bestrafung des bestechlichen Richters durch Kambyses, weiter des Charondas von Thurii an ihm selbst vollzogenes Todesurtheil, die Verstümmelung, die Zaleukos von Locri an seinem Auge vornimmt, um dem Sohn das seinige zu erhalten, die Verschmähung der Bestechung durch Kurius Dentatus und die von Sapor von Persien über den römischen Kaiser verhängte Strafe, vielleicht auch die Legende von einem Kaiser Otto, der die eigene, dem Gottesurtheil verfallene Gemahlin, verbrennen ließ.

Können wir uns so von dem Gegenstande der Darstellungen im Nürnberger Rathhaus einen allgemeinen Begriff machen, so dürften uns über den künstlerischen Stil einige Reste von Wandmalereien Aufschluß geben, die einzigen, welche mir aus dem 14. Jahrhundert in diesen Gegenden bekannt geworden sind. Es sind die in zwei Räumen des ehemaligen Schlosses von Forchheim erhaltenen Gemälde, die, im Anfang der vierziger Jahre unseres Jahrhunderts entdeckt und restaurirt, zuerst von Waagen in seinen „Kunstwerke und Künstler in Deutschland" (I, S. 146) geschildert wurden, seitdem aber kaum mehr eine Beachtung gefunden haben. Mit ihnen, mögen sie nun noch im 13. Jahrhundert, wie Waagen will, oder im Anfang des folgenden entstanden sein, hat die geschichtliche Schilderung der Nürnberger Malerei zu beginnen.

Das Hauptbild in dem viereckigen Zimmer, das vielleicht ursprünglich als Schloßkapelle diente, ist die Anbetung der heiligen drei Könige. Dieselben, schmale Figuren mit ungelenken Bewegungen und kräftig prononzirten Köpfen, nahen von rechts der unter einem Baldachin auf dem Thron sitzenden Maria, welche das munter sich gebärdende Christuskind hält. Links sitzt Joseph in einer Nische, auf einen Stock gestützt: soeben von einer Wanderung zurückgekehrt hat er eine Flasche, einen Korb und Krug neben sich in einer anderen Nische hingestellt. Eine frische und naive Lebensbeobachtung spricht aus der Darstellung, so ungeschickt auch Stellung und Bewegung noch ist.

Einen noch günstigeren Begriff von des Künstlers Begabung aber gewähren die Figuren der Verkündigung an der anstoßenden Fensterwand. In edler, schwungvoller Bewegung, von großen Flügeln leicht getragen, naht aus Wolken, mit reichem Lockenhaar geschmückt, der segnende Himmelsbote der an ihrem Lesepult sitzenden Jungfrau, die, im Lesen unterbrochen, mit ausdrucksvoller Neigung des Kopfes die göttliche Gnadenkunde empfängt. An den Laibungen der Fenster sind auf Wolken sitzend die zwölf Apostel, durch ihre Attribute gekennzeichnet, angebracht, an der gegenüberliegenden Wand auf einem mit großen stilisirten Blüthenzweigen gemusterten Grund vier Propheten mit Zetteln in der Hand, in schlichten, wenig gefalteten Gewändern. Die vierte Wand entbehrt der malerischen Ausschmückung.

In dem zweiten, daneben befindlichen Zimmer, dürften, nach zwei kleinen

Gemäldereſten zu ſchließen, wohl bloß ornamentale Phantaſiedarſtellungen geweſen ſein. Die zwei abenteuerlichen Figuren in der Fenſterniſche: ein die Geige ſpielender Mann mit flatterndem Haar, deſſen Unterkörper in eine Fiſch- oder Drachengeſtalt übergeht, und ein auf einem Kameel reitender Mann mit einem Vogelkopf, ſind ganz im Charakter der „Drôleries" in den Miniaturen jener Zeit erfunden. Aehnliches brachte auch der Maler der Chorſchranken im Kölner Dom an.

Die Technik dieſer Bilder iſt die allgemein in der mittelalterlichen deutſchen Wandmalerei übliche: ſtarke rothe Umriſſe, gleichmäßiges gelbes Inkarnat, helle Farben, rother oder ornamental gemuſterter Hintergrund. Wollte man etwas ſpezifiſch Lokales, Eigenthümliches herausfinden, ſo wäre dies in den energiſch gebildeten Typen mit den ſtark vorſpringenden, langen, gebogenen Naſen und dem weichen, weit abſtehenden Haar zu ſehen. Dem eifrig nach dem Zuſammenhang der Erſcheinungen ſuchenden Forſcher könnten dieſelben wohl als Prototypen der für die Nürnberger Kunſt im Anfang des 15. Jahrhunderts charakteriſtiſchen Kopfbildungen erſcheinen.

Ganz abſeits von dieſer Kunſtrichtung ſcheint auf den erſten Blick das Altarwerk zu ſtehen, das als einziges unter den Tafelbildern dieſer Epoche die Aufmerkſamkeit einzelner Forſcher auf ſich gezogen hat: jenes nämlich in S. Jakob, das ſchlechthin als das älteſte Gemälde in ganz Nürnberg betrachtet wird. Die mageren, ſcheinbar verwachſenen, kurzen Figuren mit den derben, knolligen Köpfen, aus denen geſpenſterhaft dunkle Augen ſtarren, die düſteren, trüben Farben im Fleiſche und in der Gewandung ſtehen eher, anſtatt irgend eine Verwandtſchaft mit den Forchheimer Wandgemälden zu haben, in direktem Widerſpruch zu denſelben. Wären dieſe Bilder ſo, wie wir ſie ſehen, in dem 13. Jahrhundert, wie v. Rettberg auf Grund einer angeblichen alten, inſchriftlichen Bezeichnung angiebt, entſtanden, ſie würden das unlösbarſte Räthſel der Kunſt- geſchichte bilden. Mag es mit dem zweifelhaften Monogramm und der Jahres zahl, von denen Löſch in ſeiner „Geſchichte und Beſchreibung der Kirche S. Jakob" ein Fakſimile giebt, beſtellt ſein wie immer — und es dürfte ſchwerlich irgend ein beſtimmtes Reſultat aus dieſen ganz unſicheren Angaben zu gewinnen ſein —, jedes Urtheil über dieſe Gemälde muß ein durchaus ver- kehrtes werden, wenn nicht berückſichtigt wird, daß dieſelben total und in der ſtümperhafteſten, roheſten Weiſe ſchon in alter Zeit überpinſelt worden ſind, derart, daß von dem Urſprünglichen nichts mehr als die Kompoſition erhalten iſt. Dargeſtellt ſind auf einzelnen Tafeln, die jetzt durch einen modernen gothiſchen Rahmen zuſammengefaßt werden, in ziemlich lebhafter Bewegung einzelne Figuren: die zwölf Apoſtel und zwei Propheten, die Verkündigung, die Krönung Mariens, die Auferſtehung Chriſti und die drei Frauen am Grabe. Aller Vermuthung nach ſind die Malereien im 14. Jahrhundert entſtanden.

Mit Bestimmtheit läßt sich dies nun von einzelnen anderen Werken sagen, über deren stilistische Eigenthümlichkeiten sich dem früher Gesagten nur wenig noch hinzufügen läßt.

Da ist zunächst ein kleiner Altar im Germanischen Museum (Nr. 4) zu erwähnen, welcher zu Ehren der h. Martha etwa in der Mitte des Jahrhunderts in eine der Nürnberger Kirchen, wahrscheinlich S. Martha, gestiftet worden sein mag. Er enthält auf den Flügeln die Darstellungen der Erweckung des Lazarus und der Fußsalbung Christi durch Magdalena, auf den Außenseiten Weinrankenornament mit Vögeln, als Hauptbild in der Mitte aber eine ungewöhnliche, zunächst schwer zu deutende Darstellung, deren Erklärung als „Tod der h. Martha" wir aber aus der von Jakobus a Voragine in seiner „Goldenen Legende" mitgetheilten Erzählung gewinnen. Der Künstler hat sich, in freier Weise die verschiedenen zeitlich auf einander folgenden Momente zusammenfassend, an des Jakobus Worte gehalten, die folgendermaßen lauten: „Als Martha ihr nahes Ende kommen fühlte, bat sie die Ihrigen, daß sie Kerzen anzündeten und bei ihr bis zu ihrem Verscheiden wachten. In der Mitte der Nacht aber, die dem Tag ihres Hingangs vorausging, erhob sich ein gewaltiger Wind über den von Schlaf beschwerten Wächtern und löschte alle Kerzen aus. Da begann sie, die Schaaren böser Geister gewahrend, zu beten und sprechen: ,ely, mein Vater, theurer Gastfreund, meine Verführer haben sich versammelt, mich zu verschlingen, die Liste aller Sünden, das ich gethan, in den Händen. Ely, verlasse mich nicht, sondern komme zu meiner Hülfe.' Und siehe, da sah sie ihre Schwester zu sich kommen, eine Fackel in der Hand, und damit Kerzen und Fackeln anzünden. Und während die eine die andere beim Namen rief, trat Christus herzu und sprach: ,komm', geliebte Wirthin, wo ich bin, sollst auch Du sein. Du hast mich gastfreundlich aufgenommen, so will ich Dich in meinen Himmel aufnehmen und aus Liebe zu Dir Alle erhören, die Dich anrufen.' Darauf da die Stunde ihres Hingangs nahte, ließ sie sich hinaustragen, um den Himmel sehen zu können, auf die Erde auf Asche betten und neben ihr das Kreuz legen. Und sie betete und sprach: ,mein theurer Gast, wache über Deiner armen Magd, und wie Du mich gewürdigt hast, Dich aufzunehmen, so nimm mich als Gast in Deinen Himmel auf.' Darauf bat sie, daß ihr die Leidensgeschichte nach Lukas gelesen werde, und als sie zu den Worten kam: ,Vater, in Deine Hände befehle ich meinen Geist', athmete sie ihren Geist aus."

Das Bild zeigt uns die Heilige auf ihrem Lager, vor dem zwei Frauen Wache halten. Links erscheint Magdalena, eine Krone auf dem Haupt, ein Gefäß und eine Kerze in der Hand, die Dämonen austreibend. Hinter dem Bett aber ist sie nochmals zu gewahren, wie sie zur Seite des segnenden Heilandes der Sterbenden naht. In ähnlich schlichter Weise sind auch die

Nürnberger Schule des 14. Jahrhunderts.
Christus als Schmerzensmann.
Klosterkirche zu Heilsbronn.
(S. 14.)

Nach einer photogr. Aufnahme von Karl Gerberth in
Rothenburg a. d. T.

beiden anderen Szenen gehalten. Das wesentlich Bemerkenswerthe liegt weniger in der Zeichnung der Figuren, deren Köpfe eine hohe Stirn, breitrückige Nasen, langgezogene Augen, ein kurzes Untergesicht und in parallelen Linien gegliedertes Haar zeigen, als in dem ganz ausgesprochenen Streben nach kräftiger Farbenwirkung, das freilich noch nicht in dem lichtgelb gehaltenen Inkarnat, sondern nur in den, zum Theil lebhaft gemusterten, Gewändern sich bemerkbar macht.

Durchaus in demselben Stile gehalten, ja möglicherweise von derselben Hand gemalt, ist ein anderes Bildchen im Germanischen Museum, welches die h. Brigitte, von der Taube inspirirt, vor dem Bischof knieend zeigt (Nr. 5). Es gehörte ursprünglich vielleicht mit zwei anderen kleinen Tafeln zusammen, die vor nicht langer Zeit als Geschenk des Magistratsraths Burger in die öffentliche Sammlung zu Bamberg gelangten. Auch diese behandeln die Legende derselben Heiligen: auf der einen ist dargestellt, wie sie zwei Männer vom Tode zum Leben erweckt, auf der anderen, wie sie vor dem Gekreuzigten kniet.

Als drittes Werk dieser Zeit ist im Germanischen Museum, in dem Raume neben der Kirche, ein Altar zu finden, dessen Mittelstück die aus Holz geschnitzten Figuren des Cruzifixus, der Maria und des Johannes, bilden und auf dessen Flügeln die Geißelung, Beweinung, Kreuztragung und das Gebet in Gethsemane gemalt sind.

Auf diese kleine Anzahl Bilder beschränkt sich das in Nürnberg selbst Nachzuweisende, und auch alle Nachforschungen in den benachbarten Orten bleiben resultatlos, außer an einem einzigen, dem alten Kloster Heilsbronn nämlich, dessen Kunstwerke bereits von Muck, Stillfried und Lampert behandelt wurden. Leider befinden sich mehrere derselben in ganz übermaltem Zustande, so die 1370 datirte Tafel mit den Gestalten des auf seine Wunde weisenden Christus und der Maria, gestiftet von einem auf dem Bilde dargestellten Arzt Mengit, und eine andere, auf der oben das Brustbild der Maria mit dem Kinde, darunter der knieende Stifter und noch weiter unten dessen Wappen zu sehen sind. Eine alte Inschrift besagt, daß dies letzterwähnte Bild zum Andenken des 1365 gestorbenen Bertholdus, Burggrafen von Nürnberg, Bischofs von Eichstedt und Kanzlers des kaiserlichen Hofes gestiftet worden war — eine andere spätere giebt an, daß es im Jahre 1497 erneuert wurde, bei welcher Uebermalung es denn seinen ursprünglichen Charakter ganz und gar eingebüßt hat.

Dagegen weisen fünf Szenen aus dem Leben Christi: der Judaskuß, Christus vor Pilatus, die Kreuzigung, die Auferstehung und Himmelfahrt wieder durchaus alle Eigenthümlichkeiten der Technik und Zeichnung auf, die uns an den Gemälden im Germanischen Museum begegnet sind. Und dasselbe gilt von der großen Tafel mit der Gestalt des vor plastisch gemustertem Hintergrunde dastehenden Schmerzensmannes Christus, die unzweifelhaft als das bedeutendste unter

den erhaltenen Gemälden des 14. Jahrhunderts anzusehen ist. So übertrieben
lang die Verhältnisse des Körpers sind, so mangelhaft steif und hölzern die
Anatomie des Nackten erscheint, so macht das Werk doch einen nachhaltigen,
ja ergreifenden Eindruck. Der Heiland steht, in einen rothen, gelb ausgeschlagenen Mantel gekleidet, die Arme über der Brust gekreuzt in etwas ge-
spreizter Stellung vor dem Kreuze, an dem die Marterwerkzeuge hängen, und
senkt mit ausdrucksvoll zur Seite gewandtem Blicke und schmerzlich gerunzelter
Stirn das schmal gebildete, asketische Haupt. Hier zum ersten Male wagt
sich ein stark empfindender und bedeutend angelegter Nürnberger Maler an eine
Figur in großen Verhältnissen; hier zuerst wird unser Gefühl durch die künstlerische Sprache einer über die enge Tradition hinausstrebenden ernsten
Individualität erregt und zur Theilnahme gezwungen. Eine wunderbare
Ahnung von einer kommenden tief innerlichen und kühnen Kunst bewegt
uns. Nur kurze Zeit, und der strenge Zwang verjährter typischer Gestaltung
muß dem zu großen, freien Aeußerungen drängenden lebensvollen und lebens-
bildenden Geiste weichen. Von Innen, nicht von Außen erwächst solcher
Drang — ein Blick in diese noch verschleierten, aber inbrunstvollen Heilands-
augen sagt Dem, der zu sehen versteht, genug hiervon.

Drunten, zu Füßen des Schmerzensmannes, kniet die kleine Figur eines
jugendlichen Abtes, betend die Hände gefaltet: „miserere mei deus“. Eine
Inschrift giebt an, daß es der „Apt Friedreich von Hirzlach“ war, der das
Gemälde in die Kirche gestiftet. Aus Hocker's „Hailsbronnischem Antiquitäten-
schatz“ weiß man, daß dieser Friedrich von 1346 bis 1361 an der Spitze der
Cisterzienserkongregation von Heilsbronn stand. In diesem Zeitraum muß das
Bild gefertigt sein.

Eine weiter vorgeschrittene Stufe künstlerischen Vermögens finden wir in
keinem sonstigen fränkischen Werke des 14. Jahrhunderts erreicht. Der nächste
Schritt führt weit über die erste primitive Richtung der Tafelmalerei hinaus.
Eine neue, anders geartete, der alles Vorausgegangene nur der Ausgangspunkt
für weitgehende, eingreifende Veränderungen wird, die man schlechtweg gegenüber der zeichnerischen andeutenden älteren die malerische gestaltende nennen
darf, setzt ein. Es ist kein Bruch mit dem Vergangenen, sondern bloß eine
entschiedene Wendung zu höher gefaßten Aufgaben und Idealen. Derartige
stets großen Individualitäten verdankte Entscheidungen sind freilich immer
revolutionäre Thaten, von einem höheren Gesichtspunkte aus gesehen aber
erscheinen selbst solche nur als die logische und durchaus nicht gewaltsame Entfaltung vorhandener Triebe; nur daß deren geheimes Wachsthum dem geistigen
Auge niemals ganz ersichtlich werden kann.

Plastische Modellirung der Gestalten, tief zusammenklingende Farbenwirkung, freiere und wahrere Wiedergabe der Verhältnisse auf Grund genauerer

Beobachtung der Natur und bewußteren Erfassens der Möglichkeiten der Malerei, damit aber zusammenhängend eine nothgedrungene Vervollkommnung und Ausbildung der technischen Mittel kennzeichnet die Werke eines Meisters, die um 1400 etwa zu entstehen beginnen — des Meisters, der den Imhof'schen Altar in der Lorenzkirche geschaffen hat.

Vor ihm treten andere Maler, die etwa gleichzeitig mit ihm thätig waren, abgesehen vielleicht von einem einzigen, der im Zusammenhang mit ihm betrachtet werden soll, ganz in den Hintergrund. Kurz genannt zu werden verdient vielleicht nur noch einer, der, ohne entfernt an Bedeutung sich ihm vergleichen zu lassen, mit viel schwächerer Begabung seinerseits zu einem freieren Stile zu gelangen suchte, aber freilich nicht weit gelangte. Man lernt ihn, und zwar nicht besonders genau, aus zwei Bildern kennen, die beide sehr hoch und an dunkler Stelle aufgehangen sind. Das eine, in der siebenten Kapelle rechts in S. Lorenz stellt Christus in einer Glorie, von vier die Leidenswerkzeuge tragenden Engeln gehalten, darunter die Stifterfamilie dar. Einer Inschrift zufolge, welche besagt: „1406 starb Paulus Stromer und sein huisfrau um großen sterben der pestilentz", dürfte es noch im ersten Jahrzehnt des 15. Jahrhunderts gefertigt sein, obgleich die Annahme einer späteren Entstehung nicht ganz ausgeschlossen bleibt. Das andere, sehr schwer zu beurtheilen, an einem Pfeiler der Frauenkirche angebracht, zeigt die Auferstehung Christi und eine von dem h. Königspaar Heinrich und Kunigunde empfohlene Stifterfamilie. Ob es thatsächlich von demselben Künstler herrührt, wage ich nicht mit Sicherheit zu sagen, doch ist es stilistisch dem andern verwandt.

Als drittes, den Uebergang von der älteren zur neueren Richtung kennzeichnendes Werk wäre das sehr schwache, hölzern gezeichnete und roh ausgeführte Epitaph der Klara Holzschuherin im Germanischen Museum (Nr. 86) zu erwähnen. Dasselbe hat freilich weiter kein Interesse, als daß es bezeugt, wie lange noch einzelne unbegabte Maler, unbeirrt von den epochemachenden Schöpfungen der gleichen Zeit, an einer gänzlich überlebten Tradition festhielten. Es ist eine Darstellung der Madonna zwischen Katharina und Bernhardin von Siena und trägt die Bezeichnung: „Da man zalt von Cristi geburdt 1426 jar an dem anderen Pfingsttag do verschied Schwester Clara Holzschuerin der got genad Amen."

Mit einer kurzen Erwähnung ist diesen Arbeiten volle Gerechtigkeit widerfahren. Mit raschen Schritten an ihnen vorüberschreitend, dürfen wir unsere gespannte und ungetheilte Aufmerksamkeit den erhabenen Werken des großen Neuerers zuwenden, welcher sich im Anfang des 15. Jahrhunderts die künstlerische Alleinherrschaft in Nürnberg erringt.

II.

Die Malerei in der ersten Hälfte des 15. Jahrhunderts.

1. Berthold, der Meister des Imhof'schen Altares.

✻

Auf einer kleinen Empore in einer linken Seitenkapelle der Kirche S. Lorenz in Nürnberg befindet sich ein Werk, welches als eines der wichtigsten der Nürnberger Malerschule im Anfang des 15. Jahrhunderts schon seit längerer Zeit besonderer Aufmerksamkeit gewürdigt worden ist: der Imhof'sche Altar. Derselbe, jetzt in seine einzelnen Theile zerlegt, enthält in halblebensgroßen Figuren auf Goldgrund als Mittelpunkt die Darstellung der Krönung der Maria, auf den Flügelabtheilungen, von denen, wie es scheint, vier nicht erhalten sind, die Apostel und auf der Rückseite eine früher auf der Burg, jetzt im Germanischen Museum (Nr. 88) aufbewahrte Tafel mit „Christus im Grabe zwischen Maria und Johannes". In feierlicher Ruhe neben einander auf einem mit brokatnem Stoffe verkleideten, einfachen Sitze thronend, gewahren wir auf dem Mittelbilde den Himmelsherrscher und seine Mutter. Die Krone auf dem Haupte, in der Linken das Szepter, in kirschrothes Gewand und Mantel gekleidet, wendet sich Christus mit ernstem Blick des großen, weitgeöffneten Auges zu Maria, die in Blau gekleidet, ein weißes, gefältelt herabhängendes Tuch auf dem Kopfe, sich halb zu ihm wendet, in würdevoller Demuth das Haupt ein wenig senkt und mit inbrünstiger Bewegung die Hände faltet, indeß er ihr die Krone aufsetzt. Zunächst der Gruppe sind auf den Flügeln als empfehlende Patrone der kleinen knieenden Stifter, eines Mannes und dreier Frauen, links der braunbärtige h. Simon (?) mit Buch und Säge in rother Gewandung, rechts der graubärtige, in moosgrünen Mantel gehüllte Thaddeus, das Kreuz auf der Schulter tragend, angebracht. Auf den sechs anderen abgesägten Tafeln, die

2*

an der gegenüberliegenden Wand der Kapelle aufgehangen ſind, ſieht man den
graubärtigen Philippus mit Speer und Buch, in Grün gekleidet, Bartholomäus
mit Meſſer und Buch in Weiß, den bärtigen, alten Jakobus d. J. mit dem
Schwert, Andreas mit ſeinem Kreuz in Roth, Mathias (?) mit dem Beil und
den jugendlichen Jakobus mit der Muſchel — alle auf blauem Hintergrund. Das
Bild im Germaniſchen Muſeum zeigt auf rothem Grunde in Halbfiguren
Maria und Johannes, welche ganz in Schmerz verſunken den im Grabe ſtehen-
den Heiland halten. Die Staffel endlich trägt Malereien von einer viel
roheren Hand: den h. Leonhardt, Rochus, zwei Frauen, Ulrich, Laurentius und
einen Biſchof. Im Schreine befindet ſich aus Holz geſchnitzt das Abendmahl.

Ein tiefer Ernſt, eine großartige Feierlichkeit, ein ſchlichter, gehaltener,
aber ſtarker Empfindungsausdruck ſind die hervorragenden Eigenſchaften dieſes
bedeutenden Kunſtwerkes. Hoch entwickeltes Schönheitsgefühl und zugleich
kraftvolles Streben nach Monumentalität und Erhabenheit ſind ſeinem Schöpfer
zu eigen geweſen. In Stellung und Bewegung, in der Bildung der Köpfe und
der Geſtalten, der Gewandung, der Farbenwahl und -anordnung: in Allem ſpricht
ſich ſein Sinn für das Große und Würdevolle, für einen idealen Stil aus. Suchen
wir uns deſſen Merkmale im Einzelnen etwas näher zu beſtimmen. Die Geſtalten
ſind durchweg ſehr unterſetzt, die Köpfe im Verhältniß zur Figur groß, die Oberkörper lang, die Extremitäten kurz, zuweilen wie bei Chriſtus auf dem Mittelbilde
ſogar verkümmert, die Schultern fallen ſtark ab, die Hände, deren Gelenke
durch weiß aufgehöhtes Licht ſtark betont ſind, haben knochige, faſt ganz fleiſch-
loſe, zugeſpitzte Finger und die Füße ſind breit, mit ſtarken, etwas gekrümmten
Zehen, floſſenartig bewegt. Der Kopftypus zeigt mittelhohe gerade Stirne, entſchieden hervortretende Oberaugenknochen, große, dunkle, lebhaft blickende Augen,
feine, geſchwungene Brauen, eine energiſch profilirte, lange, ſcharfrückige, ein
wenig gebogene Naſe mit wohlgebildeten Flügeln, einen ausdrucksvoll bewegten
Mund mit voller Unterlippe, ein kurzes, kräftiges Kinn. Das weiche, ſich
wellende Haar legt ſich zumeiſt über das Ohr, häufig wölbt es ſich bei den
Männern mähnenartig über der Stirn und fluthet dann breit gelockt in den
Nacken. Aehnlich weich und fließend bewegt ſind die Bärte. Die Gewänder,
aus ſchmiegſamen Stoffen, in langgezogenen Falten fallend, erinnern noch an
die Bildwerke in den Portalen gothiſcher Kirchen, während die Haltung der
Figuren kaum mehr Etwas von der unruhigen Bewegtheit und Ausbiegung
derſelben hat. Die geſammte Farbenſtimmung iſt eine tiefe, kräftige, im Vergleich zu den Kölniſchen Bildern dieſer Zeit gedämpfte und ſticht ins Braune:
charakteriſtiſch iſt neben einem Kirſchroth und geſättigten Blau namentlich das
Braunroth und das Moosgrün. Das Inkarnat iſt bräunlich, mit grauen
Schatten modellirt und im Lichte kühl weißlich gehöht. Maria hat einen
helleren Fleiſchton mit roſigem Anhauch.

Taf. 2.

Der Abstand, welcher dies höchst eigenartige Werk von den älteren Er-
zeugnissen der Nürnberger Maler im 14. Jahrhundert trennt, ist ein sehr bedeutender. Sein Verfertiger gehört zu jenen großen, genialen Künstlern, welche,
von den hergebrachten Gewohnheiten sich befreiend, in ein direktes und unab-
hängiges Verhältniß zur Natur treten — zu jenen erlauchten, zur Herrschaft
berufenen Geistern, die, so verschieden geartet sie sein mögen, auf so verschiedenen Gebieten sie sich bethätigen, in so verschiedenen Formen sie sich
äußern mögen, doch in dem Einen Alle verwandt sind: in der Begabung mit
einer ungemeinen Kraft starker, unmittelbarer Anschauung der Natur, einer
Kraft, deren durchaus nothwendige Bethätigung dann das eigene Schaffen ist.
Das neue Sehen ruft neue Formen der Darstellung in's Leben und die Noth,
in welche das künstlerische Wollen durch die Unzulänglichkeit der hergebrachten
Darstellungsmittel sich versetzt sieht, macht erfinderisch auch in Bezug auf
diese. Die großen Neuerer auf dem Gebiete der Malerei haben zumeist nicht
bloß in ungewohnter Weise die Außenwelt nach Gestalten, Licht und Farbe
erfaßt, sondern zugleich bisher unbekannte technische Verfahren erfunden.

Vergleicht man den Imhof'schen Altar mit den Nürnberger Tafelbildern des
14. Jahrhunderts, so möchte man wie gesagt die Verschiedenartigkeit des Eindrucks
zunächst in ganz einfacher Weise dahin präzisiren, daß man im Gegensatz zu jenen
im Stile der Wanddekoration gehaltenen Werken in dem späteren Bilde eine ausgesprochen bildnerische Richtung findet. Dort, wie wir gesehen haben, im
Wesentlichen die Beschränkung auf ein Hervorheben der Umrisse, zu deren
bloßer Ausfüllung in naiv andeutender Weise die Farbe verwendet wird, hier
das Bestreben, durch Modellirung der Töne, durch Abstufung von Licht und
Schatten mittelst der Farbe die dargestellten Figuren körperlich plastisch zu
bilden. Möglich aber wurde dieses Abrunden der Formen, dieses Vortreten-
und Zurückspringenlassen der einzelnen Theile nur durch die Anwendung von Farben,
deren Bindemittel das Verschmelzen und Verarbeiten der Töne erleichterte,
zugleich durch das fleißige Auftragen von Farbenschicht auf Farbenschicht.
An Stelle der in der älteren Malerei gebräuchlichen flüssigen Malweise tritt
eine solidere Anwendung zäheren Farbenstoffes, an Stelle lichterer Stimmung
eine volle, wuchtige Farbenharmonie, die freilich des Glanzes und der Leuchtkraft, wie sie den gleichzeitig in Oel gemalten Werken der van Eyck's eigen ist,
sowie des reichen Wechsels und der heiteren Transparenz, welche den Kölnischen
Bildern des sogenannten Meisters Wilhelm und seiner Schule einen so zauberischen
Reiz verleiht, entbehrt.

Aber dieses malerische Element bildet nur die eine Seite der Betrachtung;
was nicht minder in's Gewicht fällt, ist die Naturbeobachtung, soweit sie sich
in der Darstellung der menschlichen Gestalt äußert. Offenbar macht sich in den
untersetzten Proportionen derselben eine gewisse auf den Vergleich der Wirk-

lichkeit sich stützende Reaktion der künstlerischen Anschauung gegen das übermäßig
Schlanke, als das durch die Tradition geheiligte Schema der Verhältnisse, bemerkbar, wobei aber das Streben nach Realität der Erscheinung den Künstler seinerseits zur Uebertreibung führt. Wir werden übrigens später sehen, daß er in dieser
Beziehung sich nicht immer gleich bleibt. In Stellung und Bewegung sucht
er, wiederum im Widerspruch zu der vorangehenden Zeit, Ruhe und Sicherheit:
seine Figuren stehen gerade und fest auf den Füßen, ihre Gesten sind gehalten,
die Bewegungen des Hauptes gemessen. Ein durchaus überraschendes Studium
der Natur aber tritt in den Köpfen hervor. Der kraftvoll, übrigens durchweg
auch im Körper, betonte Knochenbau, die energische Ausladung der Nase, die
natürliche und mannichfaltige Bildung der Haare, die Lebhaftigkeit der dunklen
Augen: in jedem Zuge verräth sich der scharfe und kühne Blick, mit welchem
der Meister die menschliche Erscheinung erfaßte: nur unter den Nürnberger
Bildhauern des 14. Jahrhunderts und zwar speziell in jenen Meistern, welche
den plastischen Schmuck der Vorhalle der Frauenkirche und des „Schönen
Brunnens" ausgeführt haben, findet man anscheinend bei einer ersten Umschau
hierin, wie in manchen anderen Einzelheiten, seiner würdige Vorgänger.

Bei allem diesem Streben nach Lebenswahrheit und -natürlichkeit aber
hält der Künstler doch an einem idealen Stile, an der strengen Gesetzmäßigkeit
der früheren Kunst, wie sie durch die Unterordnung der Malerei unter die
Gesetze und Bedingungen der Architektur ausgebildet worden war, fest. Nicht
allein in der symmetrischen Anordnung der Komposition, in der alterthümlich
kunstvollen Drapirung der idealen Gewänder in rhythmisch sich wiederholenden
Falten, in der statuarischen Absonderung der Gestalten von allen Anzeichen
realer landschaftlicher oder häuslicher Umgebung (sieht man von einem zuweilen
vorkommenden mit Gras und Blumen bewachsenen Boden ab) offenbart sich
dies monumentale stilistische Element, sondern — wenn auch vielleicht in nicht
gleich hohem Grade — in der Bildung der Gesichtstypen. Alle Naturbeobachtung
muß sich doch einem eingeborenen, mit Bewußtsein gepflegten Schönheitsideale,
einer allgemeinen Idee von der menschlichen Erscheinung anbequemen: ja, dieser
Zwang geht so weit, daß selbst die Figuren, welche den Anspruch auf volle
Portraitähnlichkeit erheben: die Stifter, wohl in Bezug auf Alter und Tracht,
was aber die charakteristische Wiedergabe ihrer Gesichtsformen betrifft, nur sehr
wenig individualisirt erscheinen. — So verbindet sich ein ausgesprochenes, groß-
artiges Gefühl für kirchlich architektonischen Stil in der Kunst des Meisters des
Imhof'schen Altares mit der kühnen, verständnißvollen Naturbeobachtung zu einer
feierlich lebensvollen Wirkung: zugleich Erfüllung des mittelalterlichen Ideales
und Einführung einer auf neue Prinzipien sich gründenden Richtung bezeichnet sie einen entscheidenden Wendepunkt in der Geschichte der Nürnberger
Malerei.

Um welche Zeit nun tritt derselbe ein? dies ist die nächste Frage. Noch Waagen und mit ihm Kugler glaubte die Entstehungszeit des Altares etwa in die sechziger Jahre des 14. Jahrhunderts verlegen zu müssen, irregeführt durch den Vergleich mit den Skulpturen der Frauenkirche und die gänzlich irrthümliche Meinung, der doch offenbar später gemalte Tucher'sche Altar in derselben Kirche sei 1385 gestiftet worden. Dann aber vertraten Passavant und v. Rettberg eine Ansicht, die vielleicht von Hilpert stammt, der in seiner „Beschreibung der Lorenzkirche" die Behauptung aufstellte, der knieende Stifter sei der 1449 gestorbene Kunz Imhof. Die Folgerung, die sich hieraus ergab, war die, daß das Gemälde zwischen 1418 und 1422 entstanden sein müsse, da man auf demselben jenes drei ersten Frauen (die dritte heirathete er 1418), nicht aber die vierte, eine Volkamerin, mit der er sich 1422 vermählte, sähe. Hotho und Schnaase, die darauf hinwiesen, daß diese Angaben durchaus nicht wirklich begründete, sondern rein hypothetische seien, wollten das Bild, der Erstere noch in das 14. Jahrhundert, der Letztere in die Zeit um 1400 verlegen; Woltmann Woermann und Janitschek hielten an Passavant's Meinung fest.

Woher der Pfarrer Hilpert die Nachrichten, daß Kunz Imhof der Stifter sei und daß er viermal vermählt gewesen, habe, vermag ich nicht zu sagen. Schon v. Rettberg selbst bemerkte, daß Biedermann in seinem „Geschlechtsregister der Nürnberger Familien" nur zwei Frauen des Konrad Imhof anführe, nämlich Elisabeth Schatzin, vermählt 1418 und gestorben 1421, und Klara geborene Volkamerin, vermählt 1422, gestorben 1439. Das Schatzische Wappen unter einer der Stifterinnen würde allerdings für die Annahme, der Dargestellte sei Kunz Imhof, sprechen, und damit würde die Datirung 1418 bis 1422 zu Recht bestehen bleiben, mögen nun die beiden anderen Frauen wirklich, wie Hilpert will, frühere Gattinnen oder etwa andere Mitglieder der Familie sein. Daß das Werk in den ersten Jahrzehnten des 15. Jahrhunderts entstanden sein muß, scheint sich mir ganz unzweifelhaft aus dem Vergleiche sowohl mit anderen datirten Arbeiten dieser Zeit, als auch mit den wenigen uns erhaltenen Tafelbildern aus dem Ende des vorhergehenden Zeitraumes zu ergeben.

Mit dem aus unserer Betrachtung gewonnenen deutlichen Bilde der stilistischen Merkmale des Imhof'schen Altares treten wir nunmehr an die Untersuchung heran, ob nicht andere Werke desselben großen Meisters erhalten sind, und welche weitere Belehrung wir aus denselben über ihn schöpfen können. Die bisherigen Forschungen sind nicht über die einfache Erwähnung der Thatsache hinausgekommen, daß eine Anzahl Bilder, welche allgemein die Stufe dieser Richtung vertreten, erhalten sind. Man nannte das Altarwerk der Berliner Gallerie, die Stromer'sche Gedächtnißtafel von 1406, die zum Andenken der Frau Riemenschniderin nach 1409 gestiftete, eine Imhof'sche Madonna, den „Tod der Maria", den „Christus in der Kelter", den Deotarusaltar (alle in

S. Lorenz', die Gedächtnißtafel der Prünsterin in der Frauenkirche und einige andere mehr. Bei Hotho und Waagen namentlich findet man mit Sorgfalt eine Anzahl der wichtigeren noch in Nürnberg aufbewahrten Gemälde registrirt, ohne daß jedoch der Versuch gemacht wäre, einzelne Meister zu unterscheiden. Nur auf die verwandtschaftlichen Elemente, die ihnen gemeinsam sind, wird aufmerksam gemacht.

Ist aber der Meister des Imhof'schen Altares wirklich ein so großer Künstler, so dürfen wir getrost annehmen, daß andere von seiner Hand ausgeführte Gemälde noch heute zu erkennen und nachzuweisen sein müssen. Und dem ist in der That so, ja die Anzahl seiner erhaltenen Bilder ist eine recht stattliche.

Zwei größere Altarwerke sind es, die zunächst eine genauere Beachtung verdienen: das eine im Berliner Museum, die sogenannten Deichsler'schen Altartafeln, ist wiederholt besprochen, seinem künstlerischen Werthe nach gewürdigt, ja kürzlich in trefflichem Holzschnitte von Janitschek in seiner „Geschichte der deutschen Malerei" publizirt, das andere: ein mächtiger Altar, aus der Franziskanerkirche in Bamberg stammend, jetzt im Münchener Nationalmuseum in sehr ungünstigem Lichte aufgestellt, nur flüchtiger Erwähnung für werth gehalten worden.

Die unverkennbare Aehnlichkeit, welche in Zeichnung und Farbe die beiden innen und außen bemalten Flügel der Berliner Gallerie (N. 1207—1210) mit dem Imhof'schen Altar aufweisen, wurde mehrfach betont. Hotho in seiner „Malerschule Hubert's van Eyck" sah in ihnen die einzige nachweisbare Arbeit eines direkten Schülers unseres Künstlers. Seinem Urtheile, daß sie in Zeichnung und Ausführung dem Bilde in S. Lorenz nachständen, vermag ich mich nicht anzuschließen, vielmehr finde ich alle bis auf die kleinsten Eigenthümlichkeiten jenes Werkes wieder. Nur daß die Verhältnisse hier allerdings schlanker, die Stellungen um ein Weniges mehr geschwungen, die Köpfe wenigstens bei zwei Figuren stärker in jener etwas alterthümlich empfindungsvollen Weise geneigt sind. Diese Abweichungen wollen aber gegenüber der sonst mit auffallender Bestimmtheit wahrnehmbaren Uebereinstimmung Nichts besagen: vielmehr dürften sie in einfachster Weise daraus zu erklären sein, daß die Altarflügel in einer anderen und zwar höchst wahrscheinlicher Weise früheren Zeit als die Imhof'schen Tafeln entstanden sind. Dargestellt sind die Madonna und drei Heilige. Auf der linken Außenseite steht Maria, das nackte Kind auf dem linken Arme, in der Rechten einen Apfel, in braunrothem Gewande und ebensolchem, grünausgeschlagenem Mantel, eine Krone auf dem gelbblonden Haare, auf Rasenboden. Christus, sehr schlank und zierlich gebildet, mit rundlich gelocktem Haar, streckt mit lebhaft natürlichem Blick die Aermchen aus, sie zu umhalsen, indeß sie in stillem, ernsten Sinnen niederblickt, ein ergreifendes Bild edler, unschuldsvoller Weiblichkeit. Neben ihr auf der rechten Außenseite

gewahrt man in seiner Dominikanertracht, die Todeswunde im Haupte, in der
Rechten das erhobene Schwert, das sie geschlagen, in der Linken einen Krückstock,
den Ausdruck tiefen Ernstes in dem bartlosen Kopf Petrus Martyr, regungslos
wie ein Träumer, der aus einem anderen Reiche in diese Welt versetzt worden.
Unter gothischen Baldachinen auf niederen Postamenten treten uns auf den
Innenseiten der Flügel die hl. Elisabeth und Johannes der Täufer entgegen.
Elisabeth in blauem Gewande, blauem, roth ausgeschlagenem Mantel und weißem
Kopftuch, mit dem linken Arme im Mantel gesammelte Brote tragend, reicht
mit einer mitleidvollen Kopfbewegung einem kleinen, auf seine Krücke gestützten
Bettler, der gierig die Hand ausstreckt, ein Brot. Voll Liebe sucht ihr seelen-
voller Blick das Elend, das ihre mildthätige Hand lindert, zu trösten. Gleich
ihr das Haupt neigend, aber verloren in schmerzensreiches Gedenken der leiden-
vollen zukünftigen Erlöserthat, weist Johannes auf das Lamm mit der Siegesfahne, das er auf einem Buche hält. Sein wirrgelocktes Haar zeugt von dem
einsam wilden Leben, das er geführt: der lange, spitz zulaufende Bart hängt
weit auf die Brust herab: um das gelbe Fell hat er einen rothen, blau ausgeschlagenen Mantel geschlungen. — Der Hintergrund der Innenseiten ist
golden, derjenige der Außenseiten, offenbar, wie schon Hotho bemerkt hat, später
erneuert, blau mit goldenen Sternen.

Auch über die Geschichte dieses herrlichen Werkes, das wahrlich an Größe
der Konzeption, an Tiefe und Würde der Empfindung, ja auch an malerischer
Vollendung durchaus mit dem Imhof'schen Altar wetteifert, sind wir nicht
nach Wunsch unterrichtet. Die Angaben Waagen's widersprechen sich. In
einer handschriftlichen Notiz nämlich, wie wir aus dem Berliner Katalog ersehen, berichtet er, daß die Flügel von einem Altar in der ehemaligen Domini-
kaner- oder Predigerkirche zu Nürnberg stammen, der von einem Berchtold
Deichsler gestiftet worden sei: auf einem Brette des geschnitzten Mittelstückes
des Altars sei der Name Berchthold Deychsler zu lesen gewesen. Das „Handbuch" Waagen's dagegen bringt die Angabe, daß nach urkundlicher Nachricht
jener Altar von der Familie Deichsler im Jahre 1400 in die Katharinenkirche
zu Nürnberg gestiftet worden sei. Aus den Wappen, welche die der Familien
Deichsler und Zenner sind, geht hervor, daß es sich in der That um eine
Deichsler'sche Stiftung handelt; welche der Waagen'schen Angaben aber ist
die richtige? Die größere Genauigkeit spricht für die erstere: von einem
Berchthold Deichsler, der 1418 oder 1419 gestorben ist, wissen wir. Auch
finden wir in v. Murr's „Beschreibung von Nürnberg" in der Katharinenkirche kein
Werk genannt, in dem man unseren Altar vermuthen könnte, freilich auch
in der Predigerkirche nicht, man müßte denn, ohne sich an der allerdings
angesichts der Altarflügel auffallenden Diminutivform: „Altärlein" zu stoßen,
das „Deichsler'sche Altärlein in der Behaimischen Kapelle" mit unserem Werke

identifiziren wollen. Die Berechtigung dazu ist durchaus vorhanden, da v. Murr wiederholt Altäre dieser Größe als „Altärlein" bezeichnet, z. B. den später zu erwähnenden Altar mit den Passionsszenen in der Predigerkirche. So lange uns die urkundliche Quelle Waagen's unbekannt bleibt, scheint es jedenfalls gerathen, wenigstens daran festzuhalten, daß Berthold Deichsler der Stifter war, der Altar daher nicht später als 1419 entstanden sein kann. Und diese sehr ungefähre Zeitbestimmung würde mit dem Resultate der kritischen Unter-suchung übereinstimmen, daß er früher als der Imhof'sche anzusetzen sei. Für Berlin erworben wurde er im Jahre 1844.

Eine sichere Datirung läßt nun aber das dritte große Werk des Meisters: der Bamberger Altar im Nationalmuseum zu München, der aus der Sammlung v. Reider erworben wurde, zu. Auf demselben befindet sich nämlich, jetzt etwas durch den Rahmen verdeckt, die Jahreszahl 1429. Es ist eines der nach den äußeren Dimensionen und nach der künstlerischen Bedeutung mächtigsten Altar-werke des 15. Jahrhunderts in Deutschland. Hier lernen wir den Künstler von einer neuen Seite, als Schilderer dramatischer Vorgänge, kennen. Es wird uns nach dem Einblick, den wir in sein Wesen gethan, nicht befremden, gewahren wir auch in den Darstellungen des Leidens Christi nicht heftige Er-regung, leidenschaftliche Bewegungen, gewaltsamen Empfindungsausdruck, sondern das Streben nach höchstem Maß und Würde, jenes stilistische Gefühl für die Ruhe selbst in der Bewegung, für die Beschränkung im momentanen Ausdruck der Seelenerregung, kurz für das Dauernde, ideal Bildmäßige. Selbst die Schergen und Peiniger Christi sind nicht, wie es später so allgemein üblich wird, über-trieben karrifirt, finden wir auch bisweilen schon jene Köpfe mit den kurzen, aufgeworfenen Nasen, welche das typische Kennzeichen der Bestialität werden. Auch hier Mäßigung und Scheu vor dem häßlich Übertriebenen und kleinlich Widerwärtigen. Vielmehr tritt uns von Neuem überraschend durchweg eine groß-artige, kühne Gestaltungskraft entgegen: vergebens dürfte man in der deutschen Malerei des 15. Jahrhunderts sonst Figuren von dieser monumentalen Größe, dieser freien Schönheitsbildung, dieser Breite der Zeichnung suchen. Der Künstler wetteifert mit seinen Zeitgenossen in Italien.

Das Hauptbild stellt die Kreuzigung dar: in der Mitte am Kreuze die lange, hagere Gestalt des Heilands mit wenig eingezogenen Hüften, zu seinen Füßen Magdalena mit wallendem Haar den Stamm umschlingend. Links die stehende Maria ohnmächtig werdend, von einer Frau und Johannes gehalten, der mit schmerzlichem Blick zu Christus aufschaut: neben dieser Gruppe noch vier Frauen, hinter ihnen Longinus, die Lanze im Arme, in Anbetung versunken, von drei Soldaten gefolgt, neben ihm der Mann mit dem Ysopstab. Rechts vom Kreuze ein in Stahl gewappneter Hauptmann, der eine Schaar von Hellebarden tragenden Kriegern auf den Gekreuzigten hinweist; vorne vier

Knechte, die um das Gewand würfeln. Neben dem Kreuze sind in mittelalterlicher Weise Sonne und Mond mit menschlichen Gesichtern angebracht. Auf der Innenseite des linken Flügels erblickt man die Kreuztragung. Von einem Schergen am Strick, der um den Leib geschlungen ist, nach vorwärts gezerrt, von einem anderen, der das um den Hals geschlungene Seil hält, mit einem Stocke bedroht, schreitet Christus mit seiner schweren Bürde, die ihm ein kleiner Mann mit grauem Bart, Simon von Kyrene, tragen hilft, nach rechts. Sein Blick sucht die Gruppe schmerzverzerrter Frauen, die links vor dem Stadtthor steht: die Mutter, die Marien und Veronika, die das Schweißtuch hält.

Auf dem anderen Flügel ist die Kreuzabnahme gegeben. Zwei auf Leitern stehende Männer lassen den Leichnam hernieder: der eine rückwärts läßt den von einem Tuche gehaltenen Oberkörper sich senken, der andere vorne faßt denselben unter den Armen. Ein Knabe auf der hinteren Leiter reicht die Dornenkrone einem Krieger herab, ein bei dem Kreuze stehender Mann löst die Nägel aus den Füßen. Links vorne kniet Maria, von Johannes und zwei Frauen gehalten; hinter ihnen stehen andere Frauen. Von rechts sind zwei Männer hinzugetreten, deren einer den anderen auf den Vorgang aufmerksam macht.

Zwei weitere Szenen der Passion enthalten die Rückseiten der Flügel. Auf der des linken gewahrt man Christus sitzend, wie ihm von zwei Männern mit Stäben die Dornenkrone aufgedrückt wird. Zwei andere erheben den Arm zum Schlage, indeß noch zwei, der eine kniend, ihn verhöhnen. Im Mittelgrund rechts stehen zwei Figuren, vielleicht Pilatus und seine Frau. — Das Gegenstück zeigt den dornengekrönten Schmerzensmann auf Stufen vor der gothischen Gerichtshalle von Pilatus als ihren König 'einer Anzahl Männern gewiesen, unter denen ein Pharisäer mit weit aufgerissenen Augen und erhobenen Händen besonders hervortritt.

Die Predellabilder, von roher Hand gemalt, sind erst später hinzugefügt worden.

Der Imhof'sche, der Deichsler'sche und der Bamberger Altar sind fraglos die Hauptwerke eines [und desselben] großen Künstlers. Zu verschiedenen Zeiten entstanden, mögen sie im Einzelnen, namentlich in der malerischen Behandlung, die später offenbar breiter wird, etwas von einander abweichen, in allen wesentlichen stilistischen Merkmalen stimmen sie durchaus überein. Von ihnen ausgehend, wenden wir uns nun zu einer Reihe von anderen Gemälden, die denselben Stil, wenn auch theilweise etwas modifizirt, zeigen. Unter sich sind sie alle so verwandt, daß kein Zweifel darüber aufkommen kann, daß sie von derselben Hand gemalt sind; es frägt sich nur, ob der Meister des Imhof'schen Altars selbst oder ein ganz in seinen Fußstapfen schreitender Schüler ihr Verfertiger ist. Ist das Erstere der Fall, so hätten wir hier eine spätere Entwicklung seiner Kunst vor Augen — und damit stimmt die bei den meisten Bildern mögliche Datirung, — im andern Falle aber eine Nachahmung seiner Manier.

Ich gestehe, Anfangs der Ansicht gewesen zu sein, es handele sich um einen Schüler und Nachfolger, nach wiederholter Prüfung und Vergleichung aber die Ueberzeugung gewonnen zu haben, daß alle diese Werke Arbeiten der späteren Lebenszeit unseres Künstlers sind, und zwar wurde ich hierfür besonders durch ein Gemälde bestimmt, das ich bei mehrfachen Besuchen von Nürnberg das eine Mal dem Meister, das andere Mal dem Schüler zuzuschreiben mich gedrängt sah. Immer festhaltend an der Existenz dieses Schülers, den ich nach seinem Werke den „Meister des Deokarusaltars" getauft hatte, gerieth ich in zunehmende Verwirrung, da ich die verwandtschaftlichen Beziehungen zu dem Bamberger Altar als so nahe erkannte, daß es fast unmöglich erschien, denselben als von einer andern Künstlerhand ausgeführt sich zu denken. So wäre denn der Bamberger Altar von dem „Meister des Deokarusaltars"? Alle Folgerungen schlossen sich wieder in einem verhängnißvollen Ring, der erst durchbrochen wurde, als ich an der Identität des Künstlers, welcher den Imhof-schen Altar mit demjenigen, welcher den Altar in St. Jakob verfertigt, nicht mehr zweifeln zu können glaubte, und hinter der Maske des Deokarusmeisters die Züge seines vorgeblichen Lehrers entdeckte. Ungezwungen ergab sich nun die durchaus wahrscheinliche Geschichte einer künstlerischen Entwicklung, welche durch ein offenbar langes Leben sich hinzog. Gern aber sei es von Vorn-herein zugegeben, daß die Möglichkeit einer anderen Auffassung nicht ganz ausgeschlossen bleibt: sie würde dann etwa so lauten müssen, wie ich sie mir im Beginn meiner Studien zurechtgelegt, und die Geschichte erzählen von zwei Malern, einem älteren, der einen neuen großen Stil geschaffen, und einem jüngeren, der als sein Schüler sich so denselben zu eigen gemacht, daß er, den-selben übernehmend, in fast unmerklicher Weise ihn allmählich modifizirt habe.

Eine kurze Charakterisirung der Merkmale dieser Bildergruppe hat sich auf Das zu beschränken, was von den oben bereits angeführten Stileigen-thümlichkeiten etwa abweicht. Alles eingehend dort über den Gesichtstypus, die Bildung der Gestalt Gesagte behält sein Recht. Zu bemerken ist nur, daß die Figuren öfters noch kürzer in den Verhältnissen erscheinen, die Gewandung freier geworden, weniger alterthümlich gefaltet ist, was schon auf dem Bam-berger Altar auffällt, die Hände wiederholt etwas fleischiger, die Finger ein wenig kürzer gebildet, die Farben nicht mehr ganz so schwer und tief ge-halten sind, was gleichfalls auf dem Bilde von 1429 wahrzunehmen war, das Braun des Inkarnats lichter geworden, ja mehrfach einem mehr grauen Ton ge-wichen ist, auch die Glanzlichter nicht mehr in so scharfen Kontrast zum

Fleischton gesetzt sind, wie dies am Auffallendsten auf den frühen Deichsler'schen Altarflügeln, etwas schwächer auf dem Imhof'schen, am wenigsten auf dem Bamberger Gemälde sich zeigte. Rechnet man dazu eine größere Breite der Behandlung, so gewinnt man eine annähernde Anschauung von der späteren Stilwandlung des Meisters. Was dieser an Kraft und Konzentration der Farbe verliert, gewinnt er an größerer Einheitlichkeit der malerischen Stimmung und einer mehr flüssigen Vertriebenheit der Töne. Die erworbene große Fertigkeit der Hand, die man aus allen diesen Werken herausspürt, gereicht freilich dem Eindruck derselben nicht zum Besten. Die Wirkung kommt derjenigen der früher besprochenen, was Kraft des Kolorits und Würde der Gestaltung betrifft, nicht gleich, bleibt ihnen auch der Stempel der Meisterschaft aufgeprägt. Mit dem Wachsen seines Ruhmes wird vermuthlich auch die Zahl der Aufträge, die der Maler erhielt, gewachsen sein. Daß seine Kunst als die des ersten Künstlers in Nürnberg gesucht war, lehrt uns die im Verhältnisse zu den Arbeiten sonstiger geringerer Maler große Zahl seiner erhaltenen Tafelbilder.

Alle die nunmehr zu besprechenden Werke sind in den dreißiger und vierziger Jahren entstanden. Wir wenden uns zunächst zu dem Altar in der Sakristei von St. Jakob, der, obwohl nicht datirt, als dem Bamberger nahe verwandt in den Anfang dieses Zeitraumes angesetzt werden darf.

Vor einem Brokatteppich sitzt auf dem mit einem Kissen belegten Thron Maria in blauer Gewandung und weißem Kopftuch und hält das nackte Kind, welches der heiligen Katharina den Ring ansteckt. Links von dieser sind Barbara, den Kelch mit Hostie haltend, und Margarethe, den Drachen beschwörend, rechts ein Papst mit Buch und Stab, der Bischof Nikolaus mit den drei goldenen Kugeln in der Hand, und der heilige Egidius, die Hindin zu seinen Füßen, zu sehen. Auf zwei Flügeln, die an der Wand gegenüber angebracht sind, werden acht Heilige dargestellt; die vier links alle jugendlich in höfisch reicher Tracht: Eustachius, das Hirschgeweih tragend, Pantaleon mit einem Nagel im Kopf und Nägelmalen in den Händen, Sebastian, auf dem Kopfe einen Hut mit Krone, in den Händen drei Pfeile, und Georg, mit langem wehenden Haar, im Harnisch und die Fahne mit rothem Kreuz haltend. Auf dem rechten Flügel der hl. Leonhardt mit der Fußkette und dem Buch, in brauner Kutte, der Bischof Erasmus mit den Attributen seines Martyriums, ein Bischof mit Buch und Stab und Christophorus, das Christuskind auf der Schulter. Der Hintergrund ist golden, der Boden mit Gras und Blumen bewachsen. Das Bild zeichnet sich durch besonderen Reichthum der Farben aus: namentlich macht sich eine Vorliebe für Wiedergabe von glänzenden Brokatstoffen geltend, deren Leuchtkraft durch die Zusammenstellung mit einem kräftigen Blau und Roth gesteigert wird. Auch das blonde Haar hat einen goldigen Schimmer. Die Figuren sind hier besonders kurz und gedrungen gehalten: das lebhaft be-

wegte Kind ist von fast italienisch weichen und gefälligen Formen. Große Anmuth und Zierlichkeit zeichnet die Frauen, ein Zug kindlicher Naivetät die
Männer aus.

Die Schaar der Heiligen, welche sich um die Mutter Gottes schaart, ist
ohne Zweifel die Genossenschaft der vierzehn Nothhelfer, nach welcher Auffassung dann die zwei Bischöfe als hl. Blasius und Achatius zu deuten sein
dürften. Die Vermuthung möchte wohl nicht zu gewagt erscheinen, daß das
Werk, das von v. Murr bei seiner Beschreibung der Kirche S. Jakob nicht erwähnt wird, dasselbe ist, welches er in S. Jobst gesehen hat und folgendermaßen beschreibt (S. 363): „Nahe an der Kanzel ist ein Altärlein, darauf die
heilige Jungfrau mit dem Kinde ist, vor ihr kniet St. Katharina. Auf dem
rechten Altarflügel ist ein Heiliger, auf dem linken St. Margaretha. Unten
sind die vierzehn Nothhelfer gemalet. Außen ist an dem rechten Altarflügel
ein Heiliger, an dem linken die heilige Agnes".

Stimmt die, wie gewöhnlich, sehr flüchtige Beschreibung auch im Einzelnen
nicht ganz überein, so kann dies doch an der Identifizirung der beiden Werke
nicht hindern, umsomehr als man sich den Altar von S. Jakob kaum anders
zusammengesetzt denken kann als derart, daß die beiden Flügel mit den acht
Heiligen unter den andern Tafeln angebracht waren. Da aber S. Jobst erst
1451 erbaut worden ist, kann er nicht ursprünglich für diese Kirche gemalt
sein, sondern ist vermuthlich aus einer andern — vielleicht nach der Darstellung
der Verlobung Katharina's aus S. Katharina — in sie übergeführt worden,
um später, nach Aufhebung von S. Jobst, nach S. Jakob zu gelangen. Ueber
die Stifter vermochte ich, da keine Wappen vorhanden sind, nichts zu erfahren.
War dieses Werk vielleicht als Weihgeschenk eines verzweifelten Gemüthes den
rettenden heiligen Helfern in jenem für Nürnberg so furchtbaren Jahre 1437
dargebracht worden, als die große Seuche an dreizehntausend Menschen hin-
raffte, oder als Ausdruck des Dankes für die glückliche Errettung einer Familie
aus der großen Gefahr? Vielleicht spricht für diese Deutung der Umstand, daß
unter den Nothhelfern der gegen die Pest angerufene Patron, der hl. Sebastian,
sich befindet, der sonst nicht zu ihnen gezählt wird. Er ist an Stelle des
hl. Vitus gerückt. Wenn auch sonst die Heiligenzusammenstellung etwas von
der späteren der Nothhelfer abweicht, da statt Cyriakus und Dionysius: Adjutor
und Nikolaus erscheinen, so darf uns dies nicht in gleichem Maße befremden,
da dies auch auf einem Holzschnitt der Weigeliana aus der Zeit um 1460
(I, 182, Nr. 110) der Fall ist. Als Befreier von der Hungersnoth würde des
hl. Nikolaus Aufnahme unter die Nothhelfer bei einem zu Zeiten der Seuche
geweihten Bilde sehr begreiflich erscheinen — weniger leicht ist die Wahl des
hl. Adjutor zu erklären, will man sich nicht einfach an die Bedeutung seines
Namens halten.

Möglich also, wenn nicht wahrscheinlich, daß der Altar von S. Jakob 1437 entstanden und auf uns gekommen ist als ein beredteres Zeugniß namenloser Angst und heißer Dankbarkeit jener Tage, als es die kurzen Zeilen sind, die in den Chroniken von dem großen Sterben künden. Ist dem aber so, dann gingen vielleicht zwei andere Bilder ihrer Entstehung nach ihm voraus. Das eine, dem Gedächtniß des 1433 gestorbenen Hans Glockengießer geweiht, befindet sich in der zweiten Kapelle rechts in S. Lorenz (N. 11 des jetzigen Führers) und stellt den Tod der Maria dar. Vor ihrem in schräger Perspektive gesehenen Bette, um das sich die Apostel versammelt haben, kniet sie an einem Betstuhl — im Gebet scheint ihr das Leben zu entweichen, denn besorgt streckt Johannes über das Lager hinweg die Hände nach ihr aus, sie zu halten. In der Höhe aber schließt in einer Glorie der von Engeln umgebene Heiland die in Gestalt eines Kindes gebildete Seele in die Arme. An der Annahme, daß das Bild gleich nach dem Tode des Stifters entstanden sei, zu zweifeln, liegt kein Grund vor. Das andere Gemälde: die Geburt Christi, ist vermuthlich 1434 gefertigt und zum Gedächtniß der Walpurg Prünsterin in die Frauenkirche gestiftet worden, von wo es vor nicht langer Zeit in das Germanische Museum gebracht wurde (N. 87). Die schildförmig gebogene Form erklärt sich aus seiner Bestimmung, an einem der Pfeiler der Kirche aufgehangen zu werden. Die erhaltene Umschrift lautet: anno dm m c c c c un in dē XXXIIII jar am erchtag noch sant mertins tag do v' schid fraw walpurg dy steffan prunsterin. Maria, eine schmächtige Figur in einfachem, blauem, anliegendem Kleide mit schlichtem blonden Haar kniet in einer Hütte anbetend vor dem Christuskinde, das in einer Mandorla liegt. Rechts hat sich der ernst blickende Joseph auf die Kniee niedergelassen. In der Staffel ist Christus im Grabe zwischen einem Papst (Gregor?) und einem Bischof, zu deren Seiten der Stifter und die Stifterin knieen, dargestellt. Vor diesem Bilde drängt sich dem Betrachter zum ersten Male die Vermuthung auf, der Künstler, in dessen Wesen wir etwas dem italienischen Geiste Kongeniales fanden, müsse selbst italienische Gemälde gesehen und studirt haben. Ist es vor Allem die ganz italienische Komposition, die diesen Gedanken hervorbringt, so macht sich doch auch in den Figuren und deren Bewegung etwas darauf Hindeutendes bemerkbar, was wohl zu fühlen, aber schwer zu definiren ist. Und zwar lautet der Name des Meisters, den man unwillkürlich leise für sich ausspricht: Gentile da Fabriano. Sollte der Meister des Imhof'schen Altares selbst in Italien gewesen sein? Keines der früher erwähnten Werke gäbe den geringsten Anlaß, dies anzunehmen. Aber zu dem einen Bilde, das man als Zeugniß benutzen könnte, gesellt sich ein anderes: eine Madonna, die sich in einer linken Seitenkapelle von S. Lorenz befindet (jetziger Führer N. 18).

Nicht minder als der Altar der Nothhelfer vermag diese Tafel, deren Ver-

gleich mit dem nahe befindlichen Imhof'schen Altar sehr lehrreich ist, meine
Behauptung, daß alle diese späteren Arbeiten vom Imhof'schen Meister ausgeführt sind, zu begründen. Was aber in höherem Grade das Interesse fesselt,
ist der so zu sagen italienische Charakter, der auch ihr eignet, und zwar in
solcher Weise, daß der Forscher sein Urtheil von ihm fremden, kunstverständigen
Besuchern der Kirche bestätigt sah, die, lange Zeit vor dem Bilde verweilend,
es nicht allein für das „schönste" unter allen in der Kirche befindlichen erklär-
ten, sondern geradezu Zweifel an seinem deutschen Ursprung äußerten. Das
„Italienische" liegt auch hier zunächst in der Komposition — Maria als Halbfigur von vier Engeln mit weit ausgebreiteten Flügeln gehalten, trägt, halb
nach rechts gewandt, den Kopf etwas gesenkt, auf den Armen das nackte, die
Hände erhebende Kind — dann in den Typen selbst und in dem Motiv des
über den Kopf gezogenen blauen Mantels. Unten knieen links der Stifter
mit acht Söhnen, rechts seine Frau mit vier Töchtern. Das Wappen belehrt
uns darüber, daß es eine Familie Imhof ist, und zwar wäre es nach Hilpert,
der sich auf eine ehedem vorhandene Inschrift beruft, eine Gedächtnißtafel
für den 1448 gestorbenen Christian Imhof gewesen. Eine so späte Datirung
des Gemäldes widerspricht seinem Stilcharakter, dem zufolge es vielmehr in
die dreißiger Jahre gehört. Es mag hier wie öfter sich um eine zu Lebzeiten
des Stifters geschehene Dedikation und um eine spätere Hinzufügung der In-
schriftstafel mit dem Todesdatum handeln. Früher hing die Madonna, so berichtet Hilpert, bei der Imhof'schen Empore, war mehrere Jahre verschwunden
und kehrte erst 1826 in die Kirche zurück.

Unmittelbar mit den zwei zuletzt erwähnten Werken verdienen mehrere
andere jetzt in München und Augsburg aufbewahrte verglichen zu werden.
Nicht weniger als drei finden sich im Nationalmuseum — Alle, was Farbe und
Zeichnung betrifft, vollständige Seitenstücke zu der Geburt Christi und Imhof's
Madonna. Dürften wir der Inschrift: „1443 starb Gerhaus Ferin Klosterfrau
zum h. Grab" trauen, so wäre uns in dem einen eine Arbeit aus den vierziger
Jahren erhalten. Aber auch hier ist das Todesjahr der Stifterin nicht nothwendig zugleich das Geburtsjahr des Bildes. Ganz wohl könnte man sich
denken, daß die fromme Nonne bald nach der Holzschuher'schen Stiftung der Kapelle
zum h. Grabe (1437), denn aus dieser stammt es offenbar, in solcher Weise
zum Schmucke des Kirchleins auf dem Johannesfriedhofe beigetragen habe.
Der Künstler erhielt den Auftrag, sie selbst darzustellen, wie sie von dem jugendlichen Johannes dem Evangelisten dem Christkind empfohlen wird, das, auf
seiner Mutter Schooß sitzend, freundlich mit dem rechten Ärmchen nach ihr langt.
Hinter dem Stuhl der in blaue Gewandung und weißes Kopftuch gekleideten,
die Krone tragenden Mutter hängt ein goldbrokatner, von Engeln gehaltener
Teppich.

Meifter Berthold.
Die Imhof'fche Madonna.
S. Lorenz zu Nürnberg.
S. 51.

Nach einer photogr. Aufnahme von Ferd. Schmidt in Nürnberg.

Ganz ähnlich angeordnet ist das zweite Bild, das gleich jenem in demselben Raume wie der Bamberger Altar hängt, so daß der Vergleich der früheren und späteren Stilrichtung hier ähnlich leicht gemacht ist wie in S. Lorenz. Wiederum eine Maria mit dem Kind, wiederum eine von Johannes dem Evangelisten empfohlene Stifterin. Außerdem aber noch rechts die Figur der h. Elisabeth. Ein enger Zusammenhang der Stiftungen liegt hier vor.

Dagegen bringt die dritte, in dem Miniaturensaal ziemlich hoch an einer Wand hängende Tafel (N. 3) eine sehr eigenthümliche, seltene Darstellung: die „Madonna im Aehrenkleide". In einer gothischen, sehr einfach gehaltenen Architektur kniet ganz von vorne gesehen in mit goldenen Aehren gemustertem blauen Kleide, eine goldene Strahlenkranzverzierung an der Brust, die Jung-frau. Links neben ihr in einer Thür steht ein weißgekleideter Engel, der ihr ein Buch vorhält. Rechts schauen drei andere kleinere Himmelsboten durch die Thüre herein.

Es ist die liebliche, in den deutschen mittelalterlichen Mariengedichten er-zählte Legende von dem Aufenthalte der Jungfrau im Tempel in den Zeiten vordem sie mit Joseph verlobt war, die hier verbildlicht ist. In fleißiger Arbeit, die nur mit Gebet wechselte, verbrachte Maria ihre Kindheitjahre im Tempel. Mit ihren Genossinnen schmückte sie reiche Seidengewänder mit goldenen Stickereien. Als das Loos gezogen wurde, fiel ihr als Königin die vollendete Arbeit zu. Nach der None pflegte sie zum Altar zu gehen und bis zur Vesper aus ihrem Psalter zu beten. Der Erzengel Gabriel brachte ihr täglich das Himmelsbrot, daß sie die irdischen Speisen den Armen schenken konnte. In einen Moment faßt der Künstler, welcher vermuthlich nach dem Wunsche des Auftraggebers sich an die Dichtung des Karthäusers Philipp hielt, die verschiedenen Abschnitte der Erzählung zusammen, indem er dieselbe in seiner Weise noch durch den Be-such anderer Engel ausschmückte. Sonstige bisher bekannt gewordene Darstellungen der „Maria im Aehrenkleide" findet man in Schultz's „Legende vom Leben der Jungfrau Maria" angeführt: ein aus Brixen stammendes Gemälde im Museum zu Freising, einige aus Salzburg und Umgegend, endlich zwei im Museum zu Breslau.

Ebensowenig wie für dies fesselnde Werk, läßt sich für die beiden in der Augsburger Gallerie (im II. Kabinet) aufbewahrten Bilder eine Vermuthung betreffs der Kirche in Nürnberg, in welcher sie sich ursprünglich befanden, aus-sprechen. Sie zeigen die Halbfiguren der den Drachen segnenden Margarethe und der hl. Rosa, welche ein Körbchen mit Rosen hält.

Kehren wir nach Nürnberg zurück, so bietet sich unserer Betrachtung zu nächst wiederum ein größeres Altarwerk in S. Lorenz dar, das mit einiger Sicherheit zu datiren sein dürfte: es ist dies der Deokarusaltar. Derselbe ist das einzige Ueberbleibsel eines dereinst hier dem Heiligen, der im 9. Jahr-

hundert Abt in Herrenried war, geweihten Kultus, da deſſen Gebeine im Jahre
1845 nach Eichſtädt verſchenkt worden ſind, nachdem der ſilberne Schrein, in
dem ſie aufbewahrt wurden, ſchon 1811 verkauft worden war. Die Reliquien
des heiligen Mannes, der der Beichtvater Karl's des Großen geweſen ſein ſoll,
waren von Ludwig dem Baiern nach Eroberung des Stiftes Herrieden den
Nürnbergern für ihre neue Kirche S. Lorenz geſchenkt und am 26. Dezember
1317 auf den Zwölf-Boten-Altar gebracht worden. Im Jahre 1406 wurden
ſie auf den neuen, am 5. Juni d. Jahres geweihten gegenwärtigen Altar übergeführt. Einen ihrer würdigen Platz erhielten ſie erſt 1437 durch den noch in
demſelben Jahre geſtorbenen Andreas Volkamer, und dieſer iſt es wohl ſicher
auch geweſen, der zu gleicher Zeit das Altarwerk anfertigen ließ, deſſen Entſtehung demnach in dem Jahr 1437 oder kurz zuvor anzunehmen iſt. Die Um-
ſchrift des mit Silberplatten geſchmückten Sarkophages lautete nach Hilpert:
„Anno Domini 1437 in die St. Egydii completum eſt hoc opus Sarcophagi
in honorem St. Deocari Abbatis per Dominum Ludovicum Imperatorem
Romanorem huc de Herrieden translati."

Die Mitte des Altars nimmt Schnitzwerk: darſtellend oben Chriſtus, unten
Deotarus, umgeben von den 12 Apoſteln, ein. Auf den Flügeln und der Predella ſind die Malereien unſeres Meiſters, und zwar derartig vertheilt, daß auf
den Innenſeiten der Flügel links die Transfiguration und die Berufung Petri,
rechts die Auferſtehung mit der ſehr lebhaft bewegten Geſtalt des Heilandes
und das Abendmahl, auf den Außenſeiten vier Legenden aus dem Leben des
Deotarus und die 12 Apoſtel, an der Staffel die liegende Geſtalt des Heiligen
und vier weitere Legendenſzenen zu ſehen ſind. Die Ereigniſſe aus ſeiner Geſchichte ſind — und zwar einige in Wiederholungen gegeben — ſein Gebet vor
einer Kapelle im Walde, die Stiftung der Abtei verſinnbildlichend, ſeine Heilung
eines Blinden, die Beichte Karl's des Großen, die Uebertragung ſeiner Leiche,
endlich die Uebergabe der Reliquien an vier Herren des Nürnberger Rathes
durch den Kaiſer Ludwig — Alles in ziemlich kleinen Figuren gegeben. Ver-
ſchiedene dieſer Darſtellungen, namentlich diejenigen aus dem Leben Chriſti, ſind
wahrhaft meiſterlich komponirt und von ſtaunenswerther Lebhaftigkeit des Ausdruckes. In der ſchlichteſten, aber höchſt wirkungsvollen Weiſe iſt das erregte
Verlangen Petri im „Fiſchfang", der Schrecken und die Aufregung der Jünger
im „Abendmahl", die ſiegreiche Glaubensgewalt im auferſtehenden Chriſtus gegeben. Jede Figur iſt tief empfunden und charakteriſtiſch aufgefaßt! Die Er-
haltung der Gemälde iſt eine gute.

In ſehr traurigem Zuſtande dagegen befindet ſich das einzige Werk, das
S. Sebald (an einem Pfeiler links im Chore) von dem Meiſter des Imhof'ſchen
Altars beſitzt: Anna ſelbdritt zwiſchen der h. Katharina und einem Biſchof mit

Stifterfiguren darunter. Es ist vollständig übermalt worden, bewahrt aber auch so noch die Kennzeichen seines ursprünglichen Stiles.

Nicht mit gleicher Bestimmtheit läßt sich sagen, ob ein in noch schlimmerer Weise überpinseltes Bild in der Tetzelkapelle der Aegidienkirche von dem Meister gefertigt ist. Daß es ganz in seinem Stile gestaltet war, läßt sich noch erkennen. Es ist die Darstellung der Halbfigur der Maria, umgeben von vier Engeln, die ihren Heiligenschein halten, und zwei anderen, die unter ihrem Gewande zum Vorschein kommen, und darf als eine Art Seitenstück zu der Imhof'schen Madonna in S. Lorenz betrachtet werden. Die Inschrift lautet: „Fraw elspet steffan tetzlin selig dy elter starb an unser frawen tag als sy empfangen wart do man zalt von Cristus gepurt MCCCC und in dem XXXVII jar der got genedich sei amen."

Ein kleiner Rest eines Altars: eine Staffel mit Christus und den zwölf Aposteln, unzweifelhaft von dem Meister, findet sich im Germanischen Museum (Kirche, R. 409).

Endlich ist ein der Altkölnischen Schule zugewiesenes Brustbild der h. Barbara auf Goldgrund in der Sammlung des Konsuls Weber zu Hamburg und ein ganz ähnliches der h. Ursula im Besitze des Major Göringer zu Augsburg anzuführen.

Damit wäre denn aber auch die Liste der dem Meister selbst zuzuschreibenden Werke abgeschlossen. Einige andere Bilder sind nur als Arbeiten von weniger bedeutenden Schülern oder Nachahmern anzusehen. Sie seien hier kurz genannt.

Eine jenem Gemälde im Germanischen Museum ähnliche Komposition: Christus im Grabe zwischen Maria und Johannes, darunter das von einem Stifter und einer Stifterin verehrte Veronikabildniß, zeigt eine links im Chore von S. Lorenz aufgehängte Tafel. Dürfte man Hilperts Angaben Glauben schenken, so wäre sie zum Gedächtniß eines Kunz Nymensnyder, der 1409 starb, gestiftet. Obgleich die Malerei sehr gelitten hat, läßt sich doch so viel behaupten, daß sie nach ihrem Stile jedenfalls nicht so früh angesetzt werden darf, sondern wie jene oben erwähnten Bilder in die dreißiger Jahre. Also dürfte entweder die Angabe bezüglich des Stifters nicht zutreffend sein, oder das Gemälde wäre erst lange nach dem Tode des Nymensnyder seinem Andenken gewidmet worden, wie dies nachweislich öfters der Fall gewesen ist.

Weiter in Betracht käme dann eine Kopie jenes Todes der Maria in S. Lorenz, die jetzt im Nationalmuseum von München (5. Saal im Erdgeschoß) ausgestellt ist und möglicherweise mit einem der beiden Bilder zu identifiziren wäre, deren eines, aus dem Jahre 1441, von v. Murr in der Katharinenkirche, deren anderes, vom Jahre 1438, von demselben Autor in der Predigerkirche gesehen wurde.

Ferner eine Tafel in der 6. Kapelle rechts in S. Lorenz, darstellend Maria mit dem Kinde, vor brokatenem Teppich sitzend, den zwei Engel halten, links von ihr Bartholomäus, rechts Barbara, unten die Stifterfamilie. Die Inschrift besagt: „Anno domini 1400 und yn dem 37 jar am freitag vor sanct katerin do verschied heinrich gartner selig, und darnach im 67 jar am mittwoch vor Sant ellspeten tag verschied frau barbara Heinrich Gartnerin."

Weiter sei das Altärchen mit Passionsdarstellungen im Germanischen Museum (N. 6), die Halbfigur der h. Margarethe ebendaselbst (N. 89), zwei Bildchen von miniaturartiger Ausführung in der Bamberger Kunstsammlung: Christus auf dem Oelberg und die drei schlafenden Jünger und eine Tafel, darstellend Christus mit der Weltkugel zwischen sechs Aposteln im Münchener Nationalmuseum (Erdgeschoß 4. Saal), erwähnt.

Nicht allein Tafelgemälde aber sind es, in denen wir den Einfluß der künstlerischen Thätigkeit unseres Meisters feststellen können, sondern derselbe läßt sich auch weiterhin in der Glasmalerei verfolgen. In bei Weitem nicht genügendem Maaße sind bisher für die Erforschung der deutschen Malerei die Glasgemälde herangezogen worden, und doch sind dieselben nicht selten wichtigen Aufschluß gebende Zeugnisse für die Bedeutung und das Schaffen der Tafelmaler. Haben diese doch, wie in zahlreichen Fällen mit größter Evidenz nachzuweisen ist, wenn nicht immer, doch zumeist im 15. und 16. Jahrhundert die Vorzeichnungen geliefert, nach denen die Fenster farbig geschmückt wurden. Je älter die letzteren, desto schwieriger freilich ist es, mit Sicherheit den Stil eines bestimmten Meisters herauszufinden: so lange die Glasmalerei noch den Charakter buntfarbiger Ornamentik und mosaikartiger Aneinanderreihung einzelner Theilchen trägt, treten die charakteristischen Eigenthümlichkeiten der Umrißzeichnung zurück. Erst als man anfängt, in bildmäßiger Klarheit mit den Tafelbildern rivalisiren zu wollen, bieten sich der Stilkritik sichere Anhaltspunkte dar. Bis in den Anfang der zweiten Hälfte des 15. Jahrhunderts sind die Nürnbergischen Glasmalereien in einer Art von Uebergangsstil vom rein Dekorativen zum Bildmäßigen behandelt. Die Färbung ist schwer gedämpft: die frühere Leuchtkraft und Transparenz ist verloren gegangen, ein bräunlicher Gesammtton eingetreten; dieselben Farben, die wir in den Tafelbildern kennen gelernt, wiederholen sich ungefähr hier, nur in reicherem Wechsel. Die vieltheilige Gliederung verhindert, eine geschlossene Gesammtanschauung von den figürlichen Kompositionen zu erlangen: nur allmählich gelingt es dem Auge, einen bestimmten Eindruck von den zumeist ziemlich derb gezeichneten Gesichtstypen der Gestalten zu gewinnen. Vermag man den Glasgemälden vom Ende des Jahrhunderts gegenüber häufig einen bestimmten Meisternamen auszusprechen, so kann man angesichts der früheren nur ganz im Allgemeinen von einer künstlerischen Richtung reden.

Kennzeichen der Richtung des Meisters des Imhof'schen Altars nun scheinen mir in mehreren Fenstern der Kirchen S. Lorenz und S. Sebald aufzufinden zu sein. In dem zunächst zu erwähnenden: dem ersten Chorfenster links in S. Lorenz sind von den alten 1456 gestifteten Malereien nur wenige Reste: eine Jungfrau mit dem Kinde und Engeln, oben erhalten, alles Andere ist aus ruinirten Scheiben ungeschickt zusammengestellt. Einen besser erhaltenen Cyklus von Darstellungen aus dem Alten Testament, beginnend in der Höhe mit „Gott im feurigen Busch" und schließend mit dem „Einzug der Kinder Israels", zeigt das dritte Fenster links. Nach Hilpert sind unten die Wappen der Familie Rieter und zwar des Nikolaus († 1404), Hans, Peter († 1462), Sebald († 1471), Peter († 1502) und dessen Bruder Sebald Rieter zu erkennen. Die letzten beiden sind als Stifter vor Maria angebracht und darunter steht die Jahreszahl 1479. Offenbar bezieht sich diese nicht auf die Anfertigung des ganzen Fensters, das einen viel älteren Stil zeigt, als er in dieser Zeit in den Glasmalereien üblich war. Peter und Sebald Rieter werden vermuthlich nur das Werk ihrer Vorfahren vollendet haben. Eine Renovirung fand im August 1732 statt. Zuletzt wären die zwei unteren Wappen auf der Imhof'schen Empore, die in der Zeit des Altares entstanden sein dürften, zu erwähnen.

Von den Glasgemälden in S. Sebald kommen vier in Betracht. Zunächst diejenigen des ersten Fensters hinter der Sakristei links im Chor mit Darstellungen aus der heiligen Geschichte und den Wappen der Rützel und Pfinzing, dann die des nächstfolgenden Fensters, das nach Mayer's „Beschreibung von S. Sebald", von Berthold Tucher und Anna Pfinzing, die unten knieen, und zwar, was mir wiederum schwer vereinbar mit dem Stile der die Passion Christi behandelnden Kompositionen zu sein scheint, in den Jahren 1364 und 1365 gestiftet sein soll. An dritter Stelle das Beheim'sche Fenster rechts im Chore (das erste nach der Sakristei) mit der „Verkündigung Maria's", der „Geburt Christi" und den Wappen der Beheim, Volkamer und Schopper, endlich das Haller'sche Fenster (das dritte rechts im Chore von der Sakristei aus gezählt), das unten und oben sechs Wappen der Haller, in der Mitte den hl. Georg und andere Heilige und über ihnen den Bethlehemitischen Kindermord zeigt und nach v. Murr und Roth (Beschreibung von Nürnberg) eine Jahreszahl (1496 oder 1494 tragen soll, die ich nicht auffinden konnte, die auch von Mayer nicht erwähnt wird und jedenfalls nicht die Entstehungszeit bedeuten kann.

Außer den erwähnten dürften schwerlich mit Bestimmtheit andere Glasmalereien in den Kirchen Nürnbergs mit der Kunst unseres Meisters in Beziehung zu setzen sein, wohl aber sechs Reste eines Fensters, die jetzt in der Nagelkapelle des Bamberger Domes aufbewahrt werden, darstellend Maria mit dem Kinde, Heinrich II., Kunigunde, Andreas, einen Bischof und zwei Engel.

Die Kunst eines großen Meisters, dies das Resultat aller dieser Untersuchungen, ist es, die der künstlerischen Thätigkeit in Nürnberg in den ersten Jahrzehnten des 15. Jahrhunderts einen ausgesprochenen, bestimmten Charakter verleiht. Seine Werke und die Nachahmung derselben — alles Andere ist von ganz nebensächlicher Bedeutung. Keinem Maler neben ihm darf man irgend welche hervorragende Stellung einräumen. Mit kühner Sicherheit führt er eine auf eine großartige, allgemeine Naturanschauung sich stützende, aber durch strenge, im Anschlusse an die ältere Kunst gewonnene stilistische Gesetzmäßigkeit ausgezeichnete Kunstweise ein und bildet dieselbe selbst im Laufe eines langen, thätigen Lebens aus. Die Entwicklung und Wandlung derselben wird uns aus dem Vergleiche seiner bedeutendsten Werke klar: der Deichsler'sche Altar in Berlin, als das früheste erhaltene, noch im ersten oder im Anfang des zweiten Jahrzehntes des Jahrhunderts entstanden, verräth in den schlankeren Verhältnissen der Figuren, der mehr geschwungenen Stellung, der künstlichen Gewanddrapirung den Zusammenhang mit der älteren Kunst, so groß auch schon der Schritt über dieselbe hinaus ist, noch deutlicher. Es folgt der Imhof'sche Altar aus den Jahren 1418 bis 1420, dessen Figuren deutlich das Streben nach kürzeren, der Natur mehr entsprechenden Verhältnissen zeigen, und dessen Farbengebung die frühere, etwas harte und zähe Farbennebeneinanderstellung und -modellirung zu mildern sucht. In noch höherem Grade ist dies auf dem durch einen weicheren, bräunlichen Gesammtton ausgezeichneten Bamberger Altar von 1429 und auf jenem von S. Jakob der Fall. Hier auch macht sich ein freierer, schlichterer Fluß der Gewandung geltend. Die folgenden Werke der dreißiger Jahre, zu denen wir eine Reihe von Madonnen und Heiligenbildern, den Deokaruoaltar, einen „Tod der Maria", eine „Geburt Christi", einen „Christus im Grabe", ein „Gebet in Gethsemane" und ein Staffelbild mit den zwölf Aposteln rechneten, vertreten mit ihren untersetzten Figuren, den grauen Tönen im Inkarnat, den Goldfarben in der Gewandung eine letzte Phase des Stiles, in welcher der Meister zu einer großen Freiheit der technischen Ausführung sich erhoben, zugleich aber etwas von der früheren Kraft und Würde der Gestaltung eingebüßt hat. Einzelnes in ihnen, namentlich die Komposition, aber weckte die Erinnerung an italienische Werke dieser Zeit, und legt die Frage nahe, ob der Künstler selbst, vielleicht im Anfang der dreißiger Jahre, im Süden gewesen ist. Diese Vermuthung, die Möglichkeit einer solchen Annahme wenigstens darf ausgesprochen werden. Wenn er aber die Werke eines italienischen Malers studirt hat, so werden es die seines Zeitgenossen Gentile da Fabriano gewesen sein, von dessen ungemein fruchtbarer und folgereichen Thätigkeit in Norditalien vor Allem Venedig wichtige, ja in der Geschichte der oberitalienischen Malerei Epoche machende Zeugnisse bewahrte.

Ganz ungefähr nur läßt sich die Lebensdauer des Meisters des Imhof'schen Altars bestimmen: er muß in den letzten Jahrzehnten des 14. Jahrhunderts geboren und am Ende der dreißiger, oder, falls wir das Todesdatum der Stifterin auf dem einen Bilde in München 1443 auch als die Entstehungszeit des letzteren annehmen, in den vierziger Jahren des folgenden gestorben sein. Und damit hängt dann die letzte Frage zusammen, die zu beantworten wäre: kennen wir Namen von Malern aus dieser Zeit, und läßt sich einer dieser urkundlich beglaubigten Meister mit unserem Künstler identifizieren?

Gehen wir das am Schlusse dieses Buches aufgestellte Verzeichniß von urkundlich überlieferten Malernamen dieser Zeit durch, so schrecken wir vor der verwirrenden Fülle derselben zurück. Welche von diesen Künstlern waren die hervorragenderen, geschätzten? Man glaubt, angesichts dieser Liste, die einem trockenen Register gleicht, an jeder Möglichkeit einer Antwort verzweifeln zu müssen! Nur ein Einziger erscheint besonders ausgezeichnet, wird in weit auseinander liegenden Jahren des fraglichen Zeitraums erwähnt: Meister Bertholt, Bildschnitzer und Maler. Ganz unwillkürlich richtet sich auf ihn (sonst nur noch auf den 1407 und 1438 genannten Hans von Speyer) die Aufmerksamkeit. Hier hätten wir wenigstens den späteren Lebensdaten nach (er wird zuletzt in den Jahren 1427—30 genannt) eine ungefähre Begrenzung der künstlerischen Thätigkeit, die der des Meisters des Imhof'schen Altars entspräche. Aber hiermit hätte dann auch die Sache ihr Bewenden, wenn sich nicht andere Beweise dafür auffinden ließen, daß eben jener Meister Berthold eine hervorragende Stellung unter den Nürnberger Genossen eingenommen habe.

Diese Beweise nun aber sind vorhanden und zwar in einigen urkundlichen Mittheilungen, die Theodor von Kern in seiner Ausgabe des Memorials des Endres Tucher (in den Chroniken der deutschen Städte, Nürnberg, II. Band, S. 11) gegeben hat.

„Item do man zalt 1423 jar", so berichtet Endres Tucher, „zwischen Ostern und pfingsten do molet man das rothaus hinten und vorn". Die von v. Kern zu dieser Stelle mitgetheilten Stadtrechnungen nun sagen aus, daß der Maler, dem jene Arbeit übertragen wurde, Meister Berchtolt war und dieser seine Söhne und Gesellen mit beschäftigte. Wir sahen früher, daß im Jahre 1378 die Rathsstube ausgemalt worden war, sowie daß die älteren Gemälde gesäubert worden waren, jetzt wird eine weitere malerische Ausschmückung und zwar vor Allem der Außenseiten des Gebäudes vorgenommen.

Die Rechnungen lauten:

„It. dedim. 150 guld. new meister Berchtolten moler von dem rothaws czu molen aussen, hinden, vornen, neben und unter dem rothawse von czweien stuben, und vom rothawse ynnen von dem gemelde zu bessern, das man im gab für sein malen und arbeit, die er daran getan het, über alle andere

arbeit, die der baumeiſter auch daran getan het. unum pro 1 ℔ 1 β und
8 hllr. Summa in hallensibus 100 und 62½ ℔ hllr. r(ecepit) per se.“

„It. ded. 4 guld. new des meiſter Berchtolds maler ſünen und knechten
czu trinkgelt unum pro 1 ℔ 1 β 8 hllr. Summa in hallensibus 4 ℔
6 β und 8 hllr. (Jahresreg. II, Bl. 183ᵃ).“

Eine große und ehrende Aufgabe, ja vielleicht die ehrenvollſte, die ein
Maler der Stadt Nürnberg erhalten konnte, ward alſo im Jahre 1423 dem
Bertholt zu Theil. Der Auftrag beweiſt, daß er der angeſehenſte Künſtler in
Nürnberg war: iſt da die Vermuthung wohl zu kühn, daß jener große un=
bekannte Meiſter des Imhof'ſchen Altares, dem wir die unbeſtrittene Herrſcher=
ſtelle unter den Malern Nürnbergs im Anfang des 15. Jahrhunderts anweiſen
mußten, eben kein anderer als dieſer Meiſter Berthold, der Maler des Rath=
hauſes, iſt?

Die Annahme hat an und für ſich die größte Wahrſcheinlichkeit für ſich;
es fragt ſich nur, in wie weit die uns urkundlich überlieferten Lebensdaten
Berthold's ſich mit ihr in Einklang ſetzen laſſen. Hier bietet ſich in der That
eine Schwierigkeit dar. Ein „Meiſter Berthold, Bildſchnitzer und Maler“,
wird nämlich ſchon im Jahre 1363, dann 1378 erwähnt. Dann finden wir
unter dem Jahre 1396 den „Berthold, Moler“, 1406 den Maler Berthold,
der die Schiltlein und Wappen an den Armbruſten und Tartſchen im Rath=
haus malt, 1413 den „Meiſter Berchtold Moler“, 1427 bis 1430 „Berchtolt
Moler“ angeführt. Iſt dies nun Alles einer und derſelbe Meiſter, oder giebt
es einen älteren und jüngeren deſſelben Namens, in welchem Falle dann an
Vater und Sohn zu denken wäre? Will man das Erſtere annehmen, ſo wäre
Berthold etwa 67 Jahre lang thätig geweſen und müßte demnach ein Alter
von mindeſtens 87 Jahren erreicht haben. In ſeiner Entwicklung müßte er
die ganze Wandlung aus der älteren in die neuere Kunſtrichtung durchgemacht
haben. Dies iſt ſchwer denkbar, muß auch die Möglichkeit zugeſtanden werden.
Bei Weitem wahrſcheinlicher aber iſt es, daß ein älterer und ein jüngerer
Berthold zu unterſcheiden iſt. Jener wäre der 1363 und 1378, dieſer der
1406, 1413, 1423 und 1427 bis 1430 erwähnte. Welcher von Beiden der
1396 angeführte iſt, muß dahingeſtellt bleiben.

Jener bedeutende, mit den Malereien im Rathhauſe beauftragte Künſtler,
der vermuthlich eben der Meiſter des Imhof'ſchen Altares iſt, wäre demnach
der jüngere Meiſter Berthold.

„Der Maler“, ſo wird er in den Urkunden genannt — aber hat ſich
ſeine Thätigkeit auf die Kunſt der Malerei beſchränkt? Iſt er nicht zugleich,
wie der ältere Berthold, auch Bildſchnitzer geweſen? Die Beantwortung dieſer

wichtigen Frage wird, wie ich glaube, durch ein Werk des Meisters möglich gemacht, das einzige unter den erhaltenen, an dem außer den Gemälden Schnitzwerk sich befindet: den Deokarusaltar in S. Lorenz. Wie bereits erwähnt wurde, befinden sich in dem Schrein desselben die in Holz gearbeiteten, nicht polychrom, sondern einfach braun gehaltenen Figurengruppen des Heilands zwischen sechs Aposteln und des hl. Deokarus zwischen den andern sechs Aposteln. Daß wir es hier mit ganz außerordentlichen, die höchste Kunst verrathenden Skulpturen zu thun haben, fällt auf den ersten Blick in's Auge. Unter den in Bode's „Geschichte der deutschen Plastik" angeführten Nürnberger Arbeiten aus dem Anfang des 15. Jahrhunderts haben sie daher auch bereits einen Ehrenplatz angewiesen erhalten. Was nun aber bei näherer Betrachtung auf das Deutlichste ersichtlich wird, ist die vollständigste stilistische Uebereinstimmung dieser Holzfiguren mit denen auf den Gemälden, eine Uebereinstimmung, die so groß ist, als sie überhaupt nur zwischen Gemälden und Skulpturen sein kann. Diese untersetzten Gestalten in weichen Gewändern mit reichlichen, langgezogenen Falten, diese ausdrucksvollen, milden und feingeschnittenen Köpfe mit dem vollen, zierlich gelockten Haar, der schönen gewölbten Stirne, den scharf profilirten gebogenen Nasen, den großen lebensvollen Augen, den weich fließenden Bärten, diese Hände mit den kräftig betonten Knöcheln und kurzen Nägeln an den Fingern — Alles ist uns gar wohl bekannt von den Bildern her. Man kann den Charakter der Figuren nicht besser bezeichnen, als wenn man sie die in's Plastische übersetzten Gestalten der Gemälde unseres Meisters nennt. Dasselbe edle Formenideal, dasselbe beginnende Naturstudium, dieselbe große entscheidende Neuerung hier wie dort. Wie sollte ein anderer Künstler, ein Bildschnitzer sich so in den Geist des großen Malers versetzt haben, wie ließe sich dieselbe geniale Ursprünglichkeit bei einem Anderen voraussetzen? Sicher, dieser Maler ist zugleich Bildschnitzer gewesen, und für die Geschichte der Plastik ist er von nicht minderer Bedeutung wie für die der Malerei. Auch auf diesem Gebiete ist er bahnbrechend für eine neue Kunstrichtung, die des 15. Jahrhunderts, geworden.

Die Schnitzereien des Deokarusaltares aber bieten den Ausgangspunkt für weitere höchst wichtige Untersuchungen, die hier nur kurz angedeutet werden können. Von keinem Anderen, als dem Meister, den wir Berthold nennen dürfen, sind nach meinem Dafürhalten auch jene Thonfiguren von sitzenden Aposteln, von denen sechs im Germanischen Museum, vier in der Jakobskirche sich befinden. Dem etwas alterthümlicheren Stile nach sind sie wohl frühere Arbeiten: sie verhalten sich zu den Apostelfiguren in S. Lorenz etwa, wie die älteren Gemälde des Meisters zu den jüngeren. Bereits Bode hat übrigens bemerkt, daß der Deokarusaltar „noch den Einfluß der Richtung zeige, aus welcher jene Thonfiguren der Apostel in der Jakobskirche hervorgingen,

jedoch mit einer Neigung zur realiſtiſcheren Durchführung, welche die Auffaſſung
etwas beeinträchtigt". Ferner ſcheinen mir als Werke des Meiſters einige
andere in Betracht zu kommen, auf welche gleichfalls Bode die Aufmerkſamkeit
hingelenkt hat: jene Gruppe der Krönung der Maria im Germaniſchen Muſeum
(Nr. 672), der „ſegnende Gottvater" ebendaſelbſt (Nr. 635) und das Standbild
Karl's IV. im Muſeum zu Berlin. Die Richtung im Allgemeinen, ohne daß
man hier an Arbeiten des Meiſters ſelbſt denken könnte, vertreten die bemalte
und vergoldete Statue der Madonna im Germaniſchen Muſeum (Nr. 67), die
Petrusfigur an der St. Moritzkapelle, und die zu einer Gruppe der Anbetung
der Könige gehörigen Thonfiguren im Berliner Muſeum.

Alle unſere Unterſuchungen haben ſich bisher darauf beſchränkt, die
künſtleriſche Thätigkeit des Meiſters Berthold zu verfolgen und die Eigenart
derſelben zu ergründen. Wir haben uns begnügt, dieſen Stil als die gänzlich
unvermittelt in's Leben tretende Schöpfung eines genialen Neuerers zu erfaſſen,
ohne den Verſuch zu machen, auch nur eine Beziehung zu der vorangegangenen
Kunſtübung aufzuſinden. Der Abſtand zwiſchen den früher beſprochenen Nürnber=
giſchen Gemälden des 14. Jahrhunderts und einem Werke, wie dem Deichsler=
ſchen oder Imhof'ſchen Altar, iſt ein ſo großer, daß es zunächſt allerdings faſt ver=
geblich erſcheinen muß, eine Brücke von den einen zu den anderen ſchlagen zu
wollen. Und doch lehrt die Kunſtgeſchichte auf allen ihren Seiten andrerſeits,
daß ſelbſt die That des Neuerers bedingt iſt durch vorangehende und vorbe=
reitende Erſcheinungen, daß ſeiner kühn entſcheidenden Kraft von Anderen
in gewiſſer Weiſe vorgearbeitet und die Bahn geöffnet wurde.

Im Anblick dieſes großen und vielſeitigen Schaffens, dieſes ausgeprägten
Stiles drängt ſich unabweislich Antwort fordernd die Frage auf, wo und bei
welchen Künſtlern der Meiſter gelernt. Nach der einen Seite hin, nämlich was
ſeine Thätigkeit als Bildſchnitzer betrifft, dürfte unſchwer hierüber eine beſtimmte
Anſicht zu gewinnen ſein. In Nürnberg ſelbſt hat es in der zweiten Hälfte
des 14. Jahrhunderts Bildhauer gegeben, die eine große und fruchtbare Wirk=
ſamkeit entfalteten. In der Beherrſchung der künſtleriſchen Mittel, wie in der
Naturbeobachtung waren ſie den gleichzeitigen Malern weit voraus. Im Verlaufe
von wenigen Jahrzehnten waren die größten Fortſchritte gemacht worden; eine
Wandlung von dem Derben, Gewaltſamen zur feineren, ſchönheitsvolleren
Formenbildung hatte ſich vollzogen. Schon die Skulpturen der Vorhalle an
der Frauenkirche zeigen eine Mäßigung gegenüber den knochig maſſiven Geſtalten
am Portal der Lorenzkirche. Ja, es finden ſich hier neben immer noch robuſten
Figuren bereits ſchmaler und länger gebildete mit gedehntem Geſichtsoval, feinen
langen, ſcharfen Naſen, in zierlichen, parallelen Linien gegliedertem Haar. Vor=

nehme Anmuth und zarte Empfindung, darauf geht das Streben, das schließ=
lich in den Gebilden am Schönen Brunnen zu noch freierem, glücklicherem
Ausdruck gelangt. Unmittelbar nun an den Künstler, der den Schönen Brunnen
gefertigt hat, schließt sich unser Meister an. Jener liefert ihm die ersten Vor=
bilder, an denen er seine Studien macht, bis er, durch das direkte Studium
der Natur erstarkt, zu jener höheren Belebung und Beseelung, zu jener größeren
Freiheit der Bewegung und jener mannichfaltigeren Charakteristik gelangt, die
wir an den Thonfiguren der Apostel und den Schnitzereien des Deokarusaltares
bewundern.

Hier, auf dem Gebiete der Skulptur, haben wir unfraglich eine ununter=
brochene Tradition, ein stätiges Werden bis zu dem Schöpfer des Imhof'schen
Altars hin — hier steht derselbe ganz auf dem Boden der heimischen
Kunst.

Ganz anders aber verhält es sich mit der Malerei. Vergebens sehen wir
uns nach Werken aus dem Ende des 15. Jahrhunderts in Nürnberg um, die als
unmittelbare Vorläufer der Deichsler'schen Altartafeln anzusehen wären. Zwar,
im Germanischen Museum hängen zwei Tafeln (Nr. 83 und 84), die etwa um
die Wende des Jahrhunderts entstanden sein müssen und, dem Stile nach älter
als die Bilder Berthold's, eine ausgebildetere Stufe der Kunstübung einnehmen,
als die im ersten Abschnitt geschilderten, die also wohl für Mittelglieder gehalten
werden könnten, aber sie stehen ganz vereinzelt da, und wir haben vorderhand
keinen Beweis dafür, daß sie in Nürnberg entstanden sind, ja überhaupt der
fränkischen Schule angehören. Sie stellen das Begräbniß Mariens (auf der
Rückseite die Geißelung Christi) und den Bethlehemitischen Kindermord dar.
Wir kommen auf dieselben, da unsere Unkenntniß ihrer Herkunft uns verbietet,
sie zum Ausgangspunkte der Untersuchung zu nehmen, erst später in anderem
Zusammenhange zurück. Schwerlich in Nürnberg also sind die Vorgänger des
Malers zu suchen, sondern wir müssen uns nach denselben in anderen deutschen
Malerschulen umsehen. Nur zwei sind es, die in Betracht kommen können: diejenige
am Niederrhein und die in Prag. Der Aufschwung, den die Kunst der Tafel=
malerei am Ende des 14. Jahrhunderts in Köln genommen hat, ist unzweifelhaft
ein außerordentlicher gewesen: in den siebziger Jahren hat jener Meister Wilhelm
gearbeitet, den die Limburger Chronik so rühmend erwähnt — die aus dieser
Zeit erhaltenen Werke aber, zu denen man ungerechtfertigter Weise Bilder wie
die „Madonna mit der Bohnenblüthe" zu rechnen pflegt, belehren darüber, daß
hier so wenig wie in Nürnberg damals ein auf das Malerische und auf plastische
Wirkung zielender Stil sich entwickelt hatte, machen sich auch stärkere Ansätze
zu demselben bemerkbar. Erst im Anfang des 15. Jahrhunderts ersteht, wie
in Nürnberg der Meister Berthold, so in Köln ein Künstler, der eine neue
Kunstrichtung einführt: es ist eben jener, der die „Madonna mit der Bohnen=

blüthe" und die verwandten Gemälde ausgeführt hat. Die Entwicklung der Malerei in beiden Städten ist also eine analoge.

Anders verhält es sich mit Prag. Hier hatte sich, wie erwähnt, bereits in der Mitte des 14. Jahrhunderts, Dank den energischen Bestrebungen Kaiser Karl's IV., ein künstlerisches Leben entfaltet, das zwar nicht von langer Dauer sein sollte, dafür aber einen eigenartigen, bedeutenden Charakter trug. Der bestimmende Einfluß ging von dem 1357 nach Prag berufenen Italiener Tommaso di Modena aus; zwei nordische Meister, der Böhme Theodorich und der Wormser Nikolaus, schlossen sich in ihrer Thätigkeit demselben an. Eine eigenthümliche Mischung italienischen und nordischen Formengeschmackes kennzeichnet den Stil dieser ältesten Prager Schule. Der Einfluß des Thomas offenbart sich ebensowohl in der Technik, als in der Bildung der Typen und der Kompositionen. Durch ihn erhalten jene anderen Maler das Verständniß für eine mehr monumentale, stilistische Wiedergabe der menschlichen Erscheinung, für eine größere und edlere Harmonie der Verhältnisse und für die Abrundung der Theile durch die rein malerischen Mittel der Modellirung. Auf die durch die vorgeschrittene italienische Kunst gegebene Anregung also muß in Prag die Entstehung jener Kunstrichtung, die wir im Gegensatz zu der sonst überall in Deutschland noch herrschenden zeichnend andeutenden die malerisch verwirklichende genannt haben, zurückgeführt werden. Wie dies aber nicht anders möglich war, mußte das Italienische dem nordischen Wesen sich anbequemen. Die urwüchsige Kraft und der ungebildete derbe Geschmack eines Dietrich vergröberte und verdickte alle Formen häufig bis zum Unförmlichen. Hätte er seinen barbarischen Bärengestalten nicht zu gleicher Zeit eine große Gutmüthigkeit verliehen, man könnte sich vor den plumpen Gesellen, welche die erlauchtesten Namen der christlichen Geschichte tragen, entsetzen.

Ist uns nun Theodorich eine wohlbekannte Künstlererscheinung, so hat es noch immer nicht recht gelingen wollen, von der Kunst seines gefeierten Zeitgenossen Nikolaus Wurmser sich einen deutlichen Begriff zu machen. Daß er mit Thomas, Dietrich und, wie ich glaube, einem vierten Maler zusammen die Burg Karlstein ausgemalt hat, wissen wir. Aber nur vermuthungsweise kann sein Antheil bestimmt werden: in den Fresken der Marienkapelle glaubte man sein Werk sehen zu können, und auf Grund dieser Fresken hat man neuerdings ihm auch einige Madonnenbilder zuschreiben wollen, die alle, die gleiche Komposition aufweisend, eine Zeitlang typische Bedeutung in der böhmischen Kunst besessen zu haben scheinen.

Das älteste dieser Bilder, dasjenige in der Stiftskirche zu Hohenfurt (abgebildet in Janitschek's Geschichte der deutschen Malerei), welches Janitschek für ein originales Werk des Nikolaus Wurmser halten möchte, zeigt nun eine so auffallende Verwandtschaft mit den Gemälden des Meisters des Imhof'schen

Altares, daß man es auf den ersten Blick für ein Werk desselben zu halten geneigt ist. Und nicht anders ist es mit dem ganz verwandten Bilde in S. Stephan zu Prag, mit jenen, welche die Dominikanerkirche zu Budweis und die Gallerie zu Hohenfurt besitzen. Dargestellt ist die Madonna auf Goldgrund in halber Figur, etwas nach rechts gewandt, den Kopf zu dem nackten Christkinde geneigt, das sie auf den Händen in halb sitzender Stellung hält. Sie ist in blaues Gewand, einen blauen, roth ausgeschlagenen Mantel und ein weißes gefranstes Kopftuch gekleidet und trägt auf dem gelbblonden, weichgewellten Haare eine mit Edelsteinen reich geschmückte Krone. Zuweilen sind auf dem Goldgrunde neben dem Heiligenschein Engel gezeichnet, die den letzteren halten, zumeist umgiebt ein Rahmen mit ganz kleinen Darstellungen aus dem Leben der Maria das Ganze. In Tracht (auch der Nürnberger Meister hat das weiße Kopftuch mit Franzen), Bewegung und im Typus ist, wie gesagt, die allergrößte Aehnlichkeit mit den Nürnberger Bildern zu gewahren. Der Hauptunterschied in der Bildung des Gesichts liegt darin, daß der böhmische Meister es viel voller, runder, mit kurzem Kinn, sinnlich kleinem Munde, der einen süß freundlichen Ausdruck hat, gestaltet. Das Inkarnat ist lichtgelblich gehalten mit aufgesetzten weißen Lichtern. Nicht allein aber Zeichnung und Farbe entsprechen sich bei den beiden Künstlern, sondern auch die Anordnung. Genau dasselbe Schema der Darstellung kehrt auf den zwei Madonnenbildern in S. Lorenz und in der Aegidienkirche wieder! So kann es nicht im Geringsten zu bezweifeln sein, daß die direkteste Berührung zwischen Jenen stattgefunden hat, daß Einer der Lehrer des Andern war.

Keines der böhmischen Gemälde ist datirt: daß sie im Anfange des 15., vielleicht noch am Ende des vorhergehenden Jahrhunderts entstanden sein müssen, darf mit Sicherheit ausgesprochen werden. Dafür aber, daß der böhmische Meister der Aeltere, also der Lehrer war, lassen sich verschiedene Gründe geltend machen. So unwahrscheinlich es sein mag, daß man in ihm den Nikolaus Wurmser selbst zu sehen hat, da er doch offenbar einer späteren Generation anzugehören scheint, so unleugbar ist doch die nahe Beziehung, in der seine Werke zu denen jener älteren Meister der Prager Schule stehen. Der italienische Einfluß verleugnet sich in ihnen nicht; diese Darstellung der Madonna geht auf Thomas von Modena, auf die Giottesken Madonnenbilder zurück. Der Maler muß seine Schule in Prag durchgemacht haben, ohne daß er deßhalb doch ein Böhme selbst zu sein brauchte. Spezifisch böhmisch ist auch jene Anordnung von kleinen Bildchen oder Heiligenfiguren, die uns zuerst auf der Vera ikon im Prager Dome begegnet. Sein Stil entwickelt sich also folgerichtig aus dem der älteren Prager Schule.

Seine Hauptthätigkeit aber scheint er nicht in dieser Stadt, sondern im südlichen Böhmen gefunden zu haben. Wenigstens stammen die meisten seiner

Bilder aus der Gegend von Budweis oder werden dort noch bewahrt. Zu denselben sind außer jenen Marienbildern, wie mich dünkt, noch einige andere Tafeln zu rechnen, die, aus Wittingau stammend, jetzt der Sammlung im Rudol=finum zu Prag einverleibt sind, Reste eines Altarwerkes, das offenbar zu den bedeutendsten Schöpfungen der böhmischen Schule gehörte. Die Vorder=seiten von zwei Flügeln zeigen in wärmstem, kräftigem Kolorit die ungemein lebens=vollen, bewegten Darstellungen des Gebetes auf Gethsemane und der Auferstehung, die Rückseiten Heiligenfiguren, darunter einige Frauen von ausnehmender, wahr=haft bestrickender Lieblichkeit. Auf einer dritten Tafel ist die Kreuzigung dar=gestellt. Auch hier, wie auf einem demselben Künstler zuzuschreibenden kleinen Altarwerk in dem Münchener Nationalmuseum, das aus Schloß Pähl bei Weilheim stammt und den Cruciſixus zwischen Heiligen, auf den Flügeln die Heiligen Johannes den Täufer, Barbara, Christus als Schmerzensmann und Maria mit dem Kinde bringt, ist auf das Schlagendste die Beziehung zu dem Nürnberger Meister ausgesprochen und zwar gerade zu dem frühesten Werke desselben, dem Deichsler'schen Altare in Berlin. So kann es kaum zweifelhaft sein, daß in der That der Maler des Imhof'schen Altares in seiner ganzen Kunstrichtung von dem etwas älteren böhmischen Meister, dem letzten großen Vertreter der Prager Schule, den wir am Kürzesten den „Meister von Wittingau" nennen dürfen, in entscheidender Weise bestimmt ist. Die Kunst des 15. Jahrhunderts in Nürnberg knüpft demnach an die früher entwickelte böhmische an und empfängt indirekt auf diesem Wege Elemente, die ursprünglich aus Italien gekommen sind. So erklärt sich zum Theil wenigstens der monu=mentale, stilvolle Charakter dieser Nürnberger Werke, so die große Wandlung, die sich mit derselben in der fränkischen Kunstübung vollzieht. Daß seinerseits Meister Berthold von Neuem mit der italienischen Kunst in Berührung getreten ist, bleibt bei alledem nicht allein möglich, sondern wahrscheinlich. Als die eigentlichen Quellen aber, als die zwei Ausgangspunkte seines Schaffens müßte auf der einen Seite die heimische Bildhauerkunst, auf der anderen Seite die böhmische Malerei angesehen werden. Was er so überkommen hat, hat er mit genialer Kraft zu einem durchaus individuellen Stile, dessen Größe in der Einfachheit erhabener Empfindung und edler Formenbildung beruht, aus=gebildet.

Ein dritter Künstler, der seinem Stile nach dem Meister des Imhof'schen Altares und dem Meister von Wittingau verglichen werden muß, ist nun aber Jener gewesen, der die oben bereits erwähnten Bilder im Germanischen Museum: den „Bethlehemitischen Kindermord" und die „Bestattung Mariens" ge=malt hat (Nr. 83 und 84). Dieselben zeichnen sich durch große Lebhaftigkeit der Bewegungen und Breite der malerischen Behandlung aus. Der Fleischton ist bräunlich, häufig in's kupfern Röthliche stechend, mit kräftig weißen Lichtern:

die Haare sind in breiter Weise, entweder weiß auf bräunlicher, oder gelb auf röthlicher Untermalung gehöht. Die Figuren sind sehr kurz, mit großen Köpfen, langen platten Füßen und krampfhaft bewegten Händen, deren kurze Finger so eckig in den Gelenken gebogen sind, daß sie wie gebrochen erscheinen. Der Gesichtstypus zeigt kräftige Brauen, dunkle Augen, kurze gerade, gestülpte Nasen, auffallend kurzes Kinn, fleischige Ohren. Zinnoberroth, Moosgrün, Violett, sowie in ein milchiges Weiß gebrochenes Kirschroth und Blau sind die charakteristischen Farben der weich fallenden Gewänder.

Auch in diesen Werken spricht sich in unverkennbarster Weise der Einfluß der Prager Malerschule aus, und zwar stehen sie dem Stile nach den älteren Meistern derselben noch näher, als der Meister von Wittingau, an dessen Werke sie andererseits doch vielfach, namentlich in den Frauentypen, erinnern. Ein weiteres Werk, das ich diesem Künstler zuzuschreiben weiß, ist das durch den Holzschnitt in Woltmann-Woermann's Geschichte der Malerei allgemein bekannt gewordene, höchst anmuthige und zart empfundene Gemälde im Besitze des Fräulein Gabriele Przibram in Wien. Es zeigt eine genreartige Darstellung aus dem Leben der hl. Familie. Auf einer Steinbank haben sich Maria und Elisabeth niedergelassen, mit häuslicher Arbeit beschäftigt. Erstere, den Spinnrocken in der Hand, hat sich in derselben unterbrochen, um in einem heiligen Buche zu lesen, Elisabeth dreht eine Weise. Zwischen diesen Frauen aber, am Boden, sitzen auf Kissen die beiden Knaben Johannes und Christus. Ein kleiner Zwist scheint zwischen ihnen wegen einer Pfanne ausgebrochen zu sein, die das Christuskind in eifrigem Begehren an sich zieht. Klagend wendet sich Johannes zu seiner Mutter: „sich in Muoter jhesus tuot mier", so steht auf einem Spruchband zu lesen. Die harmlose Unbefangenheit, der zarte poetische Sinn und der kecke Humor läßt wie im Abglanz die lebhafte Phantasie und das innige Gefühlsleben des deutschen Künstlers wiederstrahlen.

An dritter Stelle sind zwei Bruchstücke eines größeren Gemäldes: die Köpfe der Maria und des Johannes in der Sammlung des Konsuls Weber in Hamburg (Nr. 360 und 361), als von derselben Künstlerhand gefertigt, zu erwähnen.

Auch dieser Künstler, wie der Meister von Wittingau, muß als ein Vorgänger Berthold's angesehen werden. Die Gewänder sind noch viel stärker in der sogenannten gothischen Weise behandelt, mit lang ausgezogenen Falten; die Farben sind noch nicht die satteren, kräftigen Lokalfarben, sondern in's Helle gebrochen. Auch das Inkarnat ist lichter, transparenter — offenbar hat der Künstler auch noch ein anderes Bindemittel angewandt, da seine Farben flüssiger aufgetragen sind. Daß er ein Franke war, — möglich ist dies wohl, aber bisher nicht zu beweisen. Er scheint allerdings ein Deutscher gewesen zu sein, der in Böhmen gelernt hat, und seine Thätigkeit fällt in das Ende des 14., vielleicht noch in den Anfang des 15. Jahrhunderts. So weit kann man sich mit Bestimmtheit äußern: der Rest ist Vermuthen. Gerne gestehe ich, daß dieses Letztere sehr wohl den Forscher dazu führen könnte, in dem „Meister der Przibram'schen hl. Familie“ einen Nürnberger und zwar geradezu den Vorläufer Berthold's zu sehen. In diesem Falle wäre dann Letzterer allerdings nicht der Erste gewesen, der durch den Anschluß an die Prager Schule seine Kunst zu vervollkommnen gesucht, sondern aus der Schule dieses älteren, bedeutenden Nürnberger Künstlers hervorgehend, hätte er dessen Beispiel befolgt und in erneutem Studium der Werke eines hervorragenden jüngeren böhmischen Meisters, nämlich jenes von Wittingau, seine weitere Ausbildung gesucht. Das direkte Mittelglied zwischen der älteren Kunst des 14. Jahrhunderts und dem neueren Stile des 15. Jahrhunderts wäre dann eben in der Kunstweise des Malers der Przibram'schen Familie zu sehen. Doch — dem Vermuthen sei ein Ende gemacht! Der Blick, mit dem wir das Dunkel, das die Vorgeschichte der Kunst Berthold's umhüllt, zu durchdringen suchten, sei nun wieder nach vorwärts auf die weitere Entwicklung der Nürnberger Kunst gerichtet.

2. Der Meister des Wolfgangsaltares.

Nicht lange nach dem Tode des Meisters Berthold, so wird uns unsere
Betrachtung weiterhin lehren, hat ein zweiter großer Nürnberger Maler
seine Thätigkeit begonnen und mit derselben eine neue, vorgeschrittene Kunst=
richtung in's Leben gerufen, die nun die herrschende wurde. Handelte es sich bloß
um die wahrhaft Epoche machenden Meister in diesen Untersuchungen, so müßte
man auf den Meister des Imhof'schen Altares unmittelbar den des Tucher'schen
Altares folgen lassen. Die historische Gerechtigkeit aber erfordert es, daß zu=
nächst ein Maler genannt werde, der, ohne jenen beiden durchaus genialen
Künstlern verglichen werden zu dürfen, doch eines gewissen Ansehens sich er=
freut zu haben scheint und gleichsam eine Art mittlere Stellung zwischen Beiden
einnimmt. Es ist der einzige bedeutendere Schüler und Nachahmer, den Berthold
gehabt hat, derjenige, welcher schon von den Nürnbergern offenbar als der
Erbe von dessen dominirender Stellung im Künstlerleben der Stadt angesehen
wurde. Für kurze Zeit nur freilich, da bald jener Größere ihn in Schatten
stellen sollte. Seine Thätigkeit fällt vielleicht schon in die dreißiger, sicher in
die vierziger und fünfziger Jahre des Jahrhunderts, seine Geburt mag etwa
zwischen 1410 und 1420 anzusetzen sein. Von einer selbstständigen Entwicklung,
bemerkenswerthen Wandlungen seiner Kunstweise, wie wir sie bei dem großen
älteren Meister zu verfolgen im Stande waren, ist bei ihm nicht die Rede. Er
hält sich an das, was Jener geschaffen hat, und macht dessen Stil zu dem seinigen.
Begabt, ohne im höheren Sinne künstlerisch produktiv zu sein, bildet er die
überlieferten Elemente aus und formt sie nach seinem individuellen Geschmacke
um. So gewahrt man in seinen Werken eine, trotz Wahrung derselben Grund=
formen, sich geltend machende Veränderung in der Bildung der Typen, trotz
Festhaltens an der Gesammtfarbenstimmung eine Bereicherung an einzelnen

Farben und eine neue Nuanzirung derselben, bei Anwendung desselben Binde-
mittels doch einen breiteren, flüssiger verschmelzenden malerischen Vortrag.
So nähert er sich, immer innerhalb des Bereiches der von Berthold in's Leben
gerufenen Kunstrichtung, dennoch den Grenzen derselben, über die hinaus
mit entscheidender Energie die später zu erwähnende Meister des Tucher'schen
Altares schreitet. Ja, man darf annehmen, daß selbst, als dieser das Neue
schon verwirklicht hat, der Schüler Berthold's noch unbeirrt den alterthümlichen
Stil vertritt.

Das Werk, nach dem er am Besten benannt werden kann: der Wolfgangsaltar in S. Lorenz, gehört offenbar nicht zu seinen frühesten. Will man die
innigen Beziehungen seiner Kunstweise zu derjenigen seines Lehrers recht deutlich
erfassen, so eignet sich kein anderes besser, als ein Altar, der sich jetzt gleichfalls, freilich nicht als Ganzes, sondern in seine Theile zerlegt, in dieser Kirche
befindet.

In zwei verschiedenen Kapellen derselben (der fünften rechts und der
dritten links) findet man drei Tafeln, die, wie nachzuweisen sein dürfte, ursprünglich zu einem und demselben Werke gehörten. Dessen Mitte nahm die
Darstellung des Gebetes auf dem Oelberge ein; auf jedem der Flügel sind
zwei Passionsszenen gegeben: das Abendmahl, die Geißelung, Christus vor
Pilatus und die Dornenkrönung. Einen mit entsprechenden Bildern geschmückten
Altar sah v. Murr noch in der Predigerkirche; zur Zeit v. Rettberg's befand er
sich auf der Burg. Von dort scheint er nach S. Lorenz gekommen zu sein.
Beim ersten Anblick der Gethsemanedarstellung glaubt man ein Gemälde vom
Meister des Imhof'schen Altares vor sich zu haben, so ganz entspricht Farbe
und Zeichnung dem letzteren. Erst allmählich, nachdem namentlich auch die
Flügelbilder schärfer in's Auge gefaßt worden sind, bildet sich die Ueberzeugung,
daß es die Arbeit eines Schülers sein muß, und erkennt man die Unterschiede.
Die am meisten charakteristische Abweichung der Gesichtsbildung von der früher
besprochenen liegt in der Form der Nase, die hier eigenthümlich steif, gerad-
linig, nicht gebogen ist. Ferner ist das Kinn auffallend kurz gestaltet, das Auge,
unter geradlinigen Brauen, noch dunkler gehalten. Auch die Handform unterscheidet sich: die Finger, abgesehen von den besonders langen Daumen, sind
kürzer und nicht zugespitzt, in ziemlich ungeschickter Weise bewegt. Die Gewandfarben sind tiefer, gesättigter, zum Theil bereits denen auf dem Tucher'schen
Altar verwandt. Mit kräftigen, derben Pinselstrichen sind auf flott hingesetzten
Grundton die Haare gehöht. Die Fleischfarbe ist blühend röthlich gehalten,
die aufgesetzten Lichter sind kräftig weiß. Mit weichem, flüssigen Farbenauftrag
kontrastirt eine gewisse Härte und Eckigkeit der Zeichnung.

Die nächste Verwandtschaft mit diesem Altar zeigt ein Flügelaltar,
der jetzt im Schlesischen Museum der bildenden Künste zu Breslau auf-

bewahrt wird (Nr. 203—205, fälschlich als „Schlesische Schule" im Katalog).
Er gehört zu den anziehendsten Schöpfungen des Künstlers. Auf dem Mittelbild ist die Himmelfahrt der Maria dargestellt: dicht über dem von den knieenden Aposteln umgebenen Sarkophag schwebt knieend und betend die mädchenhafte
Gestalt der von langem, blondem Haar umflossenen Jungfrau. Christus in
königlicher Tracht, von einem Engel geleitet, neigt sich zu ihr, die Hand nach
ihr ausstreckend, um sie in sein himmlisches Reich zu führen; ein Engel setzt
ihr die Krone auf. Andere Himmelsboten, darunter zwei Blumen streuende,
fliegen in der Höhe. Zu Seiten dieses Bildes ist auf dem linken Flügel:
„die Verkündigung", auf dem rechten „die Geburt Christi" angebracht, deren
Komposition Maria vor dem von Engeln auf ihrem Mantel gehaltenen Kinde
knieend, hinter ihr Joseph, der den Hut lüftet, zeigt. Gesättigte Farben: ein
starkes Blau, Lackroth und Grün, das warme Röthlich des Inkarnats bringen auf
dem goldenen Hintergrunde eine volle, kräftige Gesammtwirkung hervor. Ein
freundliches, noch kindliches Empfinden spricht aus den Figuren, unter denen
Maria, die immer in weiße Gewandung und blauen Mantel gekleidet ist, und
die Engel mit ihrem breit nach den Seiten flatternden blonden Haar besonders an-
muthen. Auf der Rückseite der Flügel ist die Heimsuchung in der eigenthümlichen Weise dargestellt, daß die beiden Kinder Christus und Johannes sichtbar
werden. Nach dem auf der Haupttafel angebrachten Portrait und Wappen ist das
Werk die Stiftung eines jugendlichen Mitgliedes der Familie Imhof. Und
zwar scheint es für die Elisabethkirche in Breslau, aus welcher es in das
Museum gelangte, bestimmt gewesen zu sein, dieselbe Kirche, für welche später
Hans Pleydenwurff ein großes Altarwerk ausführte. Möglich aber auch,
daß es erst in späterer Zeit von Nürnberg nach Breslau gebracht wurde.

Noch ein anderes Gemälde ist dem Maler von den Imhof's in Auftrag
gegeben worden, eine trefflich gemalte kleine Gedächtnißtafel, auf welcher der
1449 bei Fürth gefallene Anton Imhof, Sohn des Christian Imhof, in voller
Rüstung knieend dargestellt ist. Sie befindet sich jetzt im Germanischen Museum
(Nr. 406) in einem Raume unmittelbar neben der Kirche und trägt die Inschrift:
„anno dni 1449 jar do herrn und stet andernander krigten nam antoni cristan
imhof sein schaden bey fürt am nesten mitwoch noch martini der hy begraben
leyt". Das Bild erinnert uns an eine Episode aus dem an ähnlichen kleinen
Vorfällen so reichen Städtekrieg im Jahre 1449, in welchem der Hauptkampf,
wie bekannt, zwischen der Stadt Nürnberg und dem Markgrafen Albrecht von
Brandenburg ausgefochten wurde. Jener Anton Imhof war unter der Schaar
gewesen, die am Sankt Martinstag nach Zenn ausgezogen war und auf dem
Heimwege bei Fürth von dem Markgrafen zersprengt wurde. „Also ranten
die seint auß der Hart gegen unsern gereisigen und gegen den wagen mit dem
zeug und gegen den fußleuten, die dennoch bei den wagen waren; die waren

4*

zerstreut und waren in keiner Ordnung. also flohe jederman, geraisig und fußvolk, überal aus, wo sie mochten, und chomen ir vil in daz wasser, daz vielleicht etlich ertrunken sein. also ward des fußvolks vil gefangen und die gereisigen chomen davon; auch ward der fußknecht und wagenleut wol 100 erslagen und erstochen und fürten die gefangen mit in hin, der warn 50 oder mer eitel arm leut, Pauren, wagenleut und ander drabanten, und die wagen mit püchsen und zeug und vil wagenpfert: und darunter was ein wagenpüchs, schoß ein stein als ein kopf, und 4 karrenpüchsen, schussen stain als ein poßkugel." So meldet der Kriegsbericht Schürstab's (Nürnbergs Chroniken II, S. 181). Eine der vorhandenen Handschriften, in denen er uns erhalten ist, fügt hinzu: „und auf den tag in derselben flucht ward einer, Imhoff genant, Anthoni, des Christian Imhoffs sun bey sant Lorenzen, erschlagen bei Fürt." Die Gedenktafel befand sich dereinst unter dem zum Gedächtniß von Anton's Eltern gestifteten, früher als Werk des Meisters Berthold besprochenen Madonnenbild in S. Lorenz (vergl. Chroniken II, S. 345, A. 3).

Die Lorenzkirche bewahrt nun ferner ein größeres Werk unseres Malers, den Wolfgangsaltar. Was Hilpert von demselben mitzutheilen weiß, ist Folgendes: „der St. Wolfgangsaltar, gestiftet von Kunz Keßler, Bürger in Nürnberg, 1416: für den neuen Pfründner hat er von Michael Grundherr, Kirchenpfleger, und Christian Imhof, Kirchenmeister bei S. Lorenz, ein Haus gekauft 1448." Um diese Zeit etwa mögen die Gemälde entstanden sein, und es ist nicht unmöglich, daß eben jener Christian Imhof sie gestiftet hat. Das Mittelbild stellt dar, wie Christus dem Grabe, zu dessen Seiten drei schlafende Wächter sich befinden, entsteigt. Wie auf der gleichen Darstellung des Tucher'schen Altares in der Frauenkirche ist das Wunderbare des Vorganges in sehr handgreiflicher Weise dadurch verdeutlicht, daß das linke Bein des Auferstehenden durch den Steindeckel des Sarkophages hindurch steigt, als böte dieser keinen Widerstand. Auf den Flügeln sind an der Vorderseite die zwei jugendlichen Bischöfe Konrad und Wolfgang, an der hinteren Seite die Bischöfe Erhard und Levinus zu sehen. Auf den Flügeln der Staffel, welche die Holzfigurengruppe der Grablegung als Mittelstück enthält, sieht man einerseits, wie Christus der Magdalena erscheint, andererseits die Frauen am Grabe, außen die Heiligen Eustachius, Christophorus, Wolfgang und Kunrabus.

Wie bereits erwähnt, dürfte dieses Werk, das doch allen wesentlichen Merkmalen des Stiles nach unzweifelhaft von demselben Meister herrührt, wie die vorhergehenden, in einer etwas späteren Zeit als der Altar aus der Predigerkirche und jener in Breslau entstanden sein. Dafür spricht namentlich die hellere Farbenstimmung — das Inkarnat ist viel lichter hier gehalten — sowie die größere Freiheit der Zeichnung. Die Gestalten fesseln durch ihre

Der Meister des Wolfgangsaltares.
Die Himmelfahrt der Maria.
Mittelbild des Imhof'schen Altares im Schles. Museum bildender Künste zu Breslau.
(S. 4.)

Nach einer photogr. Aufnahme von E. van Delden in Breslau.

feine, ja zarte Erscheinung und den freundlich liebenswürdigen Ausdruck. Kraft und Energie darf man nicht bei ihnen suchen.

Den Flügelbildern dieses Altars so verwandt, daß man sie für losge trennte Theile desselben Werkes halten möchte, sind zwei Tafeln, die in der Kapelle unmittelbar neben jenen in S. Lorenz aufgehängt sind. Sie enthalten die ganzen Figuren des Bischofs Servatius und des in goldgelber Rüstung prangenden h. Georg auf gemustertem blauen Grunde. Endlich bewahrt die= selbe Kirche noch eine wesentlich ihrer Darstellungen wegen höchst inter essante Tafel von der Hand des Meisters, nämlich jenes zum Andenken, ver muthlich aber noch bei Lebzeiten des Professors Friedrich Schon (+ 1464) gestiftete Gemälde der **Geburt Christi mit den symbolischen Andeutungen der Jungfräulichkeit Maria's.** Den Mittelpunkt bildet die Anbetung des Christkindes durch die Madonna, eine Komposition, die der Darstellung gleichen Inhaltes vom Meister Berthold (im Germanischen Museum) durchaus ähnlich ist. In den vier Ecken sieht man, wie dies schon in Schulz' „Legende der Maria", der ich in Bezug auf die Lesart der Inschriften folge, mitgetheilt ist, Moses am feurigen Busch (Rubus igneseit nec non minus igne calescit), Aaron mit dem blühenden Stabe (Hec contra morem produxit virgula flo= rem), Gideon mit dem Vließ (hec madet tellus sed permanet arida vellus), die porta clausa des Ezechiel (hec porta clausa non permansit sine causa). Ferner in den Zwischenräumen: den Pelikan (vivificans parvulos proprio sanguine pellicanus), das Einhorn (virgineis digitis capitur — fit fera mitis), den Phönix (cum fenix senescit per ignem se juvenescit), und den Löwen (leo suos catulos excitat rugitu cum potenti), endlich die Evange= listensymbole. Offenbar hatte der gelehrte Herr selbst das Programm des Bildes mit den lateinischen Inschriften hergestellt. Die ungewohnte Idee fand Beifall, wie man aus der Wiederholung der Darstellung sieht, die Herr Ulrich Stark (+ 1478) in die Sebalduskirche schenkte, aber statt mit lateinischen, mit deutschen Inschriften versehen ließ (an einem Pfeiler in der Nähe des Westchores angebracht).

Ueber das Nachleben mittelalterlich scholastischer Anschauungen Aufschluß gewährend, entbehrt diese Darstellung doch jedes künstlerischen Reizes, und man möchte es bezweifeln, ob der Maler mit wirklicher Befriedigung diese nur durch ihre Seltsamkeit die Phantasie reizende Aufgabe ausgeführt hat. Uebrigens darf es nicht unerwähnt bleiben, daß etwas früher vermuthlich als die Gedenktafel des Professors Schon ein kleines Altarwerk am Niederrhein entstanden ist, dessen Mittelbild eine ganz ähnliche Komposition, nur noch reicher ausgestattet: mit einem Kranze von Prophetenfiguren umgeben, aufweist. Statt der Geburt Christi bildet die thronende Maria mit dem Kinde das Centrum, außer den Schriftbändern mit jenen oben mitgetheilten Versen sind auch noch solche mit den prophetischen Weissagungen angebracht. Auf den Flügeln sind als Verherrlicher des dargestellten Mysteriums die Heiligen Augustinus und Hieronymus zu sehen. Dieses Altarwerk befindet sich jetzt im Provinzialmuseum zu Bonn.

Wollen wir weitere Arbeiten vom Meister des Wolfgangsaltares kennen lernen, müssen wir uns in die Pfarrkirche des in der Nähe von Nürnberg gelegenen Städtchens Schwabach begeben, die sich im Besitze einer bescheidenen, aber nicht unwichtigen Sammlung Nürnbergischer Gemälde befindet. Da sind es zunächst Malereien an den Flügeln des kleinen Katharinenaltars, welche Betrachtung verdienen, vier Heilige an den Innenseiten: Paulus und Petrus, Barbara und Magdalena, an den Außenseiten: die Verlobung der jugendlichen Königstochter mit dem Christkinde, Johannes der Täufer, Katharina und Bartholomäus. Im Schreine selbst befindet sich die Holzfigur der Heiligen, eine Gestalt mit breitem Kopfe, eigenthümlich in parallelen Linien gewelltem Haare und schlanken Händen mit dünnen, langen, zugespitzten Fingern.

An zweiter Stelle ist ein Altarwerk zu erwähnen, dessen Haupttafel den Gekreuzigten zwischen Maria, Johannes, Longinus und dem Manne mit dem Pfopstabe einerseits, zwei vornehmen Männern und Kriegern andererseits zeigt. Auf den Flügeln finden wir zum ersten Male Szenen aus der Legende des h. Veit, die später auf dem Peringsdörffer Altar von einem so großen Meister verherrlicht werden sollte, wiedergegeben, vier Hauptereignisse aus seinem Leben: wie er gegeißelt wird, wie er aus dem Sohne des Kaisers den Teufel austreibt, wie er mit seinem Pädagogen und seiner Amme an den Galgen gehängt worden und wie er unversehrt in dem mit glühendem Oele gefüllten Kessel verharrt.

Endlich nenne ich noch zwei etwas derb ausgeführte Tafeln mit den Darstellungen des h. Christoph und der von vier Engeln gen Himmel getragenen Magdalena.

Die Betrachtung aller dieser Bilder vermag kaum neue Seiten der künstlerischen Eigenart des Malers uns zu erschließen. Ueberall gewahrt man die von den Schöpfungen des Meisters des Imhof'schen Altars dem wesentlichen Charakter nach bestimmten Aeußerungen eines nicht unbegabten, aber jeder leidenschaftlichen Erregung, wie jeden kühnen Strebens unfähigen Naturells. Seine künstlerischen Erfolge sind sehr bescheidene gewesen; sie beschränken sich auf eine gewisse Ausbildung der technischen Routine und des Koloristischen. Hierin allein ist er über das von Berthold Geleistete hinausgeschritten, mit dessen großartiger Bildungs- und Empfindungskraft sich die seine nicht entfernt zu messen vermag.

Aller Vermuthung nach hat er Werke wie den Tucher'schen Altar in Nürnberg entstehen sehen, aber das ist kein wichtiges Erlebniß für ihn gewesen. Vergebens würde man Spuren eines nachhaltigen Eindruckes, den es auf ihn gemacht, in seinen Schöpfungen suchen. Zuweilen glaubt man wohl Etwas, was auf eine Beeinflussung durch jenen Meister schließen lassen könnte, zu gewahren, aber dies betrifft dann höchstens Aeußerlichkeiten, nicht den Kern seiner Kunst und — muß zudem noch fraglich bleiben. Auf der anderen Seite legt man sich angesichts einzelner, offenbar späterer Bilder des Künstlers, wie jener Kreuzigung in Schwabach, die Frage vor, ob er nicht sogar schon niederländische Gemälde gekannt habe; möglich, aber auch diesen hätte er dann bloß unwesentliche Einzelheiten entnommen, als hätte er in glücklicher Beschränkung und Zufriedenheit die Tragweite der einen oder anderen Neuerung gar nicht begriffen.

Schwer ist es daher auch, aus seinen Werken annähernd zu bestimmen, wie lange er gelebt haben mag, unmöglich, unter den urkundlich beglaubigten seinen Namen zu entdecken. Wohl könnte man sich denken, daß ein Meister wie der etwa zwischen 1410 und 1415 geborene Valentin Wolgemut, Michel Wolgemut's Vater, von dem noch später die Rede sein wird, in seiner Kunst eine ähnliche Stufe eingenommen hat, wie unser Maler höchst wahrscheinlich wurzelt auch Valentin's Kunst in derjenigen Berthold's, da er ja seine künstlerische Erziehung am Ende der zwanziger und in den dreißiger Jahren erhalten haben muß. Deswegen allein aber Valentin mit dem Meister des Wolfgangsaltares zu identifiziren, hieße in allzu kühner Weise eine bloße Vermuthung zum Range einer Thatsache erheben! Könnte man doch ebensowohl einen Namen wie den des Hans von Luckenbach, der nach Baader's Mittheilungen 1436 die Rathstube restaurirte und mit Gemälden schmückte, oder den des N. Walch, der 1442 die Gemälde ebendort „oben an der Deck und sust an etlichen angesichten erleuchten und bessern" mußte, oder irgend einen andern in Vorschlag bringen.

5. Pfenning, der Meister des Tucher'schen Altares.

Die Worte, mit denen Dante den schnellen Wechsel im künstlerischen Geschmack und Urtheil seiner florentinischen Zeitgenossen charakterisirt:

Einst wähnte Cimabue, er behaupte
In Malerei das Feld, und Ost und West
Ruft heute Giotto, der den Kranz ihm raubte,

bezeichnen ganz allgemein treffend die mächtige, alles Vorhergehende verdunkelnde Wirkung, welche die Erscheinung eines neue, ungekannte Ideale verwirklichenden großen Künstlers hervorbringt. Der Name, der noch eben hochgefeiert und in Aller Munde war, verliert schnell seine Zauberkraft vor der Macht des überraschend und lebensvoll in die Gegenwart eintretenden Andersartigen. Mit Staunen gewahrt man immer wieder in der Geschichte der Kunst, wie schnell die in seinen Werken sich offenbarende Anschauung eines bedeutenden, bahnbrechenden Künstlers und deren Ausdrucksform Gemeingut der Zeitgenossen wird. Es macht den Eindruck, als hätte Alles nur auf das Eintreten der künstlerischen That gewartet, um sich ihr mit erregter Theilnahme zuzuwenden, als wäre sie nur die Erfüllung eines allgemeinen, unbewußten Verlangens. Selbst in den Fällen, wo das Alte eine mit dem ganzen Leben verwachsene, liebgewohnte Lüge war, das Neue aber eine mit unerbittlichen Forderungen auftretende Wahrheit ist, erklärt sich der naiver empfindende und von Vorurtheilen unbefangene Theil der Allgemeinheit in entscheidender Weise für die letztere, mag auch der Widerstand der am Altgewohnten mit einer um so größeren Zähigkeit Festhaltenden und mit gereizter Gehässigkeit das Neue Verurtheilenden den entgegengesetzten Anschein hervorbringen. In dieser Wahrnehmung liegt ebensoviel Trostreiches,

Pfenning.

Chriſtus am Kreuz, Maria und Johannes.

Mittelbild des Tucher'ſchen Altares in der Frauenkirche zu Nürnberg.

(S. 76.)

Nach einer photogr. Aufnahme von Ferd. Schmidt in Nürnberg.

(Wegen nicht zu beſeitigenden Schwierigkeiten in der Beleuchtung konnte das Haupt Chriſti nicht getreu wiedergegeben werden.)

Pfenning.
Die Verkündigung.
Flügelbild des Tucher'schen Altares in der Frauenkirche zu Nürnberg.
(S. 60.)

Nach einer photogr. Aufnahme von Ferd. Schmidt in Nürnberg.

als Niederdrückendes in der Erkenntniß, daß andrerseits das Neue nicht immer ein
Besseres sein muß, um zu gefallen, sondern daß es als solches an und für sich den
stärksten Reiz auf die Menschen ausübt, und erst späteren Zeiten das Urtheil
überlassen bleibt, ob es ein Gutes, Förderndes, oder ein Verderbliches, auf Irr
wege Führendes war. Wer aber in der Gegenwart eine gerechte, klare Meinung
sich zu bilden trachtet, dem bleibt schließlich, wird er nicht willenlos von seinem
eigenen starken Gefühl bestimmt, nichts Anderes übrig, als unabhängig von
allen Theorien und Prinzipien den Maßstab in dem reinmenschlichen Werthe
oder Unwerthe des Neuerers selbst, sowie seiner Gegner und Anhänger zu suchen.
Die Fragen, die das Kunstwerk, dessen Anschauung ja häufig in der Gegenwart
nicht ungetrübt möglich ist, nicht beantwortet, auf die giebt der Mensch, der es ge
schaffen hat, Antwort — und umgekehrt, aus dem Kunstwerk, verstehen wir nur es zu
interpretiren, lernen wir den Menschen kennen. Denn was ist schließlich das
Kunstwerk Anderes, als der starke Wesensausdruck eines bestimmten Individuums,
— das Echo seiner Empfindung, das Spiegelbild seines Geistes? Von der all=
gemeinen Erwartung und Ahnung gleichsam unbewußt getrieben, offenbart der
große Künstler seine Individualität und erweitert sich, indem er sein eigenes
Ich in aller Wahrhaftigkeit den Anderen hingiebt, zur Allgemeinheit selbst.
Das eminent Persönliche wird gemeinsame Sache Aller, und jeder Einzelne
glaubt sich, indem er es versteht und in sich aufnimmt, selbst schöpferisch mit
thätig. So wird der wundervolle Bund geschlossen, der nun auf allen Seiten
die Nachahmung der angestaunten Werke zeitigt — bis wieder ein neues, großes
Individuum sich der Menge aufzwingt, und dessen Name, wie Dante sagt, das
Feldgeschrei wird.

Wenn man in den ersten Jahrzehnten des 15. Jahrhunderts in Nürn
berg von der Kunst der Malerei sprach, so war es gewiß der Name „Meister
Berthold", der auf allen Lippen war. Seine Werke übertrafen an Natürlich=
keit der Figuren und an Farbenwirkung so bei Weitem Alles, was man bis dahin
von Tafelbildern kennen gelernt hatte, daß sie die größte Bewunderung erregt
haben und als höchste Musterleistungen betrachtet worden sein müssen.
Da trat nun plötzlich ein neuer Künstler hervor, der den Nürnbergern die
Augen darüber öffnete, daß Das, was sie bisher für eine wunderbare und
täuschende Nachahmung der Natur gehalten hatten, nur einen sehr schwachen
Anspruch auf diesen Ruhmestitel habe, daß man um Vieles getreuer die Wirk=
lichkeit wiedergeben und viel glänzendere Farben anwenden könne. Und binnen
Kurzem ward ihm die Stellung und Anerkennung zu Theil, die Meister Berthold
innegehabt hatte.

Der Meister, welcher jetzt der Erste und der Führer der Nürnberger Malerschule
wurde, ist jener Künstler, welcher den Tucher'schen Altar in der Frauen=
kirche gemalt hat, ein Werk, das nächst dem Imhof'schen Altar unter den

älteren Nürnberger Gemälden die meiste Beachtung gefunden hat, seiner künst=
lerischen Bedeutung nach aber doch noch lange nicht eingehend genug betrachtet
und gewürdigt worden ist. Die feinsinnigsten, treffendsten Bemerkungen auch
über diese Bilder verdanken wir entschieden Schnaase und Hotho.

Lange Zeit hat man den Altar, der, eine Tucher'sche Stiftung, früher in
der Karthäuserkirche sich befand, in das Jahr 1385 verlegt, indem man die auf
die Gründung der Kirche bezügliche Inschrift, die v. Murr unmittelbar vor Er=
wähnung der Malereien anführte, irriger Weise mit diesen in Beziehung setzte.
Erst Hotho, mit dem ihm eigenen scharfen Blick und unabhängigen Urtheil,
wies auf die vollständige Unsinnigkeit dieser Annahme hin und setzte die Ent=
stehung in die Zeit etwa um 1430. Aus dem Gesammtzusammenhange unserer
Betrachtungen aber ergiebt sich, daß auch diese Datirung noch zu früh, und
das Gemälde frühestens erst in den vierziger Jahren entstanden sein dürfte.
Auch jenen Platz, den es zuerst nach seiner Ueberführung in die Marienkirche
einnahm, nämlich auf dem Hochaltar, hat es später mit dem des Altares am
Ende des linken Seitenschiffes vertauschen müssen. Hier in dämmerndes Licht
verbannt, leuchtet es geheimnißvoll in seiner wunderbar erhaltenen Farbenpracht.
Viele knieen täglich in den Reihen vor diesem Altare — wie Wenige aber
wissen davon, daß sie angesichts einer der größten Schöpfungen deutscher bil=
dender Kunst ihre Andacht verrichten! Und doch kann man es kaum anders
glauben, als daß manchem Blick, der aus dem Gebet schweifend sich zu den
Bildern verlor, jene mächtigen gemalten Gestalten mit dem heißen, brennenden
Blick und den wie krampfhaft im ersten Anlauf zurückgehaltenen Bewegungen
sich gewaltsam eingeprägt haben, wie die den Kirchenraum durchbebenden tiefen
Töne der Orgel dem Ohre. Ja, es wäre begreiflich, daß es einem stillen Gläubigen
plötzlich wie ein Schrecken ankäme, wie das Gefühl, etwas Unerhörtes zu er=
leben — wäre sein Blick und seine Phantasie nicht von jener traurigen Dumpf=
heit, die den mächtig andrängenden, den Weg zur Seele suchenden Eindrücken
jeden Eingang verschlossen hält. Wohl möglich, daß er eine Stunde später in
Anbetung vor dem Vatikanischen Apollo oder der Sixtinischen Madonna versunken,
dem Freunde eine Vorlesung über die Erhabenheit der Kunst und den Begriff
der Schönheit hält! Wohl, Schönheit ist dem Werke, das er eben gleichgültig
geschaut hat, nicht zu eigen — auch verlangt man nicht von ihm, daß er darin
etwas an Formvollendung den italienischen Gemälden Vergleichbares verehren
solle. Aber ist denn der Deutsche seinem eigenen Wesen so entfremdet, daß
nicht ein unbestimmtes Etwas in Werken wie diesen ihn mächtig ergreift und
anzieht, daß nicht, wenn sein Dank der klassischen Kultur herangereiftes Schön=
heitsgefühl sich abgestoßen fühlt, zu gleicher Zeit doch sein seelisches Empfinden
durch den Empfindungsausdruck im künstlerischen Gebilde stark und tief er=
regt wird?

Pfennig.

Die Auferstehung Christi.

Flügelbild des Tucher'schen Altares in der Frauenkirche zu Nürnberg.

S. 61.)

Nach einer photogr. Aufnahme von Ferd. Schmidt in Nürnberg.

Pfenning.
Die hll. Augustinus und Monika.
Flügelbild des Tucher'schen Altares in der Frauenkirche zu Nürnberg.
S. 61.

Nach einer photogr. Aufnahme von Ferd. Schmidt in Nürnberg.

Ein räthselvolles Werk von einem seltsamen Künstler geschaffen! Ein Werk, in dem zum ersten Male in schroffer Weise der Konflikt zwischen dem Streben nach Wahrheit des Empfindungsausdruckes und dem nach Schönheit der Form, zwischen treuer Nachahmung der Natur und idealer Gesetzmäßigkeit des Stiles sich bemerkbar macht. War in den Gebilden des großen Vorgängers die letztere das herrschende Element geblieben, dem das Studium der Natur sich dienstbar erweisen mußte, war in ihnen eine Harmonie und Ruhe erreicht worden, die allein dem Beschauer eine ungetrübte, stillbefriedigte Anschauung ermöglicht, so tritt uns in dem Tucher'schen Altarwerk das Gähren und Ringen einer un= gestümen künstlerischen Kraft entgegen.   Mit leidenschaftlicher Gewalt sucht dieser Künstler, dessen entzücktes Auge sich ganz der unendlichen Mannigfaltig= keit der ihn umgebenden Gebilde öffnet, aller der Eindrücke, die auf ihn einstürmen, Herr zu werden, indem er sie mit Stift und Pinsel wiedergiebt.   Jene hohe Warte, von der gleichsam Meister Berthold alle Erscheinungen der Wirklichkeit nur in allgemeinen Umrissen und Farben gewahrt hatte, verlassend tritt er hinab in deren Mitte, sie aus der Nähe wahrzunehmen und zu begreifen in Ge= stalt und Bewegung, Farbe und Licht. Aber Alles, was er da schaut, soll ihm ja nur dazu dienen, Bilder zu schaffen, die nichts mit diesem Tagesleben zu thun haben, in denen ein allgemein Menschliches in typischer Gestalt und Bedeutung sich vergegenwärtigen soll. Und fühlt er sich auf der einen Seite befreit durch diese innige Beziehung zur Natur, so steht er andererseits doch unter dem Banne der alten künstlerisch kirchlichen Ueberlieferung. Sein eigenes, tief erregtes reli= giöses Empfinden ist es, das in naiver Wahrhaftigkeit mit völliger Unbewußt= heit die Gegensätze auszugleichen sucht, indem er zu Gunsten der Wahrheit der Erscheinung das idealisirend formale Element zurücktreten läßt, doch nicht in dem Grade, daß nicht durch eine gewisse Dämpfung und Beschränkung des Aus= drucks sowie durch eine kraftvolle ideale Farbenwirkung das gestörte Gleich= gewicht wiederherzustellen wenigstens versucht wird.

Ein gewaltsam geschlichteter Konflikt zwischen widerstreitenden Elementen ist es, der den Charakter des Werkes, wie der Kunst dieses Meisters überhaupt, bestimmt: ein leidenschaftliches Empfinden, das nur in der Naturnachahmung sich Genüge thun kann, strebt, die Bande des strengen, gemessenen kirchlichen Stiles, der seinen schönsten Ausdruck zum letzten Male in Gemälden, wie dem Imhof'schen Altar, gefunden hatte, zu sprengen, ohne dies doch vollständig zu können. Und dies ist es, was uns in den Gebilden wie eine mächtige, ja krampfhafte Anspannung des künstlerischen Wollens, die aber die volle Wirkung nicht erzielt, anmuthet — dies ist es, was den Beschauer mit unwiderstehlicher Gewalt fesseln, seine eigenen Empfindungen in starke Miterregung versetzen, ihm das Gefühl, eine künstlerische That in sich nachzuerleben, geben muß. Dieser erste energische Schritt aus der Kirche in die Wirklichkeit, den unser

Künstler gewagt, freilich um ihn nach kurzen Versuchen in die Kirche wieder zurückzulenken, führt zugleich aus der geweihten Stätte des Friedens auf den Schauplatz der Kämpfe des Lebens, aus der Ruhe der Kontemplation in den Wechsel der Aktivität, aus der Allgemeinde in die sich sondernde Schaar der Individuen und Charaktere, aus der dämmernden Umgebung farbiger Wände in die ungemessenen Weiten der im Tageslichte sich breitenden Landschaft; er sollte weiter führen in die behagliche Häuslichkeit des Bürgers, wie auf den lärmenden Markt, zum frohen Feste der Städter auf der Wiese, wie in die Schenke, wo Sonntags die Bauern sich versammeln, hinaus endlich in ferne Länder, zu fremden Völkern.

Doch wir rufen die weit in die Zukunft sich verlierenden Gedanken zurück, um sie auf die genaue Betrachtung des Altarwerkes zu konzentriren. Dasselbe zeigt auf großgemustertem Goldgrunde in der Mitte Christus am Kreuz zwischen Maria und Johannes, links die Verkündigung, rechts die Auferstehung Christi, auf den Innenseiten der Flügel links die Heiligen Augustin und Monika, rechts die Eremiten Paulus und Antonius, auf den Außenseiten links den hl. Veit und die Himmelfahrt der Maria, rechts die Hhl. Augustinus und Adjutor.

An starkem Kreuzesstamme hängt in fast aufrechter Haltung des Körpers, die Beine fest aneinander geschlossen, den Oberkörper etwas nach links gesenkt, die Hüften stark eingezogen, der göttliche Dulder. Sein Haupt hat sich ein wenig zur Seite geneigt und zeigt den Ausdruck furchtbaren Ernstes. Das lange Haar hat sich links gelöst und fällt auf die Schulter herab. Maria, von vorn gesehen, in blauem Gewand und Mantel, den Kopf mit einem weißen Tuche verhüllt, schaut mit angsterfülltem Blicke heraus und bewegt wie abwehrend die Hände vor der Brust. Johannes aber, in rothem Gewand und grünem Mantel, nähert sich, von der Seite gesehen, dem Kreuze. Sein aus der Tiefe dringender Blick sucht verzweiflungsvoll das entflohene Leben in des Heilands Züge zurückzurufen, er erhebt ein wenig die Hände, wie erstaunt und unschlüssig, ob er sie zum Gebete falten oder in heißer Sehnsucht nach seinem Herrn ausstrecken solle. Auf dem mit Pflanzen bestandenen Boden liegt seitwärts neben dem Stamm ein Todtenkopf.

Daneben links sieht man im Schmucke lang herabwallenden Lockenhaares, mit hoch in die Luft emporragenden grünen Flügeln den weißgewandeten Engel vor Maria das Knie beugen. Er hat sie, die vor ihrem Betstuhl mit tief in den Rücken fluthendem Haare kniet und in lieblich demuthvoller Neigung des Hauptes sich zu ihm wendet, in frommer Betrachtung überrascht. Den Blick eindringlich auf sie gerichtet, erhebt er segnend die Rechte und hält ihr in der Linken eine Urkunde hin, das naive Symbol der Botschaft, die er vom höchsten Herrscher bringt.

Pfenning.

Die hhl. Paulus und Antonius.

Flügelbild des Tucher'schen Altares in der Frauenkirche zu Nürnberg.
(S. 71.)

Nach einer photogr. Aufnahme von Ferd. Schmidt in Nürnberg.

Das dritte Bild zeigt den Heiland, wie er in einen purpurfarbigen, flat=
ternden Mantel gehüllt, in der Linken die Siegesfahne, mit der Rechten segnend,
das von reicher Fülle des Haares umgebene Haupt etwas nach hinten zurück=
gebogen und zur Seite geneigt, dem Grabe entsteigt. Die steinerne Platte,
die ihn im Sarkophag verschloß, hemmt ihn so wenig, daß sein linkes Bein
sie durchschreitet, als wäre sie Luft. Rechts sitzen die schlafenden Wächter:
der vorderste, vom Rücken gesehen, hat den Kopf auf den Arm gelegt, der zweite,
ein turbanartiges Tuch auf dem Kopfe, ruht mit übereinandergelegten Beinen
und stützt schlafend das Haupt auf die Hand, der entfernter hinter dem Grabe
liegende aber ist eben erwacht und sucht mit der Hand die Augen vor der
starken Blendung zu schützen.

Auf den äußersten Enden dann je zwei Heilige. In wortlose Betrachtung
versenkt, stehen Augustin, ein bejahrter, bartloser Mann in goldener Tiara und
grüner Dalmatika mit goldener Borte, in der Rechten ein Buch, in der Linken
den Bischofsstab, und Monika, die Hände zum Gebet gefaltet, in kirschrothem
Mantel und weißem Kopftuch, neben einander. Zwischen ihnen fliegt mit
breitausgespannten Flügeln, in starker Verkürzung von vorne gesehen, ein in
tiefes Blau gewandeter Engel mit blondem Lockenhaar, der einen Zettel hält
mit der Inschrift: colloquebantur soli valde dulciter. Als Gegenstücke sieht
man im Gespräch mit einander die würdevollen, greisen, graubärtigen Anacho=
reten: links Paulus in blaugrauer Kutte und Kapuze, rechts Antonius in
schwarzer Kapuze, rothem Rock und braunem Mantel, mit dem sich unten der
kleine Begleiter des Heiligen, das Schweinchen, zu thun macht.

Ein Bild jugendlicher Anmuth, voll holdseliger Liebenswürdigkeit heraus=
schauend tritt uns, sind die Flügel geschlossen, auf blauem Hintergrunde der
blondlockige, festlich geschmückte, in einen vornehmen, dunkel brokatnen Rock
gekleidete hl. Veit, in der Hand den Hahn, entgegen. Daneben ist dargestellt,
wie von zwei lebhaft aus der Höhe herabfliegenden weißgekleideten Engeln die
betende Figur der Jungfrau aus dem Grabe gehoben wird, den himmlischen
Höhen zu, aus denen, von blauen Wolken umgeben, Gottvater, die für Maria
bestimmte Krone in der einen, einen Zettel in der anderen Hand, sich herab=
neigt. Um den Sarkophag sind die zwölf Apostel auf die Kniee gesunken und
schauen mit inbrünstigen Augen der Entrückten nach.

Dann weiter gewahrt man mit glühendem dunklen Blick den hl.
Adjutor, in brauner Kutte, in der Rechten ein Buch, mit der Linken
eine über den Arm gelegte Kette mit Fußfessel haltend, die unten an einer
Art kleiner Walze befestigt ist. Endlich auf einem gothischen Stuhl in bischöf=
licher Tracht vor seinem Lesepult sitzend den hl. Augustinus, der, in seiner Arbeit
unterbrochen, erstaunt nach oben schaut, wo sich seinem Blick eine Vision zeigt.
In einer regenbogenfarbigen Glorie erscheinen neben einander thronend, ein

großes Buch auf dem Schoße, Gottvater und Christus, zwischen ihnen Maria in Gestalt eines Kindes, die ihre Hände auf das Buch legt.

Wenden wir uns nach der allgemeinen Betrachtung der Kompositionen zu der eingehenderen des Stiles, so fallen uns als wesentliche Merkmale desselben zu allernächst in die Augen: die Untersetztheit und Derbheit der Figuren, die breite Massigkeit der Gewänder, die starke Leuchtkraft der tiefen, gesättigten Farben, das Körperlich-Plastische der Gestalten, endlich die kühnen Versuche perspektivischer Verkürzung und täuschender Nachahmung der Natur in den Accessorien.

Zeigt sich der Meister in irgend welchen Punkten noch abhängig von der vorhergehenden Kunstrichtung, so ist dies in den kurzen Proportionen der Fall, die er seinen Gestalten giebt. In dieser Hinsicht gehören sie ganz zu dem Geschlechte, das der Meister des Imhof'schen Altares in's Leben rief — auch in einem Anderen verrathen sie ihre Verwandtschaft mit demselben, namentlich die Männer, nämlich in den langen gebogenen Nasen. Sonst aber weisen sie viel derbere Typen, eine größere Wucht des Baues und stärkere Kraft der Muskeln auf. Auch sieht man die Individualitäten nach ihrem verschiedenen Charakter und Lebensalter schärfer unterschieden. Was Allen gemeinsam, ist der breite Knochenbau des Kopfes, der sich in der starken, etwas vorspringenden Stirne, den vorstehenden Backenknochen, dem kräftigen Kinn ausspricht. Auch sind ihnen Allen unter schwach gezeichneten Brauen die großen weitgeöffneten Augen eigenthümlich, in denen das Blauschwarz der Pupille lebhaft mit dem Weiß kontrastirt, und über die sich bei gesenktem Blick schwere, lastende Lider senken, Augen, die wohl jene auf den Bildern des älteren Malers in Erinnerung rufen, nur daß sie von viel feurigerer Lebhaftigkeit und unwiderstehlicherer Intensität des Blickes sind. Neben der Form der gebogenen Nase macht sich, namentlich bei den Frauen und jüngeren Männern, mit Vorliebe noch eine andere bemerkbar: eine fleischige Nase mit breitem Rücken, rundlicher kurzer Kuppe und wenig ausgebildeten, kleinen Flügeln. Die Lippen sind voll und lassen öfters — es gehört dies mit zu den besonders charakteristischen Merkmalen — die obere Reihe der weißen Zähne sehen. Mit welch' reicher Lebenskraft die Natur diese Wesen ausgestattet hat, zeigt sich auch an der üppigen Fülle des vorzugsweise röthlich blonden Haares, das bei den Frauen in schweren Wellen herabfluthet, bei den jugendlichen Männern kräftig gelockt den Kopf umspielt, schlichter gedrängt bei den Alten sich herabsenkt. Sehr eigenartig sind ferner die Hände, so daß man an ihnen auf den ersten Blick die Bilder des Meisters von allen anderen unterscheiden könnte. Sie haben knochige, zugespitzte Finger mit stark betonten Knöcheln und sind krampfhaft gespreizt derartig bewegt, als wären sie in den Gelenken gebrochen. Der Daumen ist ein wenig nach oben aufgebogen. Auch im Nackten drängt sich der Knochenbau

vor: man sehe den Brustkasten, die stark vortretende, rundlich gewölbte Knie-
scheibe, das scharfe Schienbein, die Fußzehen!

Die Gewänder, aus dicken Stoffen bestehend, verhüllen, in breiter Masse
und in dicken, wulstigen Falten fallend, häufig die Figur so vollständig, daß
selbst die Hände, in ihrer Bewegung gehemmt, sich nur mit Mühe von ihnen
zu befreien scheinen. Sie sind wiederholt mit einem goldenen Rande versehen und
von kraftvollster Farbenwirkung. Die herrschenden Farben sind auch hier ein
tiefes Blau, ein sattes Lackroth und Grün. Das Inkarnat ist bei den Männern
meist röthlich braun, bei den Frauen rosalich oder gelbröthlich gehalten, mit
weißen Lichtern und graugrünen Schatten in sorgfältigster, jetzt verschmolzener
Weise modellirt. Die kräftigere und tiefere Schattengebung, auch in den Gewändern, bewirkt ein viel stärkeres plastisches Hervortreten und Zurückweichen
der einzelnen Theile, als es auf den früheren Werken erreicht worden war.
Man bemerkt, daß dem Maler vor Allem daran gelegen war, den Schein wirklicher Körperlichkeit hervorzubringen. Ja, in diesem Streben geht er so weit,
kühne perspektivische Verkürzungen zu wagen. Mit welch' einem für solchen ersten
Versuch glücklichen Erfolge, zeigen die drei schlafenden Kriegsknechte auf der
Auferstehung, die Apostel auf der Himmelfahrt der Maria.

Endlich tritt uns als ein auf die künstlerischen Bestrebungen des Malers
das hellste Licht werfendes Moment die überraschend wahre, mit peinlichster
Gewissenhaftigkeit vorgehende Nachbildung der Nebendinge entgegen. Man muß
die Werke der van Eyck's zum Vergleich heranziehen, will man überhaupt in
der zeitgenössischen Kunst eine ähnliche Schärfe der Beobachtung und Fähigkeit
der Wiedergabe finden, wie sie sich in der Darstellung der Gegenstände, die auf
dem Tucher'schen Altare den hl. Augustinus umgeben, ausspricht. Mit vollendeter Meisterschaft sind hier an der Wand der Schreibstube allerlei Utensilien
dargestellt: Bücher, Briefe, ein Licht, eine Brille, eine Sanduhr. Hier ist uns
gleichsam das innerste Wesen, der Lebensnerv dieses künstlerischen Schaffens
bloßgelegt: angesichts dieses Stilllebens, das sich ungescheut dem Besten, was
in dieser Art überhaupt geschaffen worden ist, an die Seite stellen darf, erfaßt
man in einem Augenblicke die ganze Bedeutung und Eigenart des Malers.
Hier ist der Schlüssel zu der Auffassung dargeboten, die unsere oben gegebene
allgemeine Charakteristik vertrat.

Naturwahrheit: das ist sein mit leidenschaftlicher Freude ausgegebenes
Losungswort. Sie ist es, die er in der individualisirenden Bildung und
charakteristischen Bewegung, in der Gewandung, in der Modellirung seiner
Figuren, in den Versuchen perspektivischer Darstellung und in der Wiedergabe
der den Menschen umgebenden Dinge anstrebt.

Werke von einem Künstler wie diesem, von so ausgeprägten Eigenthümlichkeiten müßten, so meint man, aus der Menge anderer Nürnberger Malereien

des 15. Jahrhunderts leicht herauszuerkennen sein — ja, es kann geradezu be=
fremdlich erscheinen, daß man bis jetzt kaum den Versuch gemacht hat, den
Schaffensspuren eines solchen Meisters nachzugehen.   Zwar vereinzelte Angaben
sind von einigen Forschern gemacht worden: so erkannte Schnaase in dem
kleinen Haller'schen Altar in S. Sebald seine Hand; Paul Röe in einer kurzen
Notiz in der Kunstchronik (1888, S. 66) nannte neben diesem Altar noch das
kleine Altarwerk in S. Johannes, und Bischer weist ohne nähere Mittheilung
auf einige Bilder in der Frauenkirche zu München hin — aber damit ist auch
Alles erwähnt, was bisher an Beiträgen zur Kenntniß des Künstlers geliefert
worden ist.   Eingehenden Nachforschungen hätte demnach von Vorneherein ein
guter Erfolg prophezeit werden können, wenn auch kein so überraschender, als
er in der That ganz unverhofft dem Suchenden zu Theil ward.   Nicht daß
mehrere neue wichtige Arbeiten des Meisters gefunden werden konnten, sondern
daß eine unter diesen den Namen desselben und das Datum der Entstehung
trägt, war mehr, als sich von dem Geschick erwarten ließ, das solche Ueber=
raschungen ja dem Erforscher der deutschen Kunstgeschichte nur gar selten
gewährt.

Der Name, welchen der Meister vom Tucher'schen Altare trug, ist kein durch=
aus unbekannter, wenn auch einer, der bisher nur einen sehr beiläufig gewährten
und verborgenen Platz in den Kompendien der Geschichte deutscher Malerei
eingenommen hat, ein an sich wahrlich sehr bescheiden klingender Name, der
aber fortan zu den besten und ehrenvollsten gezählt werden muß — er lautet:
D. Pfenning.

Daß auch dem Bilde, das diesen Namen trägt, bisher kaum irgend
welche über die Bedürfnisse der Katalogisirung hinausgehende Beachtung ge=
schenkt worden ist, ist nur zu begreiflich, denn es hängt hoch oben an einem
ganz dunklen Fleck zwischen zwei Fenstern im zweiten Zimmer der deutschen
Schulen im oberen Stockwerk der Belvederegallerie zu Wien.   Der Einzige,
der es ausführlicher besprochen hat, ist Waagen.   In seinen „Kunstdenkmälern
in Wien" (I, S. 191) macht er folgende treffende Bemerkung: „Die datirten
Bilder deutscher Schule aus dieser Zeit sind so selten, daß sie selbst, wenn sie
nicht von einem Maler herrühren, welcher sich auf der Höhe der Zeit befunden,
wie hier der Fall ist, doch eine nähere Beachtung verdienen.   Der Meister steht
auf dem Uebergang der idealistischen Auffassung, wie die altkölnische Schule
sie darbietet, und der realistischen, wie sie von der Mitte des 15. Jahrhunderts
ab von den Niederlanden in Deutschland eindrang.   So finden sich in den
Köpfen, in den weichen und wohlgeworfenen Falten vieler Gewänder der Frauen
noch Anklänge jener früheren Richtung, in den Köpfen der meisten Männer da=
gegen ein Streben nach einem etwas derben Realismus.   So zeigt auch das
Gewand der Magdalena schon die knittrigen Brüche der späteren Zeit.   Auch

Pfenning.
Die Kreuzigung Christi.
Gallerie des Belvedere zu Wien.
(S. 64.)

Nach einer photogr. Aufnahme von J. Löwy in Wien.

in dem übertriebenen Ausdruck macht sich diese Richtung geltend. In allen Hauptstücken aber erscheint der Meister als sehr mäßig. Die Komposition ist überladen, der Körper des aufrecht genommenen und mit drei Nägeln befestigten Christus ist schwach, der Ton des Fleisches kaltröthlich mit schwarzen Schatten, das Blau der Gewänder schwarzgrün, ein rothes Gewand zinnoberfarbig, die Ausführung indeß fleißig und manche Motive sehr sprechend."

Befragen wir den neuen Katalog von Eduard von Engerth (III. Bd., Nr. 1634, S. 179), so erhalten wir Nichts weiter als folgende Mittheilung: „Der Maler Pfenning, den man nur selten erwähnt findet, bildete sich unter dem Einflusse der altniederländischen Schule und übertrug ihre Art nach Oesterreich, wo er lebte und wirkte. Er wurde zuweilen mit Lorenz Pfenning, dem Baumeister, verwechselt, der im Jahre 1454 in Wien beim Bau der Stephanskirche beschäftigt war. Die „Kreuzigung" in der kaiserlichen Galerie in Wien aus dem Jahre 1449 ist das einzige bis jetzt bekannte Werk dieses Meisters." Ueber die frühere Geschichte des Bildes scheint nichts Näheres zu ermitteln gewesen zu sein. Christian's von Mechel Verzeichniß erwähnt es noch nicht. Wie und woher es nach Wien verschlagen wurde, ob der Maler in Oesterreich selbst thätig gewesen ist, wie v. Engerth will — das sind nicht zu beantwortende Fragen. Das Eine aber darf, so scheint mir, als ganz unzweifelhafte Thatsache gelten: daß es ein Werk des Meisters ist, der den Tucher'schen Altar gefertigt hat. Alle stilistisch wesentlichen Merkmale desselben sind auch ihm eigen. Eine Charakteristik des Stiles hätte nur das Gleiche zu wiederholen, was oben gesagt wurde: dieselben Typen, dasselbe röthlich blonde Haar, dieselben eigenthümlichen Hände, dieselbe Zeichnung des Nackten, dieselbe röthlich gelbe und bräunlich rothe Fleischfarbe, dieselben kalten, schwärzlich grauen Schatten und weißen Lichter, dieselbe sorgfältige Durchführung.

Die Komposition der Kreuzigung ist, wie Waagen uns mittheilte, eine gedrängte, figurenreiche. An dem Kreuzesstamm, in der Mitte, ist Magdalena in rother Gewandung (mit Goldbrand) niedergesunken, umschlingt ihn mit den Armen und schaut zu dem Erlöser auf. Neben ihr gewahrt man von hinten auf einem Schimmel, den Turban auf dem Haupte, Longinus, der nach oben sieht und die Rechte erhebt, ihm zur Seite einen gleichfalls zu Christus den Blick emporrichtenden Mann in hohem orientalischen Hut, mit breiten Goldstreifen verziertem Gewand, Bogen und Pfeil in der Hand. Weiter links dann der gute Schächer, der, mit Stricken an das Kreuz gebunden, die letzte rettende Zuflucht im gläubigen Anschauen des Heilands sucht. Davor die Gruppe der Frauen. Zwei derselben stützen die ohnmächtig zusammenbrechende Maria, zwei andere knieen weiter hinten: die eine, krampfhaft die Hände ringend, wendet sich scheu um, das Entsetzliche zu gewahren. Auch Johannes, der mehr links steht, blickt zu Christus auf. Eine ganze Schaar von Kriegern hat sich im Hinter-

grunde herangedrängt: darunter hervorſtechend ein vornehmer Reiter in reicher
Tracht, das Szepter in der Hand, auf einem Schimmel, der Anführer mehrerer
geharniſchter Reiter. Ein Mann weiſt ſein Kind auf den Gekreuzigten hin,
Gewappnete mit Speeren halten Wacht.

Auf der rechten Seite des Bildes vor und hinter dem Kreuz, an dem
mit verzweiflungsvoll aneinander gepreßten Zähnen der böſe Schächer hängt,
iſt eine Anzahl gewappneter Knappen und Reiter zu ſehen. Unter ihnen ein
jugendlicher Hauptmann zu Pferde, einen gelben Turban auf dem Kopf, die
Linke am Schwert, und ein Phariſäer, der ſinnend den Zeigefinger an den Mund
legt: Beide zu Chriſtus aufblickend.

Der Geſammteindruck läßt ſich kurz dahin bezeichnen, daß die Darſtellung
von auffallender Lebendigkeit iſt, ohne doch gerade dramatiſch leidenſchaftlich
und aufgeregt zu ſein. Im Vergleich mit dem Tucher'ſchen Altar erſcheint ein
gewiſſes Maß innegehalten: ſelbſt der böſe Schächer iſt nicht karrikaturenhaft
verzerrt, ſondern trägt nur den Ausdruck der Verbiſſenheit. Wahrheit und
Charakteriſtik aber, darauf kommt es auch hier dem Maler an. Wie er mög-
lichſt verſchiedenartige Typen und Trachten zu geben ſucht, ſo große Mannichfaltigkeit des Empfindungsausdrucks in den Köpfen, Gebärden und Bewegungen.
Ueberall äußert ſich eine ſcharfe Naturbeobachtung: man ſehe namentlich den
ſchreienden Mann links hinten, den lachenden rechts, den in Sinnen vertieften
Phariſäer, den ſchaudernden, aber unwiderſtehlich von dem Leidensſchauſpiel
angezogenen Blick der kauernden Frau, die von tiefſtem, jedoch ſtummen Schmerz
verzehrten Züge der Maria und ihrer Freunde. Daneben dann genrehafte
Momente, wie den Vater mit ſeinem Kinde und einen kleinen Knaben, der, am
Boden ſitzend, in vollſtändiger Unbewußtheit des großen Vorganges mit einem
Hunde ſpielt. Auch die Pferde mit den unverhältnißmäßig kleinen Köpfen
(zumeiſt Schimmel), neben denen einmal ein Maulejel erſcheint, ſo ſehr
auch die gewagten Verkürzungen mißlungen, ſo ſehr ſie verzeichnet ſind, verrathen in der Bewegung überraſchend der Wirklichkeit abgelauſchte Motive.
Ja, ſelbſt dem am Fuße des Kreuzes liegenden Todtenkopf giebt der Künſtler
in ſeinem Streben nach Belebung und Beſeelung lebendig blickende Augen.
Die ſorgfältige, detaillirte Wiedergabe der Holzfaſerung an den Kreuzen endlich
vergleicht ſich der Wand mit den Utenſilien auf der Darſtellung des hl.
Auguſtinus am Tucher'ſchen Altar.

Die Inſchrift nun, durch welche wir über den Künſtlernamen belehrt
werden, befindet ſich an der Satteldecke des Longinus (die Jahreszahl noch
einmal wiederholt auf einer Fahne) und lautet, wie aus dem nach v. Engerth's
Katalog gegebenen Fakſimile erſichtlich wird: „d. Pfenning 1449 als ich thun."
Trotzdem der letzte Buchſtabe auf dem Bilde nicht ganz deutlich iſt und, wie

mir dünkt, auch als M gelesen werden dürfte, scheinen die Worte doch nur das Eine bedeuten zu können: „als ich kann".

Dieselbe Devise also, die Jan van Eyck auf seine Bilder zu setzen pflegte, hat sich auch unser Nürnberger Meister gewählt — ein zugleich stolzes und bescheidenes Bekenntniß seines Strebens, in dem sich das Bewußtsein von der künstlerischen Bedeutung desselben, ebensowohl aber auch die Erkenntniß davon ausspricht, daß ein noch Höheres und Vollkommeneres auf diesem Wege zu erreichen sei.

Das an dritter Stelle zu erwähnende Werk Pfenning's, das dem Tucher'schen Altar und der Wiener Kreuzigung ebenbürtig zur Seite gesetzt werden darf, ja, in höherem Grade vielleicht als diese Bilder die Naturstudien zu Besten eines erhabenen Ideales verwerthet zeigt, müssen wir in der alten Cisterzienser= kirche zu Heilsbronn unweit Nürnberg aufsuchen, wo es in der westlichen Vor= halle neben jenen älteren, früher besprochenen Malereien aufgehangen ist. Es stellt in fast lebensgroßen Verhältnissen die Himmelskönigin dar, die, auf dem linken Arme das Christkind, in der Rechten das Szepter, ganz in Vorderansicht steht. Unter ihrem Mantel haben sich knieend die Cisterziensermönche mit ihrem Abt versammelt; zwei mit weit bewegten Flügeln heranflatternde Engel halten die Krone über ihrem Haupte.

Die Vornehmheit der Gestaltung, die Zartheit der Empfindung und der reiche Farbenglanz vereinigen sich zu einer mächtigen Wirkung. Es gehört zu dem Größten, was die deutsche bildende Kunst überhaupt hervorgebracht: nur einem unter allen Werken des 15. Jahrhunderts darf man es vergleichen: dem Tombilde des Meisters Stephan in Köln! Aus friedenvollen Höhen in diese Welt des Sehnens und Leidens herabgeschwebt, tritt die hehre Frau mit zartem Schritt zu Denen, die in heißem Gebet ihr Kommen erfleht. Vertrauensvoll dürfen sie sich an sie schmiegen, denn aller Glanz der Zeichen königlicher Würde erblaßt vor dem mitleidreichen Liebesblicke, der aus diesen dunklen Augen mild sich niedersenkt. Sie anschauen, heißt alles Gebetes selige Erfüllung finden, gewährt sie doch ihren Schutzbefohlenen, den Blick aufrichten zu dürfen zu dem Kinde selbst, dessen demüthige Trägerin sie ist. Das aber hat des Spieles

5*

vergeſſen; ſein Blick ſieht Nichts mehr von Allem dem, was ihn umgiebt; in tiefem, ſchwermuthsvollen Sinnen ganz verſunken neigt es regungslos wie unter der Laſt ſchwerer Gedanken das Haupt. Des Erdenlebens Anblick hat das frohe Kinderlachen weggeſcheucht — ſo kehrt es, von der Engel Flug umſchwebt, zu ſeinem himmliſchen Reiche wieder, unmerklich leiſe, wie die Mutter es gebracht!

Das erhabene Werk iſt leider nicht ganz unverſehrt erhalten, glücklicher- weiſe ſind es aber nicht die Haupttheile, welche ihre Urſprünglichkeit durch Uebermalung eingebüßt haben. Dieſelbe macht ſich nur an den Köpfen der Mönche und in der rechten Hand der Madonna bemerkbar. In voller Kraft ſchimmern die Farben der Gewandung Maria's: das Goldbrokat des Unterge- wandes, das Blau des mit reicher Edelſteinborte beſetzten Mantels, das Weiß des vielgefälteten Kopftuches; auch das tiefe Rothbraun und Grün in der Ge- wandung der Engel, das Gold der Krone, des Szepters und des Hintergrundes, der hier nicht gemuſtert iſt. Das Kolorit des Inkarnates iſt von außerordent- licher Weichheit und Zartheit, dabei in Folge der grauen Schattentöne und der weißen Lichter von ziemlich kühler Wirkung, die zu der Vornehmheit des Ge- ſammteindruckes beiträgt. Das röthlich blonde, lockige Haar der Jungfrau iſt in zierlichſter Weiſe gelblich gehöht. Die Geſichtsform iſt breit, die Augen ſtehen weit auseinander, die Naſe (bei Maria und Chriſtus) hat eine kurze Kuppe, die Lippen ſind voll und beim Kinde etwas geöffnet, ſo daß man die Zähne ſieht, das Kinn iſt fleiſchig und breit. Die Mönche zeigen Alle ſtarke, ge- bogene Naſen; trotz des, namentlich in den beiden vorderen Hauptfiguren: dem Abt und dem bärtigen Mönche mit dem Schlüſſelbunde am Gürtel, bedeutend hervortretenden Beſtrebens nach Portraitähnlichkeit haftet den Figuren etwas Typiſches an. In lebhaften Kontraſt zu der Ruhe der Madonna und des Kindes, das in der linken Hand an einem Faden einen Stieglitz hält, treten die bewegten Engel, deren große, buntgefiederte Flügel man rauſchen zu hören glaubt, kräftige, eigenthümliche Weſen mit üppigem, flatternden Haar und von ſchwer zu definirender körperlicher Geſtalt, aus blauen, in Wellenlinien gezeich- neten Wolken hervorbringend.

Irgend welche urkundliche Mittheilungen über die Entſtehungsgeſchichte des Gemäldes ſind uns nicht erhalten, denn es iſt ganz ausgeſchloſſen, in demſelben, wie Muck will (I, S. 192), die 1494 von einem Hans von Speyer für den Abt Haunolt gefertigte Gedächtnißtafel zu ſehen (Näheres unten unter Hans von Speyer). Vielmehr hat man anzunehmen, daß der Stifter Ulrikus, genannt Kötzler von Volckerſau, geweſen, der von 1435 bis 1463 die Würde des Abtes bekleidete und ſich mit den Inſignien der Biſchofswürde, die er den Heilsbronner Aebten verſchaffte, darſtellen ließ.

Kehren wir nach der Betrachtung der beiden Werke in Wien und Heilsbronn nach

Pfenning.

Maria als Himmelskönigin.

Klosterkirche zu Heilsbronn.

S. 65.)

Nach einer photogr. Aufnahme von N. Herberth in Rothenburg o. d. T.

Nürnberg zurück, so fesselt unter den hier noch aufbewahrten Gemälden des Meisters
zunächst ein kleiner Altar die Aufmerksamkeit — jene Haller'sche Stiftung in
S. Sebald, in welcher bereits Hotho den Stil des Tucher'schen Altares entdeckte.
Auf dem Mittelbilde ist auf blauem, mit goldenem Laubwerk verziertem Hintergrunde
Christus am Kreuze zwischen Maria, welche die Hände an einander legt, und
Johannes, der sie faltet, dargestellt. Auf der Innenseite der Flügel links die
hl. Barbara mit dem Kelch, rechts Katharina, in der Rechten das Schwert, auf
den Außenseiten links Christus in Gethsemane vor dem Kelche kniend, rechts
die drei schlafenden Jünger, sowie die Stifter: links ein Mann und eine Frau
(Wappen der Haller und Balzner), rechts ein Mann mit zwei Frauen (Wappen
der Haller, Koler und Seckendorf). Endlich zeigen die festehenden hinteren
Flügel auf blauem Grund den hl. Erasmus in Bischofstracht und einen Bischof
mit einer Kerze in der Hand (diese letzte Figur als die einzige übermalt).
Die stilistische Uebereinstimmung dieser Bilder mit dem Altarwerk in der Liebfrauenkirche ist eine so schlagende, daß sie auch ihrer zeitlichen Entstehung nach
demselben nahestehen müssen.

Dieselbe Kirche aber hat auch noch ein zweites, leider ganz durch Uebermalung entstelltes Bild Pfenning's aufzuweisen. Dasselbe, am vorletzten Pfeiler
des Chores rechts aufgehangen, ist gleichwohl von besonderer Wichtigkeit für die
Kenntniß seiner Kunst, indem es uns den hohen Begriff, den wir von seiner
Freiheit und Kühnheit in der Komposition und seiner scharfen Naturbeobachtung gewonnen haben, nicht allein rechtfertigt, sondern noch erhöht. Man sieht in
eine dreifach getheilte Hütte. In der Mitte kniet Maria betend vor dem
Christkind, über das sich — ganz ähnlich verkürzt, wie jener auf dem Flügel
des Tucher'schen Altares — ein Engel beugt. Rechts schauen zwei Hirten durch
ein Fenster herein. Links, und zwar im Mittelgrunde, kniet Joseph vor einer
Lade, aus der er Etwas herausnimmt; mit größter Sorgfalt ist alles Zubehör
in dem Raume wiedergegeben. Auf der Predella sind die Stifter: ein Vater
mit vier Söhnen und die Mutter mit fünf Töchtern zu sehen, nach den
Wappen Mitglieder der Familien Volkamer und Imhof.

Neben den bisher erwähnten Werken kommen nun einige andere in Betracht, die eine etwas spätere Phase in der künstlerischen Entwickelung des
Meisters vertreten dürften. Gemeinsam ist ihnen eine größere Breite in der
malerischen Ausführung sowohl wie in der Zeichnung, eine leidenschaftlichere,
bewegte Darstellungsweise, eine Neigung zu gewaltsamer Uebertreibung der
Formen und des seelischen Ausdruckes. Auf den ersten Blick könnten sie als
Arbeiten eines die Eigenartigkeiten Pfenning's fast bis zur Verzerrung steigern-
den Schülers erscheinen, eine nähere Prüfung aber überzeugt davon, daß sie
originale Schöpfungen des Meisters selbst sind. Indem das heftig energische
Wesen desselben immer ungehemmter zur Aeußerung drängt, überschreitet es die

Schranken der ftrengeren ftiliftifchen Form und gelangt zu einer nicht zum
Heile ausfchlagenden Freiheit. Die Spannung, in welche, wie erwähnt, die auf
das Leidenfchaftliche, Affektvolle zielenden Kräfte in Bildern, wie dem Tucher'fchen
Altare, durch Dämpfung und Zurückhaltung verfetzt waren, löft fich, und die
Folge mußte eine zu künftlerifchen Ausfchreitungen führende Ungebundenheit fein.
Nur wenn wir annehmen, daß eine unbändige Natur fich gleichfam für langen
Zwang durch ungeftümfte Aeußerungen rächen wollte, werden uns Ungeheuerlich=
keiten wie die auf den zu betrachtenden Gemälden begreiflich — dann aber auch
vollftändig. Ja, fie dienen uns dann dazu, einen der merkwürdigften deutfchen
Künftler nach feinem innerften Wefen, ja Eigenthümlichkeiten des deutfchen
Wefens felbft, deutlicher zu erfaffen. Nichts lehrreicher, als ein Vergleich
diefes erften Nürnberger Meifters, der die forgfältige Naturnachahmung zum
Hauptprinzip feines Schaffens machte, mit feinem etwas älteren niederländifchen
Zeitgenoffen und Mitftrebenden Jan van Eyck. Beides Künftler, die zu ihrer
Lehrmeifterin die Natur gewählt, mit aller Begeifterung ihr Treue gefchworen,
einen gemeinfchaftlichen Ausgangspunkt zur Erreichung eines neuen künft=
lerifchen Ideales genommen haben — und doch, wie bald trennen fich ihre Wege,
zu wie grundverfchiedenen Refultaten gelangen fie! Der Niederländer unent=
wegt in ftiller Beharrlichkeit der Natur folgend, ganz in Betrachtung ver=
funken, in ungetrübter Seelenruhe und mit nicht zu beirrender Gewiffenhaftig=
keit feine Madonnenbilder und Portraits durchführend, vollauf beglückt in der
Vollendung des Malerifchen, fein Leben lang fich in feinem Stile im Wefent=
lichen gleichbleibend - der Deutfche in beftändigem Kampf zwifchen feinem
Bemühen um Naturwahrheit und dem Drange nach überwältigendem Ausdrucke
des Seelenlebens, von heißem Verlangen befeelt, fein erregtes Gefühl zu offen=
baren und Anderen mitzutheilen, von diefem Gefühl beftändig in der ruhigen
Beobachtung beirrt und von ihr wieder abgeleitet, in der Wirklichkeit fein Ge=
nüge nicht findend und fo fchließlich zu unnatürlichen Uebertreibungen getrieben.
Welch ein Unterfchied, — wenn wir des befchaulichen Jan van Eyck nicht ge=
denken wollen — felbft zwifchen diefen unbändigen Schöpfungen und den trotz
aller dramatifchen Kraft malerifch maßvollen Bildern Rogier's van der Weyden!
Daffelbe dämonifche Element, das den Nürnberger Meifter befähigte, die höchfte
Erhabenheit in einem Bilde, wie der Heilsbronner Madonna, zu erreichen, hat
ihn zu furchtbaren Excentrizitäten fortgeriffen, deren Anblick ein wahrhaftes
Grauen erwecken kann.

Wenige dürfte es geben, die nicht erfchreckt nach flüchtigem Blick fich abwenden
von einem Gemälde Pfenning's, das in der vierten Kapelle rechts in S. Lorenz
an der Wand hängt (Nr. 9). Vier Figuren find auf demfelben neben einander
ftehend dargeftellt. Ganz rechts Chriftus nackt als Schmerzensmann, im
Rücken einen rothen Mantel, um die Hüften ein weißes Tuch, die Hände er=

hoben, ihm zunächst der hl. Kaiser Heinrich II., braunbärtig, in goldbrokatenem
Rock und blauem Mantel, dann dessen Gemahlin Kunigunde in weißem Unter=
gewande, grünem Mantel und weißem Kopftuch, endlich Laurentius in roth=
brokatener Dalmatika. Alle drei Heilige empfehlen dem Heiland einen Stifter
in der Tracht eines Kanonikus. Heinrich und Kunigunde halten zusammen ein
Kirchenmodell. Nicht diese Heiligen aber, die sich höchst würdevoll in der Haltung
und zugleich liebenswürdig im Ausdrucke zeigen, sind es, welche das Auge bannen,
sondern die Gestalt Christi. Schwer begreift man es, wie der Künstler dazu
kommen konnte, dieselbe so plump, so unschön muskulös zu bilden: eine
entsetzliche Uebertreibung aller Formen, wie nach dem Modell eines herkulischen
Lastträgers entworfen! Unbegreiflich — denn es liegt hier offenbar eine be=
stimmte Absicht vor, ein bewußtes Betonen der stärksten Muskulatur, ein Ab=
weichen von den früher angewandten Verhältnissen. Warum dieser auf die körper=
liche Stärke gelegte Nachdruck? Hat der Künstler über einem unschönen Modell,
an dem er Studien des Nackten machte, ganz vergessen, was er darstellte? Oder
legt er hier ein Bekenntniß ab von einem Ideal, das er, wie im Gegensatze zu
den schmalen, kraftlosen Gestalten der älteren Kunst, in mächtig ausladenden,
vollen, gigantischen Formen gefunden? Hierfür würde sprechen, daß, verglichen
mit seinen früheren Bildern, auch die Heiligen, wenn es auch bei ihnen weniger
auffällt, derber gebildet sind. Dann aber auch, daß dieselbe Christusfigur nicht
allein auf dem Bilde in S. Lorenz, welches nach Hilpert's nicht näher zu be=
gründender Vermuthung zum Andenken des in der Nähe beerdigten Dr. Johann
von Ehenheim gestiftet ist, sondern auch auf einem andern Werke von viel
kleineren Dimensionen in der Johanniskirche wiederkehrt. Es ist dies ein
Altärchen, in dessen Mitte wir die Kreuzigung, links die Dornenkrönung, rechts
die Geißelung sehen. Auf den Außenseiten der Flügel befinden sich je drei
kleinere Darstellungen: links das Gebet in Gethsemane, die Geißelung, Christus
am Kreuz zwischen Maria und Johannes, rechts der Judaskuß, die Dornen=
krönung und die Grablegung. Schon von Rée wurden diese Bilder demselben
Meister zugeschrieben, der den Tucher'schen und Haller'schen Altar gemacht hat,
die höchste Verwandtschaft aber zeigen sie mit dem Lorenzer Bild. Die Ueber=
treibung beschränkt sich hier nicht bloß auf die Formen des Nackten, sondern
äußert sich in der karrikaturenhaft verzerrten Gestaltung der Schergen, die von
abschreckender Häßlichkeit und wildem Gebahren sind — welch' weiter Abstand
schon von der Darstellungsweise, wie sie auf dem Wiener Gemälde uns entgegen
trat! Als einzig versöhnendes Element fesselt die koloristische Empfindung des
Künstlers. Wie die Tafel in S. Lorenz zeugt auch dieser Altar noch von dem
eigenartigen Farbengeschmack Pfenning's; als eigenthümlich und neu berührt
namentlich die Kleidung der Maria, welcher er abweichend von der Tradition
ein weißes, goldgemustertes Untergewand giebt. Von besonderer Wichtigkeit

aber iſt die Wahrnehmung, daß Pfenning hier zum erſten Male einen land
ſchaftlichen Hintergrund giebt, freilich unter Wahrung der goldenen Luft. Auch
in der Landſchaft verleugnet ſich ſeine Vorliebe für kräftige, geſättigte Färbung
nicht: es ſind braune Hügel mit dunkelgrünem Gebüſch, in der Ferne tiefblaue
Berge, die man ſieht. Eine Auffaſſung der Landſchaft alſo, die von der nieder=
ländiſchen jener Zeit durchaus ſich unterſcheidet.

Als drittes Zeugniß endlich für dieſe ſpätere Richtung des Meiſters iſt das
höchſt merkwürdige Bild anzuführen, das der im Aachener Muſeum aus=
geſtellten Sammlung der Frau Weber angehört: eine „Beſchneidung Chriſti“,
die, was Gewaltſamkeit der Bewegungen und Derbheit der Typen anbetrifft,
ziemlich das Höchſte bezeichnet, was darin überhaupt zu erreichen iſt. Worte
der Beſchreibung für dieſe Figuren mit ihren, wie von jähen Sturmſtößen ge=
triebenen Gliedern zu finden, iſt faſt ein Ding der Unmöglichkeit. Die un=
geheure Kühnheit der Einbildungskraft, die ſtürmiſche Leidenſchaftlichkeit der
Empfindung und die freie Meiſterſchaft der Technik verſetzen den Betrachter,
der in der That Anfangs gar keinen Standpunkt finden kann, von dem aus
ihm eine ſolche Kunſt verſtändlich werden ſoll, endlich in einen Zuſtand wachſen=
den Erſtaunens: was war das für ein Künſtler, der in ſolcher Weiſe mit un=
geheuerlicher Willkür die Natur interpretirte? Wer auf dieſe Frage dann ant=
wortete: der erſte große Nürnberger, ja deutſche Meiſter, der mit ſcharfem Auge
die Wirklichkeit ſtudirte und nachahmte, würde wohl einem ungläubigen Lächeln
begegnen, und er dürfte das wahrlich dem Fragenden nicht verargen.

Durch welche Schickſale dieſes Gemälde nach Aachen gelangte, iſt nicht zu
ſagen. Das einzige Bild mit demſelben Gegenſtande, das v. Murr erwähnt,
befand ſich in S. Jobſt, dürfte aber ſchwerlich mit dem unſrigen zu identifiziren
ſein, da auf derſelben Tafel noch eine Taufe Chriſti und unten die Darſtellung
der Kirche ſelbſt ſich befand, was auf eine ſpätere Entſtehung hinweiſt.

Mit den acht eingehend beſprochenen Werken iſt die Zahl der Arbeiten, die
ich als Originale des Meiſters bisher aufzufinden vermochte, erſchöpft. Ein
neuntes vielleicht wäre ich noch verſucht hinzuzufügen, doch handelt es ſich hier
nur um eine Vermuthung, nicht um eine ſichere Ueberzeugung. Ich meine ein
Frauenportrait in der Ambraſer Sammlung zu Wien (Nr. 66), das in
der techniſchen Behandlung, in der Farbengebung (dem röthlichgelben Fleiſch
und dem röthlichen Haar) und der ſcharfen Zeichnung der Hände an die Weiſe
unſeres Künſtlers entſchieden erinnert. Es ſtellt die im Jahre 1436 verſtorbene
Jakobäa, Gräfin von Holland, die Gemahlin des Herzogs Johann von Bra=
bant, in brokatenem Gewande auf dunklem Hintergrunde dar und iſt offenbar in
der Mitte des XV. Jahrhunderts, ſchwerlich noch zu Lebzeiten der Fürſtin, ent=

standen. Ließen sich irgendwelche wirklich entscheidende Beweisgründe dafür bei
bringen, daß Pfenning der Maler ist, so wäre dies Bild freilich ein gar wichtiges Dokument für die Kenntniß seiner Kunst: wir würden ihn dann auch im
Portrait als Rivalen der großen niederländischen Maler auftreten sehen. Aber
hier würde freilich sogleich die Frage sich einstellen, ob es sich erklären lasse, daß
der Künstler überall da, wo er auf seinen religiösen Gemälden Stifter dargestellt hatte, nur ziemlich allgemein charakterisirend und flüchtig skizzirend vor
gegangen sei, dort aber, wo es sich um ein eigentliches selbstständiges Bildniß in
größeren Verhältnissen handelte, mit großer Treue und Fleiß das Modell
wiedergegeben habe. Daß dies an und für sich nicht undenkbar sei, ist wohl zu-
zugeben. Einer alten Tradition entsprach es, auf religiösen Darstellungen die
Stifter in kleiner Figur, gleichsam nur Symbole bestimmter Persönlichkeiten,
anzubringen: die Maler begnügten sich mit genereller Charakterisirung durch
Tracht und Alter. Mit zunehmender Naturbeobachtung und Fertigkeit mochte
diese Charakterisirung etwas bestimmter werden, immer aber erscheinen die
knieenden kleinen Personen als Zuthaten, auf die nicht die gleiche Liebe und
Sorgfalt, wie auf den eigentlichen Gegenstand des Bildes, verwerthet ist.
Gerade Bilder wie die Heilsbronner Madonna lassen dies deutlich erkennen. Im Vergleich zu den Hauptfiguren erscheinen die Bildnisse noch sehr
unvollkommen und flüchtig ausgeführt: ein Meister wie dieser hatte sicher die
Schärfe des Auges und die Sicherheit der Hand, bei weitem vollendetere Portraits
zu malen, offenbar war es ihm aber in diesem Falle gar nicht darum zu thun.
Auch er stand noch unter dem Banne der Gewohnheit, die Stifterfiguren als
unwesentliche Beigabe zu betrachten. Es ist durchaus wahrscheinlich, daß er,
sobald ihm der Auftrag wurde, ein eigentliches Portrait zu schaffen, mit ganz
anderer Sorgfalt vorging: Alles, was wir von seiner künstlerischen Begabung
erfassen konnten, spricht dafür, daß er auch im Portrait Neues und Bedeutendes
zu leisten bestimmt war. Und doch — wir müssen bei der Vermuthung stehen
bleiben, denn das Ambraser Gemälde ist nicht mit Sicherheit als sein Werk
anzusehen.

Es bleibt somit weiter Nichts übrig, als sich nach Werken umzuschauen, die
etwa mit seiner Kunst in direkter Beziehung stehen oder deren Bannkreis an
gehören. Da sind es zunächst wieder Glasgemälde, die in Betracht kommen,
und zwar vor Allem ein Fenster in S. Lorenz, nämlich das vierte links
im Chore, welches die Leidensgeschichte Christi in zahlreichen Darstellungen zeigt.
Unten sind sechs Wappen der Haller'schen Familie (die zwei mittleren 1655
„verneut"). Hilpert vermuthet, daß der Stifter ein Lorenz Haller, der von
1464 bis 1499 Kirchenmeister an der Kirche war, gewesen sei, was dahingestellt bleiben muß.

Die Leidensgeschichte behandeln auch die Glasmalereien des, von der

Sakristei aus gezählt, zweiten Fensters links im Chor von S. Sebald, die zunächst erwähnt werden müssen.   Zwar, wäre Mayer's Angaben Glauben zu
schenken, so wären sie schon in den Jahren 1364 und 1365 von Berthold
Tucher und Anna Pfinzing gestiftet worden, doch dem widerspricht der Stil
durchaus.

An dritter Stelle sei das daneben befindliche Fenster mit den Wappen der
Nützel und Pfinzing (oberhalb des großen Bildes von Hans von Kulmbach)
genannt mit verschiedenen Darstellungen aus der heiligen Geschichte.

Was aber endlich Zeichnungen anbetrifft, so kenne ich nur ein einziges
Blatt, das vollen Anspruch darauf hat, für ein originales Werk Pfenning's angesehen zu werden.   Es ist dies eine Darstellung des Todes der Maria, auf
röthlich grundirtem Papier mit der Feder frei und geistreich skizzirt, mit leicht
getuschten Lichtern und Schatten. Maria, von den Aposteln umgeben, kniet an
einem Betpult vor ihrem Bett; über ihr schweben Engel mit Weihrauchfässern
und in der Höhe erscheint, von Seraphim umgeben, Gottvater, die Krone für
dem Empfang der Jungfrau bereit haltend. Die Zeichnung, welche alle Eigenthümlichkeiten des Pfenning'schen Stiles aufweist, befindet sich in der Sammlung der Universitätsbibliothek zu Erlangen.

Vieles des Wissens Werthe, ja die wichtigsten Aufschlüsse über das Wesen
und die Kunst eines der größten und merkwürdigsten deutschen Künstler hat die
liebevolle Versenkung in seine Werke ergeben. Jedes derselben war ein Zeuge,
dessen Aussage die des anderen bestärkte, erläuterte und erweiterte, so daß an
Stelle der ursprünglichen Ahnung von dem großen Unbekannten ein tiefes,
sicheres, fast wie aus vertrautem Umgange erwachsenes Verständniß trat. Vor
dem Verlangen, das Wichtigste zu erfahren, traten alle Fragen nach den Lebens-
thatsachen als unwesentlicheren Momenten zurück. Erst nachträglich stellen sich
dieselben ein, und zwar nun mit allem Anspruch auf Beachtung. Welcher Art
und welchen Geistes diese Kunst und ihr Meister war, haben wir gesehen:
woher aber kam sie? Bei welchen Meistern ist Pfenning in die Schule gegangen?
Hat er, von eigener, angeborner Kraft getrieben, diese neue Welt gesucht und
gefunden, oder ward von Anderen sein Schaffensdrang auf sie hingewiesen?
Nur zwei Meister unter allen zeitgenössischen Malern könnten es gewesen sein,
bei denen er in die Lehre gegangen: die Begründer der neuen, auf getreuester
Naturnachahmung fußenden niederländischen Malerei, Hubert und Jan van Eyck.
Wenn die erstaunlich große Verschiedenheit des künstlerischen Wesens Jan van
Eyck's und Pfenning's hervorgehoben werden mußte, so würde dieselbe doch
nicht hindern, anzunehmen, daß Pfenning in seinen jungen Jahren der Schüler
Jan's gewesen sei oder wenigstens dessen Werke gesehen und fleißig studirt habe.
Ja, es ließe sich Vieles dafür geltend machen.

Von der Hauptsache, dem sorgfältigen Bestreben, die Wirklichkeit genau wiederzugeben, das ganz im Geiste der van Eyck's bis auf die minutiöse Durchführung des „Stilllebens" sich erstreckt, braucht nicht mehr die Rede zu sein. Hier liegt der Kernpunkt der Frage. Ist es anzunehmen, daß gänzlich unabhängig von der Neuerung in Flandern nur Weniges später in Nürnberg dieselbe Richtung auf das Naturwahre eingeschlagen wird? Gewiß wäre dies durchaus denkbar — wie dann aber, wenn auch in unwesentlichen Einzelheiten das Neue übereinstimmend hier wie dort sich geltend macht? Dies dürfte eine direkte Beziehung des Nürnberger Meisters zu den niederländischen doch wahrscheinlich machen. In der That lassen sich einige derartige übereinstimmende nebensächliche Elemente anführen und zwar in der Tracht. Daß Pfenning häufig seinen Figuren brokatne Gewänder giebt, ist nichts durchaus Neues: sie finden sich schon auf den späteren Bildern seines Vorgängers in Nürnberg. Dort auch macht sich das Verlangen nach glänzender Farbenwirkung schon in der Verzierung der Stoffe mit Goldborten bemerkbar. Durchaus ungewohnt aber und ganz an die Werke der van Eyck's erinnernd, ist die noch reichere Ausstattung der goldenen Gewandsäume mit Perlen und Edelsteinen, wie sie die Heilsbronner Madonna zeigt, sowie ferner die Anbringung von orientalischen Kostümen (auf dem Wiener Gemälde), in welcher von den Niederländern das Bekenntniß eines höchst naiven Strebens nach historischer Treue abgelegt wurde — auch dies ein merkwürdiges Kennzeichen der ganzen geistigen Richtung dieser Zeit. Zu diesen auffallenden Vergleichungspunkten kommt ferner ein anderer, der in der Signatur des Wiener Bildes beruht, hinzu. Nicht allein, daß Pfenning derselben Devise „als ich kann" sich bedient, die Jan van Eyck zu der seinigen gemacht hatte, die Thatsache an und für sich, daß er ein Werk mit seinem vollen Namen und der Jahreszahl bezeichnet, ist eine fast neue in der Geschichte der deutschen Malerei, indeß Jan van Eyck voll Selbstbewußtsein diesen Brauch in den Niederlanden schon eingeführt hatte. Nur eine Ausnahme giebt es: achtzehn Jahre früher als Pfenning setzte der ehrliche Lukas Moser seinen Namen auf ein Altarwerk in Tiefenbronn, aber nicht mit einer Devise, sondern mit einem Schmerzensschrei über seine der Kunst abholde Zeit: „Schrie Kunst schrie und klag dich ser din begert jetzt niemen mer. So o we 1431."

Sprechen nun die eben angeführten Belege dafür, daß Pfenning in den Niederlanden entscheidende Eindrücke erfahren, so machen andere Erwägungen wieder stutzig. Nur einmal und auf einem späteren Werke, wie erwähnt wurde, stellt er landschaftlichen Hintergrund dar und zwar hier in einer von dem Stile der van Eyck's ganz abweichenden Weise. Hätte er, falls er die Bilder derselben kannte, unberührt von dem Eindrucke dieses so überaus wichtigen Faktors in denselben, der großen Neuerung in der Darstellung der Landschaft, bleiben können, hätte er nicht vielmehr mit Eifer und Begeisterung sich dieselbe zu eigen gemacht und, wie es die Jünger einer neuen Lehre thun, sie zur Schau gebracht, wo immer nur es möglich war? Hätte er nicht mit Freuden zu Gunsten des über Berg und Fluß, über Wald und Stadt blau= enden Himmels den starren goldenen Hintergrund verschwinden lassen? Und wie steht es endlich mit der Zeichnung und der Farbe? Auch hier zeigt sich, vielleicht abgesehen von dem schweren Wurf der Gewänder, der entfernt an den Genter Altar erinnert, Nichts, das für die Annahme des Aufenthaltes in Flandern spräche. Im Gegentheile: wir haben ja diese seine Figuren als echte, wenn auch im Temperamente veränderte Nachkommen der Gestalten kennen gelernt, die der Meister des Imhof'schen Altars erschaffen, sie gleichen in Nichts den Schöpfungen der van Eyck's. Und die Farbe, eine so tiefe Kraft sie auch besitzen mag, ist — vermögen wir auch nicht zu sagen, welches Binde= mittel Pfenning benutzte — sicher nicht die Oelfarbe, durch deren bisher nicht gekannte Anwendung die van Eyck's so Staunenerregendes, wunderbar und räthselhaft Erscheinendes zu schaffen im Stande waren.

So bleibt denn, nach Abwägung der Gründe für und wider die Annahme einer künstlerischen Beeinflussung des Meisters durch die Flandrer vorläufig kein anderes Urtheil möglich als dieses, daß trotz einiger auffallender Ver= gleichungspunkte die Kunstrichtung Pfenning's als eine von der niederländischen unabhängige, selbstständige, aber derselben eigenthümlich analoge zu betrachten ist. Wozu als Klausel hinzuzufügen wohl gestattet wäre: daß der Nürnberger Werke des Jan van Eyck aus eigener Anschauung oder aus Beschreibungen gekannt hat, ist sehr wohl denkbar.

Mit so großer Vorsicht diese ganze Frage geprüft werden mußte, so be= stimmt und ohne Umschweife kann es ausgesprochen werden, wer sein erster Lehrer gewesen, wessen Werke er sich in seinen Lehrjahren zum Vorbilde ge= nommen. Es ist unzweifelhaft der Meister des Imhof'schen Altars gewesen: auf ihn lassen sich ganz im Allgemeinen, wie schon des Oefteren erwähnt wurde, die Typen der Gestalten zurückführen, sowohl nach ihren kurzen Ver= hältnissen, als nach wesentlichen Merkmalen der Köpfe, wie den dunklen großen Augen, den gebogenen starken Nasen der Männer, dem vollen Haare. Auch in dem Farbengeschmack manifestirt sich eine innige Beziehung zwischen den zwei Künstlern. Aber die Zeit des Lernens, der Abhängigkeit vom älteren Meister wird nicht lange gedauert haben. Zu verschieden war das ganze Wesen und Temperament, zu kraftvoll original und genialisch die künstlerische Anlage des Schülers, als daß dieser nicht bald durchaus andere Ziele sich ersehen als sein Lehrer, ja geradezu sein Sehen der Natur mit Bewußtsein Jenes Stil, der ihm als konventionell erscheinen mußte, entgegengestellt habe. Aus der sicheren Heimath einer gebundenen, aber wirkungsvoll strengen gesetzmäßigen Formenwelt wagte er sich zu gefährlicher Fahrt in fremde unbekannte Regionen aufzumachen

– ein Weltentdecker in seiner Weise. Sein Leben ist ein langer Kampf, die neue Wahrheit mit der geheiligten Tradition zu versöhnen — der Kirche zu geben, was der Kirche ist, und der Natur, was der Natur ist.

Eine leidenschaftliche Seele, reizbar, der weichsten Empfindungen fähig, wie zu heftigem Ungestüm fortzureißen, ein kühner, scharfer Geist, von einem unbezwingbaren Drange nach Wahrheit befeuert — so glaubt man dieses Wesen zu erfassen. Unermüdlich im Streben, mit jedem Werke neue Probleme sich stellend, von größter Gewissenhaftigkeit bei der Ausführung, so schafft er sein großes Tagewerk, man sollte meinen in einem kurzen, schnell sich verzehrenden Leben.

Damals, als er 1449 auf seine „Kreuzigung" die Worte setzte: „als ich kann", gleich als sei sie seine Meisterprobe, stand er wohl noch in jungen Jahren. Bald darauf mögen der kleine Haller'sche und der große Tucher'sche Altar entstanden sein: letzterer vielleicht, wie man aus der Darstellung der Nothhelfer Adjutor und Veit schließen könnte, in dem Jahre der argen Noth 1451, als wiederum die Seuche ihren furchtbaren Umzug durch Nürnberg hielt. Es folgt die Heilsbronner Madonna, die mit dem Tucher'schen Altar den Höhepunkt seines Schaffens bezeichnet. Die späteste Wandlung desselben aber vertreten Christus mit den drei Heiligen in S. Lorenz, der kleine Altar in S. Johannes und die Beschneidung Christi in Aachen — auch diese wohl noch in den fünfziger Jahren entstanden. Und in diesen wenigen, schnell auf einander folgenden Werken haben wir eine ganze Entwicklung von einer gewaltsamen Selbstbeherrschung in strengem, gehaltenen Stile bis zu ungestümer Entfesselung der leidenschaftlichen Empfindung in übertreibenden Formen und bewegten Kompositionen vor uns.

Aber diese Werke sind es auch allein, aus denen wir den Maler kennen lernen. Unter den urkundlich genannten, von v. Murr und Baader mitgetheilten Künstlern in den vierziger und fünfziger Jahren des Jahrhunderts findet sich der größte: Pfenning, nicht erwähnt. Ob er nur einen kleinen Theil seines Lebens in Nürnberg zugebracht, ob er sich eine neue Heimath gesucht, etwa in Oesterreich, wie Engerth im Kataloge der Belvederegallerie meint, ob er jung gestorben ist — auf diese Fragen giebt es bis jetzt noch keine Antwort.

Aber in Nürnberg selbst, welches war die Wirkung dieser Kunst? Gab es einen Maler, der dem großen Beispiele folgte, lebte Pfenning's Geist in Anderen schaffend und vorwärtsstrebend fort, oder erstarb er mit dem starken Herzensschlag des großen Künstlers?

4. Die Schüler und Nachahmer Pfenning's.

Wer heute in den Kirchen und Sammlungen von Nürnberg nach Gemälden suchte, die auf eine eigentliche Schule des großen Meisters, mit dem wir uns beschäftigt haben, schließen ließen, würde seine Erwartungen getäuscht finden. Ein einziger bedeutender Künstler, derjenige, der nach Pfenning das Primat unter den Nürnberger Malern einnimmt, darf als sein würdiger Schüler angesehen werden. Aber eben dieser Künstler, von dem noch ausführlicher gehandelt werden soll, scheint nur in seinen jungen Jahren Pfenning zum Vorbild gewählt zu haben; später hat er eine Richtung eingeschlagen, die ihn weit von derjenigen seines alten Lehrers entfernen sollte, so weit, daß man nur aus ziemlich verborgenen Eigenthümlichkeiten seines Stiles die einstige Beziehung zu Jenem errathen kann. Das Neue, was er vielleicht noch zu Lebzeiten Pfenning's, jedenfalls bald nach dem Tode desselben brachte, war ganz dazu angethan, alles Aeltere vergessen zu machen, und so mag er selbst denn gerade die Schuld daran tragen, daß von einer Schule Pfenning's in Nürnberg nicht die Rede sein kann. Wenige untergeordnete Maler nur hielten sich an dessen Vorbild — das zeigen einige Bilder, die es genügt, kurz anzuführen: eine Tafel in der I. Kapelle links in S. Lorenz, ein ganz rohes Machwerk, Christus in der Kelter darstellend, dessen Blut von dem auf einem mit den vier Evangelistensymbolen bespannten Wagen sitzenden Papst aufgefangen wird, nach Hilpert's Muthmaßung zum Andenken einer Familie Stör aus der Zeit 1479 —, ein „Christus am Kreuze zwischen Maria und Johannes" im Germanischen Museum (Nr. 416) — das „jüngste Gericht" ebendaselbst mit Stiftern aus der Familie der Nützel und Groß, eine sehr derbe Arbeit (Nr. 90). Stücke wie diese verdienen selbst indirekt kaum mit dem Namen Pfenning's in Beziehung gesetzt zu werden.

Was Nürnberg aber nicht bietet, Werke, die mit hervorragendem künstlerischen Können in seinem Geiste geschaffen worden sind, findet sich überraschender Weise weitab von der fränkischen Stadt, wo wir es niemals vermuthen würden. Gemälde dreier verschiedener Künstler, deren einer in den sächsischen Landen, deren anderer in Schlesien, deren dritter in München thätig war. Ob sie Schüler des Meisters in Nürnberg gewesen sind, oder in welcher Weise sonst der Einfluß desselben sich in so entfernte Gegenden verbreitet hat, dies bleibt in geheimniß-volles Dunkel gehüllt, durch welches hindurch die Erscheinung des Künstlers gleichsam wieder in größere Ferne entrückt wird, ohne freilich dadurch an Größe zu verlieren, sondern um vielmehr ins Gigantische zu wachsen. Erhielt der Meister des Imhof'schen Altares von der älteren Schule von Prag Anregung und Be-lehrung, so unternimmt durch Pfenning die Nürnberger Malerkunst siegreiche Eroberungszüge und macht sich andere Malerschulen tributpflichtig. Wie man denn aber bei der Geschichte einer Stadt die unter ihre Hegemonie gerathenen Kolonien nicht ganz zu betrachten vergessen darf, so müssen auch wir bei der Untersuchung über die Nürnberger Malerei uns für eine Weile von Nürnberg selbst entfernen, um sie an anderen Orten, freilich Land und Leuten sich anbe-quemend, wieder aufzusuchen.

1. Der Meister des Altares in der Reglerkirche zu Erfurt.

Unsere erste Wanderung führt uns nach Erfurt. Hier wird in der Regler-kirche ein großes Altarwerk aufbewahrt, das zu den reichsten und merkwür-digsten seiner Art aus der Mitte des 15. Jahrhunderts gehört. Das Innere des Schreines enthält Schnitzereien: Reliefdarstellungen aus dem Neuen Testament, Statuetten von Heiligen, an der Staffel Szenen aus der Legende der hl. Agnes. Bekrönt ist es von einem freien architektonischen Aufbau mit Heiligenfiguren. Auf den Flügeln befinden sich vier große Gemälde: Darstellungen der Dornen-krönung, Geißelung, der Erscheinung Christi vor den zwölf Aposteln und des Pfingstfestes, alle in sehr origineller und reicher, gemalter architektonischer Ein-rahmung. Die Rückseiten enthalten je sechs Heiligenfiguren: Simon, Philippus, Antonius Eremita, Magdalena, Margaretha, Laurentius, Dorothea, Barbara, Georg, zwei Bischöfe, einen Mann in Pilgertracht: die Thüren der Staffel: die Madonna, Margaretha, Katharina, Barbara, Ursula, Dorothea und Magdalena.

Schorn, der zuerſt von dieſem Altar Bericht erſtattete, war der ſpäter auch von Schnaaſe adoptirten Anſicht, Michel Wolgemut habe ihn gemacht. Kugler (in den Kleinen Schriften II, S. 28) findet vielfach die Eigenthümlich= keiten Wolgemut's, möchte aber deſſen Autorſchaft nicht mit Beſtimmtheit be= haupten. Erſt Scheibler, wie v. Seidlitz in ſeinem Aufſatze über Wolgemut mittheilt, läßt dieſe Annahme ganz fahren und weiſt die Gemälde einem anderen unbekannten fränkiſchen oder einem ſächſiſchen Künſtler zu. Ob er nun Franke oder Sachſe war, wir dürfen mit Beſtimmtheit ausſprechen, daß der Maler ein Nachahmer Pfenning's geweſen iſt, und zwar Einer, der an leidenſchaftlicher Er= regung und ungezügelter Darſtellung aller Affekte ſein Vorbild noch weit zu über= treffen trachtet. Widerwärtiger ſind nie die Vorgänge der Leidensgeſchichte von einer Künſtlerphantaſie ausgedacht, niemals iſt wüſte Gemeinheit und ſcheuß= liche Begierde in gleich furchtbar karrikirten Köpfen und verzerrten Bewegungen ausgedrückt worden. Entſetzliche Einbildungskraft, die unter der Einwirkung nächtlicher Alben gearbeitet zu haben ſcheint! Verabſcheuungswürdige Spuk= geſtalten, viel ſchlimmer und grauſiger als alle die Weſen, mit denen man auf Bildern des Mittelalters die Hölle zu bevölkern pflegte. Jeder Blick dieſer dürren Menſchenteufel ſprüht Gift, jeder Zug dieſer Verbrechergeſichter ſpricht von beſtialiſcher Brutalität, jede Regung dieſer knochigen Finger iſt ein krampf= haftes Zucken ſinnloſer Wuth. So weit, zu ſolchen Exzeſſen ſollten deutſche Künſtler durch den Drang nach Geſtaltung ihrer phantaſtiſchen Vorſtellungen gelangen — das edelſte, vor allen Völkern den Germanen eigene Vermögen grenzenloſer ſee= liſcher Erregbarkeit ſollte zu ſolchen künſtleriſchen Verirrungen führen! Denn dieſer Maler iſt nicht etwa ein mittelmäßig oder ſchwach begabter Künſtler, der durch wilde Uebertreibung den Mangel jedes wirklich ſtarken Gefühles zu vertuſchen ſucht, ſondern es iſt ihm wahrhafte Kraft des Empfindens und künſtleriſchen Formens zu eigen; es iſt ihm Ernſt mit ſeiner Kunſt und deren Stoffen, mag er auch von einem Streben nach Hervorbringung größerer Wir= kungen, als ſie ſein Meiſter und Vorbild erreicht, nicht freizuſprechen ſein. Doch dieſer Vorwurf wiegt nicht ſchwer: ſucht doch gerade der reicher veran= lagte Schüler den Lehrer in deſſen bedeutendſten Eigenthümlichkeiten zu über= bieten und verfällt derart der Uebertreibung, es ſei denn, daß er zu den wirklich ſchöpferiſchen Geiſtern gehörte, die aus ſich heraus ein ganz Neues finden und von dem Ueberlieferten nur Das annehmen, was ihnen zur Geſtaltung dieſes Neuen dienlich, ja nothwendig iſt. Unter ſolche Geiſter darf aber eben der Erfurter Maler nicht gerechnet werden. Er bleibt dem Weſentlichen nach in den von Pfenning vorgeſchriebenen Kreiſen. Von Dieſem hat er ſeine ſorgfältige Technik, ſeine tiefe warme Färbung, das bräunlich röthliche Fleiſch, dem großen Ganzen nach auch das Schema ſeiner Typen. Alle Formen aber ſind derber, plumper geworden, wie die Bewegungen geſpreizter und fahriger. Als kleinere Merkmale, daran man seine Werke mit erkennen kann, seien der klobige Daumen an der mageren, knochigen Hand mit den langen Fingern und das unverhältnismäßig große, unausgebildete, dünne, abstrebende Ohr, das der Form nach geradezu thierischen Bildungen sich vergleichen läßt, erwähnt.

Daneben aber bemerken wir nun dem Künstler durchaus Eigenthümliches: einmal überrascht das ausgesprochene Streben nach einem gewissen Helldunkel, einer scharfen, wirkungsvollen Beleuchtung, vor Allem der Fleischtheile, deren Transparenz er durch Lasuren zu erreichen suchte, dann aber auch einzelner heller Gewandstoffe, die wie durch grelles Licht getroffen sind. Und weiter spricht sich in der architektonischen Einrahmung der einzelnen Bilder ein ebenso seltsamer, wie phantastischer Sinn für dekorative, üppige Ausstattung der Kompositionen aus. „Vor den dargestellten Scenen", so vergegenwärtigt Kugler in kurzen Worten treffend diese Zuthaten, „auf allen vier Bildern hinlaufend, ist eine Lettnerarchitektur grau in grau gemalt; unten schlanke Säulchen, Bildernischen tragend (mit kleinen Engelgestalten, ebenfalls grau in grau, die klagend oder mit freudiger Geberde die Haupthandlung begleiten): die Nischen durch geschweifte Bögen verbunden. Darüber eine Gallerie mit je sechs niederwärts zuschauenden Personen (deren viele gekrönt sind, — also vielleicht Vorfahren der Maria). Am oberen Rande noch eine zweite Gallerie, ebenfalls mit kleinen (nicht grau in grau gemalten) Engeln." Die gothischen Details sind durchweg ungemein fein und anmuthig, wie von einem geschickten und geschmackvollen Goldschmied gebildet, und tritt diese Freude am Zierlichen, die auch in der zarten, zittrigen Aufhöhung der Frauenhaare sich ausdrückt, in sonderbaren Gegensatz zu den derben, abschreckenden Gesichtern der dargestellten Figuren. Seelische Erhebung oder auch nur Wohlgefallen vermag dieser absonderliche Maler nicht zu erwecken, aber man wird es ihm nicht absprechen können, daß er als künstlerischer Charakter, ja als ein echt deutsches Original lebhaft zu fesseln vermag. Man erschrickt und man lächelt zu gleicher Zeit vor diesem Gemisch von diabolischer Großartigkeit und kindlich naiver Harmlosigkeit. Und wollte man selbst anfangen, ihn zu kritisiren — Eines müßte man ihm doch lassen, daß er sich sehr wohl auf sein Handwerk als Maler verstanden und seine kühnen Experimente auf Grund eines soliden technischen Könnens gemacht hat.

Der Altar der Reglerkirche in Erfurt ist fraglos das Hauptwerk des Meisters, aber nicht das einzige uns erhaltene. Auch anderwärts lassen sich Spuren seiner Thätigkeit nachweisen. Und zwar steht in Nürnberg selbst, wo er zwar vielleicht nicht zu Hause, aber doch jedenfalls in der Lehre war, an ganz verborgener Stelle im Germanischen Museum, in dem kleinen Raume nämlich neben der Kirche, ein Altärchen, das mir von seiner Hand gefertigt zu sein scheint. Leider sind die Malereien, die an den Außenseiten der Flügel oben das Abendmahl, unten die Mannalese, innen die Anbetung der hl. drei

Könige und das Martyrium einer Heiligen, darüber die vierzehn Nothhelfer zeigten, sehr zerstört. Was auch hier besonders wieder ins Auge fällt, ist die reiche Architektur, eine große, ja gewagte Willkür in der Komposition, die in der Gruppirung der Nothhelfer geradezu überraschend wirkt, und ein bizarres Element in der Formenbildung. .

Wichtiger aber sind einige Gemälde, die ihn uns im Jahre 1479 als Mitarbeiter Michel Wolgemut's kennen lehren. Zwei der Passionsszenen näm=lich an dem berühmten großen Zwickauer Altar, der später noch Gegenstand eingehender Betrachtung sein wird, und die Staffelbilder der vier Evangelisten sind von keinem Anderen als dem Meister des Erfurter Werkes ausgeführt worden. Wie von jenen Darstellungen fühlt man sich zuerst auch von diesen an Figuren überreichen, sehr unruhig wirkenden Bildern der Dornenkrönung und der Kreuztragung abgestoßen: wie dort entdeckt man auch hier bei näherem Zusehen künstlerische Qualitäten durchaus besonderer Art. Was Beleuchtungs=effekte betrifft, so ist der Maler hier noch viel weiter gegangen: aus dem trüben Wirrwarr dunkler, bräunlich gestimmter Farben blitzen hellgelbe und weiße, knittrig gebrochene Tücher und Gewänder hervor; fast virtuos keck sind Glanz=lichter auf das dunkel gehaltene Fleisch, auf die Stahlharnische der Soldaten gesetzt. Überraschende Lichtwirkung ist auch jetzt neben zügelloser Bewegung seine Hauptliebhaberei. Und wiederum dieselben Henkergesichter mit den riesigen aufgeworfenen oder hakenförmig gebogenen Nasen, dem eckigen Kinn, den bos=haften Augen, dieselben affenartig beweglichen, mageren Extremitäten. Kurz, derselbe exzentrische Kauz, vermuthlich um eine Reihe von Jahren älter, aber nicht weiser geworden.

Hat ihn Wolgemut als seinen Gehülfen von Nürnberg mitgebracht, oder wandte er sich in Zwickau an den noch immer in den sächsischen Gegenden thätigen Meister mit der Aufforderung, ihm bei der Vollendung des großen Werkes behülflich zu sein? Eher möchte ich das Letztere glauben, da es, ab=gesehen von jenem kleinen Altare im Germanischen Museum, an allen Beweisen dafür, daß der Künstler sich dauernd in Nürnberg aufgehalten habe, fehlt. Uebrigens scheint der gefeierte Meister Wolgemut mit den Leistungen dieses noch in viel älteren Kunsttraditionen erzogenen Malers nicht sonderlich einver=standen und zufrieden gewesen zu sein. Wenigstens hat er, wie das ganz deut=lich zu sehen ist, eine Anzahl Figuren auf der Kreuztragung selbst übermalt und nicht zum Besten des Bildes, da seine Farben: namentlich das heftige Roth und die lividen bläulichen Schatten im Fleisch matt und stumpf neben den schweren, aber glänzenden seines Mitarbeiters sich ausnehmen.

Hätte Vischer Recht, daß dieser letztere auch das in der Sakristei derselben Zwickauer Kirche befindliche Bild des von Pilatus dem Volke gezeigten Königs

der Juden, das Ecce homo, gemalt habe, so gewännen wir weitere Aufschlüsse über unseren Künstler. Dies Gemälde nämlich trägt die Inschrift:

mille et quingentis Christi cum ter tribus annis
subtepuit Maij Evando secunda dies
sarcophago positus Teufel Baldassar in isto est
mente polum postquam carne petivit humum.

Demnach wäre der Künstler, der jenen Baldassar Teufel, einen Geistlichen,
auf der Tafel knieend anbrachte, noch 1509 am Leben gewesen. Undenkbar
wäre dies nicht, auch ist entschieden eine nahe Verwandtschaft zwischen dem
Stile dieses kleinen Bildes und jener am Hochaltar zu gewahren: die Typen
sind ganz ähnlich, die Köpfe sind in ähnlichem Clairobstur gehalten, die Hände,
die freilich sonst kürzere Finger haben, zeigen doch den charakteristischen klobigen
Daumen, nur ist Alles, sowohl was Farbe, als was Zeichnung betrifft, viel
maßvoller gehalten.

Dreißig Jahre sind ein langer Zeitraum, und in einem solchen kann selbst
ein Maler von so ausgesprochener Absonderlichkeit Manches von jugendlichen
Phantastereien ablegen. Ja, es bleibt in dem Gemälde der Safristei auch
noch Vieles, das man, weil abweichend von dem allgemein Typischen der
Zeit, als durchaus originell bezeichnen muß und zwar originell in dem Sinne
unseres Künstlers. Die Möglichkeit ist daher nicht abzuleugnen, daß es von
ihm in hohem Alter geschaffen wurde, aber das heißt noch nicht so viel, daß
dies mit Bestimmtheit behauptet werden könnte.

Jedenfalls muß aber weiter darauf hingewiesen werden, daß eine Tradition
über den Namen des Künstlers, der das Ecce homo gemalt hat, sich erhalten
zu haben scheint. An der hinteren Seite des Gemäldes nämlich befindet sich
eine, etwa aus dem Anfange dieses Jahrhunderts stammende Inschrift, welche
lautet: „Gem. von H. Heslein (Hoslein?) anno 1509." Ob dem Schreiber
dieser Zeit irgend eine Urkunde oder eine Bezeichnung bekannt war, auf die
seine Angabe sich gründet, ist nicht zu sagen, aber man möchte es glauben.
Künftige Forschungen verbreiten auch darüber vielleicht Licht.

※

2. Der Breslauer Meister von 1447.

※

Dieselbe Bedeutung, welche für die Kunst der sächsischen Lande der Altar
der Reglerkirche in Erfurt hat, besitzt für Schlesien ein großes, reich gegliedertes
Altarwerk, das im Museum der schlesischen Alterthümer zu Breslau

6*

(Nr. 9789, Führer von 1885, S. 36) aufbewahrt ist. Es war der hl. Barbara gewidmet und befand sich früher in der Kirche dieser Heiligen. Schon der erste allgemeine Eindruck belehrt uns, daß wir hier wiederum vor einer der wichtigsten und künstlerisch hervorragendsten Schöpfungen deutscher Malerei im 15. Jahrhundert stehen. Unwillkürlich kehrt die Erinnerung an alle jene Empfindungen wieder, die sich unserer Seele gewaltsam bemächtigten, als wir zuerst im Dämmerlichte dem Tucher'schen Altar in der Frauenkirche gegenübertraten. Mag nun die Wirkung dieser Bilder gesteigert werden dadurch, daß sie weit über Alles hinausragen, was von älterer Breslauer Kunst ringsum zu sehen ist, mag die große Entfernung, die uns von Nürnberg trennt, unsere Phantasie zu Täuschungen verleiten: das erste Wort, das in der Erregung uns auf die Lippen kommt, ist: „kein Anderer als Pfenning ist der Schöpfer auch dieses großen Werkes." Dieselbe wunderbare Mischung von hoheitsvoller Feierlichkeit und feuriger Leidenschaftlichkeit, derselbe Reichthum leuchtender, kräftiger Farben, dieselben großgemusterten goldenen Teppichhintergründe, dieselben mächtigen, strahlenden Heiligenscheine, dieselben Typen, dieselben krampfhaften Bewegungen der Hände und Glieder! Pfenning und kein Anderer! Aber die erste Erregung weicht, und eine ruhigere Betrachtung macht uns besonnener und vorsichtiger in unserem Urtheil. Je länger wir uns der Betrachtung hingeben, desto deutlicher wird uns doch der Abstand zwischen der künstlerischen Kraft, die im Tucher'schen Altar und jener, die in diesem Werke Ausdruck gewonnen, bewußt. So nahe die Verwandtschaft, so mannigfaltig die Beziehungen sind, Alles dort Angeschlagene klingt hier doch gedämpfter, schwächer wieder. Nicht Pfenning selbst, sondern ein trefflich begabter Künstler, der ganz in die künstlerische Welt desselben sich eingelebt hat, muß der Verfertiger der Gemälde in Breslau gewesen sein. Wie jener sächsische Meister hat auch dieser schlesische, wenn anders seine eigentliche Heimath Breslau war und er nicht, was auch wohl zu denken möglich ist, von Nürnberg aus hier zugewandert ist, seine Schule in Nürnberg durchgemacht und zwar vermuthlich in den ersten vierziger Jahren des Jahrhunderts, da der Barbaraaltar 1447, also zwei Jahre früher als Pfenning's Bild in Wien, datirt ist. Alles, was wir von der älteren Malerei in Breslau kennen, würde die andere denkbare Annahme, daß er seinen Stil selbstständig, bloß auf Grund der heimischen Kunstübung gefunden und ausgebildet habe, also eine von Pfenning unabhängige, demselben parallele Erscheinung sei, als durchaus unhaltbar erscheinen lassen. Eine original bedeutende Malerschule hat Schlesien weder vor noch nach dem Meister des Barbaraaltars besessen. Die wenigen in Breslau aufbewahrten Erzeugnisse der Malerei aus dem Ende des 14. und Anfang des 15. Jahrhunderts, wie der aus Liegnitz stammende Altar im Museum schlesischer Alterthümer (Nr. 6721), die Maria mit dem Kinde daselbst (Nr. 4437), die kleinen Darstellungen aus der Geschichte Christi Nr. 338), die Freskenreste auf der linken Seite des Chorumganges im Dome verrathen, daß die schlesischen Künstler dieser Zeit ihre Bildung in der Malerei im benachbarten Böhmen gesucht. Wie der Meister des Imhof'schen Altars schließen sie sich in ihren Bestrebungen an die großen Meister der Prager Schule an, aber Keiner unter ihnen läßt sich Bert hold vergleichen, Keiner von ihnen ist wie dieser als Begründer einer bedeuten= den originalen Kunstrichtung zu betrachten. Nichts verbindet sie mit dem Schöpfer des Barbaraaltars. So ist auch dieser nur erklärlich, wenn man an= nimmt, daß er einer der Sendboten und Verbreiter der Kunst von Nürnberg, die nach der Prager demnach in Schlesien die führende und herrschende wird, ge= wesen ist. Die innigen Beziehungen, welche Breslau mit Nürnberg im Handel verbanden, fanden so auch auf dem Gebiete der Kunst fortan bis in das 16. Jahrhundert ihren Ausdruck. Etwa in den vierziger Jahren mag auch jenes von den Imhof's gestiftete Werk vom Meister des Wolfgangsaltars, welches, wie früher besprochen wurde, aus der Elisabethkirche in die Gallerie von Breslau gelangte, entstanden sein. Mag nun unser Maler in Franken oder in Schlesien geboren sein, das Wichtige bleibt, daß seine Kunst in der Nürn= bergischen wurzelt.

Drei große Heiligenfiguren auf großgemustertem Goldgrunde zeigt die Mitteltafel des mit doppeltem Flügelpaare versehenen Altarwerkes: in der Mitte die hl. Barbara in reicher Gewandung, mit wallendem Haare, links der hl. Felix in bürgerlicher, rechts der hl. Adauktus in vornehmer Tracht, die Schutzpatrone der alten Barbarakirche. Auf den Flügeln ist in zwölf Bildern die nur selten von der Kunst verherrlichte Legende der Barbara, an den Außen= seiten derselben und an dem zweiten Flügelpaare die Passionsgeschichte in acht kleinen und zwei großen Bildern dargestellt. Ist das Altarwerk ganz geschlos= sen, so sieht man die Krönung Mariä in den zwei großen Figuren Christi und der Maria.

„Es lebte," so erzählt die Legenda aurea des Jakobus a Voragine, „in Nikomedien zu Zeiten des Kaisers Maximian ein vornehmer Mann, von edlem Geschlechte und an zeitlichen Gütern reich gesegnet, mit Namen Dioskorus, der eine wunderschöne Tochter, Barbara geheißen, hatte. Doch weil dieselbe von solcher Schönheit war, liebte sie ihr Vater unendlich und schloß sie, daß sie von keinem Menschen gesehen würde, in einen sehr hohen Thurm ein, den er ihr hatte bauen lassen. Es besaß aber Barbara einen feinen Geist und begann bereits in zartem Alter, allen eitlen Gedanken fremd, den göttlichen Dingen nachzusinnen. So fragte sie einst, als sie einen Tempel betrat und die Götzen= bilder gewahrte, ihre Eltern: ‚Was wollen doch diese Abbilder von Menschen bedeuten?' Die Eltern erwiderten: ‚Schweige, denn es sind nicht Bilder von Menschen, sondern von Göttern und wollen angebetet sein als Etwas, davon

man Nichts weiß, und das man nicht sieht.' Und als Barbara frug, ob es
einst Menschen gewesen, die man so verehrte, antworteten die Eltern mit: Ja.
Seit diesem Tage sann sie bei Tag und Nacht über das geheimnißvoll Ver-
schwiegene nach und sprach zu sich: „Wenn unsere Götter Menschen gewesen
sind, so sind sie auch als Menschen geboren und gestorben; wären sie aber
Götter gewesen, so wären sie weder geboren noch gestorben, weil die Gottheit,
wie mir dünkt, weder Anfang noch Ende des Seins kennt. Auch hat der
Mensch irdischen Ursprung, weil er aus Erde ist. Ist er aber aus Erde und
doch Gott, so ist ihm Etwas vorausgegangen, was sein Ursprung genannt
werden muß. So möchte man wohl richtiger die Erde Gott nennen. Weil
aber weder die Erde aus sich ist, noch der Himmel, noch die Luft, noch das
Wasser aus sich, aus welchen vier Elementen der Mensch besteht, sondern sie
alle Geschaffenes sind, so muß es nothwendig Einen geben, der sie geschaffen.'
So viel Weisheit wohnte in einem so jungen Mädchen."

Immer mehr vertiefte sich Barbara in Sinnen über das Göttliche; immer
heftiger erzürnte sie sich über den Götzendienst, ohne daß sie den wahren Gott
doch erkannt hätte. Da drang nach Nikomedien die Kunde von der tiefen und
geheimnißvollen Weisheit des Kirchenlehrers Origenes, und an ihn mit ihren
Zweifeln und Fragen sich zu wenden, entschloß sie sich. In einem Schreiben
legte sie ihm dieselben dar und empfing durch einen Boten eine Erwiderung,
in welcher ihr die Offenbarung des dreieinigen Gottes und des von dem
Heilande allen Gläubigen zugesicherten ewigen Lebens ward. „Und nachdem sie,
erkannt, daß Vater, Sohn und heiliger Geist die einige Gottheit, und wie der
Sohn vom Vater geschickt worden, und, indem er selbst Mensch wurde, den ver-
lorenen Menschen wieder zu sich gerufen, aus seiner Gefangenschaft ihn befreit und durch das heilige Bad seine Sünden abgewaschen habe, da eilte sie,
der Gnade der Taufe theilhaftig zu werden, und ließ sich von demselben Pres-
byter Valentinus, den Origenes zu ihr geschickt hatte, in dem Thurme taufen,
in welchem ihr Vater sie eingeschlossen hielt. Und immer weiter forschte sie
nach Dem, was die Götter gewesen und Dem, was das Höhere ist, las mit
eifriger Sorgfalt die Bücher, die ihr Origenes gesandt und nahm zu an Erkenntniß des Göttlichen auch ohne Lehrer und in göttlicher Weisheit.

Man liest aber von ihr, daß ihrer Schönheit wegen einige von den Reichen
jenes Landes mit ihrem Vater sprachen, daß sie einen zum Manne wähle, und
daß der Vater zu ihr in den Thurm kam und sie zu überreden suchte: „Meine
Tochter, einige der Großen haben Deiner gedacht, Dich zur Gattin zu wählen;
was dünkt Dich hiervon?' Darauf sie den Vater fest anblickend zornig erwiderte:
„Zwinge mich nicht, solches zu thun, Vater!' Da verließ sie Jener und beim
Hinabsteigen trug er einer Anzahl von Künstlern auf, ein Badehaus zu bauen,
zeigte ihnen, wie es werden solle, und machte sich, nachdem er einem Jeden

seinen vollen Sold ausgezahlt, in eine ferne Gegend auf. Die Dienerin Gottes aber, als sie einst niederstieg und das vollendete Bauwerk erblickte, gewahrte an der Nordseite nur zwei Fenster und frug die Künstler: ‚Warum habt Ihr zwei Fenster dort angebracht?‘ Diese erwiderten: ‚Weil es Dein Vater so angeordnet hat.‘ ‚So macht für mich noch ein anderes Fenster,‘ sprach sie. Darauf jene: ‚Wir fürchten, daß Dein Vater sich darüber erzürnt.‘ Sie aber fuhr fort: ‚Macht mir das Fenster, ich werde meinen Vater darob schon beruhigen.‘ Und so machten jene das dritte Fenster. Barbara aber weiter wandelnd kam in den Schwimmraum gegen Osten: dort brachte sie im Marmor ein kostbares Kreuz an, dann aber, als sie wieder zum Thurm hinaufstieg und die Götzen= bilder wahrnahm, denen ihr Vater Verehrung darbrachte, kam der hl. Geist über sie, und sie spie in das Angesicht derselben und sprach: ‚Aehnlich geschehe es Denen, die euch machen und Allen, die auf euch vertrauen!‘ Als aber der Vater von seiner Reise zurückkehrte und an dem vollendeten Bau die drei Fenster gewahrte, frug er die Künstler, warum sie drei Fenster gemacht. Und als sie ihm erwiderten, seine Tochter habe es so befohlen, wandte er sich zu dieser und sprach: ‚Hast Du befohlen, die drei Fenster zu machen?‘ Sie er= widerte: ‚Ja, und wohl habe ich daran gethan, denn drei Fenster erleuchten den ganzen Menschen.‘ Da nahm sie der Vater und stieg mit ihr in den Schwimmraum und frug: ‚Wie doch geben die drei Fenster mehr Licht als zwei?‘ ‚Drei,‘ erwiderte sie, ‚sind es, die die Welt erleuchten und den Gang der Sterne regeln, nämlich der Vater, Sohn und heilige Geist, und diese drei sind die einzige Wesenheit.‘“

Die Scene, wie Barbara, begleitet von ihren Frauen, vor dem Thurme erscheint und den Arbeitern den Auftrag giebt, ist die erste in der Folge von Darstellungen am Breslauer Altar. Auf der zweiten sehen wir, wie der Vater in Wuth das Schwert gegen die Heilige zückt, die auf den Thurm deutet.

Denn die Legende erzählt weiter: „Da zog von Wuth erfüllt Dioskorus sein Schwert, sie zu tödten. Sie aber flehte zum Herrn, und siehe da spaltete sich ein Fels ab und nahm sie in sich auf und führte sie auf einen Berg, auf welchem zwei Hirten ihre Schafe weideten. Die erwogen mit Staunen, wie die heilige Barbara vor den Blicken, von einem Steine geborgen, geflohen. Da eilte auch schon der Vater heran, sie zu fragen, ob sie seine Tochter Barbara gesehen. Der Eine, den Zorn des Vaters gewahrend, schwor, er wisse Nichts von ihr, der Andere aber verrieth sie, mit dem Finger auf sie weisend. Da fluchte Barbara ihrem Verräther, und sogleich ward er in eine Marmorstatue verwandelt, und seine Schafe wurden zu Heuschrecken. Dies aber ist nicht be= glaubigt. Der Vater nun, als er sie gefunden, geißelte sie und zog sie an ihren Haaren, dann warf er sie in Ketten und schloß sie ein, daß Niemand ihr öffnen könne, und gab ihr Wächter, bis daß er die That dem Präfekten Mar= zianus gemeldet.“

In zwei Bildern hat der Künstler diese Vorgänge geschildert. Auf dem einen ist der, wie überall, königlich gekleidete Dioskorus zu sehen, wie er in einer Landschaft sich fragend an die bei ihrer Heerde sitzenden Hirten wendet, auf dem anderen, wie er in Mitten der in Heuschrecken verwandelten Schafe die am Boden liegende Heilige an den Haaren schleift und sie schlägt. „Als der Präfekt die Kunde erhalten, befahl er, sie vor ihn zu führen, und mit Staunen ihre wunderbare Schönheit sehend, sprach er zu ihr: Was willst Du doch? Schone Deiner selbst und opfere den Göttern, oder die bittersten Qualen stehen Dir bevor.' Sie erwiderte: ‚Ich habe nur meinem Gotte Jesus Christus zu opfern, der den Himmel und die Erde und Alles, was auf ihnen ist, gemacht hat. Von Deinen Dämonen aber spricht der Prophet im 113. Psalm: sie haben einen Mund und reden nicht, sie haben Augen und werden nicht sehen. Gleiches geschehe ihnen, die sie machen, und Allen, die an sie glauben.' Da ward der Präfekt von Wuth erfüllt, befahl sie auszukleiden und ihr Fleisch ohne Erbarmen mit Stricken von Thierhaut zu zerreißen, so daß ihr ganzer Körper von Blut überströmte. Dann ließ er sie in das Gefängniß einschließen, bis er erwogen, welche Todesstrafe er ihr bestimmte. Mitten in der Nacht aber umglänzte sie ein Licht vom Himmel, in dem ihr Christus erschien, der zu ihr sprach: ‚Sei getrost, Tochter, denn große Freude wird im Himmel und auf Erden ob Deines Leidens. Fürchte nicht die Drohungen des Tyrannen, denn ich bin mit Dir, daß ich Dich befreie von allen Wunden, die Dir angethan werden.' Und sogleich ließen dieselben nach. Da freute sich Barbara und frohlockte ob der Ermuthigung, die ihr der Herr gegeben."

In etwas anderer Weise, als von Jakobus a Voragine, wird dieser Vorgang von dem Maler dargestellt. Ein Engel erscheint der Heiligen im Kerker und führt sie aus demselben.

„Als es Morgen geworden, ließ der Präfekt sie vor sich bringen, und da er gewahrte, daß von allen zugefügten Quälereien Nichts mehr zu sehen war, sprach er zu ihr: ‚Siehe, wie gnädig Dir Deine Götter sind und wie sie Dich lieben, daß sie Deine Wunden geheilt haben.' Barbara erwiderte: ‚So sind für Dich Deine Götter taub, blind und stumm. Und wie hätten sie meine Wunden heilen können, die für sich selbst kein Mittel wissen! Der aber, welcher mich heilte, ist Christus, der Sohn des lebendigen Gottes, den Du nicht erkennst, weil Dein Herz vom Teufel verhärtet ist.' Da befahl der Präfekt, knirschend wie ein Löwe, ihren Seiten glühende Fackeln zu nähern und ihr Haupt mit einem Hammer zu schlagen. Sie aber blickte gen Himmel auf und sprach: ‚Du weißt, Allerherren Herr, daß ich um Deiner Liebe willen dulde, so verlasse mich nicht.' Da befahl der gottlose Präfekt, ihre Brüste mit einem Schwert abzuschlagen. Sie aber schaute zum Himmel und sprach: ‚Verwirf mich nicht vor Deinem

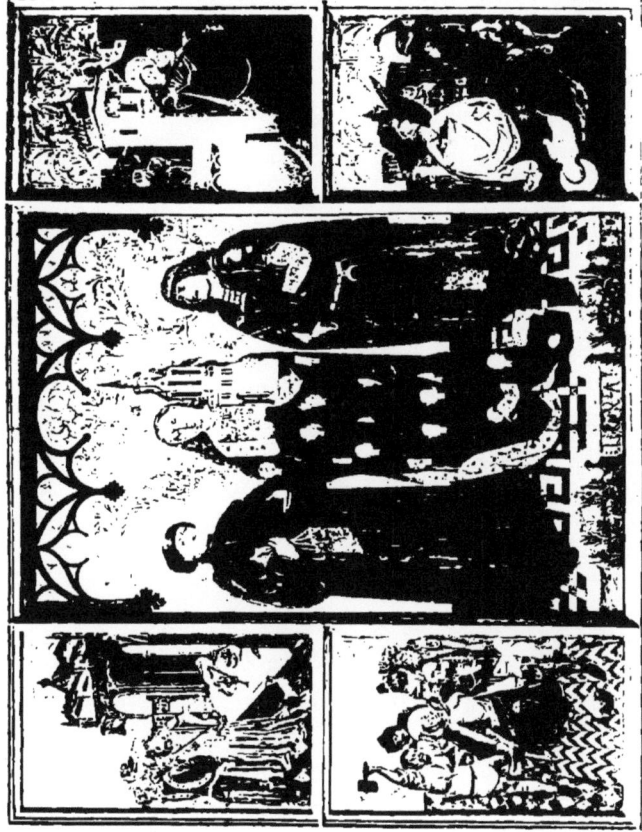

Taf. 11.

Der Breslauer Meister von 1447.

Die hhl. Barbara, Petri, Abendmahl und Szenen aus der Legende der hl. Barbara.
Mittelstück vom Altar im Museum schles. Altertümer zu Breslau.
(S. 75)

Nach einer photogr. Aufnahme von E. van Delden in Breslau

Angesicht, o Herr, und nimm Deinen heiligen Geist nicht von mir.' Und als sie auch diese Wunden tapfer ertrug, hieß er sie nackt einhergehen und von Häschern geißeln. Die Märtyrerin des Herrn schaute gen Himmel und sprach: ‚Herr, mein Gott, der Du den Himmel mit Wolken bedeckst, sei mein Helfer und Schützer und verhülle meinen entblößten Körper, daß die Augen der gottlosen Männer ihn nicht schauen.' Da kam ein Bote des Herrn vom Himmel und bedeckte sie mit einer weißen Stola. Als dies der gottlose Präfekt sah, befahl er, sie mit dem Schwerte niederzuhauen. Der Vater selbst von Wuth erfüllt, nahm sie und führte sie auf einen Berg. Freudig beeilte sie den Schritt, gewiß, den vollen Lohn ewigen Lebens zu ernten, und auf dem Berge angelangt, betete sie zum Herrn und sprach: ‚Herr Jesus Christus, dem Alles gehorcht, gewähre mir diese Bitte, daß, wenn Jemand eingedenk Deines Namens und Deiner Magd ein Gedächtniß meines Leidens mache, Du, Herr, seiner Sünden am Tage des Gerichtes Dich nicht erinnern wollest, sondern ihm gnädig seist. Denn Du weißt, daß wir Fleisch sind.' Darauf kam die Märtyrerin des Herrn an den erwähnten Ort und vollendete hier ihr Martyrium. Von ihrem eigenen Vater ward sie enthauptet. Als dieser aber vom Berge herabstieg, kam Feuer vom Himmel herab und verbrannte ihn, so daß auch nicht einmal seine Asche aufgefunden werden konnte. Es starb aber die hl. Märtyrerin Christi, Barbara, am gleichen Tage wie die hl. Juliana am 5. December, unter dem Kaiser Maximianus und dem Präfekten Marzianus."

Keine der entsetzlichen Marterszenen, welche diese an wahrhaft ergreifenden Zügen arme Legende in so aufdringlicher Weise schildert, hat der Künstler, dessen Kraft wohl edlerer und wohlthuenderer Aufgaben werth gewesen wäre, uns erspart. In ermüdender Wiederholung, aber mit vielen lebhaften, naiven Zügen sehen wir die Schergen ihr abscheuliches Gewerbe, bald mit dem Hammer, bald mit der Geißel, dem Schwerte und Fackeln betreiben. Wir sehen den Engel der Gemarterten zur Hülfe kommen, den Vater die eigene Tochter enthaupten, endlich Flammen den Frevler vertilgen. Neben dem Erhabensten, Ewigsten, — welch' entsetzliche Zumuthungen hat der christliche Glaube doch an die Phantasie der Künstler gestellt! Der Breslauer Maler glaubte nur sein Bestes zu thun, wenn er allen gehässigen, unmenschlichen Regungen in leidenschaftlichster Weise in diesen Bildern Ausdruck gab, dem Beschauer selbst wahrhafte Qualen erregte.

Verglichen mit den Darstellungen der Barbaralegende und der drei Heiligen auf dem Mittelstück, welche tiefe kräftige Farben neben einem charakteristischen, ausgesprochenen, etwas trockenen Gelb des Fleischtones zeigen, sind die figurenreichen Passionsbilder, sowie die Gestalten der Krönung Mariä breiter und flüchtiger ausgeführt. Alles ist um einen Grad derber geworden: die Haare

sind in breiten Pinselstrichen gehöht, die weißen Lichter auf das trockene Inkarnat in zäher Farbe aufgesetzt, der Gesammtton ist kälter, die Zeichnung
härter. Gleichwohl zeigt sich ein solch sicheres Können, daß wir schwerlich an
die Mitwirkung von Schülern zu denken, sondern nur anzunehmen haben, daß
hier an den äußeren Flügeln der Künstler sich mehr gehen ließ. Krampfhaft
bewegte knochige Hände mit weit abgesperrtem Daumen, derbe Männerköpfe
mit bald aufgestülpten kurzen oder langen gebogenen Nasen, geöffneten, die
Zähne zeigenden Mündern, breite Frauentypen mit weitstehenden Augen, reiche,
großartig drapirte Stoffe, orientalische Trachten, groß gemusterter goldener
Hintergrund — dies sind die in Kürze anzuführenden wesentlichen stilistischen
Merkmale des Barbaraaltares.

Das letztere ist nun aber nicht das einzige erhaltene Werk des bedeutenden
Künstlers. Dem aufmerksamen Besucher des Alterthümer-Museums zu Breslau
kann es nicht entgehen, daß noch zwei andere Bilder von seiner Hand hier aufbewahrt werden. Das eine, gleichfalls aus der Barbarakirche stammend (Nr. 332),
stellt das Schweißtuch der hl. Veronika, über dem fünf Engel mit den „Waffen
Christi" zu sehen sind, dar, das andere, mehr in dem breiten Stile der Außen-
flügel des Barbaraaltares gehalten, Maria mit dem Kinde zwischen zwei Engeln
in einer mit vielerlei, sehr sorgfältig in der Art Pfenning's gemalten Utensilien
ausgestatteten Stube (Nr. 9973). Wichtiger aber sind einige Arbeiten im Dom zu
Breslau. Ich zögere keinen Augenblick, in den Wandmalereien auf der linken
Seite des Chorumganges dieselbe Künstlerhand wiederzuerkennen. Hier ist in
der Höhe in eigenthümlicher Weise Christus an einem Kreuz mit langen Dornen-
zweigen dargestellt, an denen nackte Männer, offenbar die „Zehntausend Märtyrer",
aufgespießt sind, zu denen ein vornstehender Bischof aufschaut. Eine Inschrift besagt: „Agon Christi venerandus favor crucis imitandus mortem sanxit marty-
rum." Darunter ist dann das Martyrium der in ihrem Schiffe dem Lande sich
nähernden hl. Ursula und ihrer Jungfrauen zu gewahren, dem folgende Sequenz
beigefügt ist: „Stillas rubras sanguinavit qui venit de domo David marga-
ritas comparavit quas cruore candidavit." Zu unterst aber kniet, zwischen
Johannes dem Täufer und Johannes dem Evangelisten der Stifter, ein Kanonikus: „intercede pro me martir pie sancte Johannes." Auf eine bestimmte
Persönlichkeit ist auch Lutsch in seinen „Kunstdenkmälern der Stadt Breslau"
(S. 176) durch das beigefügte Wappen noch nicht geführt worden. Die Wandgemälde wurden neuerdings ausgebessert.

Auf der andern Seite des Chorumganges aber befindet sich ein Altarwerk,
das in viel höherem Grade als die bisher erwähnten Gemälde die direkteste Beziehung zu Pfenning verräth, in dem Grade sogar, daß ich nicht mit absoluter
Bestimmtheit dafür eintreten möchte, daß es vom Meister des Barbaraaltares

geschaffen wurde, so geneigt man auch dieser Ansicht sein muß. Dargestellt sind auf der Mitteltafel Christus am Kreuz zwischen Maria und Johannes, auf den Flügeln innen die Heiligen Johannes der Täufer und Vincenz, außen die Verkündigung. Lutsch in seinen Kunstdenkmälern (S. 177) bringt die auf einem später hinzugefügten Lünettenbild erhaltene Angabe, daß das Werk im Jahre 1468 von Dr. Petrus von Wartenberg, dessen Bildniß man auf der Hauptdarstellung findet, gestiftet worden sei. Es gehört zu dem Vortrefflichsten, was die Breslauer Schule überhaupt hervorgebracht hat, zeigt die sorgsamste Ausführung, große Energie in Zeichnung und Farbe und ganz ähnliche ornamentale Einrahmung wie der Barbaraaltar, an dessen stilistische Besonderheiten namentlich die Verkündigung durchaus gemahnt.

Hiermit nun aber ist die Zahl mir bekannt gewordener Gemälde des Meisters vom Barbaraaltare erschöpft. Wollte man freilich alle jene Bilder anführen, in denen sich sein Einfluß bemerkbar macht und die zumeist noch in den Kirchen von Breslau, namentlich in S. Elisabeth, sich befinden, so würde die Liste eine ziemlich lange werden. Es kann kein Zweifel sein, daß der Künstler eine durchaus beherrschende künstlerische Wirkung für Jahrzehnte in Schlesien gehabt hat. So machte sich hier zum ersten Male die Nürnberger Kunst geltend. Von einem zweiten von der letzteren ausgehenden Impulse wird später noch die Rede sein.

❧

3. Die Kreuzigung in der Frauenkirche zu München.

✳

In München lernen wir den dritten tüchtigen Nachfolger Pfenning's kennen, freilich nur aus einem einzigen Werke, an das wohl auch Robert Vischer dachte, als er ganz allgemein von Bildern im Stile des Tucher'schen Altares, die sich in der Frauenkirche befänden, sprach. Es ist eine figurenreiche Kreuzigung Christi, die in der dritten Kapelle des rechten Seitenschiffes in dieser Kirche hängt. Die Komposition, der Körper Christi, die Trachten und bis zu einem gewissen Grade auch die Typen erinnern an den Stil des Nürnberger Meisters. Doch fehlt es dem Gemälde an der Kraft des Ausdruckes, an der Schärfe und Energie der Zeichnung, sowie an der Tiefe der Farbenstimmung, die Jenen auszeichnen. Alle Formen sind plumper, verschwommener, der Grundton hat etwas matt Bräunliches. Offenbar war der Künstler in Oberbayern zu Hause und ſeinem ganzen Temperament nach ſehr anders geartet, als ſein fränkiſches Vorbild. Es mag genügen, kurz auf ihn hingewieſen zu haben. Eine beſtimmtere Charakteriſtik wäre erſt zu gewinnen, ließen ſich andere Arbeiten von derſelben Hand nachweiſen.

Von dem Ausfluge in abſeits liegende Orte künſtleriſcher Thätigkeit können wir nunmehr wieder nach Nürnberg heimkehren, den weiteren Verlauf zu verfolgen, den die Malerei daſelbſt nimmt.

III.

Die Malerei in der zweiten Hälfte des 15. Jahrhunderts.

I. Allgemeines.

✻

Die Frage, die angesichts der Werke Meister Pfenning's aufgeworfen, aber nicht durchaus in bejahendem Sinne entschieden werden konnte, ob nämlich in ihnen bereits der Einfluß der niederländischen Kunst sich bemerkbar mache, findet, auf die Gemälde der Pfenning folgenden Nürnberger Künstler bezogen, eine bedingungslose Beantwortung. Das wesentliche, von der früheren Richtung unterscheidende Kennzeichen der Malerei in der zweiten Hälfte des fünfzehnten Jahrhunderts ist die den Stil in durchgreifender Weise bestimmende Beeinflussung durch die flandrische Kunst. Und zwar steht man hier vor der merkwürdigen Thatsache, daß es nicht nur einzelne Meister, nicht eine einzelne deutsche Malerschule ist, welche in jener das Vorbild sucht, sondern daß die deutsche Malerei ganz allgemein in eine Art Abhängigkeitsverhältniß zur Schule der van Eyck's tritt. Dasselbe Phänomen macht sich zu gleicher Zeit wie in Nürnberg in der kölnischen und in der schwäbischen Kunst bemerkbar: ein mehr oder weniger ausgesprochener Bruch mit der heimischen Tradition zu Gunsten eines neuen Ideals. In wie weit, auch unabhängig von den Niederländern, der deutsche Künstler sich immer mehr gedrängt fühlen mußte, in einer möglichst treuen Nachahmung der Natur und Wirklichkeit das Heil und die Ausbildung seines künstlerischen Vermögens zu suchen, darüber konnte uns die eingehende Analyse einer Thätigkeit, wie der Pfenning's, belehren. Der Augenblick aber mußte kommen, da man erfuhr, daß Das, was man mühsam erstrebte, bereits von anderer Seite mit bei Weitem vollendeteren Mitteln und in viel mehr befriedigender Weise verwirklicht worden war. Was wollten die eigenen, vereinzelten

und unreifen Versuche bedeuten gegenüber diesem auf das Prinzip vorurtheilsfreier, absoluter Naturnachahmung gegründeten, durch seine Konsequenz und
Einheitlichkeit imponirenden Stil, den die van Eyck's begründet hatten! Indem
die deutsche Kunst nur halb sich von der älteren kirchlich monumentalen, architektonisch-ornamentalen Richtung löste, war von jener vollständig mit derselben
gebrochen worden — wie hätte da bei seinem Schaffensdrange, bei seinem künstlerischen Streben der Deutsche nicht sich getrieben sehen sollen, die fremden Errungenschaften sich zu eigen und zu Nutze zu machen, um den so viel weiter vorgeschrittenen
Standpunkt zu erreichen? Diese Thatsache an und für sich ist durchaus begreiflich, auffallend nur, daß wie gesagt der niederländische Einfluß sich fast
gleichzeitig an allen Hauptsitzen der Kunstübung in Deutschland bemerkbar macht,
als träten gleichsam alle bedeutenden Maler nach gemeinschaftlicher Verabredung
als Propagatoren der van Eyck'schen Kunstweise auf; ich erwähne nur den
Meister der Lyversberger Passion in Köln, Fr. Herlen in Rothenburg, Hans
Schülein in Ulm, Martin Schongauer in Kolmar. Auffallend ist diese Erscheinung, aber nicht unerklärlich. Sie belehrt uns nur darüber, welches Staunen
und Aufsehen diese neue flandrische Methode der Oelmalerei weithin erregte,
welche künstlerisch revolutionäre Bedeutung ihr zuerkannt wurde. Jan van Eyck's
Hauptthätigkeit fällt in die dreißiger Jahre: in den dreißiger Jahren auch begann Rogier van der Weyden die seinige; in den vierziger Jahren machen sich
neben Rogier andere Meister bekannt: Petrus Cristus und Gerard van der
Meire; in den fünfziger scheinen Hugo van der Goes und Dirk Bouts zuerst
aufgetreten zu sein. Im Laufe von zwei Jahrzehnten etwa mochte die flandrische
Malerei einen so allgemeinen, weithin verbreiteten Ruhm erlangt haben, daß
derselbe in allen deutschen Malerwerkstätten widerhallte. Was war natürlicher,
als daß der junge Künstler nach Abschluß der Lehrjahre als Ziel seiner
Wanderschaft eine jener gepriesenen Städte: Gent, Brügge oder Brüssel sich
wählte! Damals, als die Maler einer älteren Generation wie Pfenning und
Stephan Lochner ihre Wanderzeit antraten, hatte sich diese Wunderwelt im
Westen noch nicht oder kaum erschlossen, jetzt aber zog sie mit unwiderstehlicher
Gewalt, der herrlichsten Verheißungen voll, die sehnsuchtsvollen jungen Gemüther
an; einen Wunsch nur konnte es für alle die deutschen, der Kunst beflissenen
Jünglinge, deren Geburt in die dreißiger und vierziger Jahre des Jahrhunderts
fiel, geben: denjenigen, dort zu lernen, wo man so unvergleichlich verstand, das
farben- und formenreiche Leben in Zeichnung und Farbe abzubilden.

Da zogen sie denn auch aus den Thoren Nürnbergs hinaus. Viel hatten
sie an den Werken ihres heimischen großen Künstlers lernen können, aber weit
mehr und Größeres erwarteten sie dort, wohin ihnen die Fluthen des Rheines
den Weg wiesen. Jahre vergingen für den Einen, wie für den Andern, und als
sie heimkehrten, brachten sie neues Gebahren und neue Mode mit sich. Zwar

ihr altes Nürnberger Wesen konnten sie nicht ganz verleugnen, aber es erschien doch in fremdartiger Hülle verkleidet. Die niederländische Manier der Malerei — dies ist das Resultat der Studienreisen, dies die künstlerische Richtung, die diese Maler für Jahrzehnte zur herrschenden in Deutschland machten.

Eine sehr durchgreifende Aenderung! Neue Farben, Formen und Kompositionsweisen! An Stelle des tiefen, gedämpften Kolorites von kraftvoll bräunlichem Gesammtton treten in buntem, fast grellem Wechsel die leuchtenden hellen Oelfarben, an Stelle der untersetzt kräftigen, breitknochigen Gestalten schlankere Figuren mit länglich schmaleren Gesichtern und Extremitäten, an Stelle der massigen, schwer fallenden Gewänder scharf gebrochene, steife Stoffe, an Stelle des goldenen Hintergrundes eine in weiter Perspektive sich verlierende, lichte Landschaft, über der ein hellblauer Himmel emporsteigt. Alles wie im klaren, schärfsten Tageslicht gesehen, das unerbittlich jede kleine Einzelheit bescheint und zu betrachten zwingt: die Falte der Haut, wie den Halm oder das Steinchen am Boden, das zierliche Ornament des Gewandsaumes, wie die Fenster in den Häusern der in weiter Ferne sichtbaren Stadt. Zwar jene unbegreiflich feine, miniaturhafte Malweise des niederländischen Meisters mit spitzem Pinsel vermag der deutsche Schüler nie ganz zu erreichen, aber schon durch das Streben nach ihr entfernt er sich weit von der älteren heimischen Kunstübung, selbst von einer solchen, wie sie Meistern wie Pfenning zu eigen war.

Ein neues künstlerisches Prinzip also und neue malerische Mittel — es wäre müßig zu fragen, ob Beides nicht auf anderem Wege, als dem der Nachahmung einer fremden Kunst, zu erreichen gewesen wäre, ob der deutsche Künstler nicht aus sich selbst heraus in originaler Weise ein seinem künstlerischen Verlangen entsprechendes Neues hätte gestalten können. Eine durchaus müßige Frage, da die geschichtliche Betrachtung eben zeigt, daß dies nicht der Fall war. Gerade eine Künstlererscheinung wie die Pfenning's aber könnte darüber Aufschluß geben, warum es nicht möglich war. Die einzige Möglichkeit des künstlerischen Fortschrittes lag in der vollständigen Hingabe an das Studium der Natur, in einer direkten und unbeirrbaren Beobachtung derselben. Sich selbst und sein Empfindungsleben galt es zurückzusetzen und eine Zeitlang ganz sich zum Interpreten der Außenwelt zu machen. Diesen Standpunkt vermochte, scheint es, der kühler und nüchterner angelegte niederländische Stammesverwandte leichter zu gewinnen; den Deutschen hinderte daran das zu Viel der Phantasie und der leidenschaftlichen Empfindung in seiner Begabung. Auf welch' ungeheuerliche Bildungen war doch dieser gewiß eifrige Nachahmer der Natur: Pfenning verfallen, wie hatte er sich endlich in eine vollständig labyrinthische Willkür verloren! War ein solcher Künstler berufen, Schule zu bilden? Offenbar nein, denn der Lehrling will vor Allem Gesetze und Normen, womöglich ein ganzes System solcher erhalten, und hier lagen nur die großartigen, aber

in ihrer wilden Subjektivität unnachahmlichen Aeußerungen eines einsamen,
ringenden Künstlergeistes, der nicht durch demüthige Unterwerfung, sondern
durch siegreiche Ueberwindung die Natur sich gewinnen wollte, einem Jakob gleich,
der mit dem Engel rang: „ich lasse Dich nicht, Du segnest mich denn.“ Von
solchem Künstler war nicht eine eigentliche Lehre, sondern nur Manier zu erlangen,
und doch war man der Lehrer so bedürftig. Was man aus eigenem Vermögen
nicht vermochte, mußte man bei Anderen suchen, und so gab man sich vertrauensvoll den verständigen und systematischen Nachbarn jenseits des Rheines in Zucht
und Schule. Die zweite Hälfte des 15. Jahrhunderts bedeutet im eigentlichsten
Sinne für die deutsche Malerei überhaupt, was die Wanderzeit im Leben des
einzelnen Künstlers ist, der dann die Meisterwirksamkeit folgen soll. Und
schließlich handelte es sich hierbei ja nicht eigentlich um eine Anleihe bei einem
anderen Volk, wie sie in ganz jugendlichen Stadien der Entwickelung einer Kunst
z. B. von den Griechen im 7. Jahrhundert vor Christus bei den Völkern des
Orients, von den Italienern im 13. Jahrhundert bei den Byzantinern gemacht
wurde, sondern um eine solche bei einem nahe verwandten, nur eben in künstlerischer Beziehung weiter vorgeschrittenen Volksstamm. Viel zu selbstständig entwickelt war die deutsche Kunst, als daß sie sich das fremde italienische Kunstwesen
hätte assimiliren können, wohl aber war dies mit dem durch Stammesverwandt-
schaft vertrauteren niederländischen möglich. Der Prozeß dieser Assimilirung
ist es, welcher der deutschen Malerei in der zweiten Hälfte des Jahrhunderts
den Charakter aufprägt.

Kommt man von den älteren Werken her, so fühlt man sich durch den
Anblick von Bildern, die in niederländischer Manier gemalt sind, fast wie er-
nüchtert. Die starke innere Bewegung, in welche jene uns versetzt, macht einem
mehr kühlen, ruhigen, interessirten Betrachten Platz. Nicht um den starken
Empfindungsausdruck, der uns in Mitleidenschaft zöge, sondern um eine möglichst große Kunst der malerischen Ausführung, die Staunen und Bewunderung
erregen soll, scheint es dem Maler zu thun zu sein: ein verstandesgemäßes
scharfes Durchbilden der Form beschäftigt ihn mehr als der seelische Gehalt
des darzustellenden Stoffes. Zwischen ihn und die Natur ist als Vermittler ein
Drittes: ein bestimmtes künstlerisches Vorbild getreten, und damit ist ihm ein
gutes Theil der vor Allem fesselnden Originalität und Naivetät der älteren Zeit
verloren gegangen.

Die natürliche Folge ist, daß diesen Schöpfungen — ganz im Allgemeinen
gesprochen — die volle Unmittelbarkeit der Wirkung versagt ist, nur in gedämpfter Weise das ursprüngliche deutsche Wesen in ihnen sich äußert, eine
gewisse Halbheit ihnen anhaftet. Die volle Natürlichkeit ist verloren gegangen,
die angeborene Formenauffassung verdunkelt, der Ton der Herzenssprache gedämpft. Das fremde Element scheint die Herrschaft zu haben — aber es

scheint doch bloß so! In der That fühlt man in diesen Werken, und zwar ganz
besonders stark in denen der Nürnberger Schule, trotz des vielen Entlehnten
die originale Kraft umbildend und neu gestaltend sich thätig erweisen. Von
Innen heraus wirkt sie unabläßig und wird allmählich des Fremden immer
mehr Herr. Diese Wahrnehmung vor Allem ist es, die für den scharfblickenden
Beobachter das Studium auch dieser Werke zu einem ungemein fesselnden
macht. Es sind gleichsam Uebungen, an denen sich die deutschen Künstler für
größere Aufgaben heranbilden, Aufgaben, die dann erst von einer folgenden
Generation gelöst werden sollten. Tritt man mit diesen, freilich zunächst etwas
verstandeskühlen Voraussetzungen an die Werke heran, so erscheint nun Manches,
was zunächst das Gefühl wenig anregte, in hellerer Beleuchtung. Der Blick übt
sich, von den übernommenen fremdartigen Elementen zu abstrahiren und das
eigenthümlich Deutsche, Originale, das trotz derselben und im Kampfe mit
denselben sich geltend macht, als das Wesentliche, in ihm die Beziehungen zur
Vergangenheit, wie die Vorahnung des Kommenden schärfer zu erfassen.

Aus dem geschilderten Charakter der Kunstübung in der zweiten Hälfte
des 15. Jahrhunderts in Deutschland erklärt es sich nun unschwer, daß der
kritischen Forschung, welche sich Rechenschaft über die verschiedenen einzelnen
Meister geben möchte, gerade hier besonders schwierige Aufgaben gesetzt sind. Ist
schon allen bedeutenden Schulen dies Eine: die Abhängigkeit von denselben
großen niederländischen Meistern gemeinsam, wie erschwert muß die Unterscheidung einzelner Künstlerindividualitäten innerhalb einer und derselben Schule
sein! Am Weitesten vorgeschritten, Dank vor Allem den erfolgreichen Bemühungen
Scheibler's, ist die Kenntniß betreffs der Kölner Meister: kaum über die ersten
Anfänge hinaus aber sind die Untersuchungen über die Nürnberger Kunst ge-
diehen. Ein einziger Künstlername, der Michel Wolgemut's, hat Jahrhunderte
lang den Ruhm aller Nürnberger Maler in sich aufgezehrt, so daß es scheinen
konnte, als sei er der einzige bedeutende Vertreter der Nürnberger Kunst und
der einzige würdige Vorgänger Dürer's gewesen. Was immer nur von Bildern
aus der Zeit von 1450 bis 1500 erhalten war, wurde einfach ihm zugeschrieben, das Bessere ihm selbst, das weniger Gute seiner Werkstatt. Alle
zeitgenössischen Maler der Stadt schienen demnach eben dieser Werkstatt tributpflichtig gewesen zu sein. Alle weitere Forschung, vor Allem W. von Seidlitz's
(Zeitschrift für bildende Kunst) und R. Vischer's (Studien zur Kunstgeschichte),
beschränkte sich darauf, bestimmtere Ansichten über die Auswahl von Werken,
die als Originalschöpfungen Wolgemut's zu betrachten seien, aufzustellen. Auch
Vischer, der doch in seiner Analyse der Werke mit großer Sorgfalt und Aus-
führlichkeit vorging, blieb gleichwohl im Wesentlichen eben bei dem Gattungs-
begriff: Wolgemut stehen und konzentrirte seine Bemühungen auf die sehr ein-

7 *

gehende Sichtung aller in Frage kommenden Werke und daran mitbetheiligten Schüler, deren er eine stattliche Anzahl feststellte.

Es fragt sich nun, ob es nicht möglich sein dürfte, auf Grund erneuten Vergleiches zu weiteren Resultaten zu gelangen. Nicht ohne ausdrückliche Betonung der Erkenntniß, daß es sich hier immer vielfach noch mehr um einen Versuch, als um die Festsetzung durchweg positiv zu erweisender Thatsachen handelt, sei derselbe gewagt.

Den einzig sicheren Ausgangspunkt hat auch hier die Stilkritik zu bilden. Allzu stumm bleiben die von v. Murr, Baader und Lochner so fleißig aufgesuchten urkundlichen Mittheilungen. Auch in dieser Zeit bringen dieselben nichts wie Namen, Namen — und keine oder wenigstens so gut wie keine beglaubigten Werke bestimmter Meister. Ein Blick in die im Anhange gegebene Liste der uns dem Namen nach bekannten Maler, von denen wir zumeist nicht viel mehr wissen, als daß der Eine in diesem oder jenem Jahre auf der Lorenzer, der Andere zu dieser oder jener Zeit auf der Sebalder Stadtseite ansässig war, belehrt uns, daß es der Künstler genug gab. Die Meisten freilich werden wohl nichts Anderes als handwerksmäßig die Kunst als Geschäft betreibende Männer, die häufig kaum über den Rang von geschickten Anstreichern sich erhoben, gewesen sein. Aber es werden sich unter ihnen auch eben die tonangebenden Meister, denen wir unsere Aufmerksamkeit widmen möchten, befinden. Auf Grund einzelner Ueberlieferungen, die sich erhalten haben, einiger bestimmterer Mittheilungen und endlich vorsichtiger, aus Kombinationen gezogener Schlüsse lassen sich wenigstens sieben hervorragende Künstler namhaft machen, eine verhältnißmäßig große Zahl, die uns wohl darüber trösten kann, daß so viele andere uns vollständige Schemen bleiben. Dürfte doch vermuthlich mit diesen sieben, wenn wir nach Analogie der Kölner Schule urtheilen wollen, die Zahl derjenigen, die eine wirklich bedeutungsvolle Stellung im Nürnberger Kunstleben und in der Kunstgeschichte einnehmen, so ziemlich erschöpft sein. Ganz im Allgemeinen lassen sich die erwähnten Meister scheiden in zwei Gruppen, die etwa einer älteren und einer jüngeren Generation entsprechen.

Das Vorrecht des ersten Platzes als demjenigen, welcher am Frühesten in den Bürgerlisten angeführt wird, kommt dem Hans Pleydenwurff zu. Zum ersten Male taucht sein Name 1451 auf, der dann bis 1472 oft zu lesen ist. Im Jahre 1458 wohnte er auf der Lorenzer Seite, von 1459 an (bei v. Murr herrscht hierüber einige Verwirrung) im Sebalder Viertel und zwar nach Lochner in derselben Gegend, ja vielleicht in demselben Hause (S. 496), das Michel Wolgemut bis 1478 bewohnt hat. Welches Ansehen er genoß, beweist seine Berufung nach Breslau im Jahre 1462, wo er den Hochaltar der Elisabethkirche geschaffen hat. Im Jahre 1471 hat er im Auftrage des Nürnberger Rathes etliche Briefe „der gelegenheit der lande burgundie" gemalt.

1472 ist er nach urkundlicher Notiz (von Fromann im „Anzeiger für Kunde der deutschen Vorzeit" 1871, S. 11, publizirt) gestorben. Seine Wittwe Barbara heirathete 1473 in zweiter Ehe Michel Wolgemut. Seine Geburt fällt spätestens in den Anfang der dreißiger, vermuthlich noch in die zwanziger Jahre oder früher.

Ein älterer Zeitgenosse des Haus, jedenfalls, wenn das Datum der Geburt Michel Wolgemut's 1434 uns richtig überliefert ist, nicht später als 1415 geboren, war der Maler Valentin Wolgemut. Daß er der Vater Michel's war, hat Robert Vischer, wie mir däucht, mit aller Evidenz nachgewiesen (vgl. unten den Erkurs über die Familie Wolgemut). Verhältnißmäßig spät, nämlich erst 1461, findet man ihn, auf der Lorenzer Seite ansässig, angeführt. Von 1462 bis 1469 hat er im Sebalder Viertel gewohnt und scheint in letzterem Jahre gestorben zu sein, da 1470 seine Frau „Anna Valentin Molerin" in den Listen auftritt. Ihr Name ist bis 1480, und zwar seit 1473 immer unmittelbar neben ihrem Sohne Michel genannt, nachzuweisen. Welche künstlerische Bedeutung Valentin gehabt hat, erfahren wir nicht, haben in diesem Falle also keinen anderen Beweggrund, ihm eine Ehrenstelle unter den Nürnberger Malern anzuweisen, als den, daß er der Vater eines berühmten Meisters war.

Als dritter, aber offenbar jüngerer Meister tritt uns Hans Beurlein oder Hans Peurl entgegen. Er war Bildschnitzer und Maler zugleich, also ein Mann, der die Kunst im Großen betrieb. Zum ersten Male urkundlich wird er, und zwar als Bildschnitzer, im Jahre 1461 erwähnt. C. G. von Murr berichtet, daß er sich besonders als Freskomaler hervorgethan habe, und er= wähnt mehrere Wandmalereien von seiner Hand. In der Augustinerkirche habe er an der rechten Seite des ersten Fensters der Emporkirche den hl. Christoph in Riesengröße mit dem Jesuskinde dargestellt, links daneben den Einsiedler, der dem Heiligen mit der Laterne leuchtet. Zwei Inschriften darüber, die v. Murr offenbar in Beziehung zur Entstehung der Fresken setzen möchte, be= richteten, die eine von der Grundsteinlegung des Gotteshauses St. Veit im Jahre 1485, die andere von der Vollendung desselben anno 1488. Ferner seien von ihm auf dem „Augustinerklostersaale" zwei große Gemälde an der Wand gemalt zu sehen. „Zur Rechten Maria Magdalena und Christus, über Lebensgröße, zur Linken ist der Heiland zwischen den beiden Schächern am Kreuze, nebst vielen Personen. Alle sind in Lebensgröße. 1489". Weiter war in der Dominikaner= oder Predigerkirche hinter der Orgel wieder Sankt Christoph von ihm an der Wand, in dem äußeren Kreuzgang desselben Klosters ein Kruzifir mit den Schächern im Jahre 1493 gemalt. Er selbst habe sich mit einem rothen Schläppchen auf dem Kopfe und in einem Zipfel pelze als Jude unter anderen Juden unter dem Kreuze dargestellt. Uebrigens sei das Gemälde verdorben. Vermuthlich war das von v. Murr angeführte Bildniß mit der Jahreszahl 1493, das ein Nikolaus Häublein 1666 in Oktav=

format (offenbar in Kupferstich oder Holzschnitt) angefertigt, nichts Anderes als eine Reproduktion jenes für das Selbstportrait des Künstlers gehaltenen Kopfes in dem Wandgemälde. v. Murr schließt seine Mittheilungen damit, daß Beuerlein gegen 1500 gestorben sei. Dem scheint aber eine Angabe bei Baader zu widersprechen, nach welcher ein Maler Hans Peurl noch im Jahre 1518 in den Bürgerlisten erscheint. Ist dies derselbe Künstler, dann hätte der Meister Hans ein hohes Lebensalter erreicht, möglich aber, daß jener Hans Peurl von 1518 ein jüngerer Meister desselben Namens, vielleicht ein Sohn des älteren war. Die Peurl waren offenbar eine Künstlerfamilie, da noch ein Maler des Namens: Linhart Peurl (1474) und ein Goldschmidt: Seiß Peurl (1452) erwähnt wird. Möglich, daß dieser letztere der Vater unseres Hans war. Dagegen haben die beiden Augsburger Maler und Bildschnitzer, der ältere Hans Beurlin (zuerst 1482 bei Bischer erwähnt, † 1508) und der jüngere des gleichen Namens wohl Nichts mit den Nürnberger Namensgenossen zu thun, wie dies schon Bischer bemerkt hat. — Der ältere Hans Beuerlein also, nach Traditionen, die sich bis ins 17. Jahrhundert zurückverfolgen lassen, ist ein hervorragender Wandmaler gewesen. Alle die Reste seiner Thätigkeit, die noch v. Murr kannte, sind heute verschwunden. Seine Geburt dürfte spätestens in die vierziger, vermuthlich noch in die dreißiger Jahre fallen.

Führte uns schon Hans Beuerlein in etwas vorgerücktere Zeiten, so vertreten die weiter zu nennenden Maler gegenüber Hans Pleydenwurff und Valentin Wolgemut eine spätere Generation. Vor Allem M i c h e l W o l g e m u t, den es genügt, hier flüchtig zu nennen, da ja ausführlich von ihm noch die Rede sein wird. Dann ist an zweiter Stelle zu erwähnen H a n s T r a u t t. Da die Trautt's, nach wiederholentlichen Angaben, aus Speyer stammten, ist die Vermuthung vielleicht nicht ganz ungerechtfertigt, daß jener Maler Hans von Speyer, von dem oben schon gelegentlich die Rede war, und der 1407 auf der Sebalder, 1438 auf der Lorenzer Stadtseite wohnte, der Familie angehört, ja der Vater des Hans Trautt war. Dieser letztere hat nach Neudörffer „den Kreuzgang zu den Augustinern gemalet und darin viel erbare Herren conterfeyet", hat sich also mit Hans Beuerlein in die Ausschmückung dieses Klosters getheilt. Er wird in den Bürgerverzeichnissen 1477 und 1486 erwähnt, in welchem Jahre er auf der Sebalder Seite angesessen war. Eine spätere Urkunde vom 29. August 1547, in welcher seine Frau, die Schwester der Mutter eines Steffan Arnolt, genannt wird, die etwa zehn Jahre früher verstorben sei, verschafft uns die nähere Kunde, daß er seine Werkstatt in der Bindergasse aufgeschlagen hatte. Er soll in seinem Alter — v. Murr giebt das Jahr 1488, wohl nach dem mir unbekannt gebliebenen, von Georg Fen in schwarzer Kunst gefertigten Bildniß des Künstlers, an — erblindet sein. Doch war er 1505 noch am Leben, denn am 6. August dieses Jahres bekannte er „Veit Stossen 18 Gulden für Arbeit zu bezahlen, auf sein gut Vertrauen, da er denn nicht länger entrathen wolle, mit Zeugniß von Wolf Pömer und Wolf Löffelholz". Vielleicht ist der 1494 in Heilsbronn beschäftigte Hans von Speyer, den Muck erwähnt, kein Anderer als Hans Trautt. Das einzige erhaltene beglaubigte Werk des Hans Trautt ist eine mehrfach besprochene Zeichnung in der Universitätsbibliothek zu Erlangen, welche einen großen Sebastian darstellt. Sie befand sich im Besitze Dürer's, der darauf schrieb: „Dz hatt Hans Trawt zu Normerckfg gemacht". Der Sohn des Hans Trautt war der von Neudörffer gepriesene Wolf, von dessen Kunst wir seit Kurzem aus einem großen, im Münchener National-museum aufbewahrten Altarwerk uns eine deutliche Anschauung machen können, ein Meister, der, einer neuen Zeit angehörig und offenbar stark von Hans von Kulmbach beeinflußt, nicht mehr in den Rahmen unserer Betrachtung gehört.

Auf einen sehr kleinen Zeitraum beschränkt sich, was wir von der Thätig-keit des Wilhelm Pleydenwurff, des Sohnes von Hans Pleydenwurff, er-fahren: nämlich auf die Jahre 1490 bis 1494. Freilich, wäre Vischer's Vermuthung, ein in den Urkunden genannter „Wilhelm Illuminirer" sei identisch mit ihm, zutreffend, so hätten wir eine Notiz schon aus dem Jahre 1486, in welcher dieser Wilhelm auf der Lorenzer Seite angeführt wird. Doch ist dies eben Nichts als eine Vermuthung. Zwei Thatsachen, die Bezug haben auf seine Kunst, sind bekannt. Beide weisen auf die nahe Beziehung hin, in der er zu Michel Wol-gemut gestanden ist. Die Kenntniß der einen wird durch Heinrich Deichsler's Chronik (Chroniken der deutschen Städte 11. Bd. S. 566) vermittelt, in der es unter dem Jahr 1491 heißt:

„Item des jars ward der schon prunn hie am Markt mit dem malen und mit dem vergulden volbracht. man gab dem Pleidenwurf maler vier-hundert gülden."

Der Auftrag war Anfangs 1490 Wolgemut ertheilt worden nach einer Notiz des Rathsbuches (a. a. Orte S. 560, Anmerkung 2), offenbar hat ihn dann dieser seinem Mitarbeiter Pleydenwurff übertragen.

Die andere Thatsache ist die mit Wolgemut 1494 gemeinsam ausgeführte Illustrirung der Schedel'schen Weltchronik mit Holzschnitten.

Wann Wilhelm geboren worden, wie alt er wurde, ist nicht zu sagen, nur das Eine, daß er 1494, vielleicht in noch jugendlichem Alter, gestorben ist. Seine Frau Helena war eine Tochter des Apothekers Dominikus Müllich und heirathete in zweiter Ehe einen Simon Zwölfer; seine Tochter hieß Magdalena und war 1509 noch unverheirathet.

Wie Hans Trautt, so wird auch der zuletzt zu erwähnende Maler, der Jüngste dieser ganzen Reihe, Sebald Baumhauer, uns von der kompeten-testen Seite, von Albrecht Dürer selbst, empfohlen. Neudörffer nämlich, der Sebald noch persönlich gekannt hat, sagt, daß „Albrecht Dürer ihn für einen guten alten Maler rühmte". Ueber sein Alter und den Beginn seiner Thätigkeit sind wir schlecht unterrichtet und können ein Urtheil über seinen Stil nur ganz ungefähr eben aus Dürer's Ausdruck „guter alter Maler" gewinnen. Danach wäre er, wie Wolgemut, noch der älteren Richtung zuzuzählen, obgleich er wie dieser noch fast zwei Jahrzehnte des 16. Jahrhunderts erlebte. Die früheste Nachricht ist von 1499. Damals kaufte er des Juden Seligmann Sark's Haus, „zwischen Veit Wißenbergers, des Bildschnitzers und Sebald Tuchers hawsern gelegen, in der Judengasse, das jetzt (zu v. Murrs Zeiten) zur rothen Rose heißt und dem sel. Dr. Johann Caspar Birchner zugehörte." Später ist er Kirchner bei S. Sebald gewesen, und zwar nach v. Murr von 1510 bis 1527; gestorben ist er erst 1533, nicht 1517 wie dieser will. Seine Frau Anna starb 1562. Man schrieb ihm zu v. Murr's Zeiten eine große Tafel in der Sakristei der Predigerkirche zu Nürnberg zu, welche das Leiden Christi darstellte, mit der Bezeichnung: „1513. An Sant parthelmes abent." Als einziges beglaubigtes, noch erhaltenes Werk wird eine aquarellirte Federzeichnung in der Ungarischen Nationalgalerie genannt, die sich auf der Wiener Weltausstellung 1873 befand (Kunstkatalog der Ausstellung S. 82). Sie stellt an einem Flusse, von Wald umgeben, eine Stadt und Bergfeste mit zielenden Kriegssoldaten dar.

Von diesem letzten, Sebald Baumhauer, abgesehen, sind es also vier Künstlerfamilien: die Wolgemut, die Pleydenwurff, die Trautt und die Beuerlein, die, wie es scheint, an der Spitze der künstlerischen Thätigkeit in Nürnberg in der zweiten Hälfte des 15. Jahrhunderts gestanden haben. Andere Familien wie die Prawn, die Has, die Haller, die Müllner, die Beheim, die Seitz, die Markhart und die Schürstab bleiben — ob freilich alle ganz verdienter Maaßen? — in Dunkel gehüllt. Auf so gewonnener Grundlage darf jetzt die Untersuchung, welchen Aufschluß die Gemälde über Kunst und Künstler geben, in Angriff genommen werden.

Hans Pleydenwurff.
Die Kreuzigung Christi.
Pinakothek zu München.
(S. 105.)

Nach einer photogr. Aufnahme der Verlagsanstalt für Kunst und Wissenschaft in München.

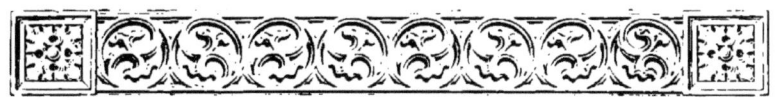

2. Hans Pleydenwurff.

❦

Michel Wolgemut und seine Werkstatt — es ist bereits erwähnt worden, daß man bisher bei Betrachtung der Nürnberger Bilder aus der zweiten Hälfte des 15. Jahrhunderts kaum mit diesem allgemeinen Begriffe zu brechen gewagt hat. Nur ein bedeutender Künstler scheint sich allmählich von ihm zu sondern, gleichsam aus einem dunklen Chaos heraus sich zu gestalten und bestimmtere Form zu gewinnen. Robert Vischer, der ihn zuerst in hellere Beleuchtung hervorzog, nannte ihn nach zwei allerdings undeutlichen Initialen, die sich, vielleicht als Monogramm zu deuten, auf einem seiner Hauptwerke befinden, den Meister J. P. Dieses Hauptwerk ist die große Kreuzigung in der Münchener Pinakothek (R. 233). Es ist das einzige, das Vischer anführt, denn eine „Kreuzabnahme" und eine „Himmelfahrt" in S. Lorenz nennt er wohl der Art des Künstlers verwandt, aber nicht als eigenhändige Arbeiten. Im Uebrigen macht er nur noch darauf aufmerksam, daß zwei Gehülfen, die Wolgemut beim Peringsdörffer Altar beigestanden hätten, offenbar Schüler des J. P. seien, wie er diesen Einfluß auch in zwei anderen, in S. Lorenz befindlichen Bildern: dem Katharinenaltar (R. 8) und den „Betenden Geistlichen" (R. 4) wahrnimmt.

Hier wäre also ein erster Ausgangspunkt gegeben, vorderhand aber noch Nichts mehr als dies.

Unstreitig gehört die Münchener Kreuzigung zu dem Allerbesten, was die Nürnberger Kunst in unserem Zeitraum hervorgebracht hat, und ebenso unstreitig ist sie kein Werk Michel Wolgemut's, sondern höchst vermuthlich die Schöpfung eines älteren Meisters. Das lehrt schon der erste Blick, der hier das wesentliche Erbtheil der älteren Kunstrichtung, die tiefe und warme braune Gesammtstimmung der Färbung, zunächst als den Eindruck bedingend erfaßt. Eine figurenreiche Darstellung auf Goldgrund. Nicht weniger als zwanzig Gestalten haben

sich um den Kreuzesstamm geschaart. Magdalena ist an demselben, ihn umschlingend, niedergesunken, ihr zur Seite steht eine der Frauen. Eine
andere und der ganz in Roth gekleidete Johannes halten die zusammenbrechende,
in tiefes Blau gewandete Maria. Hinter der Gruppe gewahrt man noch die
Köpfe zweier anderer Frauen, einen alten Mann mit Hellebarde, der mit gefalteten Händen aufschaut, und zwei Kriegsknechte, die mit ihm sprechen. Auf
der rechten Seite drängen sich zum Kreuz zwei Reiter, ein älterer, reich in
Brokat gekleideter in Pelzmütze, der auf Christus weist, und ein jüngerer,
vier Hellebardiere und ein gleichfalls auf den Gekreuzigten deutender Mann;
dicht an das Kreuz ist der Mann mit dem Ysop herangetreten. In der braunen
Landschaft sieht man im Hintergrunde die Stadt Jerusalem, aus welcher der Zug
zur Kreuzigung herauskommt, rechts Hügel mit einer Burg und einen Weg,
auf dem drei Reiter sich bewegen, in der Ferne trüb bläuliche Berge.

Eine große malerische Vollendung macht sich, vergleicht man etwa die in
der Nähe hängenden Stücke des Hofer Altares, auf das Vortheilhafteste bemerkbar. Durchweg sind gesättigte leuchtende Farben verwendet, prachtvolle
Stoffe tragen zu der reichen Wirkung bei. Das Inkarnat ist in gelben oder
bräunlichen, flüssig verschmolzenen Tönen gehalten, ja zuweilen von etwas
metallischer, kupferner Färbung, dabei aber von weicher und zugleich kräftiger
Modellirung. In den Figuren spricht sich unverkennbar der niederländische
Einfluß und zwar der des Rogier van der Weyden aus, doch haben sie dem
ungeachtet ein ganz eigenthümliches Gepräge, das namentlich in der größeren
Breite der Kopftypen, den schweren Augenlidern, den vollen Lippen seine Merkmale
hat. Vischer sagt mit Recht: „Der Meister pflegt dickere und röthere Lippen
(als Wolgemut) zu malen und liebt sie leise zu öffnen. Der Unterlippe giebt
er in der Mitte einen leisen Einzug, so daß ihr äußerer Rand zwei, mehr
oder weniger runde Schwellungen zeigt." Die Männer haben häufig lange
gebogene Nasen. Ein großer, wenn auch etwas nüchterner Ernst, Kraft und
Energie der Empfindung sind die hervorstechenden Eigenschaften dieser Gestalten,
in denen Manches von der Großartigkeit und Leidenschaftlichkeit der älteren
Nürnberger Schöpfungen fortlebt, wenn auch in gehaltenen, beschwichtigten
Formen. Fleiß der Beobachtung und der Ausführung macht sich in Allem,
auch in der Bildung der Füße und Hände bemerkbar, welch' letztere — es sei
darauf als ein wichtiges Kennzeichen hingewiesen — nicht allzu lange Finger
mit rundlichen, etwas nach oben gebogenen Endgliedern haben.

Was man von der Geschichte des werthvollen Bildes weiß, beschränkt sich
auf die Angaben, daß es 1810 aus der Burg von Nürnberg nach Bamberg,
1872 in die Pinakothek gelangte. Doch ließe sich die Vermuthung wagen, daß
es die von Hilpert erwähnte Kreuzigung ist, die sich früher in S. Lorenz befand und um 1812 auf die Burg gebracht wurde. Sie war zum Andenken

Hans Reiff's, der 1453 starb, und seiner 1474 verschiedenen Hausfrau gestiftet. Ihre Entstehung ist wohl in die fünfziger, spätestens die sechziger Jahre zu setzen.

Was nun endlich die Bezeichnung: J. P. anbetrifft, so fand Bischer die selbe an dem turbanartigen Kopfputz des einen jugendlichen Mannes rechts. In der That lassen sich die zwei verschnörkelten Buchstaben am ersten als J und P deuten, und es steht der Annahme, daß in dieser Weise der Maler seine eigenen Initialen angebracht, Nichts im Wege, hat doch auch Pfenning seinen Namen, wie eine zufällige Dekoration, an einer Satteldecke angebracht. Wie lehrreich nun aber gerade dieses Meisters Kreuzigung in Wien mit der Münchener zu vergleichen! Nicht mehr als etwa zehn Jahre mögen die beiden Werke trennen, und doch — welch' großer Unterschied! Was dort in mannichfachen Versuchen angestrebt wird: Charakteristik der einzelnen Figuren, Wahrheit mannichfaltiger Lebensäußerungen, Körperlichkeit in Licht und Schatten, ist hier schon zu einem, freilich auf bestimmte niederländische Vorbilder zurückzuführenden, ausgebildeten Stil und System geworden. Ist die Unmittelbarkeit der Naturbeobachtung und dementsprechend die naive Lebendigkeit, die dort gleichsam experimentell zum Vorschein kam, nicht mehr die gleiche, so hat jede Figur und damit das Ganze doch eine größere Wahrscheinlichkeit des Lebens gewonnen. Noch vermißt man auch hier nicht den tiefen Zusammenklang kraftvollen Empfindungsgehaltes mit malerisch wirkungsvoller formaler Erscheinung: so tritt in diesem Werke ein Vertreter der neuen Richtung in nicht unwürdiger Weise mit dem älteren Künstler in Wettkampf. Wer nach flüchtiger Betrachtung urtheilte, würde ihm vielleicht sogar nicht bloß den Sieg, sondern auch die größere Kraft zuerkennen — ein Spruch, den aber der gerechte Richter nicht bestätigen kann, da die Waffen ungleiche sind. Gebot der jüngere Meister auch über ausgebildetere künstlerische Mittel, an schöpferischer Kraft und Gewalt künstlerischen Empfindens steht er doch dem älteren nicht gleich.

Man sollte meinen, daß es nicht schwer fallen dürfte, bei den ausgesprochenen Eigenthümlichkeiten dieser Münchener Kreuzigung die anderen Werke desselben Meisters aus der Masse der Nürnberger Gemälde dieser Zeit heraus zu erkennen. Demgegenüber ist aber schon hier zu betonen, daß dieser Künstler offenbar in ganz entscheidender Weise seine Zeitgenossen und die folgende Generation beeinflußt hat, daß er als das Haupt einer ganzen Schule zu betrachten ist, die alle wesentlichen Momente seiner Kunst übernommen, nachgeahmt und in einzelnen Fällen weitergebildet hat. Wolgemut und die ihm verwandten Maler sind seinen Spuren gefolgt. So erklärt es sich, daß fast alle in diesen Jahrzehnten entstandenen Bilder Figuren und Typen zeigen, die denen der Kreuzigung ungemein gleichen, und daß man selbst bei langer Uebung des Auges und nach häufigen Vergleichen es nur mit großer Vorsicht wagt, ein bestimmtes Urtheil darüber abzugeben, ob dieses oder jenes Bild dem Meister selbst oder einem von ihm beeinflußten Künstler zuzuschreiben ist. Einen wichtigen Anhaltspunkt hätte man wohl in der Farbe, die in ihrer sattbraunen Tiefe und Fülle den Charakter der „Kreuzigung" ja so entschieden bestimmt, die uns als ein Erbtheil der älteren Nürnberger Schule erschien. Aber auch hier heißt es bedachtsam zu Werke gehen: könnte diese Farbenwirkung nicht wenigstens in Etwas durch den Firniß bedingt sein? Und weiter, wäre es nicht denkbar, daß derselbe Künstler in späterer Zeit allmählich lichter in seinen Werken geworden sei? Am Entscheidendsten werden doch einzelne Formen, wie vor Allem die der Hände, auf die Kritik einwirken.

Welches sind nun aber die Gemälde, die die gleiche Künstlerindividualität verrathen wie die Kreuzigung?

Ad. Bayersdorfer war es, der mich zuerst darauf aufmerksam machte, daß eine andere Kreuzigung die erste Anwartschaft darauf habe, neben jener genannt zu werden, nämlich jenes von einem Kanonikus Schönborn in Würzburg gestiftete Gemälde, das früher in der Zu Rhein'schen Sammlung zu Würzburg sich befand, jetzt im Germanischen Museum (Nr. 116) hängt. Eine ähnlich figurenreiche Darstellung auf Goldgrund mit dem kleinen Bildniß des Stifters in ganzer Figur. An Kraft und Wärme der Farbe, sowie an Durchführung der Modellirung ist es allerdings nicht jenem Münchener zu vergleichen, in der Zeichnung der Typen aber und namentlich der Hände erinnert es auf das Lebhafteste daran. Man könnte es sich wohl als eine spätere Schöpfung desselben Meisters denken.

Mit dieser Schönborn'schen Kreuzigung aber hängen wieder einige andere Bilder eng zusammen. Schon v. Seidlitz und Bischer haben in der dem Herlen zugeschriebenen Anbetung der hl. drei Könige und der Figur der Maria aus einer Verkündigung im Germanischen Museum (Nr. 97 und 98) dieselbe Künstlerhand entdeckt, und zu derselben Ueberzeugung bin ich, unabhängig von ihnen, gleichfalls gelangt. Diese Stücke bildeten mit zwei anderen im Münchener Nationalmuseum: der Anbetung der Hirten und dem Verkündigungsengel, wie Scheibler bemerkte, ein Altarwerk. Vielleicht ist dasselbe in dem von v. Murr in S. Martha gesehenen, dessen Mittelstück die Holzskulpturen der Pietà bildeten, und auf dessen Flügeln die Geburt Christi, die Anbetung der Könige und die Verkündigung dargestellt waren, wieder zu erkennen. Mit Herlen hat es gar Nichts zu thun. Höchst charakteristisch sind hier wieder die Finger mit den etwas verdickten, rundlichen Kuppen. Der Farbenstimmung nach bildet es gleichsam den Uebergang zu der Schönborn'schen Kreuzigung, nähert sich darin noch sehr der Münchener, so daß gerade diese Bilder als Beweis dafür, daß jene beiden Werke von einer Hand gemacht sind, von besonderem Interesse sind. Betrachtet man aber die feine Transparenz der rosa-

Hans Pleydenwurff.
Die Verlobung der hl. Katharina.
Flügel des Landauer'schen Altares in der Alten Pinakotbek zu München.
S. 110.)

Nach: „Gemälde von Durer und Wolgemut"

lichen Töne im Inkarnat der Maria, so wird es ferner zur Gewißheit, daß jenes
kleine, meisterliche Portrait desselben Kanonikus Schönborn, das der
Nürnberger Sammlung angehört (Nr. 109), auch von Niemand anders gemalt
wurde. An und für sich mußte es sehr wahrscheinlich dünken, daß jener
Würzburger Geistliche, der den Auftrag auf die Kreuzigung gab, von demselben
Maler auch sein Bildniß anfertigen ließ. Stutzig konnte dabei nur machen,
daß eben dies Portrait, das von überraschender Lebenswahrheit, einem ganz eigenartigen Helldunkel und geistreichster Modellirung ist, bei Weitem das auf dem
großen Gemälde angebrachte Bildniß desselben Mannes übertrifft. Dies kann
aber nur als Beweis dafür dienen, wie viel mehr Sorgfalt der deutsche
Künstler in dieser Zeit auf ein eigentliches, selbstständiges Portrait verwendete,
als auf die Stifterfigur, die er auf seinen religiösen Kompositionen beiläufig mit
anbrachte. Das Brustbild des Kanonikus: dieser alte Kopf mit grauen Haaren
auf blauem Hintergrunde, hat bis auf Dürer kein künstlerisch ebenbürtiges
Seitenstück erhalten, ja, er sticht merkwürdig in seiner weichen und malerisch
freien Behandlung, in den leicht verschwimmenden Umrissen von den hart
konturirten Bildnissen der Nürnberger Schule dieser Zeit ab.

Sehr verschiedene Ansichten sind nun aber ferner über ein Altarwerk laut
geworden, von dem ein Flügel mit der Darstellung der Vermählung der hl. Katharina
und der Geburt Christi in der Münchener Pinakothek, der andere mit der „Kreuzigung" und „Auferstehung" in der Augsburger Sammlung sich befindet.
Es war früher bis 1810 auf der Burg in Nürnberg und ist nach dem Wappen, das
sich auf der Geburt Christi befindet, die Stiftung eines Landauer gewesen. Unzweifelhaft haben wir hier Reste des ehemaligen Hauptaltars der Katharinenkirche
vor uns, der im Auftrage der Landauer angefertigt worden war, und dessen
erstes Flügelpaar von v. Murr genau den erwähnten Bildern entsprechend beschrieben wird. Wohin das andere Flügelpaar: der eine mit der „Verkündigung"
und „Christus am Kreuze", der andere mit der „Ausgießung des hl. Geistes"
und der „Enthauptung Katharinens", gekommen sind, vermag ich nicht zu sagen.
Waagen nun sah in den Gemälden frühe Arbeiten Wolgemut's: Janitschek
findet sie dem Zwickauer Altare dieses Meisters verwandt; Bischer sagt, sie seien
„von einem Maler, der mit Wolgemut nahe verwandt ist und vielleicht eine
Zeit lang sein Gehülfe war, aber auch Fühlung mit dem Meister des Würz-
burgischen Kreuzigungsbildes zeigt." Manches erinnert ihn an den Hofer Altar.
So verschiedenen Ansichten gegenüber könnte es gewagt erscheinen, ein bestimmtes
Urtheil auszusprechen, und doch meine ich, daß alle wesentlichen Indizien dafür
sprechen, daß dieser Altar von unserm Meister herrührt. Was Sorgfalt und
malerische Vollendung der Modellirung anbetrifft, vergleicht er sich der Münchener
Kreuzigung, die Typen erinnern an diese und die Schönborn'sche, die Hände
stimmen durchaus mit beiden überein. Nur ist hier Eines zu bemerken, daß

nämlich, was die Färbung anbetrifft, ein auffallender Unterschied zwischen der
Außen- und Innenseite der Flügel herrscht. Die Kreuzigung und die Vermählung der hl. Katharina, die auswendig gemalt sind, sind viel schwächer und
lichter im Tone, weniger energisch in der Schattirung, als die Auferstehung
(mit der vermuthlich die nicht zu sehende Geburt Christi übereinstimmt). Ist
dies nun etwa aus der Mitwirkung eines Schülers oder aus einer bestimmten Absicht des Malers oder aus einer chemischen Veränderung, einem Abbleichen der
Farbe zu erklären? Gegen die Mitarbeit eines Gesellen spricht die, abgesehen eben
vom Kolorit, nicht minder vortreffliche, ja durchaus meisterliche Zeichnung und Behandlung der Außenseiten. Am Auffallendsten macht sich die Verschiedenartigkeit
der Töne in der Landschaft bemerkbar, die auf der Tafel mit der Auferstehung
braun mit goldenem Himmel, auf der mit der Kreuzigung hell mit blauem Himmel
gehalten ist. Aehnlich nun ist die Fleischfarbe, auf den Außenseiten satt, ja eigenthümlich milchig graugrünlich, auf den Innenseiten wärmer gelb und braun.
Sollte man doch die Erklärung in einer Veränderung der Farben suchen?
Mag dem wie immer sein, jedenfalls gehören diese Flügel zu den hervorragendsten Werken dieser Periode und erregen ein ganz besonderes Interesse.
In keinem anderen Bilde des Meisters nämlich äußert sich der Zusammenhang seiner Kunst mit der seines großen Vorgängers in Nürnberg
in so schlagender Weise, als in jener Vermählung der Katharina; keines hat
einen so spezifisch Nürnbergischen Charakter. Eine Szene voll unendlicher
Traulichkeit und feiertäglicher Stille thut sich uns auf. In einer Stube sitzt
auf einer hölzernen Wandbank Maria, die Krone auf dem Haupte, in großgemustertem, grünen Brokatkleide und weißem Mantel, und hält auf ihren Knien
stehend das nackte Christkind, das der knieenden Katharina den Ring ansteckt.
Die letztere ist in ein prachtvolles, dunkelrothes Kleid mit großem goldenen Granat-
muster gewandet, das breit auf dem Boden aufliegt, und trägt einen turbanartigen, mit gelbem Tuch umwundenen, blauen Kopfputz. Lang fluthet das
Haar der beiden Frauen in den Rücken hinab. An ihnen vorbei aber gleitet
der Blick in die Tiefe der Stube und gewahrt, mit größter Meisterschaft
wiedergegeben, all' den einfachen Hausrath eines bescheidenen Bürgerhauses:
den gothischen Tisch, auf dem eine Schale, ein Glas und eine Gabel sich befinden, die Wandnische mit Büchsen und Flaschen, das Holzbrett mit sauber,
den Deckel nach unten, durchgesteckten Zinngefäßen, und aufgestellten Krügen, die
Waschvorrichtung mit gothischem Schränkchen und daneben hängendem Hand-
tuch. Ganz im Hintergrund wird in einem schmalen Nebenraum ein Bett bemerkbar, links aber gewähren zwei große Fenster dem Licht vollen Eingang
und eröffnen den Ausblick auf eine schlichte, flache Landschaft mit einem Bauern-
hause an einem Bach, einem Marktflecken mit Kirche weiter im Hintergrund.
Verwundert fragt man sich, wie kommen diese vornehmen, reich gekleideten

Frauen in diese schlichte Nürnberger Bürgerstube? Aber sind es nicht vielmehr
Nürnberger Frauen selbst, die sich nur in so kostbare Tracht gehüllt? Bringen
uns diese Köpfe mit den fleischigen, dicken Nasen, dem vollen Munde, den hoch-
gespannten Augenbrauen und dem zugespitzten Kinne nicht zugleich unmerklich die
Typen der Bilder aus der ersten Hälfte des Jahrhunderts in Erinnerung?
Unzweifelhaft sind diese etwas derben Formen viel ausgesprochener Nürn-
bergisch als niederländisch.

Sie kehren auch auf der Kreuzigung in Augsburg (Nr. 43) wieder, die
eine ähnlich reiche Komposition, wie die Münchener Darstellung desselben
Gegenstandes zeigt. Neben dem Gekreuzigten sind hier die beiden Schächer zu
sehen, links die Gruppe der Frauen hinter der von Johannes und einer Jungfrau gestützten Maria, rechts drei Männer in reicher Tracht und zwei Kriegsknechte.

Auf dem anderen Augsburger Bilde (Nr. 42) bildet Christus, der mit der
Siegesfahne vor dem Sarkophag steht, den Mittelpunkt; fünf Kriegsknechte
lagern umher in den verschiedensten Stellungen. Einer von ihnen ist
erwacht und schaut zu einem Engel auf, der mit gefalteten Händen heran-
schwebt. Durch ein Thor sieht man im Mittelgrund die Frauen nahen, in
der Ferne ist deutlich die Burg und ein Theil der Stadt von Nürnberg zu erkennen. —

Bruchstücke also von vier größeren Altaren sind es, die wir trotz mancher-
lei Verschiedenheiten deutlich als Werke eines und desselben Künstlers erfassen.
Ein fünftes Altarwerk, auch dieses freilich nicht als Ganzes erhalten, kennen
zu lernen, müssen wir uns auf einen weiten Weg machen, nach Breslau nämlich, in dessen städtischer Sammlung einzelne Theile jetzt aufbewahrt werden.
Es befand sich früher in der Heiligen Kreuzkirche daselbst bis zum Jahre
der Säkularisation 1810. Welche Schicksale es zunächst erfahren hat, ist nicht
bekannt. In den fünfziger Jahren wurde es von Wilhelm Ranke erworben, der drei der Bilder in seinen „Alten christlichen Bildern photographisch
dargestellt" (Erstes Heft. Berlin, F. Dümmler 1861) publizirte. Dem beigegebenen Texte entnimmt man, daß das Mittelbild die Darstellung Christi im
Tempel, auf den Innenseiten des ersten Flügelpaares links die Kreuzigung,
rechts die Kreuzabnahme war. Die Bilder der Außenseiten waren zu Grunde
gegangen. Auf den zweiten Flügeln war links der hl. Hieronymus, rechts der
Bischof Vinzentius Ferrerius dargestellt. Die Theile, welche Ranke publizirt,
sind ein kleines Bruchstück der Darstellung im Tempel, enthaltend die Hauptfiguren von Joachim und Anna, die obere Hälfte der Kreuzigung (von den
unten stehenden Figuren sind nur die Köpfe oder ein Theil der Brust erhalten)
und die Kreuzabnahme. Die beiden ersteren, sowie ein weiteres Bruchstück, einer
Anbetung der hl. drei Könige: Maria mit dem Kinde, sind aus seinem Besitz in
das Museum schlesischer Alterthümer gelangt und von dort, mit Aus-

nahme der Maria mit dem Kinde, neuerdings in die Gallerie übergeführt worden
— die Kreuzabnahme aber war ich so glücklich in München wiederzufinden, wo
sie seit 1888 in der Permanenten Gemäldeausstellung von A. Rupprecht's Nach=
folger (Briennerstraße 8) unter dem Namen Michael Wolgemut zu sehen ist.

Jedenfalls war diese Bezeichnung eine angemessenere, als die Ranke's, der
ein Originalwerk Rogier's van der Weyden zu besitzen glaubte. Ein großer
Irrthum, der aber insofern entschuldbar ist, als hier wie in der Münchener
Kreuzigung der Einfluß des großen Meisters von Tournay auf das Schlagendste
zu erkennen ist. Die nahe Verwandtschaft mit jener macht sich in der kräftigen
Färbung, in den Typen und namentlich dem Körper Christi besonders geltend.
Da die Breslauer Bilder nur Bruchstücke sind und vielfach — nach Ranke's
Angaben von Professor König — übermalt worden sind, hat man sich bei der
Beurtheilung hauptsächlich an die Kreuzabnahme in München zu halten, die
freilich auch schon vielfachen Restaurationen hat unterzogen werden müssen, als
Ganzes aber doch besser erhalten ist. Was zunächst nicht verfehlt, eine starke
Wirkung hervorzubringen, ist die kühne und großartige, bewegte Komposition.
Zwei Leitern, die eine vorn, die andere hinten, sind an den hohen Kreuzes=
stamm gelehnt. Auf der hinteren steht Joseph von Arimathia, der den Leich=
nam des Heilandes an einem weißen Tuch unter den Achseln hält: die vordere
erklimmt in eifriger Bewegung, von rückwärts gesehen mit im Winde flattern=
dem Gewand, ein Mann, der mit der Rechten den Unterkörper Christi stützt.
Unten haben sich in angstvoller Theilnahme die Frauen versammelt. Von rechts
tritt Johannes lebhaft bewegt heran: den linken Fuß auf der Leiter und mit
der einen Hand sich an derselben haltend, streckt er die Rechte nach dem Fuße
Christi aus. Hinter ihm steht eine Frau, krampfhaft die Hände ballend und
aufschauend — ein Profil, das auf das Lebhafteste gewisse Profilköpfe auf der
Kreuzigung der Pinakothek in's Gedächtniß ruft —, und ein sie mitleidsvoll be=
trachtender Mann, der in der Rechten die Nägel hält. Links ist Maria betend
auf die Kniee gesunken, ängstlich betrachtet von einer sie stützenden, gleichfalls
knieenden Frau. Weiter rückwärts zwei andere Frauen in schmerzlicher Be=
wegung. Die Landschaft zeigt ein Thal mit Häusern, links Felsen, aus denen
die Trauernden, die ihren Heiland bestattet haben, herauskommen.

Die künstlerische Bedeutung und den seelischen Gehalt dieser Darstellung
sich ganz zu vergegenwärtigen, ist dem Betrachter leicht gemacht. Er braucht
nur in die Pinakothek zu gehen und dort jene Tafel des Hofer Altars in's Auge
zu fassen, welche den gleichen Stoff behandelt. Wie kalt in Bewegung und Aus=
druck, wie mangelhaft in der Modellirung des Nackten, wie hart und hölzern er=
scheint diese Kreuzabnahme mit der von uns betrachteten verglichen. Aber gerade
ein solcher Vergleich ist ungemein lehrreich und giebt den wichtigsten Aufschluß,
da er in ganz unwiderleglicher Weise beweist, daß der Künstler des Hofer

Hans Pleydenwurff.

Die Kreuzabnahme.

Flügel vom Breslauer Altar in der Gemäldeausstellung von Rupprecht's
Nachfolger in München.

(S. 112.)

Nach einer photogr. Aufn. der Verlagsanst. f. Kunst u. Wissenschaft in München.

Altares ein direkter Schüler und Nachahmer unseres Meisters ist, aber freilich einer, der hinter seinem Vorbilde weit zurückbleibt. Die Gestalt des jugendlichen, die Leiter ersteigenden Mannes mit dem wehenden Leibrock hat ihm offenbar einen großen Eindruck gemacht; er entlehnt sie fast getreu und bringt sie nur im Gegensinne wieder, auch den Frauenkopf in Profil und die knieende Maria giebt er ähnlich, sonst verfährt er im Hinblick auf die geringere Höhe der Tafel frei in der Komposition. Deutlicher, als an einem anderen, erkennt man also an diesem Bilde die nahe Beziehung, ja künstlerische Abhängigkeit des Meisters vom Hofer Altar, der ja mit Michel Wolgemut identifizirt wird, von dem Meister des Breslauer Altares. Das ist keine bloße Vermuthung, sondern darf als Thatsache ausgesprochen werden. Und wiederum wäre hier andererseits darauf hinzuweisen, daß auch in der Breslauer Kreuzabnahme wenigstens eine Figur sich findet, die in ihrer aufgeregten Bewegung und dem höchst eigenthümlichen Typus noch an Pfenning gemahnt, die des Johannes nämlich.

Nicht minder lebhaft und ergreifend im Ausdruck, nicht minder hervorragend in Zeichnung und Modellirung scheint die Kreuzigung gewesen zu sein. Der erhabene Ernst in der schlank und edel gebildeten Gestalt des Erlösers wirkt tief erschütternd — erst Dürer sollte eine solche Größe der Empfindung und Würde der Darstellung wieder finden. Nach meinem Gefühl hat der Künstler hier etwas noch Höheres, als in den drei anderen Kreuzigungsbildern erreicht. Die Gruppen rechts der Soldaten, links der Frauen und der Schergen sind wiederum sehr gedrängt, so daß Kopf neben Kopf erscheint.

So erweitert und vertieft denn die Betrachtung des Breslauer Altares unsere Würdigung des Meisters und erlaubt jetzt, das Urtheil über denselben dahin zu fassen: aus der älteren Nürnberger Schule hervorgehend, hat er seine weiteren Studien in Flandern bei Rogier van der Weyden gemacht, dessen Stil er sich zum Vorbild genommen. Seine Darstellungen, namentlich der Kreuzigung, der Auferstehung und Kreuzabnahme sind freie und bedeutende Nachahmungen der niederländischen Werke, wie dies namentlich der Vergleich der Kreuzabnahme mit dem berühmten, jetzt in Madrid bewahrten Bilde Rogier's erweist, erscheint auch das Pathos dieses Künstlers gemildert, die krampfhaft erregte Bewegung der Figuren gedämpft zu einem mehr innerlichen, inbrünstigen Schmerzensgebahren. Rogier's Typen: die länglichen Frauenköpfe mit den schweren Augenlidern, langen Nasen, vollem Munde, kräftigem Kinn, die bärtigen oder bartlosen Männergesichter mit dem grämlichen Ausdruck, der scharfknochige jugendliche Kopf des Johannes mit den starken Kinnbacken, dem kurzgelockten Haar, kehren, nur wenig umgewandelt, wieder. Die Anatomie des nackten Christuskörpers ist eine getreue Wiederholung derjenigen, die Rogier gegeben hat. Die Entlehnung erstreckt sich bis auf die Trachten:

auf das weiße, einfach gefaltete oder turbanartig gelegte Kopftuch, die kapuzen-
artige oder orientalische Kopfbedeckung der Männer, die scharf gebrochenen
Gewänder und Mäntel, die bei den Frauen häufig über den Kopf gezogen sind,
die brokatenen, mit Pelz besetzten Leibröcke der vornehmen Leute, auf die vom
Wind bewegten, kraus sich faltenden, flatternden Gewandenden, ja auf die
Formen der Hände und Füße.

Alle diese Nachahmung ist aber keine rein äußerliche, sondern eine von
Innen, aus kräftiger und warmer Empfindung beseelte. Ein originales, wahr-
haftiges künstlerisches Vermögen drückt trotz Allem den Schöpfungen ein bestimmtes, eigenthümliches Gepräge auf, das, ganz allgemein ausgedrückt, als
ein gewisses, allerdings nur auf Kosten der minutiös sorgfältigen malerischen
Behandlung zu erreichendes Streben nach Verbreiterung der Formen und nach
Fülle der Komposition zu definiren ist.

Nach Meister Berthold und Pleuning ist dieser Künstler also als der dritte
große, die Malerei in Nürnberg bestimmende Meister anzusehen. Seine „Art" erkannten wir: soll uns sein Name ein Geheimniß bleiben? Muß man sich begnügen,
ihn den Meister J. P. oder den Meister der Schönborn'schen Kreuzigung zu
nennen? Mir däucht: nein! Wenn Vischer noch sich genöthigt sah, nur ganz
allgemein zu vermuthen, daß jene Buchstaben J. P. auf Johannes Beurlein
(Peurl) oder auf Johannes Pleydenwurff zu beziehen seien, so darf nunmehr
mit voller Bestimmtheit ausgesprochen werden, daß sein Name Hans Pleydenwurff lautet.

Im Jahre 1462 bestellten die Kirchenväter von S. Elisabeth in Breslau
bei Hans Pleydenwurff, der demnach offenbar zu dieser Zeit der angesehenste
Maler in Nürnberg war, die Gemälde für den Hochaltar der Kirche. Nach den
von Alwin Schulz in seiner „Breslauer Malerinnung" (S. 8, 9) mitgetheilten
Dokumenten quittirte der Meister am 30. Juni (Mittwoch nach Peter Paul)
vor den Schöppen über den Empfang der stipulirten Lohnsumme. „Diese
Quittung wurde den Kirchenvätern von St. Elisabeth am 27. August (Freitag
nach Bartholomäi) zugefertigt, nachdem schon am 21. Juli (Mittwoch vor
Maria Magdalenä) der Bürgermeister und Rath von Breslau seinen Dank für
die ihrem Mitbürger zu Theil gewordene Förderung ausgesprochen hatte. In
einem an die Kirchenväter gerichteten eigenhändigen Schreiben d. b. Nürnberg
d. 3. September (Freitag nach Sant Egidientag) beklagt sich Pleydenwurff,
daß er an der ihm zugeschickten Geldsumme von 200 ung. Gulden beim Um-
setzen 3 rhein. Goldgulden verloren habe, und bittet die Kirchenväter, ihm seinen
Verlust zu ersetzen."

Dieses Altarwerk, das bisher für verloren galt, ist nun aber kein anderes,
als das in Bruchstücken erhaltene, mit dem wir uns bereits eingehend beschäftigt

haben. Den erhaltenen Nachrichten zufolge stammt dieses freilich aus einer anderen Breslauer Kirche, der zum heiligen Kreuze nämlich. Dies ist aber in Nichts gegen unsere Behauptung beweisend. Vermuthlich ist der Altar in späterer Zeit aus der Elisabeth= in die Kreuzkirche gebracht worden. Läßt doch die von Schmeidler in seinem Buche über die „Haupt= und Pfarrkirche zu St. Elisabeth" (Breslau 1857, S. 73) mitgetheilte Beschreibung des Hoch= altares in dieser Kirche aus dem Jahre 1649, die noch in Breslau und München erhaltenen Fragmente mit den Tafeln jenes Hochaltares identifiziren: „Das hohe Altar, an dessen Flügeln inwendig ad dextram oben der englische Gruß, unten die Geburt Christi, ad sinistram oben Christi Beschneidung, unten der drei Weisen Opferung. In der Mitte aber, wie Christus ans Kreuz ge= schlagen und von demselben genommen wird." Wie wäre noch ein Zweifel möglich? Reste eines großen, einst in einer Breslauer Kirche befindlichen, von einem Nürnberger Meister gemalten Altares sind uns erhalten: dieselben zeigen die Anbetung der Könige, die Darstellung im Tempel (die ja häufig als „Beschneidung" interpretirt wird), die Kreuzabnahme und die Kreuzi= gung. Dieselben Gegenstände waren auf dem von Hans Pleydenwurff für die Elisabethkirche in Breslau gefertigten Altarwerk. Pleydenwurff war der bedeutendste Nürnberger Maler in den fünfziger und sechziger Jahren; die hervorragendsten Nürnberger Werke dieser Zeit sind aber, nach untrüglichen Stilindizien, von demselben Künstler gefertigt worden, der jene Bruchstücke ge= malt hat. Die Schlußfolgerung ist: die Bruchstücke sind Reste jenes Pleyden= wurff'schen Altares in S. Elisabeth, und damit ist zugleich nachgewiesen, daß die Reiff'sche und die Schönborn'sche Kreuzigung, der Landauer Altar und der= jenige aus S. Martha Werke des Hans Pleydenwurff sind.

Neben diesen Hauptwerken sind aber noch mehrere andere von seiner Hand erhalten und zwar darunter einige, die von besonderem Interesse für die Kenntniß seines künstlerischen Entwicklungsganges sind. Zeigen die bisher er= wähnten seinen Stil zu voller Freiheit entwickelt, so ist in einem kleinen Altare in S. Lorenz ganz augenscheinlich eine ganz frühe, jugendliche Arbeit des Künstlers zu sehen. Von demselben sind nur die beiden Flügel erhalten, die jetzt getrennt einander gegenüber an der Innenseite zweier Pfeiler des Chores auf= gehangen sind (Nr. 20). Sie zeigen höchst reizvolle, feine Malereien: die An= betung der hl. drei Könige, die Verkündigung, die Geburt Christi, die Flucht nach Egypten und den Bethlehemitischen Kindermord. Die Vermuthung, welche uns die Betrachtung einiger der größeren Werke nahe legte, daß Pleydenwurff zuerst in die Schule zu Pfenning gegangen sei, wird hier zur Gewißheit. Alle Merkmale seines Stiles sind in der schlagendsten Weise zu erkennen; aber noch tritt das Niederländische nicht so den Gesammteindruck bestimmend hervor,

8*

trotz der deutlichen Nachahmung Rogier'scher Kompositionen, Typen und
Trachten. Noch steht er unter dem Banne jener Pfenning'schen Gestalten mit
den großen, dunklen Augen; noch herrscht ein trüber und schwerer brauner Ton
vor: noch scheint er die neue Technik in Oelfarben nicht ganz zu beherrschen.
Aber er möchte in reicher, detaillirter Durchbildung der Landschaft, in kühner
Wiedergabe zahlreicher, perspektivisch verkleinert gesehener Figuren im Mittel-
und Hintergrund, in zierlich mannichfaltigen Trachten mit den flandrischen
Meistern wetteifern. So ringt sich von dem Alten das Neue los! Der kleine
merkwürdige Altar, der sich früher auf der Burg befand und hier zu Waagen's
Zeit dem Martin Schongauer zugeschrieben wurde, stammt ursprünglich —
nicht aus der Katharinenkirche, wie v. Rettberg angiebt, sondern, wie ich
glaube — aus der Predigerkirche, wo v. Murr (S. 54 der Beschreibung) einen
ganz gleichen anführt.

Und weiter weisen auch die zwei Figuren der Heiligen Dominikus und
Thomas von Aquino im Germanischen Museum (N. 121. 122), die ich
nach oft wiederholter Prüfung gleichfalls Hans Pleydenwurff zuerkennen muß,
auf den Zusammenhang mit Pfenning hin: auch sie dürften zu den frühesten
Arbeiten seiner Hand gehören. Es sind offenbar dieselben Figuren, die einst
v. Rettberg in der Frauenkirche bewunderte: kräftige breite Gestalten mit
bedeutenden Köpfen, mit zäher brauner Farbe gemalt. Sie stehen vor rothen
Teppichen auf Goldgrund; der Boden ist mit äußerst naturwahr gemalten
Pflanzen (darunter besonders schön die Iris und die Schneeglöckchen) bewachsen.

In der späteren Zeit muß ein Bild derselben Sammlung entstanden
sein, das gleichfalls irrthümlich, wie die früher beschriebene Verkündigung und Anbetung dem Meister von Nördlingen, Fritz Herlen, zugeschrieben wird: die Verlobung der hl. Katharina in Gegenwart des hl. Aegidius und Bartholomäus,
der einen knieenden Kanonikus empfiehlt (N. 96). Nur die arge Uebermalung
hindert daran, das Gemälde sofort als Werk des Pleydenwurff zu erkennen,
und verlangt ein liebevoll sorgfältiges Walten der Phantasie, der es nach und
nach gelingt, die Typen des Meisters sich zu rekonstruiren, indeß sie ohnmächtig
diesen Versuch bei einer, bis zur Unkenntlichkeit veränderten „Anbetung der
hl. drei Könige" in der Wolfgangskapelle der Aegidienkirche, einer 1463
gemachten Stiftung zum Gedächtniß der Frau Benigna Hermbrand Tzingelin,
aufgeben muß.

Bis nach Italien in die städtische Gallerie von Rovigo hat sich endlich
ein Bild des Künstlers: die Darstellung von „Joachim und Anna vor der
goldenen Pforte", offenbar das Bruchstück eines Marienaltares, verirrt (N. 99).
Sie steht stilistisch der Münchener Kreuzigung sehr nahe und dürfte als eigenhändige Arbeit des Meisters zu betrachten sein.

Hans Pleydenwurff.
Bildniß des Kanonikus Schönborn.
Germanisches Museum.
(S. 100.)

Nach einer photogr. Aufnahme von Ferd. Schmidt, Nürnberg.

Zum Schluß sei noch auf einige Kirchenfenster, die vielleicht nach Zeichnungen des Meisters Hans ausgeführt worden sind, aufmerksam gemacht: nämlich auf das erste links im Chor von S. Lorenz, von dessen 1456 gestifteten
Malereien nur wenige Reste (Maria mit Kind und Engeln) in der Höhe er
halten sind, dann das fünfte rechts ebendaselbst, eine Stiftung des 1452
gestorbenen Dr. Münhofer, endlich das dritte Volkamer'sche Fenster rechts im
Chor von S. Sebald mit den Darstellungen der Beschneidung Christi und der
Anbetung der Könige.

5. Der Meister des Löffelholz'schen Altares.

Hans Pleydenwurff ist der Begründer der neuen Richtung der Malerei in der zweiten Hälfte des Jahrhunderts in Nürnberg gewesen. Er hat auf etwa vierzig Jahre hinaus den Charakter derselben festgestellt, und aus seiner Schule sind die jüngeren, bedeutenden und unbedeutenden Vertreter derselben hervorgegangen. Ehe wir uns aber zu diesen wenden, müssen wir noch eine kleine Gruppe von Bildern ins Auge fassen, die in den fünfziger und sechziger Jahren entstanden und zwar in einem dem des Pleydenwurff durchaus verwandten Stile gehalten sind. Der Maler dieser Bilder, den wir den „Meister des Löffelholz'schen Altares" oder den „Meister der Katharinenlegenden" nennen können, vertritt genau dieselbe künstlerische Richtung, wie Pleydenwurff in seinen Jugendarbeiten. Wie in diesen macht sich ein eigenthümlicher Uebergang von der Pfenning'schen zu der niederländischen Manier bemerkbar. Handelte es sich nun bloß um mittelmäßige Leistungen, so läge der Gedanke einer bloßen Nachahmung Pleydenwurff'scher Werke nahe. Dem widerspricht aber einmal die Thatsache, daß diese Gemälde durchaus hervorragende künstlerische Qualitäten und einen originalen Charakter haben, und weiter der Umstand, daß eines derselben bereits im Jahre 1453 entstanden zu sein scheint, also zu einer Zeit, da allen Vermuthungen nach auch Pleydenwurff's Kunst im ersten Werden war.

Dieses Werk aus dem Jahre 1453, das bisher immer als das älteste, flandrischen Einfluß verrathende hingestellt wird, ist ein von der Familie Löffelholz gestifteter Altar und befindet sich in dem Westchor von S. Sebald in Nürnberg, der sogenannten Peterskapelle. Die Datirung entnimmt man folgender Inschrift:

„anno domini 1453 an S. thomas tag de aquin verschied Frau Kunigund Wilhelm Löffelholtzin d. got gnadt."

Das Schnitzwerk in der Mitte stellt zwei Szenen aus der Legende der hl. Katharina dar, wie sie gerädert werden soll und wie sie enthauptet wird. Auf den Innenseiten der Flügel ist je eine andere Begebenheit aus ihrem Leben gemalt: links sieht man sie im Beisein des aus einem Fenster schauenden Kaisers Marentius mit einer Anzahl Philosophen, die sie umgeben, disputiren, rechts, von einem Manne gefolgt, an ein Feuer herantreten, in dem die Philosophen verbrannt werden, welchem Schauspiel wiederum der Kaiser an einem Fenster beiwohnt. Ein Diener wirft, um das Feuer zu schüren, Holz aus einem Fenster herab. Die Außenseiten zeigen links (ganz übermalt) die Anbetung der hl. drei Könige, rechts den hl. Georg, einmal wie er in blinkender Stahlrüstung auf einem Schimmel gegen den Drachen stürmt, dann daneben, wie er betend kniet. An der gleichfalls ganz übermalten Staffel sind außen die knieenden Stifter (Wappen der Löffelholz, Dietner, Stromer und Sachsen) und Stifterinnen (Wappen der Löffelholz, Zingel, Kreß und Stromer), innen in Halbfiguren Christus mit der Weltkugel, Thomas in seine Seitenwunde die Hand legend, Johannes Evangelista, Heinrich II., Kunigunde und Bischof Otto von Bamberg zu sehen.

Bei Weitem das fesselndste unter diesen Bildern ist der hl. Georg, der, von feinster poetisch-romantischer Empfindung eingegeben, vornehm ritterlich in Haltung und Aussehen ist. Hier zeigt der Künstler ein ganz hervorragendes Können, geistreiche Behandlung und feine Naturbeobachtung, nicht allein in der Zeichnung der Figuren und des Pferdes, in der Wiedergabe des auf der Rüstung blitzenden Lichtes, sondern auch in der weiten, abwechslungsvollen Landschaft, die, in kräftigstem braunen Tone gehalten, eine Stadt am Meere und in der Ferne von röthlichem Horizonte sich abhebende Berge aufweist. Damit verglichen sind die Szenen aus dem Leben der Katharina etwas monoton und nüchtern komponirt. Die Köpfe mit großen lebhaften Augen, feinen, meist etwas gebogenen Nasen haben einen schlicht bürgerlich gutmüthigen, ja fast kindhaft naiv zu nennenden Ausdruck. Der Typus der Heiligen, sehr ansprechend, zeigt hohe runde Augenbrauen, eine ziemlich kurze Nase und angenehm abgerundetes Kinn. Die Farben stechen alle ins Braune; das Inkarnat ist goldig bräunlich gehalten. Beziehungen zur niederländischen Kunst sind wahrnehmbar, aber von so allgemeiner Art, daß sich schwer feststellen ließe, welchen Meister der Maler sich insbesondere zum Vorbild genommen habe. Vielleicht auch Rogier van der Weyden? Dann hätte er sich freilich an einen Künstler gehalten, dessen scharfes und erregtes Wesen seinem offenbar beschaulich gelassenen Temperament durchaus entgegengesetzt war.

Eine nur sehr geringe Anzahl von Bildern ist es, die dem Löffelholz'schen Altare stilistisch so entsprechen, daß sie als Arbeiten desselben Künstlers anzusehen sind. Nur ein, jetzt in seine Theile zerlegtes Altarwerk läßt sich noch

anführen, auch dies wieder ein der hl. Katharina geweihtes Werk. In zwei
verschiedenen Kapellen im linken Seitenschiffe von S. Lorenz werden sechs
Bilder mit Szenen aus deren Leben aufbewahrt. Zu Hilpert's Zeit befanden
sie sich noch nicht in der Kirche, vielmehr wohl auf der Burg, wo v. Rettberg
einen Altar mit der Legende der Katharina erwähnt, der mit dem unsrigen
zu identifiziren sein dürfte. Die eine dreigetheilte Tafel (N. 14) bringt die
Darstellungen: die Königin vor Katharina im Gefängniß, Katharina vor dem
Kaiser, Lukas, der Heiligen das Bild der Mutter Gottes zeigend; auf den
anderen drei einzelnen Stücken ist die Verbrennung der Philosophen, die Zerstörung des Rades und die Enthauptung der Jungfrau zu sehen. Möglich,
daß dies Reste der „großen Tafel mit neun Szenen der Katharinenlegende“
sind, die v. Murr in der Katharinenkirche neben der Sakristei sah. Eine
andere große Tafel mit gleichen Darstellungen erwähnt er in S. Rochus.
Der größeren Freiheit in Technik und Komposition nach sind diese Gemälde
später als der Altar in S. Sebald entstanden. Die Männertypen sind häufig
noch von ganz gleicher Art, wie dort, von demselben kindlich freundlichen Ausdruck in den runden Gesichtern; bei den Frauen aber sind die Züge pron, ncirter
und eigenthümlicher geworden: die Stirn auffallend hoch, die Nase breitrückig
und kurz; mit schmalen Flügeln, wiederholt kräftig gebogen, das Kinn kurz
und knochig. Fortschritte machen sich auch im Landschaftlichen bemerkbar: moos-
grüne Bäume und Büsche zum Theil mit trefflich charakterisirtem Laub, das
häufig mit gradlinigen hellen Strichen aufgehöht ist. Was aber noch besonders
zu bemerken wäre, ist einmal das ausgezeichnete, ungemein lebendige Porträtbildniß
eines Mannes (vielleicht des Malers selbst) auf der Darstellung der Unter-
redung mit dem Könige und ferner ebendaselbst am Throne eine Relief-
imitation: nackte Putten in Laubwerk, die früheste Nachahmung eines italienischen Renaissancemotives, die mir in der Nürnberger Malerei begegnet ist.
In den Trachten macht sich, wie auf dem Löffelholz'schen Altare, der flandrische
Einfluß bemerkbar. Der Künstler schmückt seine Frauen gerne mit jenem
schweren Kopfputz, der, einem dicken Wulste vergleichbar, nach den Seiten unten
sich verjüngend, Stirne und Schläfen einrahmt, eine Tracht, die sich auch bei
Hans Pleydenwurff findet, mit besonderer Vorliebe aber später von dem Meister
des Peringsdörffer'schen Altares angebracht wird.

Auch auf dem zuletzt zu erwähnenden Bilde unseres Malers spielt die hl.
Katharina eine Rolle: diesmal ist es das Mysterium ihrer Vermählung mit
dem Christkinde in Gegenwart der hl. Barbara, die wir auf einer Tafel dargestellt finden. Dieselbe befand sich ursprünglich vermuthlich gleichfalls in
S. Katharina, wenn sie auch in keinem der dort von v. Murr notirten wieder
erkannt werden darf, kam dann auf die Burg, wo v. Rettberg sie sah, und von
dort nach S. Lorenz, wo sie in der dritten Kapelle links jetzt aufbewahrt wird.

Der Meister des Löffelholz'schen Altares.
Die Disputation der hl. Katharina.
Flügel des Löffelholz'schen Altares in S. Sebald zu Nürnberg.
(S. 119.)

Nach einer photogr. Aufnahme von Ferd. Schmidt in Nürnberg.

Mit diesen wenigen Notizen ist vorläufig Alles gegeben, was über den
Meister des Löffelholz'schen Altares zu ermitteln war. Wohl ließen sich in
seinen Bildern manche Beziehungen zu späteren Arbeiten von Nürnberger
Malern entdecken, aber es wollte mir nicht glücken, hieraus irgend welche weitere
Schlußfolgerungen auf diesen sehr beachtenswerthen Zeit- und Bestrebungs-
genossen Hans Pleydenwurff's zu gewinnen. Es muß genügen, in ihm, ehe
wir nun zu den Vertretern der jüngeren Generation übergehen, einen von den
Lehrern und Führern erkannt zu haben.

Einem von den drei früher genannten älteren Meistern konnte gegeben
werden, was ihm gebührt: die Ehrenstelle unter den Malern dieser Epoche. Aber
der Akt der Gerechtigkeit, der so vollzogen wurde, ist kein vollständiger, so
lange die beiden anderen: Valentin Wolgemut und Hans Beuerlein nicht aus
dem Dunkel hervorgezogen worden sind, das sie noch umgiebt. Von Valentin, wenn
er überhaupt zu den hervorragenden Künstlern und nicht zu den Handwerks-
malern zu zählen ist, dürfte man annehmen, daß seine Kunstrichtung, falls
sie nicht, wie früher angedeutet wurde, derjenigen des Meisters des Wolfgangsaltares parallel ging, eine etwa dem Pleydenwurff entsprechende gewesen sei.
Möglich, daß jene Gruppe von Bildern, die im Zusammenhang mit dem Löffel-
holzaltar besprochen wurde, auf ihn zurückzuführen ist, möglich, daß man bei
dem einen oder andern von sonstigen, später zu erwähnenden, dem Pleydenwurff
nahestehenden Gemälden an ihn zu denken hat: hier bietet sich bis jetzt nirgends
ein sicherer Ausgangspunkt. So wenig wie für eine Beurtheilung der Thätigkeit des Hans Beuerlein, der vorzugsweise Freskomaler gewesen zu sein scheint.

4. Michel Wolgemut.

❀

„Und da man zählte nach Christi Geburt 1486 am St. Andreastag
(30. November), versprach mich mein Vater in die Lehre zu Michel Wolgemut,
drei Jahre lang ihm zu dienen. In dieser Zeit verlieh mir Gott Fleiß, daß
ich gut lernte, aber ich mußte auch viel von seinen Gesellen leiden." Diese
Worte, die Albrecht Dürer in seine Familienchronik einschrieb, sind die Staffel
zu dem Ruhme gewesen, den Michel Wolgemut in der Geschichte der deutschen
Malerei erhalten sollte. Ein Strahl des hellen Scheines, der den Namen des
größten deutschen Malers umwebt, fiel zurück auch auf denjenigen seines
alten Lehrers, der ihm den ersten Unterricht im Malen ertheilt. Kein Wunder,
daß die Forschung sich mit ihm eifrig beschäftigt hat, daß man, ohne seine
Vorgänger und Zeitgenossen einer eingehenden Betrachtung zu würdigen, ihn
zu dem Hauptvertreter der ganzen vordürerischen Malerschule in Nürnberg
machte, daß man ihm lange, ohne es mit dem Unterschied genau zu nehmen,
Gutes und Schlechtes, d. h. Alles zuschrieb, was von Nürnberger Bildern aus
der zweiten Hälfte des 15. Jahrhunderts erhalten ist. Selbst als urkundliche
Mittheilungen, betreffend seine Autorschaft an bestimmten Werken, auftauchten,
als somit Anhaltepunkte für die Kritik gegeben wurden, kam man nicht viel
weiter, als zu einer ganz ungefähren, allgemeinen Unterscheidung solcher Gemälde, die von ihm selbst, und solcher, die von Schülern in seiner Werkstatt
ausgeführt worden waren. Denn daß er eine große Werkstatt, in der zahlreiche Gehülfen thätig waren, gehalten, ergab sich eben aus der verschiedenen
künstlerischen Qualität selbst solcher Werke, die doch nach authentischen Nachrichten bei ihm selbst bestellt wurden. Nun hieß es dann weiter, so weit dies
irgend möglich war, den Begriff der Werkstatt zu vernichten und an Stelle
dieser unbekannten Größe einzelne, dem Stil nach zu unterscheidende Indivi-

dualitäten festzustellen, eine Aufgabe, an die zuletzt besonders v. Seidlitz und
Robert Vischer mit großer Gewissenhaftigkeit ihre Kräfte gesetzt haben.

Nur zu leicht begreift es sich, daß bei solcher Lage der Dinge ein
präzises Urtheil über die Eigenart und Bedeutung des Künstlers kaum
gewonnen werden konnte. Je nach dem Werthe der Bilder, die der Eine
oder Andere diesem selbst zuerkannte, mußte seine Beurtheilung eine
günstigere oder ungünstigere sein. Ja, die ganze Frage gerieth in eine
zunehmende Verwirrung, als man, immer ausgehend von der Annahme einer
Werkstatt, in der zahlreiche Mitarbeiter beschäftigt waren, und angesichts
von Altarwerken, die nicht allein Malereien, sondern auch Bildschnitzereien ent-
hielten, in Erwägung zog, in wie weit Wolgemut auch an der Verfertigung
der letzteren Antheil habe. Die Einen nun nahmen an, er sei sogar in erster
Linie Bildschnitzer gewesen und habe das Malen vorzugsweise seinen Gehülfen
überlassen, ja, die vermuthlich authentischen Bilder von seiner Hand verriethen
es deutlich, daß er es mehr gewohnt gewesen sei, das Schneidemesser als den
Pinsel zu handhaben — die Anderen, unter denen besonders Bode's Autorität
angeführt werden muß, behaupteten, Wolgemut sei nur Maler, nicht Bildschnitzer gewesen. Widersprüche also, die ganz dazu angethan waren, das Urtheil in labyrinthischen Kreuzwegen sich verirren zu lassen. Und zu dem Allen
kam ferner noch Thausing's Versuch, den Künstler zum Kupferstecher zu machen,
zum Verfertiger aller jener Stiche, die das Monogramm W in der Mitte unten
tragen. Da nun endlich seine Thätigkeit als Illustrator von Holzschnittwerken zu den
wenigen Thatsachen gehört, die vollauf beglaubigt sind, so wäre, faßt man alle
die verschiedenen Meinungen zusammen, Michel Wolgemut Maler und Bildhauer und Vorzeichner für den Holzschnitt und Kupferstecher, und seine Werkstatt
das Zentrum aller dieser verschiedenen Thätigkeiten gewesen. Inmitten aller
seiner Instrumente und Gesellen verschwand der Meister selbst dem Blicke
schließlich fast vollständig.

Was ist nun die Wahrheit, und wie ist sie zu finden, — so mag wohl ver-
zweifelt der wissensdurstige und von Wahrheitsdrang beseelte Forscher ausrufen —
giebt es einen Weg zu ihr? Bis jetzt bei allen unseren Untersuchungen hieß es
bloß, ein unerforschtes Gebiet auf selbstgemachtem Wege durchforschen und der
Lohn war Finden, in diesem Falle aber steht man vor einem Wirrwarr bereits
gebahnter Pfade, die zum Beschreiten verlocken und die den Ermüdeten endlich
doch nicht zum Ziele führen. Erst nachdem alle Hoffnungen, die Versuche der
Vorgänger sich zu Nutze machen zu können, enttäuscht worden sind, faßt man
den Entschluß, freilich ohne die freudige Hoffnung auf sicheren Erfolg, nun
seinerseits wieder selbstständig vorzugehen, sein Heil und sein Glück zu versuchen. Ein erstes Resultat ist schon erreicht: einer der angeblichen Mitarbeiter und Werkstattsgenossen Wolgemut's hat sich als ein selbstständiger,

älterer Meister von großer Bedeutung entpuppt! So sei das Weitere gewagt! Ein Erstes wird es sein, nochmals in Kürze zusammenzufassen, was von Wolgemut's Leben bekannt ist; ein Zweites, aus dem Vergleiche der beglaubigten Werke ein Urtheil über seinen ihm besonders eigenthümlichen Stil zu gewinnen; ein Drittes, die anderen Werke, die diesen Stil tragen, aus der Menge als die seinigen auszusondern, endlich nach Kräften die bedeutenden Schüler, Gehülfen und Zeitgenossen zu unterscheiden, die ihm nahe stehen. Einen Vortheil haben wir vor unsern Vorgängern voraus, den, über ein etwas größeres Material von Photographien zu gebieten. In dem von Soldan herausgegebenen, von B. Riehl mit einem einleitenden Texte versehenen Werke: „Die Gemälde von Dürer und Wolgemut" sind Reproduktionen vom Hofer, vom Peringsdörffer Altar und von einzelnen Tafeln des Zwickauer und des Schwabacher Altares gegeben. Der letztere ist außerdem in allen seinen Theilen vom Photographen Mantel in Schwabach aufgenommen worden; Abbildungen des Zwickauer Werkes hat Quandt („Die Gemälde des Hochaltares in der Marienkirche zu Zwickau") publizirt. Von einigen wenigen anderen einzelnen Gemälden sind ältere Photographien noch im Handel zu haben.

***

Michel Wolgemut ist als Sohn des Malers Valentin und seiner Frau Anna im Jahre 1434 in Nürnberg geboren worden. Das Jahr seiner Geburt, wie das seines Todes erfahren wir aus der Inschrift, die sich auf dem Portrait, welches Dürer von seinem Lehrer gemalt hat und das in der Münchener Pinakothek (Nr. 243) hängt, findet und folgendermaßen lautet: „Das hat albrecht durer abconterfet noch seine Lermeister michel wolgemut im jor 1516 und er was 82 jor". Später wurde dann noch hinzugefügt: „und hat gelebt pis das man zelet 1519 jor do ist er ferschieden an sant endres tag fru ee dy sun awff gyng." Man hat neuerdings an der Richtigkeit dieser Angaben, namentlich des Geburtsjahres Zweifel erheben wollen, doch scheinen mir dieselben nicht berechtigt zu sein.

Aus seiner Jugendzeit erfahren wir Nichts, Nichts auch darüber, bei welchem Maler er den ersten Unterricht empfangen, wohin er auf seiner Wanderschaft gelangt ist. Erst 1473 taucht sein Name auf und zwar in den Bürgerverzeichnissen da, wo bis 1472 Hans Pleydenwurff erschien. In demselben Jahre hat er sich mit der Witwe des letzteren, der Frau Barbara Pleydenwurffin vermählt. In dem Pleydenwurff'schen Hause „unter der Besten" (jetzt N. S. 406) hat er seine Werkstatt aufgeschlagen und scheint bis 1493 hier gewohnt zu haben. Damals verkaufte er es an Bartholomäus Eger und erwarb das benachbarte Eckhaus des Schneiders Hans Gerstner (N. S. 497) gegenüber der „Schildröhre". Doch scheint er später — wann, ist nicht zu bestimmen —

Michel Wolgemut.

Die hl. Sippe.

Flügel des Altares in der Marienkirche zu Zwickau.

(S. 128.)

Nach: „Gemälde von Dürer und Wolgemut."

aufs Neue in eine andere Wohnung übergesiedelt zu sein, nachdem die Eger
auch dieses Haus von ihm erworben hatten, das sie am 7. Dezember 1507
wieder verkaufen. In den Bürgerlisten wird er in den Jahren 1473 bis 1477,
dann 1480, 1490, 1492 und 1495 angeführt. Sein Vater Valentin war schon
1469 gestorben, die Mutter Anna, deren Name seit 1473 immer unmittelbar
neben dem des Sohnes erscheint, wird 1480 zum letzten Male erwähnt. Daß
Michel bereits 1479 der angesehenste Maler in Nürnberg war, geht aus dem
Auftrage hervor, den er in diesem Jahre erhielt, den Hochaltar für die Stadt
kirche in Zwickau anzufertigen. Sein nächstes größeres Werk, von dem wir
durch Neudörfer erfahren, war der von Peringsdörffer bei ihm 1487 bestellte
Altar der Augustinerkirche. Drei Jahre später ward, wie das Rathsbuch)
(Nr. 5, Bl. 146ᵇ, Chroniken der d. Städte XI. S. 560) berichtet, mit ihm
abgemacht, daß er den Schönen Brunnen am Markt, der zuletzt im Jahre 1447
vergoldet worden war, ganz „vernewen" solle. Doch hat er sich dieser Pflicht
offenbar zu Gunsten des Wilhelm Pleydenwurff entledigt, der, wie bereits erwähnt
wurde, 1491 den Auftrag des Rathes ausführte. Dieser, sein Stiefsohn, stand
in diesen Jahren in engster, geschäftlicher Beziehung mit ihm; beide Künstler
zusammen übernahmen am 26. Dez. 1491 die Illustrirung der Weltchronik
Hartmann Schedel's mit Holzschnitten. Sie erschien in deutscher Ausgabe
1493, in lateinischer 1494 — erst 1509 fand die Rechenschaftsablegung der
verschiedenen Betheiligten über das große und erfolgreiche Unternehmen statt, die
von Thausing in den „Mittheilungen für österreichische Geschichtsforschung" (V. Bd.,
S. 121) ganz mitgetheilt worden ist (siehe Wortlaut im Anhang). Damals war
Wilhelm Pleydenwurff freilich längst todt, und Michel Wolgemut vertrat die In
teressen von dessen Frau und Tochter. Was wir zunächst von ihm erfahren, ist eine
ehrenvolle Aufgabe, die ihm angeblich von Goslar aus zu Theil ward, die Bilder
nämlich zu malen, die einen Saal des Rathhauses daselbst schmücken sollten. Zum
Danke ward ihm 1501 das Ehrenbürgerdiplom von dem Rathe der Stadt ertheilt.
Seine Frau Barbara muß in den neunziger Jahren des 15. Jahrhunderts ge
storben sein. Zum letzten Mal wird sie 1495 in einem von Hans Stegmann
mitgetheilten Testamentsvertrag (siehe den Wortlaut im Anhang) erwähnt. In
späten Jahren hat er sich noch einmal verheirathet, mit einer Frau Cristina,
die erst 1550 gestorben ist und über die man Näheres im Anhang nachlesen
mag. Das letzte urkundlich beglaubigte Werk des Meisters ist der 1508 nach
Schwabach abgelieferte Altar. Dann verstummen alle Nachrichten bis auf die
von seinem im 85sten Lebensjahre am 30. November 1519 erfolgten Tode. Ob
er Kinder gehabt hat, ob etwa jener Maler Michel Wolgemut in Nürnberg, der
1540 in der Stadt Krems starb und eine Mutter, eine Schwester und einen
Schwager in Nürnberg als Erben hinterließ, sein Sohn war, muß dahingestellt bleiben.

Dies die allgemeinen äußeren Umrisse des Lebens Michel Wolgemut's, die nun mit lebhafteren Farben auszufüllen unser Bestreben sein muß. Einen „guten künstlichen Maler und Reißer" nennt ihn der alte Schreibmeister Neudörffer, unter „Reißer" verstehend: „Zeichner für den Holzschnitt". Um das Malen zu lernen, zu dem es ihn mehr als zu dem Goldschmiedehandwerk zog, ward Dürer Lehrling in Michel's Werkstatt. „Maler zu Nürnberg" wird in der alten Inschrift des Zwickauer Altares und in den Bürgerverzeichnissen der letztere genannt, an den „Maler" richteten sich die Aufträge aus Schwabach und Goslar, die des Rathes in Nürnberg: wie sollte es zweifelhaft sein, welches der eigentliche künstlerische Beruf des Meisters war? Ob er auch das Bild-schnitzen betrieben, die Frage mag später noch kurz zur Erwägung kommen, das Hauptgewicht ist jedenfalls auf seine Thätigkeit als Maler zu legen.

Drei größere Werke sind es, die urkundlich als ihm in Auftrag gegebene beglaubigt sind, ein viertes wird als sein Werk von einem Schriftsteller, der, noch ein Zeitgenosse des Künstlers, wohl unterrichtet war, verbürgt. Diese vier Werke heißt es nun, allen Untersuchungen zu Grunde legen. Sie um-fassen den Zeitraum von 1479 bis 1508, also neunundzwanzig Jahre künst-lerischen Schaffens.

Das erste wichtige Resultat des Vergleiches ist dieses, daß nicht einer und derselbe Künstler diese verschiedenen Altäre gemalt hat, sondern mit größter Bestimmtheit zu unterscheidende, ausgeprägte künstlerische Individualitäten bei ihrer Anfertigung thätig gewesen sind. Der Maler des Zwickauer Altares ist nicht derselbe, der den Peringsdörffer gemacht hat, Beide haben Nichts mit dem Verfertiger der Goslarer Bilder zu thun, und auch derjenige, der das Schwabacher Werk, wenigstens alle Haupttheile, ausführte, unterscheidet sich ganz wesentlich von den Anderen. Ja, in den Malereien des Zwickauer Altares ist die Handschrift zwei verschiedener ausführender Hände wahrzunehmen. Da-mit ist zunächst jene ältere Behauptung, daß Wolgemut andere Maler zur Seite hatte, welche die an ihn ergangenen Aufträge übernahmen, die also in einem bestimmten Abhängigkeitsverhältnisse zu ihm standen, unzweifelhaft er-wiesen.

Nun handelt es sich aber in erster Linie darum, zu erfahren, welcher von jenen an den beglaubigten Werken beschäftigten Malern denn Michel Wolgemut selbst ist. Von Vorneherein wird man geneigt sein, anzunehmen, daß der Meister erst im Laufe der Zeit bei zunehmendem Alter die Hülfe anderer Künstler in Anspruch nahm, allmählich bei wachsendem Ruhme und Geschäfts-betriebe, als die Aufträge sich häuften, immer mehr darauf verzichtete, selbst Hand anzulegen, immer mehr sich beschränkte, die Oberleitung des Unter-nehmens, das seinen Namen trug, zu führen. Das älteste Werk, der Zwickauer Altar von 1479, in welchem Jahre er 45 Jahre alt war, dürfte demnach das

meiste Anrecht haben, als eigenhändiges Werk betrachtet zu werden. Aber, wie
schon erwähnt wurde und später noch ausführlicher dargelegt werden soll — an
diesem Zwickauer Altar sind ja zwei Maler thätig gewesen: der Eine hat den
Löwenantheil an der Arbeit gehabt, die größere Zahl der Tafeln sowohl, als
die wichtigeren größeren Theile gefertigt; dem Anderen, der bereits früher be=
handelt wurde als ein Schüler Pfenning's, sind nur einige wenige Bilder zuzu=
schreiben.   Die an und für sich naheliegende Vermuthung, daß der Hauptmeister,
der dem ganzen Werke den bestimmten Charakter und Werth verliehen hat, Michel
Wolgemut selbst war, wird nun glücklicherweise noch durch ein anderes Faktum
bestätigt.   An jenem Schwabacher Altar, der 1508 vollendet wurde, sind alle
wesentlichen, bedeutenden Bilder von einem unbekannten Meister ausgeführt,
aber die Malereien an der Staffel zeigen, sieht man von einigen Wandlungen
ab, die aus dem langen, inzwischen verflossenen Zeitraume sich unschwer erklären,
denselben Stil, ja gleich entscheidende Eigenthümlichkeiten, wie die besseren
Stücke in Zwickau.   Der hieraus zu ziehende Schluß kann kein anderer sein,
als dieser: in den Hauptgemälden des Zwickauer Altares, wie in der Staffel
des Schwabachers sind eigenhändige Arbeiten Michel Wolgemut's zu erkennen.
Man müßte denn in ganz willkürlicher und unglaubhafter Weise annehmen,
daß schon 1479 Wolgemut die wesentliche Ausführung der ihm gewordenen
Aufträge einem Schüler oder Genossen zuwies, und daß dieser selbe Schüler
noch neunundzwanzig Jahre später bei ihm war.   Ein solcher Einwand wäre
durchaus hinfällig und braucht nicht weiter berücksichtigt zu werden, um so
weniger, als er durch alle folgenden Untersuchungen durchaus entkräftet würde.

Der Zwickauer Altar, als das einzig von Wolgemut selbst in allen wesentlichen
Theilen ausgeführte unter den nachweislich bei ihm bestellten Werken, hat den
Mittelpunkt aller weiteren Forschung zu bilden.

„Nach Christi Geburt vierhundert und im neun und siebenzigsten Jahr,
am Sontag Laetare", so lautete die jetzt verschwundene, von Schmidt in seiner
„Chronica Cygnea" mitgetheilte Inschrift, „sind übereinkommen, der gestrenge
Merten Römer, die Zeit Hauptmann zu Zwickau, und der erbare Rath allhier,
Paul Strödel, die Zeit Bürgermeister, Caspar Sangner, und Thomas Wilberer,
Alter=Leute, mit Meister Michel Wolgemut, Maler zu Nürnberg, umb dieses
gegenwertige Werk, das da allenthalben gestehet (kostet) vierzehn hundert
Reinische Gulden".

Das große Werk, das noch jetzt den Hauptaltar der Marienkirche
schmückt und zu den imposantesten Schöpfungen dieser Art gehört, besteht aus
einem Altarschrein mit neun lebensgroßen, in Holz geschnitzten, reich bemalten
und vergoldeten Figuren: Maria mit dem Kinde als Himmelskönigin auf dem

Halbmonde, umgeben von den Heiligen Katharina, Barbara, Agnes, Dorothea, Salome, Agatha, Blandine und Magdalena, und aus je zwei beweglichen und einem unbeweglichen, mit Malereien geschmückten Paar von Flügeln. Die tiefe Pracht der Farben, das Schimmern des Goldes bringen einen geradezu über= wältigenden Eindruck hervor, der den Beschauer so gefangen nimmt, daß er lange zögert, ehe er an die Betrachtung des Einzelnen geht. Da gewahrt er denn nun, sind die ersteren Flügel geschlossen, vier große Darstellungen auf Goldgrund. Ganz links die Verkündigung: Maria, in einem Buch blätternd, kniet vor einem Baldachin, dessen Vorhänge von zwei Engeln gehalten werden. Der himmlische Bote mit dem Lilienstab ist auf die Knice gesunken und erhebt die Hand; in der Höhe erscheint Gottvater segnend zwischen zwei Engeln. Die zweite Darstellung ist die der Geburt Christi: Maria hat das Kindlein knieend in den Arm genommen, ein Engel hält das weiße Tuch desselben; Joseph kniet links daneben, mit der Hand ein Licht beschattend. In der Luft erscheinen singende Engel, im Mittelgrunde zwei Hirten, die hereinschauen. Es folgt die Anbetung der heiligen drei Könige. Maria hat sich in der Mitte nieder= gelassen, rechts kniet der älteste Weise, hinter dem ein Diener mit Gefäß steht, und küßt das Aermchen Christi. Von links nahen die beiden anderen Könige: der eine von ihnen ein Mohr. Die Versammlung der hl. Sippe führt das letzte der großen Bilder vor: den Mittelpunkt nimmt vor einem Brokatvorhang Anna ein, auf deren Schooß die gekrönte Jungfrau mit dem stehenden, lebhaft bewegten Kinde sitzt, links Maria Salome mit ihren vier Kindern, rechts Maria Jakobi mit ihren zwei Knaben: die hintere Reihe neben Anna bilden Joachim, Joseph und vier andere Männer der Verwandtschaft, unter denen zwei offenbar Bildnisse bestimmter Persönlichkeiten sind.

Sind die zweiten Flügel geschlossen, so bieten sich vier Darstellungen aus der Passion dem Blicke, auf denen statt des goldenen Hintergrundes blaue Luft gegeben ist. Zwei derselben: Gethsemane und die Kreuzigung, sind von Wolgemut selbst, die anderen beiden: die Dornenkrönung und Kreuztragung, von jenem Schüler Pfenning's, der in Erfurt sein Hauptwerk geschaffen hat, gemalt.

Die Altarstaffel enthält in der Mitte die geschnitzten Figuren von Christus und den zwölf Aposteln, auf den Innenseiten der Flügel in halber Figur die Heiligen Antonius Eremita, Paulus, Georg und Christoph in runden Fenster= rahmen auf Goldgrund, auf den Außenseiten die vier Evangelisten und zwei Engel mit der Monstranz.

Auf der Rückseite des Altares ist von Schülerhand in Leimfarben in der Mitte das jüngste Gericht dargestellt: Christus mit Schwert und Lilie auf Regenbogen thronend zwischen den zwölf auf Stühlen sitzenden Aposteln und Maria und Johannes, die knieend seine Fürsprache erbitten, unten die aufer=

Michel Wolgemut.
Die hl. Anna selbdritt und die hl. Elisabeth.
Staffelbild vom Hochaltar zu Schwabach.
(S. 131.)

Nach: „Gemälde von Dürer und Wolgemut."

stehenden Todten, die links in das Paradies und rechts in die Hölle geführt
werden. Darunter befindet sich das Schweißtuch, der Mannahregen und Melchi=
sedek, der Brot und Wein segnet. Die Flügel sind ganz mit breitem, grünen
gothischen Rankenwerk überzogen, in welchem Thiere herumklettern.

Der erste Eindruck dieses großen Werkes ist wohl dazu angethan, das
günstigste Vorurtheil für den Künstler zu erwecken, der hier eine ungemein
energische, tiefe und reiche Färbung mit einfacher, symmetrisch bedeutender Kom=
position verbindet und, wie es scheint, kraftvolle Männer, empfindungsvolle, an=
muthige Frauen und muntere Kinder darstellt. Die Bewunderung aber, die der
Anblick im Allgemeinen einflößt, macht allmählich bei schärferem Hinblicken
einer kritischen Stimmung Platz. Man gewahrt nun, daß der effektvollen
malerischen Gestaltung der Empfindungsgehalt nicht entspricht, ja daß auch
das formale Ideal, das Wolgemut in seinen Typen verbildlicht, durchaus der
Größe entbehrt, daß Das, was in diesen Köpfen Anfangs fesselte und anzog,
nur der Abglanz von bedeutenderen Kunstwerken ist, welche der Maler sich zum
Vorbild nahm, nicht seine eigene, selbstständige Formenanschauung. Kännte man
jene Werke nicht, die wir als Schöpfungen des Hans Pleydenwurff feststellten,
man könnte sich vielleicht, wenn auch nicht auf die Dauer, der Täuschung hin=
geben, die Gemälde des Zwickauer Altares seien die Aeußerungen einer genialen,
originellen Schöpferkraft, doch genügt ein Blick auf Bilder, wie die Kreuzigung
in München, den Katharinenaltar, den Breslauer Altar, diese Illusion vollständig
zu zerstören. Neben ihnen erscheinen, trotz allem offenbaren Streben nach Kraft,
Würde, Anmuth und Ausdruck, Wolgemut's Arbeiten schwach und nichtssagend.
Ein Künstler von nur oberflächlicher Begabung, nicht von dem Feuer beseelt,
das in der Tiefe des Empfindens allein seinen Heerd hat und allen genialen
Werken, von Innen nach Außen flammend, jene einzig überzeugende und an=
dauernde Lebenswärme giebt, die, in den Beschauer überströmend, auch in ihm
die gleiche Gluth der Empfindung entfacht. Ein Künstler, der nicht das in
der Natur Erschaute nach kühnen, ihm innewohnenden Ideen ins Große und
Freie steigert, sondern in nüchterner Weise und in kleinlichem Maßstabe schema=
tisirt. Und gleichwohl Einer, dem man eine bestimmte Begabung, die mit
Geschicklichkeit einer im Technischen wohl geübten Hand verbunden ist, nicht ab=
sprechen darf. Ueberall da, wo er sich unmittelbar an die Natur hält: in Portraits,
in der Landschaft, in den Thieren und in den Stoffen, zeigt er sich als ein gewissen=
hafter, mit offenem Blicke ausgestatteter Maler, und zugleich hat er es zu einer
Gewandtheit im malerischen Verfahren gebracht, die ihn zu Großem befähigen
würde, läge dieses Große eben in seinem Wesen.

Das bedeutendste Element in den Zwickauer Bildern ist entschieden das
koloristische. Die Farbenharmonie ist auf einen sehr tiefen Ton gestimmt, ja
man könnte hier eine noch größere Fülle und Sättigung der Farben finden als

selbst auf den kräftigsten Gemälden Pleydenwurff's. Diese Vorliebe für das
Dunkle, Braune geht so weit, daß sogar die Landschaft in diese Farbe getaucht
zu sein scheint; sie wirkt wie eine zur Nachtzeit oder zu später Dämmerstunde
gesehene, die nur von Mondlicht wenig erhellt ist, so namentlich auf der Verkündigung, wo hell schimmernd aus brauner und dunkelgrüner Umgebung
einzig der Fluß hervortritt. So weit war Pleydenwurff selbst nie gegangen.
Für die Gewänder ist vorzugsweise sattes Blau und Roth neben dunkel glühendem Goldbrokat verwerthet, womit dann ein grelles Weiß, namentlich in den
Kopftüchern und einzelnen Gewandstücken kontrastirt. Die Fleischfarbe ist bräunlich, in den Lichttheilen gelb, zuweilen findet sich aber bloß ein ausgesprochenes,
trockenes Gelb, das energisch roth in den Wangen gehöht ist. Das Haar ist
fast durchweg braun. In diesem Allen darf man wohl den Einfluß Pleydenwurff's gewahren, in diesem Kolorit liegt die Hauptwirkung der Gemälde begründet. So lebt die alte Nürnberger Tradition fort: unwillkürlich gedenkt
man des Tucher'schen Altares! Ein Theil des Erbes der großen Ahnen ist
auch Wolgemut zugefallen, und darauf stolz zu sein, wäre er wohl berechtigt
gewesen.

Ein Anderes aber ist es mit dem Formalen, das nun im Einzelnen
kritisch behandelt sein will. Charakteristisch vor Allem erscheinen die Frauenköpfe: eine hohe Stirne, weit auseinanderstehende, ziemlich kleine Augen, deren
unteres Lid ein wenig nach oben gezogen und etwas angeschwollen, wie ent-
zündet erscheint, schwere, in der Höhe stark durch eine Falte eingezogene Ober-
augenlider, rundlich geschwungene, scharf gezeichnete Brauen, Säcke unter den
Augen, eine lange, schmalrückige Nase mit schmalen, unausgebildeten, gekniffenen
Flügeln, sehr breite Wangen mit starken Backenknochen, in voller Rundung zum
Kinn zusammenlaufende Kinnbacken, volle Lippen, namentlich die untere fleischig
hervortretend, ein sehr voller, muskulöser, anscheinend geschwollener Hals, weich
fließendes Haar. Die Figuren mit ziemlich schmal abfallenden Schultern sind
von mittlerer Größe. Ausnahmsweise begegnet ein etwas kürzer gebautes
Gesicht mit kräftigerer Nase (z. B. die Frau rechts auf dem Sippenbild), ein
dem Ideal Pleydenwurff's näher stehender Typus.

Bei den Männern kehrt eine verwandte Zeichnung im Einzelnen wieder,
namentlich in den Augen, dem Munde, den starken Backenknochen. Hierin macht
sich, theilweise deutlicher als bei den Frauen, eine scharfe und direkte Naturbeobachtung bemerkbar: einzelne Köpfe sind in der That vortrefflich gelungen
und mit Energie und Schärfe gezeichnet. Es sind meist solche mit kräftigen,
gebogenen Nasen, die breit dreieckig ansetzen, wenigstens sind dies die wesentlich
kennzeichnenden. Es handelt sich hier aber wie gewöhnlich bei den Männertypen um größere Mannichfaltigkeit je nach dem Alter. Einzelne Figuren treten

ganz besonders hervor: es sind dies vortreffliche Bildnisse, in denen das
Können Wolgemut's sich von der besten Seite zeigt. Dagegen sind die Kinder
zumeist sehr ungeschlachte und unschöne kleine Wesen von schmächtigen Körper-
verhältnissen und mit Köpfen, die zwar lebhaft blicken, aber derbe, plumpe
Nasen, aufgeworfene Lippen und scharfe, eckige Kinnbacken haben.

Die Hände sind länglich geformt mit fleischigem Rücken; ohne jede
Betonung der Knöchel geht die Fläche in die weichen, knochen und gelenklosen,
schlanken Finger über. Der Daumen, übermäßig weit von dem Zeigefinger
abstehend, befindet sich nicht in rechtem organischen Zusammenhang mit der
Hand, sondern erscheint wie seitwärts angesetzt. Gerade diese Handform aber
verdient besondere Berücksichtigung, weil sie zu den deutlichen Erkennungs-
zeichen des Meisters gehört. Man vergleiche z. B. die so viel spätere Schwabacher Staffel, und man wird hier dieselben Formen, wenn auch in den Verhältnissen verkürzt und sorgloser, routinirt hingestrichen, wiedererkennen. Wo die
Hand gespreizt bewegt ist, agiren die Finger, als säßen sie nicht fest in den Gelenken und Knochen, sondern als wären sie aus einer kraftlosen, gummiartigen Masse.

Die Ohren — um bei einer so schwierigen Untersuchung, wie der über
Wolgemut's Manier Nichts unberücksichtigt zu lassen — liegen, oben rundlich geschwungen, unten in ein dünnes rundliches Läppchen auslaufend, flach am Kopf.

Die Gewandung endlich fällt schwer und massig, aber in eckig gebrochenen,
wulstigen Falten, ähnlich derjenigen auf Pleydenwurff's Bildern, von dem er
auch die Vorliebe für verschiedenartig drapirte weiße Kopftücher übernommen
hat. Mit Sorgfalt und Verständniß sind die Architekturen und Nebendinge
gegeben; wiederholt sieht man trefflich beobachtete Vögel, die sich auf Mauern
oder Gesimsen niedergelassen haben, so namentlich Schwalben auf den Darstellungen der Geburt und der Anbetung. Die Landschaft zeigt zumeist nicht
den einfachen Charakter der Umgebung von Nürnberg, sondern mehrfach in
keckem Profil aufragende Felsenhügel.

Kehrt man endlich nach Prüfung aller Einzelheiten wieder zu Allgemeinerem
zurück und fragt man sich nach dem Empfindungsgehalt der Bilder, so ist zu
erwidern, daß weitaus den lebhaftesten und natürlichsten Ausdruck die Kinder
haben, daß hier ein ausgesprochener Sinn für die Realität sich offenbart. Geht
man aber höher hinauf zu jenen heiligen Frauen und Männern des Evangeliums,
so trifft man auf eine erstaunliche Leerheit und Gedankenlosigkeit in den Köpfen.
Die Frauen scheinen von dumpfer Blödigkeit befangen, und ihr Gefühlsleben
scheint gänzlich unentwickelt zu sein. Zwar versucht der Maler, ihnen einen
Anflug zarter seelischer Bewegung zu geben, indem er sie die Köpfe leicht zur
Seite neigen läßt, aber das ist eine bloß geheuchelte, keine wahre Empfindung,
die dem Beobachter auf die Dauer geradezu widerwärtig werden kann: eine

süßliche Geziertheit, die wahrer Innigkeit und Zartheit der Seele geradezu widerspricht. Selbst ein Kopf, wie jener der hl. Anna auf dem Bilde der Sippe, der
Anfangs ergreift und jedenfalls zu den eindrucksvollsten gehört, verliert allmählich
seine Wirkung. Auch die Männer sind nicht Das, was sie vorgeben: würdige,
gedankenvolle Wesen, sondern mindestens gleichgültige, häufig aber geradezu das
Vertrauen abwehrende Erscheinungen. Mit allen diesen Menschen hätte man
besser Nichts zu thun, träfe man sie im Leben. Wären sie bloß geistig beschränkt,
so ginge das wohl noch an, aber zu dieser Beschränktheit gesellt sich noch
dünkelhaftes, unaufrichtiges Gebahren, kleinliche Empfindlichkeit, ja die heim-
tückische Boshaftigkeit des Philisters. Eigenthümlich genug, mit welcher Bestimmtheit das Alles sich rein in den Typen für den aufmerksamen Betrachter
ausspricht! Und diese erhabener Gefühle unfähige Gesellschaft hat sich nun
zusammengethan, wie in einer Mysterienaufführung, die größten und hehrsten
Vorgänge christlicher Legende und Geschichte aufzuführen. Wie sollte man sich
darüber wundern, daß trotz aller Kunst der Regie Nichts herauskommt als eine
den Stempel des Unwahren und Komödiantenhaften tragende Darstellung!

Ein gewandter, begabter Regisseur also, der Alles nur auf den Effekt
und wirkungsvollen, oberflächlichen Schein hin anlegt, ist dieser Wolgemut des
Zwickauer Altares, dem die Dichtung nur insoweit Werth hat, als er sie seinen
äußerlichen Absichten dienstbar machen kann, indeß der ächte Künstler von der
Höhe seines erhabenen, dichterischen Ideales herab die Mittel der Verwirklichung desselben in der Erscheinung findet und gestaltet. Was nützt alle herrlich pomphafte Zurüstung in der Erscheinung, fehlt die Seele! Ihr, der
Herrscherin, gebührt königlicher Schmuck — die Bettlerin zeigte sich besser in
ihrer Dürftigkeit, will sie unsere menschliche Theilnahme erwecken.

Vielen wird dieses Urtheil hart, ja ungerecht erscheinen, vor Allem Denen,
die in der Kunst das Hauptaugenmerk auf die Kunstfertigkeit richten. Mit
ihnen wäre schwer zu streiten! Wer aber, bei voller Würdigung einer im
Formal-Kompositionellen und im Koloristischen sich äußernden Begabung und
Geschicklichkeit, hierin nur ein untergeordnetes, nicht das eigentlich künstlerisch-
schöpferische Element sieht, darüber hinaus in ganz anderen Regionen die wirklich
schöpferische Kraft sucht, der wird dem beistimmen, daß ein Künstler, dem jede
Kraft des Empfindens und damit jede Wahrhaftigkeit der Aeußerung abgeht,
keinen Anspruch darauf hat, zu den bedeutenden gezählt zu werden, daß man
seinem technischen Können gezwungen eine gewisse Achtung zollen, ihn selbst aber
trotzdem in die Gesellschaft mittelmäßiger, für die Geschichte der Kunst un-
wesentlicher Geister versetzen kann. Er ist nur Einer von so Vielen, die zu allen
Zeiten aufgetaucht sind und stets einen verderblichen Einfluß auf den Geschmack
ihrer Zeitgenossen gewonnen haben, weil der Geist der Lüge, nicht der Geist der
Wahrheit aus ihnen sprach. Geschieht die Errungenschaften großer Vorgänger

Michel Wolgemut.
Die Kreuzabnahme.
Flügel des Hofer Altares in der Alten Pinakothek zu München.
S. 17.

Vergl. „Gemälde von Dürer und Wolgemut."

verwerthend, deren herbe Strenge zu gefälliger Trivialität herabmildernd, haben
sie es immer verstanden, dem Geschmack des nur oberflächlich gebildeten und
trägen großen Publikums zu entsprechen und recht eigentlich demselben sich
dienstbar gemacht. Der Philister haßt tiefe seelische Erregung, Anspannung
seiner geistigen Kräfte: er haßt das Starke, Unerbittliche, weil es ihm absolut
unverständlich ist, dagegen fühlt er sich mächtig von Allem angezogen, was ihm
gestattet, sich einem unklaren, die seelische und geistige Kraft benebelnden Ge-
fühlsrausche hinzugeben. Dieses bringt ihm nun der Philister-Künstler, der ihm
zu gleicher Zeit durch Entfaltung eines großen Apparates technischer Mittel
imponirt: das ist etwas Handgreifliches, Verständliches, was das oberflächliche
Publikum zu bewundern im Stande ist. Voll Jubel und Begeisterung macht
es den „großen" Künstler zu seinem Götzen, ohne zu ahnen, daß derselbe ein
falscher Prophet ist, der es schließlich nur zum Besten hat. Traurig genug,
daß selbst mit dem Edelsten, das nur der Born unverfälschter Wahrheit sein
sollte, der Kunst, ein falsches Spiel getrieben werden kann.

Haben wir aber so den Künstler Wolgemut richtig erfaßt und verstanden, was sollen wir uns von dem Menschen denken? Sicher haben wir
auch ihn damit schon kennen gelernt, denn die Kunst ist ja nur der
unverfälschte Ausdruck eines menschlichen Wesens. Wie der mit scharfem
Blick begabte Menschenkenner bis zu einem gewissen Grade im Stande
ist, aus der Physiognomie des Lebenden auf dessen Charakter und Wesen
zu schließen, so kann der im Sehen von Kunstwerken Geübte aus der
künstlerischen Aeußerung den Geist und die Eigenart des Künstlers errathen.
Sprach aus den Werken Pfenning's eine kühne, leidenschaftliche Seele, so lehren
uns die Wolgemut's einen nüchternen, beschränkten, jedes höheren Aufschwunges
unfähigen Mann kennen, der vermuthlich weniger durch liebenswürdige
Eigenschaften, als durch pedantische Kleinlichkeit und Reizbarkeit sich aus-
zeichnete. Wie der Meister, so die Gesellen — der Knabe Dürer mußte „viel
von denselben leiden"! Und bestätigen nicht die beiden von Dürer verfertigten
Bildnisse des alten Meisters: die Kreidezeichnung in der Albertina zu Wien
und das Gemälde in München solche Auffassung? Verstand, Berechnung, prak-
tischer Sinn sind deutlich genug in diesem schmalen, hageren Kopf mit den scharfen,
stechenden Augen, der langen gebogenen Nase, dem fest geschlossenen Mund und
dem energischen Kinn zu lesen, aber Nichts von warmer Empfindung, von freier
humaner Gesinnung, von Großmuth, von künstlerischer Genialität. Es könnte
der Kopf eines mit unfruchtbaren Problemen sich beschäftigenden scholastischen
Grüblers, oder der eines in Geldsorgen und -kalkuls altgewordenen Geschäfts-
mannes sein. Kalt und hart sind diese Züge, und grämlicher, zu gereizten
Ausfällen geneigter Egoismus spricht aus ihnen.

Und solch' ein Künstler hatte einen solchen Schüler? wird man fragen.

Darin liegt nichts Wunderbares: nichts Anderes ja braucht der Geselle, in dem eine göttliche Bestimmung und Kraft schlummert, als Unterweisung in dem Handwerk der Kunst, alles Andere ist ihm selbst von Anfang an verliehen. Und dieses Handwerk zu lehren, war gewiß Wolgemut ebensogut oder besser geeignet, als irgend ein anderer Größerer.

Den Gehülfen, der von Wolgemut bei der Ausführung des Zwickauer Altares mit beschäftigt worden ist, haben wir schon früher, als einen aus der älteren Nürnbergischen Kunstrichtung, kennen gelernt, der, wie es scheint, in den sächsischen Landen zu Hause war. Nur wenige Bilder wurden ihm zur Ausführung überwiesen. In dieser früheren Zeit also erledigte Wolgemut, wie es scheint, die ihm gewordenen Aufträge im Wesentlichen noch selbst. Später tritt er dann immer mehr zurück: es wird dargelegt werden, daß er an den Goslarer Fresken, an dem Peringsdörfer Altar gar keinen Theil hat, und bei dem Schwabacher Altar beschränkte er sich, da seine eigene Mitwirkung wahrscheinlich ausbedungen war, darauf, die wenigen Bilder an der Staffel selbst zu malen. Da dieselben nun in lehrreichster Weise zeigen, wie wenig sich im Laufe so langer Zeit sein Stil verändert hatte, seien sie gleich hier erwähnt. An den Außenseiten befinden sich hinter einer Art Steintisch halbfigurige Heilige: Johannes der Täufer, das Lamm segnend, Martin mit seinem Schwerte den Mantel theilend, mit dessen Hälfte er einen Krüppel zugedeckt hat, Anna auf dem linken Arme Maria als kleines Mädchen, auf dem rechten das Christuskind, Elisabeth, die einen Krüppel an der Hand faßt und mit der anderen Hand einen Krug hält. Die Typen gleichen auf das Schlagendste jenen in Zwickau, aber die Farbe ist bei Weitem nicht mehr so kräftig, das Inkarnat ist viel lichter, ja etwas glasig und macht einen schwammig weichlichen Eindruck. Das Christkind ist voller in den Formen; die Hände ähneln denen in Zwickau durchaus, nur sind die Finger ein wenig kürzer und schärfer an den Spitzen abgeschnitten.

Die Außenseiten enthalten die Grablegung Christi. Simon von Kyrene, Joseph von Arimathia und Nikodemus lassen auf weißem Tuche den Leichnam in den Sarkophag hinab. Maria, von Johannes gehalten, und fünf Frauen nehmen an dem Trauerakte Theil. Auf den ersten Blick könnte man meinen, die künstlerische Qualität dieses Stückes sei etwas höher zu stellen als die der Innenseiten, doch überzeugt man sich bald, daß es eine und dieselbe Hand ist, welche jenes wie diese ausgeführt hat, und daß die kleinen Verschiedenheiten mit den verschiedenen Größenverhältnissen zusammenhängen. Charakteristisch sind die lebhaft gemusterten Brokatstoffe von hellem Gold.

Daß der Meister, wenn auch in nur geringem Maaße, an den Schwabacher Altar selbst Hand angelegt hat, erklärt sich vielleicht am Ersten daraus, daß der Magistrat von Schwabach, der 1507 den Schlußvertrag mit Wolgemut abschloß, es besonders genau nahm. Dieser muß sich verpflichten „wo die Tafel an einem oder mer Orten ungestalt wurd" zu ändern und nicht zu ruhen, bis sie von einer Kommission für „wolgestalt" erklärt würde. „Wo aber die Tafel dermaßen so großen ungestalt gewinn, der nit zu endern were, so soll er solche Tafeln selbs behalten und das gegebne gelt on abgang und schaden widergeben".

Das war freilich eine etwas energische Sprache, die von der Vorsicht der braven Besteller ein ehrenwerthes Zeugniß ablegt. Für ihren großen Preis von 600 Gulden wollten sie auch etwas ganz besonders Gutes haben! Ob ihnen dies nun trotz aller Vorsichtsmaßregeln gelungen ist, ließe sich wohl einigermaßen bezweifeln: das Werk gehört gerade nicht zum Besten, was man in dieser Zeit — man denke, es war im Jahre 1507! — in Nürnberg bekommen konnte. Eines aber haben sie jedenfalls erreicht, daß Wolgemut selbst mit Hand angelegt hat, und im Uebrigen, da sie ja zufrieden gewesen sind und das Altarwerk, von dem später noch die Rede sein soll, angenommen haben, so läßt sich weiter nicht Viel sagen.

Wichtig für alle weiteren Untersuchungen war es, zu gewahren, daß Wolgemut während den siebenundzwanzig Jahren sich im Wesentlichen gleich geblieben ist. Soll man überhaupt von Veränderungen sprechen, so sind es nicht Veränderungen zum Besseren, sondern zum Schlechteren gewesen: die Macht und Tiefe der Farbe scheint sich allmählich mehr und mehr verloren zu haben, die Manier in der Zeichnung der Formen ist immer stärker geworden, und nur, was sonst Ausdruckslosigkeit und Hohlheit anbetrifft, ist es ganz beim Alten geblieben. Man wird also annehmen dürfen, daß Alles, was in der Zwischenzeit entstanden ist, sich auch nicht ernstlich unterscheidet, daß diese Kunst eine sehr stereotype gewesen ist, der Forscher auf besondere Ueberraschungen nicht zu rechnen hat. Das Einzige wäre denkbar, daß Wolgemut, ehe er der Künstler des Zwickauer Altares wurde, bestimmte Phasen der Entwicklung durchgemacht hat. Es gilt nun auf Grund der genauen Prüfung der beglaubigten Gemälde in Zwickau und Schwabach die Spuren seiner Thätigkeit weiter zu verfolgen.

Da die Hauptbilder des Schwabacher Altares, der Peringsdörffer Altar und die Fresken in Goslar einen durchaus von dem Wolgemut's abweichenden Stil aufweisen und daher erst später besprochen werden können, treten jetzt zunächst unter den unbeglaubigten Werken die größeren Altargemälde, die ganz allgemein ihm zugeschrieben werden, in den Vordergrund der Betrachtung. Es sind dies drei an der Zahl: der Hofer Altar, der Altar in der Kapelle zum heiligen Kreuz in Nürnberg und der Altar in Hersbruck.

Die ältesten Stücke unter ihnen, ja vermuthlich die ältesten unter seinen Arbeiten, falls sich seine Autorschaft beweisen läßt, sind die vier Tafeln des

Altares, der sich bis 1810 in der Trinitatiskirche zu Hof befand, jetzt in der Münchener Pinakothek (229—232). Auf einer derselben: der Rückseite der „Auferstehung Christi" liest man das Datum: „nach cristi geburt MCCCCLXV jar ist dis werck gefaßt worden". In diesem Jahre war Wolgemut einunddreißig Jahre alt. Daß er in der That die Bilder verfertigt, scheint mir nicht allein wahrscheinlich, sondern auf Grund eines eingehenden Vergleiches mit dem Zwickauer Altar bestimmt anzunehmen zu sein. So verschiedenartig der Gesammteindruck sein mag, alle wesentlichen Merkmale stimmen in durchaus überzeugender Weise überein. Wiederholt schon wurde bemerkt, daß die Farbenstimmung nicht entscheidend ins Gewicht fällt: sie ist allerdings auf den Hofer Tafeln bei weitem heller: volles Tageslicht liegt auf der Landschaft und auf den Figuren und läßt alle Umrisse klar und scharf hervortreten.

Das erste Bild bringt die Darstellung des Gebetes auf Gethsemane. Christus in graublauem Gewande, von eigenthümlich dunkler Haarfarbe, kniet mit gekreuzten Armen im Mittelgrund vor dem Engel, der ihm den Kelch bringt; blutige Schweißtropfen rinnen ihm (wie in Zwickau) von der Stirn. Vorne liegen die drei Jünger schlafend, Johannes in leuchtendem weißen Mantel. In der Ferne tritt der sehr karrikaturenhaft gebildete Judas mit Kriegsknechten durch die Gartenthüre ein. Auf der Rückseite ist der Erzengel Michael dargestellt.

Die folgende Tafel stellt Christus am Kreuz dar, links Maria zusammenbrechend, von zwei Frauen gehalten, Johannes, zwei Frauen und Longinus, rechts drei vornehme Männer und drei Kriegsknechte. Auf der Rückseite befindet sich die Verkündigung.

An dritter Stelle gewahrt man die Kreuzabnahme: Nikodemus und Joseph von Arimathia, auf einer vorne an den Stamm gelehnten Leiter stehend, lassen den Leichnam herab, der links von Johannes unter dem Arme gestützt wird. Links die kniende Maria und zwei Frauen, zwei andere Frauen rechts. Im Mittelgrunde nahen sich einige Leute, darunter Einer mit einer Leiter. Die Rückseite enthält die „Geburt Christi".

Der letzte Flügel zeigt die Auferstehung: der Heiland steht mit seinem Kreuzesstab segnend vor dem Sarkophag, auf dessen Deckel ein Engel, das Leichentuch haltend, kniet. Drei Wächter sitzen oder liegen am Boden, einer schaut, erwacht mit der Hand die Augen schützend, auf. Hinten nahen durch ein Thor die drei Frauen. Auf der Rückseite befinden sich Bartholomäus und Jakobus.

Die kürzeste Charakteristik, die sich von diesen Bildern geben läßt, ist diese: frühe Werke des Künstlers, der den Zwickauer Altar gemacht hat, verrathen sie den bestimmenden Einfluß, den Hans Pleydenwurff auf Wolgemut gehabt hat. Es sind Pleydenwurff's Kompositionen und Typen, die der Schüler nach-

Michel Wolgemut.
Die Kreuzigung Christi.
Flügel des Hofer Altares in der Alten Pinakothek zu München.
(S. 156)

Nach: „Gemälde von Dürer und Wolgemut"

bildet. Wie für die Kreuzabnahme das Breslauer Bild des Meisters Hans nachgeahmt ist, so ist die Kreuzigung und Auferstehung eine freie Wiederholung der
anderen uns bereits bekannten Gemälde. Von einem direkten Einfluß, den Rogier
auf Wolgemut in dieser Jugendzeit gewonnen hätte, vermag ich Nichts zu entdecken. Die Beziehungen zu Jenem, die man findet, sind indirekte, durch
Pleydenwurff's Kunst vermittelte. Nichts, was sich nicht aus diesen Vorbildern
erklären ließe! Die Typen der Frauen, wie der Männer sind Nachbildungen
derjenigen Pleydenwurff's   und da ist es nun von Interesse zu sehen, wie
Wolgemut, Dank diesem engen Anschluß an seinen großen Lehrer, im Hofer
Altar noch eine größere und breitere Formensprache besitzt, als es die im
Zwickauer Altar ist. Ein höherer Schönheitssinn und eine größere Würde
macht sich bemerkbar: das Gesichtsoval der Frauen in edler, schlanker, die
Nase breitrückiger, kräftiger gebildet. Und doch sind alle Elemente der späteren
Typen schon da, doch erkennt man denselben Stil in fast jeder Einzelheit der
Zeichnung. Was mit voller Deutlichkeit im Zwickauer Altar zu Tage tritt,
das ganze schwachmüthige Wesen Wolgemut's, ist nicht minder hier erkennbar,
wenn auch unter einer, fremdem Geiste entlehnten Hülle. Man sehe darauf
hin die Frauen unter dem Kreuze an, sind das nicht dieselben gezierten,
empfindungslosen Wesen wie dort? man sehe die Männer mit dem glotzenden
Blick, sind das nicht dieselben grämlich unangenehmen Gesellen? man sehe den
jeder tieferen seelischen Empfindung baaren Kopf Christi — wie wäre es
möglich, daran zu zweifeln, daß die oben gegebene Charakteristik allen Hauptzügen
nach auch auf den Meister, der den Hofer Altar gemacht hat, paßt! Und nun
gehe man in demselben Saale der Pinakothek hinüber zu der Kreuzigung des
Hans Pleydenwurff, und es wird mit einem Schlage offenbar, was der Meister
war und was der Schüler — nicht war. Man vergleiche Figur mit Figur,
am Besten vielleicht die des Heilandes selbst: wie lebensvoll, wie plastisch, wie
fein beobachtet Form und Licht bei Pleydenwurff, wie hölzern, wie schematisch,
wie kraftlos bei Wolgemut. Ein ungeheurer Abstand selbst hier, wo Letzterer
doch offenbar sich bemüht, dem Meister wetteifernd und nachahmend gleichzu-
kommen. Daß es später, als der heilsame Einfluß wich, als Wolgemut mehr
er selbst wurde, noch schlimmer wurde, ist bereits bekannt.

Auf das Deutlichste, so sahen wir, spricht sich in den Hofer Tafeln die
entscheidende Einwirkung Pleydenwurff's auf Wolgemut's Kunst aus, aber auf
einen anderen Meister noch darf hingewiesen werden, mit dem dieser in Beziehung getreten sein muß. Schon Harzen in einem Aufsatze über Zeitblom
(im VI. Bd. des „Archivs für zeichnende Künste") betonte die auffallende Uebereinstimmung des Hofer Altares mit dem großen Hauptaltar zu Tiefenbronn bei
Pforzheim, den im Jahre 1469 Hans Schüchlein von Ulm gemalt hat; ja, er
wollte die Münchener Bilder dem Letzteren zuschreiben. Neuerdings nun hat

Fischer abermals die nahe Verwandtschaft zwischen den Werken der beiden Künstler betont und dieselbe nicht anders als aus einer Bekanntschaft derselben erklären zu können geglaubt. Daß Schülein in gewissen Beziehungen zu Nürnberg gestanden, bewies Fischer aus einer 1883 in den „Münsterblättern von Ulm" vom Diakonus Klemm gegebenen Notiz, nach welcher im Jahre 1474 Hans Schülein in Gemeinschaft mit seinem Schwager Albrecht Rebmann, Maler von Nürnberg, den Auftrag auf eine Altartafel für die Martinskirche in Rottenburg am Neckar erhielt. Mag nun der übrigens sonst ganz unbekannte Rebmann eine Schwester des Schülein oder letzterer eine Schwester des Rebmann zur Frau gehabt haben, gewiß ist, daß der Ulmer Meister mit einem Nürnbergischen künstlerisch assoziirt war. Fischer sucht es dann weiter wahrscheinlich zu machen, daß alle drei Maler, Schülein sowohl wie Rebmann und Wolgemut zusammen bei irgend einem Lehrer in Nürnberg in die Schule gegangen seien, und denkt hierbei an Pleydenwurff oder Valentin Wolgemut. Wie mir dünkt, ist diese Vermuthung eine durchaus gerechtfertigte, ja darf man noch einen Schritt weiter gehen und auf Grund der nunmehr von Pleydenwurff's Kunst erworbenen Kenntniß mit Bestimmtheit sagen: Schülein ist so gut wie Wolgemut dessen Schüler gewesen. Den nach meiner Ansicht untrüglichen Beweis hierfür legen die Tiefenbronner Gemälde ab, auf denen mannichfach die direkte Anlehnung an Pleydenwurff's Werke zu gewahren ist.

Nun kann es weiter aber keine Frage sein, welcher der beiden Schüler der höher begabte war. An warmem Gefühlsleben, wie an Sinn für edle Harmonie der Farbe und vornehme, freie Formenbildung übertrifft Schülein Wolgemut bei Weitem. Eine gewisse Weichheit und Milde, ein Streben nach idealer Schönheit zeichnet seine Schöpfungen aus, in denen die Bewegung und Erregtheit der Nürnberger Kunst einer mehr maßvoll beschaulichen Stimmung Platz macht. Die höhere Originalität und das Wahren einer großen Selbstständigkeit macht sich ferner in dem von dem Nürnberger ganz abweichenden flüssig weichen Farbenauftrage bemerkbar, den der Künstler wohl als ein Erbtheil der schwäbischen Kunst von Meistern aus der ersten Hälfte des 15. Jahrhunderts, wie Lukas Moser, übernommen. War nun Schülein Mitschüler Wolgemut's bei Pleydenwurff oder demselben wenigstens in den achtziger Jahren nahe getreten, so scheint er als der mehr Begabte und zugleich als ein Künstler, der trotz der Anlehnung an den neuen Meister ein ihm eigenthümliches Ideal wahrte, seinerseits wieder Einfluß auf Wolgemut, der vermuthlich sein Altersgenosse war, gewonnen zu haben.

In höherem Grade noch, als der Hofer Altar, sprechen hierfür nach meinem Gefühle jene Werke, die mit dem Zwickauer Altar zusammen gleichsam eine Gruppe bilden und, ganz allgemein ausgedrückt, Wolgemut's Thätigkeit in den siebziger Jahren des Jahrhunderts vertreten. Die stilistische Wandlung, die sich

während dieser Zeit in denselben bemerkbar macht, läßt sich vielleicht am Ein-
fachsten als ein allmähliches Verarbeiten der durch Pleydenwurff überkommenen
niederländischen Elemente zu Gunsten des angeborenen deutschen Formenideales
bezeichnen. Kommt Einem beim Anblick der Hofer Tafeln unwillkürlich der
Name Rogier van der Weyden auf die Lippen, so ist dies angesichts dieser
Werke nicht mehr der Fall. Zu dieser, wenn auch nicht anziehenden, so doch
originaleren Formenauffassung aber, die nach größerer Breite, Derbheit und Wucht
drängt, hat Schülein's edle, echt deutsche Kunstweise offenbar mit den Weg gewiesen. Ohne den Einfluß derselben wäre die Wandlung in manchem Einzelnen
schwer zu erklären: um nur Eines zu erwähnen, vor Allem die typische Bildung
des Heilands. Die Inspiration zu dem von dem Rogier Pleydenwurff'schen durchaus abweichenden Christusideal, das Wolgemut auf dem Zwickauer Altar und den
verwandten Gemälden zumeist, wenn auch nicht durchgängig bringt, sowie in der
ganzen folgenden Zeit beibehalten hat, kommt von Schülein, ist es auch dem Nachahmer nie gelungen, die Würde und Großartigkeit des Vorbildes zu erreichen.
Nur daraus aber, daß der Nürnberger nicht die geniale Kraft besaß, das Fremde,
Entlehnte eigenen großen Anschauungen dienstbar zu machen, erklärt es sich
ferner, daß er nie zur Ausbildung eines ihm ganz eigenthümlichen Christusideals
gelangt ist, sondern ihm willkürlich bald dasjenige der Niederländer, bald das
Schülein's vorschwebt und Beide ihm als Themata zu wenig glücklichen Variationen
dienen müssen. Dieses eigenthümliche Schwanken, das schon auf den Hofer
Tafeln sich auffallend bemerkbar macht, mag wiederholt die Forscher veranlaßt
haben, das eine oder andere Bild, das doch sonst alle Merkmale seines Stiles
trägt, einem Schüler oder Mitarbeiter zuzuschreiben, indeß, wie mir scheint,
diese Verschiedenheiten gerade mit zu den Merkmalen dieser, nie zu voller Freiheit des Ausdrucks entwickelungsfähigen, weil nicht genialen künstlerischen Begabung gehören.

Eine Behauptung, die freilich im Widerspruch zu der oben gegebenen eingehenden Definition der Wolgemut'schen Manier zu stehen scheint! Wurde doch
dort behauptet, daß die Eigenthümlichkeiten seiner Formenbildung so ausgesprochene sind, daß auf Grund derselben die Werke seiner Hand mit Sicherheit
zu bestimmen sind. Der Widerspruch ist nur ein scheinbarer. Die übereinstimmenden Momente bestimmen den Gesammtcharakter, sie sind das Wesentliche,
daher wir aus ihnen die Charakteristik des Künstlers gewinnen durften; die
Verschiedenheiten sind untergeordneter Art, bezeichnend nur für den Mangel an
einer künstlerischen Charakterfestigkeit. Daß sie aber in der Darstellung Christi
besonders auftreten, hängt einfach damit zusammen, daß für die Gestaltung
gerade dieses Ideals, weil es die höchsten Ansprüche an den Maler stellt, dem
Künstler die Kraft abging.

Will man das Werk nennen, welches die Beziehung zu Schülein am Deutlichsten enthüllt und zugleich dem Zwickauer Altar am Nächsten steht, so ist dies ein von der Forschung bisher nicht berücksichtigter großer Altar, der sich in der Stadtkirche zu Crailsheim befindet.

Das Mittelstück desselben bilden die geschnitzten Figuren des Kruzifixes, der Maria, der beiden Johannes und des Andreas. Auf den beiden Flügeln befinden sich innen und außen je zwei Gemälde, an den Innenseiten Szenen aus der Leidensgeschichte, an der Außenseite die Geschichte Johannes des Täufers darstellend. Das Gebet in Gethsemane ist ganz ähnlich wie in Zwickau komponirt: darunter befindet sich auf dem linken Flügel die Krönung Christi mit der Dornenkrone und seine Verspottung, welcher Maria mit gekreuzten Händen beiwohnt. Die rechte Tafel oben zeigt den Heiland an der Säule den von gehäßiger Leidenschaft erregten Peinigern in Gegenwart des in der Höhe in einem Fenster erscheinenden Pilatus übergeben, darunter den auf dem Wege nach Golgatha unter der Last des Kreuzes niedergesunkenen Herrn, dessen Schmerzensantlitz auf dem Tuche der Veronika sich verewigt, indessen die Frauen und Johannes zaghaft von ferne folgen.

Die Gemälde an den Außenseiten haben sehr gelitten: die Momente, welche der Künstler aus der Legende des Johannes darzustellen hatte, sind die Predigt in der Wüste, zu der sich zahlreiche Frauen mit ihren Kindern versammelt haben, die Taufe Christi, die Enthauptung des Heiligen und das Gastmahl des Herodes und seiner Frau, zu dem zwei Musikanten aufspielen, endlich die ungewöhnliche Szene, wie der Leichnam des Johannes in Gegenwart des Herodes von widerlich emsigen Schergen verbrannt wird.

An der Staffel sind die Halbfiguren der Heiligen Dorothea, Ursula, Laurentius, Martin, Jakobus des Aelteren und eines Bischofs, außen Christus und die zwölf Apostel, von einer andern, roheren Hand gemalt, zu sehn.

Die Leidenschaftlichkeit der Bewegungen, die vielfach noch an Pfenning erinnert, die Breite und Kraft der Zeichnung, die Mannichfaltigkeit der Typen, die größere Fülle der Formen sichert diesem Werke eine höhere Rangstufe noch als dem Zwickauer Altar, dem es sich sonst durchaus vergleicht, ja es muß fraglos als das Bedeutendste betrachtet werden, was Wolgemut überhaupt geschaffen hat. Räumte man Nichts wie dieses von ihm, so würde das Urtheil über ihn bei Weitem günstiger ausfallen. Es bezeichnet einen Moment in seiner Entwickelung, in dem er Dank vor Allem dem Einflusse Hans Schülein's mit Recht als der Erbe des von Pleydenwurff verlassenen Ehrenplatzes unter den Nürnbergischen Malern und als der unbestrittene Führer auf dem Gebiete der heimischen Malerei betrachtet werden mochte. Werke wie diese werden ihm den großen Ruf eingetragen haben, der ihm weiter durch Jahrzehnte hindurch geblieben ist, obgleich er dann demselben auch nicht entfernt mehr in seinen Leistungen entsprach. Darf bei dem Mangel an jedem urkundlichen Material

Michel Wolgemut.
Die Kreuztragung.
Flügel des Altares in der H. Kreuzkapelle zu Nürnberg.
S. 111.
Nach: „Gemälde von Dürer und Wolgemut."

eine Vermuthung ausgesprochen werden, so wäre es diese, daß der Crails=
heimer Altar noch vor dem Zwickauer, also etwa in der Mitte der siebziger
Jahre entstanden ist.

Vielleicht gleichfalls noch in diese, vielleicht aber auch erst in den Anfang
der achtziger Jahre ist dem Stile nach die Anfertigung des großen Altarwerkes
in der Haller'schen Kapelle zum hl. Kreuz in Nürnberg zu verlegen.
Sehr verschiedenartig sind die Ansichten über diese häufig besprochenen Gemälde.
v. Rettberg setzt sie in die Zeit um 1486, Waagen hält sie für früher als die in
Zwickau. Letzterer sah in ihnen authentische Schöpfungen des Meisters, da=
gegen wollte Schnaase nur handwerksmäßige Ausführung erkennen; v. Seidlitz
präzisirte dies näher dahin, daß nur die Innenseiten der ersten Flügel, nämlich
die Kreuztragung und Auferstehung von Wolgemut selbst gemacht seien.
Vischer endlich beschränkte dessen Thätigkeit auf die Ausführung einiger weniger
Köpfe und nahm im Allgemeinen das Zusammenarbeiten von drei Schülern an.
Derartig von einander abweichenden Meinungen gegenüber wagt man kaum, eine
neue aufzustellen. Behauptungen namentlich wie die Vischer's machen an der
Schärfe des eigenen Blicks verzweifeln und fordern zur größten Vorsicht beim
Urtheil auf. Beim besten Willen ist es mir absolut unmöglich gewesen, die
verschiedenen Malweisen vier verschiedener Künstler zu entdecken. Ohne auf die
mehr allgemeine Frage näher einzugehen, ob es wahrscheinlich ist, daß ein
Meister zu gleicher Zeit die Ausführung eines und desselben, doch nicht allzu
umfangreichen Werkes drei verschiedenen Gesellen zuertheilt, wofür mir wenigstens
ein Analogon weder in der deutschen noch in der italienischen Kunst der Renais=
sance bekannt ist — ganz abgesehen hiervon erscheint es mir mindestens ein
gewagtes Unternehmen, aus kleinen Unterschieden der Behandlung sogleich auf
verschiedene ausführende Hände zu schließen. Denn — was vor Allem zu be=
tonen wichtig ist — die Zeichnung zu allen den Bildern des Altares ist frag=
los von Wolgemut selbst; überall begegnen wir seinen Typen und seiner Formen=
bildung. Dies ist zunächst das Wichtigste und Beachtenswertheste. Daß eine
gewisse Ungleichheit in der Ausführung sich geltend macht, muß dann zu=
gestanden werden. Die beiden Bilder an den Innenseiten sind, wie v. Seidlitz
sehr richtig bemerkt hat, weitaus die besten. Ihnen am nächsten, wenn auch
nicht gleich an malerischer Vollendung, stehen die folgenden vier Bilder, die
man gewahrt, wenn die ersten Flügel geschlossen sind. Ausgesprochen derber
und roher sind endlich die letzten vier, bei geschlossenen zweiten Flügeln sicht=
baren Stücke. Von diesen nun kann man meines Erachtens mit Sicherheit
behaupten, daß sie von einem Schüler nach der Vorzeichnung Wolgemut's gemalt
sind, und hierin freue ich mich mit Vischer durchaus übereinzustimmen. Dagegen
möchte ich selbst nicht so weit gehen, zu sagen, daß die zweite Serie sicher nicht
vom Meister selbst ist. Eine öftere Betrachtung hat mich vielmehr immer mehr

zu der Ansicht geführt, auch sie sei, wenn auch in flüchtigerer Weise, von Wolgemut gemalt.   Immerhin mag dies der Diskussion überlassen bleiben, schließlich
kommt nicht Viel darauf an.   Das Charakteristische des Altares liegt darin,
daß der Maler hier im Uebergang zu einer künstlerischen Thätigkeit begriffen
erscheint, die gegenüber Werken wie dem Zwickauer und Crailsheimer Altar
einen entschiedenen Niedergang des Strebens bekundet.   Neben manchem Vortrefflichen macht sich stark eine seelenlose Manier geltend, in der nun Wolgemut's
Kunst sich immer mehr verliert, eine Manier, die, wie wir sahen, schon in den
Hofer Bildern vorgebildet war und der diese Begabung unrettbar verfallen
mußte.   Die Beobachtung der Natur und das Studium bedeutender Vorbilder
macht einem schablonenhaften, die Geschicklichkeit der Hand mißbrauchenden
Zeichnen und Malen Platz.   Im Inkarnat werden unangenehm bläuliche, livide
Schattentöne neben unvermittelten Wangenroth auf trocken gelbliche Untermalung
gesetzt; die Farben treten schreiend bunt nebeneinander, in den Männerköpfen
macht sich immer stärker der mürrisch unfreundliche, ja boshafte Ausdruck
(charakteristisch für diese spätere Zeit sind die über den äußeren Augenwinkeln
nach oben gebogenen Brauen, die Falten über der Nase und von der Nase zum
Munde, was Alles zu dem durch das Kolorit noch erhöhten morosen Eindruck
beiträgt), bei den Frauen das Stumpfe und Verdrossene bemerkbar.   Alles dies
ist aber Nichts als eine Steigerung der in den früheren Werken bereits vorhandenen Eigenthümlichkeiten, oder besser gesagt ein Erstarren der künstlerischen
Elemente, die einst, als sie noch im Flusse und in der Bewegung waren, noch
nicht den gleichen Anblick trüber Sterilität darboten.   Diese Manier nun macht
sich allerdings stärker in der zweiten Serie von Bildern des Kreuzaltares, als
in den ersten beiden kenntlich, wollte man aber hieraus schließen, daß nicht
Wolgemut selbst, sondern ein bestimmter Schüler der Verfertiger desselben sei, so
wären dann dem Letzteren mit Bestimmtheit fast alle die später zu erwähnenden
Gemälde zuzuschreiben, die alle diese Eigenthümlichkeiten aufweisen.   Für alle
diese wäre also der Name Wolgemut zu streichen.   Dem widerspricht aber in
bestimmtester Weise der Umstand, daß wir in ihnen doch sonst die von uns an
beglaubigten Werken festgestellten charakteristischen Merkmale des Wolgemut'schen
Stiles sehen, ja daß die Staffelbilder am Schwabacher Altar, die unzweifelhaft von ihm sind, genau in derselben Manier, wie jene Gruppe von Bildern
gehalten sind.   Wir haben hier also nichts Anderes als Schöpfungen so zu
sagen einer zweiten, nämlich der späteren Manier des Malers vor uns, die
durchweg den Stempel eines in Zeichnung und im Kolorit sich geltend machenden
flüchtigen und schematischen Schaffens tragen.   Der Haller'sche Altar aber, wie gesagt, steht gleichsam auf der Scheidegrenze der früheren und der späteren Richtung,
aus welchem Grunde man ihn sich auch eher nach, als vor dem Zwickauer

Altar, also etwa in der ersten Hälfte der achtziger Jahre entstanden denken möchte.

Vollständig geöffnet zeigt er in Holz geschnitzt im Schrein selbst die Beweinung Christi, auf den Flügeln gemalt links die sehr figurenreiche Komposition der Kreuztragung: eine Menge Volkes drängt sich um den auf das Knie gesunkenen, mit der Rechten auf einen Stein sich stützenden Christus, neben dem rechts Veronika kniet und auf den eine Schaar dahinter sich drängender Reiter herabsieht — rechts die Auferstehung Christi, die noch durchaus an die gleiche Darstellung in München erinnert. Sind die ersten Flügel geschlossen, so sieht man vier Bilder aus der Kindheitsgeschichte Christi: die Verkündigung, die Geburt Christi, die Anbetung der hl. drei Könige und die Darstellung im Tempel — endlich, ist auch das zweite Flügelpaar zugeklappt, vier Marienbilder: Joachim und Anna vor der goldenen Pforte, die Geburt Mariens, den Tempelgang und den Tod der Jungfrau. An der Staffel befinden sich die Brustbilder von Christus als Schmerzensmann und Maria als mater dolorosa.

Haben wir bis jetzt zwei Meister in die künstlerische Entwicklung Wolgemut's eingreifen sehen: Hans Pleydenwurff und Hans Schülein, so lehrt der Haller'sche Altar uns einen dritten kennen, dessen Werke der Nürnberger studirt haben muß, nämlich Martin Schongauer. Um eine persönliche Bekanntschaft und Beziehung handelt es sich hier freilich nicht, auch nicht um einen entscheidenden Einfluß auf den Stil Wolgemut's: die Kupferstiche, die der große Schwabe aus Kolmar in die Welt ausgehen ließ, waren auch nach Nürnberg gekommen und erregten offenbar die Bewunderung Michel's. Vor Allem scheint die große „Kreuztragung Christi" einen starken Eindruck auf diesen hervorgebracht zu haben, der sich in der gleichen Darstellung auf dem Kreuzaltare spiegelt. Eine, auch nur allgemein getreue Wiederholung des Stiches giebt er allerdings nicht; dem widersetzte sich allein schon das Bildformat, aber er entlehnte zunächst das Hauptmotiv der Darstellung: die Figur des sich auf einen Stein stützenden Christus, das später auch Dürer und Raphael zu dem ihrigen machen sollten; er suchte ferner seinerseits gleichfalls das figurenreiche Geleit, vor Allem die Truppe vornehmer Reiter zu geben, was ihn veranlaßte, seine schmale Tafel mit einem dichten Figurengedränge zu überladen. Und endlich, um der Nachwelt gar keinen Zweifel darüber zu lassen, welches Vorbild er sich in diesem Bild gesetzt, entnahm er einige Köpfe dem Schongauer'schen Stiche vollständig: es sind die Köpfe dreier Soldaten links im Mittelgrunde des Stiches, die man mit ihren charakteristischen Kopfbedeckungen am linken Rande der Bildfläche wiederholt sieht. Aus dieser Abhängigkeit aber erklären sich ferner einige Eigenthümlichkeiten, die von der sonstigen Art Wolgemut's abweichen: die starke unruhige Fältelung der Gewandung Christi nämlich und die Form der Hände, die gleichfalls Schongauer nachgeahmt ist — ein lehrreiches Beispiel dafür, wie leicht sich Wolgemut fremdem Stile akkommodirte, und wie vorsichtig das Urtheil zu wägen ist, ehe man auf Grund einzelner abweichender Merkmale sogleich ein im Allgemeinen seinen Stil zeigendes Bild ihm abspricht.

Von einem anderen Nürnberger Gemälde, das gleichfalls und in noch höherem Grade von Schongauer's Stiche abhängig ist, der Kreuztragung von 1485 in S. Sebald, wird später noch gehandelt werden.

— — ———

Die vier großen Altarwerke in München, Crailsheim, Zwickau und in der Kapelle zum heiligen Kreuz, die etwa einen Zeitraum von fünfzehn bis zwanzig Jahren umfassen, waren die Hauptschöpfungen Wolgemut's in der ersten Hälfte seiner Thätigkeit. Als er den Haller'schen Altar ausführte, mochte er ein Alter von nahezu fünfzig Jahren erreicht haben. In den folgenden dreißig Lebensjahren, die ihm noch beschieden waren, ist Nichts mehr entstanden, was sich an Bedeutung jenen Arbeiten vergleichen ließe. Es scheint, daß er sich nunmehr darauf beschränkt habe, bloß kleinere Aufträge selbst auszuführen. Nur ein umfangreicheres Werk, der Altar in der Pfarrkirche zu Hersbruck, kann namhaft gemacht werden, alles Andere sind Altäre von bescheidenem Umfang oder einfache Gedenktafeln. Schüler von hervorragender Begabung scheinen in den achtziger Jahren in seine Werkstatt eingetreten zu sein, und diesen hat er, wie dies beim Peringsdörffer und beim Schwabacher Altar, sowie bei dem Bildercyklus für Goslar nachzuweisen ist, die großen Aufträge zugewiesen, die weiter an ihn ergingen. Daß er gleichwohl selbst bis zum Jahre 1506 den Pinsel zu handhaben noch nicht ganz aufgegeben hatte, bezeugen jene Staffelbilder am Schwabacher Werke, die mit den Zwickauer Gemälden den Ausgangspunkt unserer Forschung bildeten. Sie sind es denn vor Allem, welche es uns möglich machen, mit ziemlicher Bestimmtheit die noch erhaltenen Hervorbringungen aus seiner zweiten Lebenshälfte festzustellen.

Nur eine derselben: die Hersbrucker Altarflügel, verlangen noch eine etwas genauere Prüfung, alle anderen, von durchaus gleichmäßigem Stilcharakter, über den nach allem Gesagten kaum ein Wort mehr verloren zu werden braucht, machen schließlich kaum auf Anderes Anspruch, als eine einfache Registrirung.

Der Hersbrucker Altar ist nicht mehr als Ganzes erhalten, die vier Flügel sind von dem Schrein gelöst und an den Wänden des Chores der Kirche aufgehangen worden. Sie enthalten im Ganzen vierzehn Darstellungen: zwei größere: die Geburt Christi und den Tod Mariä, und zwölf kleinere: Szenen der Passion (acht) und des Marienlebens (vier). Auf den ersten Blick gewahrt man, daß die letzterwähnten Marienbilder: die goldene Pforte, die Verkündigung, die Geburt und die Heimsuchung von ganz anderer Hand, als die übrigen Stücke

Michel Wolgemut.
Der Tod der Maria.
Altarflügel in Hersbruck.
(S. 144.)

Nach „Gemälde von Dürer und Wolgemut."

sind. Ein sehr derber Schüler, dem gar keine künstlerische Bedeutung zuzuerkennen ist, einer von Denen, die am besten stets „unbekannt" bleiben, trägt
die Verantwortung für sie. Was aber die anderen Stücke anbetrifft, so machen
wir hier dieselbe Erfahrung, wie am Haller'schen Altar: diejenigen, die offenbar
bei ganz geöffnetem Schrein sichtbar waren: die Geburt Christi und der Tod
Maria's, sind sorgfältiger ausgeführt als die folgenden Passionsbilder, wenn
auch die letzteren sonst einen ganz übereinstimmenden Stil zeigen. Es käme
hier also wieder in Frage, ob die Passionsdarstellungen von Wolgemut selbst
oder einem Schüler nach seiner Zeichnung angefertigt sind. Auch hier wage
ich nicht, mit absoluter Bestimmtheit zu entscheiden, halte es aber für durchaus
nicht ausgeschlossen, daß Alle von dem Meister herrühren, so gerne man ihn
auch davon freisprechen möchte, eine so abschreckende Darstellung, wie die des
leidenden Heilandes, so furchtbare Karrikaturen, solche bösartige Verbrecher-
gesichter wie die der Schergen, ersonnen zu haben. Entsetzt wendet man sich von
diesen jeden Adels und jeder Schönheitsempfindung baaren, widerwärtigen Gebilden ab, um einigen Trost aus den friedlicheren Szenen der Anbetung Christi
und des Endes der Maria zu gewinnen. Freilich, die Apostel, die sich in
Gruppen um das Lager der Jungfrau geschaart haben, die Hirten, die vom
Engel zur Krippe geführt werden, sehen auch nicht besonders Sympathie er-
weckend aus, scheinen sich vielmehr zum Theil aus der abstoßenden Gesellschaft,
die uns auf den Rückseiten entgegentrat, in Verkleidung hierher verloren zu
haben, aber die Hauptfigur der Madonna fesselt den Blick. Anfangs frägt
man sich, ob es denn wirklich Wolgemut gewesen, der diese anmuthig vornehme,
empfindungsvolle Frauengestalt, der dies zierlich wohlgebildete Christuskind mit
dem feinen Köpfchen entworfen hat. Dieselben scheinen etwa dem Stile eines
schwäbischen Meisters, wie Zeitblom, zu entsprechen. Und doch kann an der
Autorschaft Wolgemut's in Anbetracht aller sonstigen stilistischen Merkmale
nicht gezweifelt werden. So hätten wir denn keine andere Erklärung, als daß
auch hier, wofür früher ja schon manche Belege gefunden worden sind, der
Maler sich an fremde Vorbilder gehalten hat. Die Frage, ob er wie einst
Schülein, so auch dessen jüngeren Mitarbeiter und Schüler, Zeitblom, gekannt
hat, bloß im Hinblick auf das in den beiden Hersbrucker Bildern gegebene
Frauenideal bejahend zu beantworten, wäre eine unerlaubte Kühnheit. Man
muß sich begnügen, darauf hinzuweisen, daß die Kompositionen wieder eine
gewisse Inspiration durch Schongauer'sche Stiche verrathen. In seinem „Tod
der Maria" hat Wolgemut die berühmte gestochene Darstellung desselben Gegenstandes frei variirt. Die gesammte Anlage ist eine gleiche, die Anordnung der
Apostel verändert. Das Verhältniß der Nachahmung zum Vorbilde ist also
wieder ein ganz ähnliches, wie bei der Kreuztragung. Wie auf dieser sind aber
auch hier bestimmte Indizien in Einzelheiten dafür gegeben, daß es sich nicht

bloß um zufällige Uebereinstimmung handelt. Die eigenthümlich ineinander gefalteten Hände des bei Wolgemut am Fußende des Bettes knieenden Apostels sind eine, wenn auch nicht ganz genaue Wiederholung derjenigen des auf dem Stiche von rechts über das Bett sich beugenden Jüngers; das Motiv des weißen Mantels, welchen der Apostel rechts vorne auf dem Bilde trägt, geht auf die Gewandung des links auf dem Stiche neben Maria betend stehenden Mannes zurück, verschiedener anderer kleiner Beziehungen zu geschweigen.

Und wie für den Tod Mariens, so ließe sich für die Geburt Christi eine Komposition Schongauer's, die sogenannte „große" Geburt Christi, als von Einfluß betrachten. Aber schließlich ist aus der Nachahmung Schongauer's doch der Frauentypus nicht allein genügend zu erklären, und es bleibt zu entscheiden, wessen Spuren Wolgemut hier gefolgt ist.

Die Datirung des Hersbrucker Altares bietet, wie die aller der späteren Werke, einige Schwierigkeit. Den einzigen Anhalt für dieselbe gewähren vielleicht die Glasmalereien des Fensters rechts im Chore von S. Jakob zu Nürnberg. Die Zeichnungen derselben, die hl. Anna selbdritt, die Taufe Christi, die Auferstehung, die Verkündigung, den Stammbaum Jesu und Heiligenfiguren darstellend, stimmen in auffallender Weise mit dem Stile der Hersbrucker Bilder überein. Wir finden hier dasselbe reichgelockte, gleichsam sorgfältig frisirte Haar, die in Zöpfe geflochtenen Bärte — Eigenthümlichkeiten, die wohl auch auf Schongauer zurückgehen — wie dort auf den Passionsbildern. Dies Fenster nun aber ist 1497 datirt, und in dieselbe Zeit ungefähr möchte jener Altar am wahrscheinlichsten zu verlegen sein.

In den beiden letzten Jahrzehnten des 15. Jahrhunderts und in dem ersten des folgenden sind nun alle die Bilder entstanden, die im Folgenden zum Schluß kurz angeführt werden. Da sie fast alle in Nürnberg sich befinden, dürfte es sich empfehlen, sie nach ihren verschiedenen Aufbewahrungsorten zusammenzufassen.

Wir beginnen unsere Wanderung mit dem Germanischen Museum. Hier fesselt uns zunächst ein Gemälde in einem alten baldachinförmigen Rahmen, eine Stiftung der Haller'schen Familie (Nr. 120). Es stellt den Tod der Maria dar, wieder eine freie Variante des Schongauer'schen Stiches, von dem hier auch die Drapirung der Bettvorhänge herübergenommen ist, an der Staffel den noch jugendlichen Stifter mit zwei Knaben und eine Frau, nach dem Wappen eine geborene Groland, mit einem Mädchen. Die Inschrift besagt: „anno domini 1487 am Freitag nach Sant Katherina tag verschied die erber fraw margreth Wilhelm Hallerin der got genedich sey." Sehr bunt in der Färbung und trocken in der Behandlung, mit den zauber ausgeführten Zuthaten von allerlei Blumen, die am Boden liegen, und einigen Thieren, wie einer Schnecke, einem Hirschkäfer, ist dieses Bild ein in jeder

Beziehung für die spätere Manier Wolgemut's höchst charakteristisches Werk.

Das Nächste, was zu berücksichtigen wäre, ist eine Tafel mit zwei Bischöfen (Nr. 104). Gemeint sind zwei Kirchenväter, die in eigenthümlicher Weise zugleich als Evangelisten zu deuten sind, da neben dem einen der Ochse des Lukas, neben dem anderen der Engel des Matthäus sich befindet. Offenbar das Bruchstück einer Staffel, das sehr flüchtig, vielleicht nur von Schülerhand ausgeführt ist.

Diese zwei Stücke befinden sich im Korridor der Gallerie, die anderen müssen wir in der ehemaligen Kirche aufsuchen. Das erste ist eine Darstellung der hl. Anna selbdritt, mit den Wappen der Groß und Plauen (Nr. 413. Kleine Abbildung im „Anzeiger für Kunde deutscher Vorzeit" 1855 S. 37). Die Komposition: die jugendliche Maria mit dem Kinde hat sich zu Füßen ihrer Mutter niedergelassen, erinnert ebenso wie die Landschaft mit dem Weiherhaus an Dürer'sche Arbeiten. Sie fällt offenbar in ganz späte Zeit, ebenso wie die zunächst anzuführende Tafel: Christus am Kreuz zwischen Maria und Johannes (Nr. 430). Beide halte ich für eigenhändige Werke, wohingegen ein jüngstes Gericht (Nr. 411) wohl bloß der Zeichnung nach auf Wolgemut zurückgeht.

Eine größere Anzahl seiner Werke ist in S. Lorenz zu finden. In der vierten Kapelle links die Messe des hl. Gregor, nach Hilpert zum Andenken des 1473 gestorbenen Hans Meyer gestiftet. Vischer glaubt sie nur von einem der Gehülfen gemalt, die am Kreuzaltar mit thätig waren, worin ich ihm nicht beistimmen kann. Fast wie ein Pendant hierzu nimmt sich die in der gleichen Kapelle aufgehängte Tafel: Christus als Schmerzensmann zwischen Philippus und Jakobus aus, die Vischer merkwürdiger Weise einem Vorgänger Wolgemut's zuschreibt. Nach Hilpert wäre sie eine Stiftung des 1488 gestorbenen Leonhard Spengler, der in der Tracht eines Kanonikus zu Füßen des Jakobus zu sehen ist.

Ein in der ersten Kapelle links befindlicher Flügel mit den untersetzten, vor einer Balustrade stehenden Figuren der Apostel Philippus, Jakobus, Barnabas und Markus ist von seinem Seitenstück, welches vier andere Apostel zeigt, jetzt getrennt. Das letztere befindet sich in der Frauenkirche. Es sind vielleicht nur Werkstattarbeiten, so unverkennbar der Stil Wolgemut's ist.

Weiter in der siebenten Kapelle links eine Tafel, darstellend den hl. Wolfgang, hl. Erhard und einen dritten Bischof vor einem blauen, von Engeln gehaltenen Teppich; an der Staffel ein Vater mit fünf Söhnen und fünf Frauen in großen weißen Hauben. Nach Hilpert zum Gedächtniß des 1464 gestorbenen Erhard Schon gestiftet.

Am Eingang des Chores links: Christus am Kreuz zwischen

Maria und Johannes mit reicher, weit ausgedehnter Landschaft und der kleinen Figur des Stifters, eines Kanonikus.

Auf der rechten Seite des Chorumganges eine Votivtafel: die Himmelfahrt Christi (jetzt Nr. 3), von dem man nur noch die Füße sieht, indessen Maria und die Apostel an dem Berge in die Kniee gesunken sind. Den Wappen nach von Einem aus der Familie Füher gestiftet, der zwei Frauen gehabt hat, eine Tucherin und eine Schlüsselfelderin.

Die in der Nähe befindliche Tafel (jetzt Nr. 4) mit einer großen Anzahl knieender Leute, unter denen sich ein Papst, Bischöfe, Kardinäle und Mönche befinden, bildete offenbar den einen Flügel eines Altarwerkes und ist wohl identisch mit der von v. Rettberg in der Kaiserkapelle der Burg verzeichneten „Prozession".

Schräg gegenüber am Pfeiler findet man eine durch die reiche Anwendung von goldenen Gewändern besonders lebhaft und farbig wirkende „Beweinung Christi" (jetzt Nr. 2), die ihrer mannichfachen Beziehungen zum Kreuzaltar wegen vielleicht verhältnißmäßig früh angesetzt werden darf (Wappen des Stifters: rothes springendes Pferd auf goldenem Grunde). Jedenfalls gehört sie derselben Zeit an wie der Katharinenaltar in der vierten Kapelle des rechten Seitenschiffes (jetzt Nr. 8). Das Schnitzwerk, das den Schrein derselben einnimmt, zeigt die Statuen der hl. Katharina, Helena und eines Bischofes. Auf der Innenseite des linken Flügels ist die Verlobung der hl. Katharina im Beisein der vierzehn Nothhelfer, die sich in verschiedenen Gruppen niedergelassen haben, auf der des rechten Flügels die Auffindung des hl. Kreuzes durch die hl. Helena und die Bethätigung der Wunderkraft des echten Kreuzes dargestellt. Die Bilder an den Außenseiten: das Martyrium eines Bischofes und einer Heiligen, sind ganz zerstört. Auch hier fallen die reichen Goldstoffe besonders in die Augen, wie dies ähnlich dann auch auf der doch vermuthlich viel später entstandenen Staffel des Schwabacher Altares der Fall ist.

Keine andere Kirche kann sich, was den Besitz Wolgemut'scher Bilder betrifft, auch nur entfernt mit S. Lorenz vergleichen. Erwähnt man die vier Altarflügel in S. Jakob mit den Einzelfiguren der hl. Helena, des Christophorus, der Elisabeth und Anna selbdritt, von denen die ersten beiden wenigstens sicher von dem Künstler sind, während die anderen in Folge vollständiger Uebermalung schwer ein positives Urtheil zulassen — jene Tafel mit vier Aposteln in der Frauenkirche — und weist man noch, allerdings blindlings, auf die Möglichkeit hin, daß der bis zur Unkenntlichkeit übermalte „Tod der Maria" in der Tetzelkapelle der Aegidienkirche, der zum Gedächtniß der 1496 gestorbenen Margret Hans Tetzlin gestiftet wurde, von Wolgemut sein könnte, so ist auch Alles in den Kirchen genannt.

Anzuführen bleibt aber noch ein Altärchen auf der Burg, das auf den Flügeln, vor ausgespannten Teppichen stehend, innen die Heiligen Wenzel und Martin, außen Barbara und Elisabeth, in der Mitte die Holzfiguren der Maria mit dem Kinde und der Heiligen Heinrich und Kunigunde zeigt, dem Wappen nach eine Stiftung der Familie Stromair, vielleicht nicht viel später als der Kreuzaltar entstanden.

Endlich vertritt den Stil des Meisters, läßt auch die sehr breite, flüchtige Mache daran zweifeln, ob er ihn selbst ausgeführt, ein kleiner Altar in der Pfarrkirche zu Schwabach, dessen Gemälde die Auferweckung des Lazarus und den Einzug Konstantin's mit dem Kreuz in Rom, ferner die Heiligen Helena, Magdalena, Antonius Eremita und einen Bischof darstellen.

Von Glasgemälden, die nach Zeichnungen Wolgemut's gefertigt zu sein scheinen, erwähne ich außer dem schon oben angeführten aus dem Jahre 1497 in S. Jakob noch folgende: ·

1. Das Fenster ganz in der Mitte des Chores von S. Lorenz, das zu Ehren des Kaisers Friedrich III, der 1493 starb, eingesetzt sein soll. Hilpert beschreibt es kurz folgendermaßen: „Man sieht den Kaiser mit seiner Gemahlin Eleonore aus Portugal, die Wappen beider und rings herum die Wappen aller Theile des damaligen österreichischen Reiches, nämlich die beiden Wappen Oesterreichs, die von Krain, Tyrol, Burgau, Portenau, Habsburg, Pfyrdt, Elsaß, Kyburg, Windischmark und Mecheln. Außerdem sind einige Turniere, dabei Kaiser Karl zu Pferd im Kampfe, vorgestellt, S. Andreas, St. Christoph, St. Helena, St. Erasmus u. s. w. Oben ist der Erlöser, das Blut aus seiner Seite mit einem Kelch auffangend; Engel sind um ihn mit dem Kreuz, Speer, Essiggeschirr, Schwamm und dgl."

2. Die oberen alten Theile des dritten Fensters rechts im Chore von S. Lorenz, enthaltend Darstellungen der Madonna, Johannes des Täufers, der hl. Margaretha, des hl. Christoph's, der Taufe Christi, der Verkündigung, der Anbetung des goldenen Kalbes, der Evangelistensymbole. Einiges hiervon scheint freilich noch etwas später im Anfange des 16. Jahrhunderts hinzugefügt. Die Wappen unten gehören einer späteren Zeit an.

3. Glasgemälde, datirt 1498, in der S. Johanniskirche.

Ein flüchtiger Ueberblick über die noch heute erhaltenen Zeugnisse der Thätigkeit Michel Wolgemut's während der letzten Jahrzehnte seines Lebens mußte genügen. Selbst vom historischen Standpunkte aus verdienen sie nur eine mäßige Beachtung. Eine früher unter dem Einflusse großer Meister auf monumentale Wirkung ausgehende Kunst lebt sich in ihnen aus. Je mehr dieser Maler es aufgiebt, durch mächtige Verhältnisse und den Gesammteindruck eines reichen Apparates zu wirken, je mehr er sich von seinen Vorbildern löst, desto stärker tritt die Armuth seines Geistes und die Kraftlosigkeit seiner Empfindung hervor. Alle die Elemente, die uns in den späten Arbeiten unerfreulich, ja häufig abstoßend berühren, waren für das vorurtheilslose Auge schon in den früheren großen Schöpfungen vorhanden, damals freilich gleichsam verkleidet, zu scheinbarer Großartigkeit und Würde aufgebauscht, nunmehr, aller Hüllen beraubt, sich gebend als Das, was sie sind. Der einst so geschickt und mit so großer Sorgfalt auf die Wirkung durch den Schein bedachte Regisseur ist der Mühen überdrüssig geworden; Ruhm und mit ihm Aufträge sind ihm in reichstem Maße zu Theil geworden; nun nimmt er es leicht und geht im Vertrauen auf seine gesicherte Stellung nur oberflächlich und schnell zu Werke. Die durch lange Uebung erworbene Handfertigkeit macht ihn bequem. Und wie er schnell nun so bald die Komposition eines Todes der Maria, bald die einer Messe des Gregor, bald die Figuren von Heiligen entwirft, entstehen immer wieder dieselben Gestalten und Formen. Er hat sein ganz bestimmtes Repertoire von Typen, über das er mit vollendeter Sicherheit gebietet. Alle diese Typen sind uns schon ihren Grundformen, ich möchte sagen ihrer Idee nach von dem Zwickauer und dem Hofer Altar her bekannt, nur daß ihre Eigenthümlichkeiten jetzt, als wären sie versteinert, viel schärfer hervortreten. Die Abwechslung ist eine so geringe, daß der Künstler eigentlich nur zwischen zwei Extremen sich bewegt, zwischen dem für die Frauen und die jugendlichen Männer gewählten Kopftypus mit der dünnen gekniffenen Nase, deren Rücken in der Mitte etwas verdickt erscheint, den aufgedunsen vollen Wangen und starken Backenknochen, und dem für die älteren Männer angewandten mit der derben gebogenen Nase, den krampfhaft hoch gespannten Augenbrauen und den eingefallenen Wangen. Mit geringen Variationen, je nach Art des Haarwuchses und der Form des Bartes, kehren diese beiden immer wieder. Die größere Kraft der Farbe und die sorgfältigere, verschmelzende Modellirung der Fleischtöne gab ihnen früher wenigstens bis zu einem gewissen Grade den Anschein von Leben; jetzt glaubt man Imitationen von bemalten Holzfiguren vor sich zu sehen, mit so zähen, unvermittelt neben einander gesetzten Tönen ist das Fleisch in Schatten und Licht gegeben. Unterschiede in der Behandlung sind wohl nachzuweisen, aber im Allgemeinen darf dieses Urtheil als ein gültiges abgegeben werden.

Leicht nun begreift es sich, daß, so lange man die frühen, bedeutenderen Werke nicht auf das Gründlichste prüfte, so lange man nicht alle wesentlichen Merkmale dieser späteren Arbeiten schon in ihnen gewahrte, so lange man endlich Schöpfungen wie den Peringsdörffer Altar dem Wolgemut selbst zuschrieb, diese Tafeln zumeist nur als Werkstattsprodukte betrachtet werden konnten.

Nur zu begreiflich, daß der Forscher weiter, hielt er an dieser Annahme fest, sich, wie der Verfasser selbst bezeugen kann, ganz unlösbaren Widersprüchen gegenüber sah, daß man zu einem festen Begriffe Dessen, welches denn eigentlich Wolgemut's Stil sei, nicht gelangen konnte. Gerne sei es zugegeben, daß auch ferner verschiedene Ansichten darüber herrschen können, ob denn alle die zuletzt erwähnten Bilder ganz von dem Künstler selbst ausgeführt worden sind; es ist aber sehr nebensächlich, ob dies oder jenes gar zu derbe Produkt mit Hülfe eines Schülers vollendet wurde — die Hauptsache bleibt, daß der künstlerische Stil dieser Gemälde einer und derselbe, ein genau zu präzisirender, durchaus persönlicher, der Stil einer bestimmten künstlerischen Individualität ist. Was sich dem scharfen Erfassen desselben hindernd und erschwerend in den Weg stellte, das Urtheil beirrte und schwanken machte, war das nunmehr erkannte Eindringen fremder Elemente in die Kunstweise Wolgemut's. Dieses Fremde, mochte es nun Hans Pleydenwurff, Hans Schülein oder Martin Schongauer entlehnt sein, gab den verschiedenen Werken einen in manchen Einzelheiten unterschiedenen Charakter; Wolgemut schien in mehrfachen Manieren sehr ungleich gearbeitet zu haben, und damit war den mannichfachsten Auffassungen die Thüre geöffnet. Der bequemste Ausweg blieb, Alles und Jedes aus der Mitarbeiterschaft zahlreicher Gesellen zu erklären, und so wurde die „Werkstatt" der Rettungsanker in all solcher Verwirrung.

Wie steht es nun aber in Wirklichkeit mit dieser Werkstatt? Daß Wolgemut eine solche und zwar in ausgedehntem Maße, namentlich in späterer Zeit, gehalten hat, ist sicher. Es fragt sich nur, welcher Art das Verhältniß des Meisters zu den Gesellen und Schülern war. Aus allen bisherigen Untersuchungen geht hervor, daß es gleichsam verschiedene Grade der Mitarbeiterschaft gab. Einmal wird es Lehrjungen, Knaben, gegeben haben, die nur den ersten Unterricht in den Anfangsgründen der Malerei erhielten — diese kommen hier weiter nicht in Betracht. Daneben dann weiter vorgeschrittene, im Malen bereits geübte Lehrlinge, die bei der Vollendung und Ausführung der Aufträge mit thätig waren, gleichwohl aber dienend sich verhielten, indem sie im Stile ihres Meisters nach dessen Zeichnungen arbeiteten. Solche Gehülfen von zumeist mittelmäßiger Begabung, derb, zum Theil roh arbeitende Handwerker, denen keine künstlerische Bedeutung zuzuerkennen ist, waren es, die Theile des Crailsheimer (die Staffelbilder), des Kreuzaltares, des Altares in Hersbruck, einzelne der später erwähnten Tafeln ausführten. Man kann sie getrost unbenannt lassen und unter einen allgemeinen Begriff: „Werkstatt" zusammenfassen. Man wird in dieser Kategorie die Verfertiger einer Anzahl mittelmäßiger Bilder suchen müssen, die man in Nürnberger Kirchen und im Germanischen Museum sieht. Ich erwähne als Beispiele den Peteraltar in S. Sebald mit Szenen aus des Apostels Leben, den nach einer Notiz bei Würfel (Vermischte Nachrichten, S. 660) der 1487 gestorbene Nikolaus Topler renoviren ließ — den in den Anfang des 16. Jahrhunderts zu versetzenden Altar mit Bildern aus der Legende Maria und zahlreichen Heiligen in der Burg, der den Heiligen Helena, Konstantin, Heinrich und Kunigunde gewidmet ist — das Rosenkranzbild von 1502 in S. Lorenz, das zum Andenken der Frau Anna Nyklas Paumgartner gestiftet ist — jene bunte, süßlich farbige Tafel: „Maria mit Kind, Helena, Barbara, Jakobus major, Bartholomäus", die, eine Gedächtnißstiftung des Jodokus Krell († 1483), früher in S. Lorenz sich befand und von v. Murr für eines der schönsten aller Gemälde Nürnbergs gehalten wurde, jetzt im Germanischen Museum (Nr. 125). Dagegen beansprucht nun eine dritte Kategorie unser volles Interesse: es sind die Maler, die ihren eigenen, von dem Wolgemut's verschiedenen Stil haben und doch in einer gewissen Weise mit demselben assoziirt waren, da sie die an Wolgemut ergangenen Aufträge mit ausführen, ja ganz übernehmen. Möglich, daß Einzelne unter denselben früher Schüler Wolgemut's waren; in der Zeit, da sie die uns bekannten Bilder malen, sind sie voll ausgebildete eigenartige Künstler. Gemeinschaftlicher Geschäftsbetrieb scheint sie mit Wolgemut verbunden zu haben. Unter bestimmten Bedingungen und gegen entsprechende Entschädigung wird ihnen derselbe, der durch Jahrzehnte hindurch als angesehenster Meister geradezu das Monopol des Kunstbetriebes besessen zu haben scheint, die ihm gewordenen Bestellungen ganz oder zum Theil zur Ausführung übergeben haben.

Diese durch Gemeinsamkeit der Interessen Wolgemut verbundenen Mitarbeiter sind also Künstler von selbstständiger Bedeutung, die ihren eigenen Stil haben und demgemäß für sich betrachtet sein wollen.

Der älteren Generation noch gehört jener Meister an, den wir als einen Schüler Pfenning's und Mitarbeiter am Zwickauer Altar bereits früher kennen gelernt haben.

Als Zweiter ist der Schöpfer des Peringsdörffer Altares zu nennen, der, Wolgemut an Begabung weit überlegen, als der größte Nürnberger Maler am Ende des Jahrhunderts uns noch eingehender beschäftigen wird.

Der Dritte ist der Künstler, welcher den Bildercyklus in Goslar ausgeführt hat, ein Niedersachse, von dem in Nürnberg Nichts erhalten ist, — ein Vierter endlich der Meister des Schwabacher Altares, welcher schon halb der neuen, durch Dürer's künstlerische Thaten hervorgerufenen Phase der Nürnberger Kunst angehört und im Zusammenhang mit einigen anderen Künstlern des Ueberganges betrachtet werden muß.

Sache der einzelnen Untersuchung wird es sein, zu entscheiden, ob einer dieser Künstler als eigentlicher Schüler Wolgemut's anzusehen ist, und in wie weit er durch die Kunst des Letzteren beeinflußt worden ist.

Die Frage nach den Mitarbeitern Wolgemut's führt uns weiter aber zu
Betrachtungen darüber, ob und in wie weit er neben der Malerei auch auf
anderen Gebieten der Kunst thätig gewesen ist. Die einzige positive Angabe
nämlich über eine Arbeitstheilung mit einem anderen Künstler ist Jene, nach
welcher er in Gemeinschaft mit seinem Stiefsohne Wilhelm Pleydenwurff die
Illustration eines großen von Anton Koburger herausgegebenen Werkes: der
Schedel'schen Weltchronik, ausgeführt hat, die in lateinischer Sprache 1493,
in deutscher 1494 herausgegeben wurde. Die Beglaubigung der Autorschaft beider
Künstler an den Holzschnitten findet sich am Schlusse der Chronik und gestattete
weiter, auch den Bilderschmuck des 1491 von Koburger publizirten „Schatzbehalters" mit vollständiger Sicherheit als ihre Arbeit zu betrachten, da der
Stil der Holzschnitte hier durchaus mit dem in der Weltchronik übereinstimmt.
Verschiedene Holzschneider, mehr oder weniger geschickt, haben offenbar nach
ihren Zeichnungen gearbeitet.

Nun ist bisher mit großer Bestimmtheit behauptet worden, daß es, in
Anbetracht der sehr verschiedenen Kunstfertigkeit der Holzschneider und der
hieraus entspringenden ungleichartigen Treue in der Wiedergabe der Zeichnungen,
unmöglich sei, den Antheil Wolgemut's an der Arbeit von dem Pleydenwurff's
zu unterscheiden. In der That scheint auf den ersten Blick der stilistische
Charakter aller Illustrationen ein durchaus einheitlicher und nur die Güte der
Holzschneidearbeit eine verschiedene zu sein, bei näherer vergleichender Prüfung
aber gelangt man zu einem anderen Urtheil. So gewagt, ja verwegen der
Versuch dünken mag, Wolgemut's und Pleydenwurff's Zeichnungen unterscheiden
zu wollen, bleibt er doch nichtsdestoweniger zu unternehmen: als Ausgangspunkt darf ja nunmehr die bis in Einzelheiten hinein gewonnene Kenntniß der
stilistischen Merkmale von Wolgemut's Stil dienen.

Die Illustrationen der Weltchronik sind verschiedener Art: entweder größere
figürliche Darstellungen oder Städteansichten oder Figuren, meist Brustbilder,
von Personen der Geschichte, Sage oder Legende; einzelne wenige Stöcke, den
Tempel in Jerusalem und dessen Ausstattung behandelnd, sind aus der älteren
Bibel Koburger's entlehnt. Jene Brustbilder sind fast durchweg auf einen
einzelnen Stock geschnitten und wurden nach Belieben häufig in stammbaum-
artiger Weise nebeneinandergestellt. Sie wiederholen sich vielfach, so daß dasselbe Bild das eine Mal einen Patriarchen, das andere Mal einen griechischen
Helden, das dritte Mal einen Philosophen vergegenwärtigt. Die Naivetät,
mit der dem Betrachter zuweilen zugemuthet wird, er solle irgend einen Nürnberger Bürger mit behaglichem Käppchen auf dem Kopf für einen trojanischen
Vorkämpfer ansehen, kann wahrhaft erheitern. Es kommt dem Künstler nicht
allzu ängstlich auf irgend welche Charakterisirung an; er glaubt sein Möglichstes
zu thun, wenn er die Bärte und Kopfbedeckungen, unter denen manche phan-

taftische vorkommen, variirt. Dies gilt im Allgemeinen, was aber den Geist, die Empfindung und das Formengefühl anbetrifft, so, meine ich, läßt sich deutlich gewahren, daß zwei sehr verschieden begabte künstlerische Individualitäten thätig gewesen sind, die eine nüchtern, derb und geistlos, die andere mit ausgesprochenem Sinne für das Feine, Anmuthige, poetisch Ausdrucksvolle. Es handelt sich hier nicht um eine bloß auf Rechnung des Holzschneiders zu setzende Verschiedenheit, sondern um eine solche des Stiles!

Der Nachweis nun aber, welcher von den beiden Zeichnern Wolgemut war, läßt sich unschwer erbringen. Beim Durchblättern des mächtigen Bandes fallen einige größere Holzschnitte ins Auge, die Wolgemut's Autorschaft auf das Unzweifelhafteste verrathen: ich nenne vor Allem die Darstellungen: Christus und die zwölf Apostel (Fol. CI verso der lateinischen Ausgabe), das jüngste Gericht (Fol. CCLXV verso) und die Szenen der Schöpfungsgeschichte (Fol. I bis VII) mit Ausnahme der „Engelversammlung" (Fol. II). Prägt man sich alle Merkmale ein, so wird man die bei Weitem größte Zahl der anderen größeren figürlichen Darstellungen, sowie die Mehrzahl der einzelnen Figuren gleichfalls als Zeichnungen Wolgemut's erkennen. Vor Allem ist es die Handform, die als ein entscheidendes Merkmal gelten muß: jene längliche Form der Hand mit steif in der Fläche der Mittelhand ausgestreckten Fingern, von denen die mittleren gerade und geschlossen aneinander liegen, indeß der kleine Finger steif etwas von ihnen abgesperrt ist. Natürlich haben wir es mit einer Anzahl verschiedener Handbewegungen zu thun, aber die dominirende typische ist die eben erwähnte. Wer den Blick für die Handform an den Gemälden Wolgemut's geübt hat, wird sie auch hier nach einiger Uebung scharf erfassen. Daneben sind es die derb gezeichneten, unangenehmen Typen, die verkleinert, aber zugleich noch vergröbert diejenigen der Gemälde wiederholen: der eine derbere Holzschneider macht sie zu vollständigen Karrikaturen.

Welches sind nun aber die Illustrationen, die jener anderen feiner organisirten Künstlerindividualität, also Wilhelm Pleydenwurff zuzuschreiben sind? Ihre Zahl ist, wie erwähnt, eine viel kleinere. Ich führe vor Allem folgende als kennzeichnende Beispiele an: die Engelgruppe (Fol. II), Circe und Ulysses (Fol. XLI), Noah (Fol. XIV verso), Abraham Fol. XXII), Hiob (Fol. XXIX), Alexander Magnus (Fol. LXXV verso), die tiburtinische Sibylle (Fol. XCIII verso), das Gastmahl des Herodes (Fol. XCIV verso), das Wunder der Hostie (Fol. CXVII), den großartig dramatischen Tanz der Skelette (Fol. CCLXIIII), den Kaiser und seinen Hofstaat (Fol. CLXXXIIII). Alle anderen größeren Bilder — vielleicht mit Ausnahme der Marienbilder (Fol. CII verso) und der Martyrien des Petrus und Paulus (Fol. CIV verso), über die ich mich nicht mit Bestimmtheit auszusprechen wage — dürften von Wolgemut sein. Von Einzelfiguren erwähne ich nur eine Anzahl der wichtigeren: die Patriarchen (Fol. IX verso, Fol. X, Fol. X verso, Fol. XIV verso, die eingerahmten Fol. XV verso, Fol. XXI. Aminadab und Naason Fol. XXX), die Sibyllen (Fol. XXXV verso), griechische Helden (Fol. XXXVII), die Königin von Saba (Fol. XLVI verso). Dasselbe aber, wie bei der Weltchronik, dürfen wir auch bei dem Schatzbehalter konstatiren. Auch hier dürfte zwischen Wolgemut und Pleydenwurff wohl zu unterscheiden sein, bleibt man in manchem einzelnen Falle auch ungewiß. Die Mehrzahl der Zeichnungen stammt von Ersterem, — von denen Pleydenwurff's begnüge ich mich, nur die besonders charakteristischen anzuführen, als welche ich betrachte: Fig. 41: die Hochzeit zu Kana, Fig. 53: die Findung Mosis, Fig. 57: die Gefangennahme Christi, Fig. 60: Moses und der Engel, Fig. 84 und 85: Darstellungen aus dem Leben David's.

Was die Figuren Pleydenwurff's vor Allem auszeichnet, ist der ausgesprochene Sinn für Schönheit, die scharfe Naturbeobachtung und eine lebhafte Phantasie. Die vornehme Würde des Alters weiß er nicht minder darzustellen wie die leichte Anmuth der Jugend; im Gegensatze zu Wolgemut's derbem, philisterhaftem Wesen ist ihm ein aristokratisches Empfinden zu eigen, das seiner Kunst einen durchaus edlen Charakter verleiht. Seine Gestalten bewegen sich mit voller Freiheit und Ruhe bei aller Lebhaftigkeit. Die Gesichtszüge sind fein und scharf, der Blick ist lebhaft und offen, die Bewegung ausdrucksvoll momentan. Er liebt es, den Figuren reiche, häufig phantastische Kopfbedeckungen zu geben und die Tracht durch Anwendung von kostbaren Stoffen und Pelzen möglichst mannichfaltig zu gestalten, wie er auch die Blumenkelche, aus denen die Halbfiguren erwachsen (ähnlich wie dies auf den Rückseiten Wolgemut'scher Altäre geschieht), besonders geschmackvoll bildet. Zwei Eigenthümlichkeiten der Zeichnung aber sind es, welche, sieht man von dem Gesammtcharakter ab, das Kriterium dafür abgeben, welche Holzschnitte auf seine Zeichnung zurückgehen: nämlich die Haarbehandlung und die Handform. Haben die Figuren Wolgemut's nämlich schlichtes, weich oder in welligen Locken fallendes Haar, so ist das von Pleydenwurff gezeichnete Haar und der Bart kraus gelockt und daher sehr detaillirt in zittrigen Linien gegeben, was dem Holzschneider zumuthete, das Schneidemesser fast wie eine Radirnadel zu handhaben. In den zierlich bewegten Händen aber macht sich, wie in Allem sonst, das Streben nach Grazie und Ausdruck bemerkbar: die feinknochigen, zugespitzten Finger sind gespreizt bewegt: der kleine und der vierte sind meist etwas gekrümmt. Fast nie, wie dies bei Wolgemut die Regel, liegen die Finger geschlossen steif neben einander, sondern entweder der Mittelfinger allein oder Mittelfinger und vierter Finger oder der vierte Finger allein sind ein wenig einwärts gekrümmt, oder der

Mittelfinger ist etwas unter den Zeigefinger geschoben, wodurch der vierte und der kleine isolirt werden: kurz, der Künstler sucht möglichstes Leben in die Hand zu bringen.

Auf Grund dieser Eigenthümlichkeiten nun könnte von Einem, der sich die Mühe hierzu nehmen möchte, ein genaues Verzeichniß der Holzschnitte nach Wolgemut und derjenigen nach Pleydenwurff aufgestellt werden, wobei freilich stets darauf Rücksicht zu nehmen ist, daß auch Pleydenwurff sich verschiedener Holzschneider, die seine Zeichnungen mehr oder weniger getreu übertrugen, bediente. Wir bescheiden uns damit, die Unterschiede des Stiles im Allgemeinen festgestellt zu haben, und weisen nun auf zwei Resultate eines solchen eingehenden Vergleiches hin. Einmal nämlich ist es sehr bemerkenswerth, daß nicht allein die schöneren Entwürfe von Pleydenwurff herrühren, sondern daß eine Anzahl derselben auch in ganz besonders technisch vollendeter Weise in Holz geschnitten worden sind. Keine der Wolgemut'schen Illustrationen läßt sich, was die Feinheit und Sorgfalt des Holzschnittes anbetrifft, vergleichen mit Bildern, wie der Engelversammlung (Fol. II), dem Abraham (Fol. XXII), der Circe und Ulysses (Fol. XLI), dem Hofstaat des Kaisers (Fol. CLXXXIIII), um nur einige Beispiele zu geben, die durch viele der Bildnisse vermehrt werden könnten. Unwillkürlich frägt man sich angesichts dieser ganz meisterlichen Holzschnitte, ob sie nicht vielleicht von Pleydenwurff selbst ausgeführt worden sind.

Die zweite bemerkenswerthe Thatsache ist diese, daß Pleydenwurff an der Illustration etwa des ersten Drittels der Chronik großen Antheil genommen hat, ja daß er für dasselbe den größeren Theil der Einzelfiguren ausgeführt hat, indeß Wolgemut besonders die größeren Bilder gezeichnet hat, daß aber später Pleydenwurff's Mitarbeiterschaft sich auf ganz wenige und zwar zumeist umfangreichere Entwürfe beschränkt.

Welcher Art das Verhältniß der beiden Künstler zu einander war, wird aus diesem allen ganz ersichtlich: Wilhelm Pleydenwurff arbeitete mit Wolgemut in dessen Atelier, und es trat bei Aufträgen wie denen Koburger's eine vollständige Arbeitstheilung ein, nachdem man sich über den Gesammtplan geeinigt hatte. Nur Eines bleibt unsicher, ob Beide nicht bloß die Zeichnungen gemacht, sondern auch selbst in Holz geschnitten haben. Es läßt sich hierüber schwerlich ein positives Urtheil gewinnen, aber ein wichtiges Hülfsmittel zur Entscheidung der Frage ist uns geboten: in jener Zeichnung im British Museum nämlich, die ohne Zweifel der erste Entwurf zu dem thronenden Gottvater in der Schedel'schen Weltchronik (Fol. I verso) ist und durch Sidney Colvin bekannt gemacht und im „Jahrbuch der k. preußischen Kunstsammlungen"

(Bd. VII, S. 98) veröffentlicht worden ist. Dieses große Blatt, das nur in
unwesentlichen Kleinigkeiten von dem Holzschnitt verschieden ist und auf der
Rückseite Bruchstücke des Schedel'schen Textes enthält, trägt die Jahreszahl
1490. Damals also schon, noch ehe der Vertrag mit Wolgemut und Pleydenwurff (29. Dezember 1491) abgeschlossen worden war, wurde das Unternehmen
geplant, und diese Zeichnung mag als eine Art Probestück gedient haben.
Sidney Colvin nun hält sie für eine Arbeit Wolgemut's, dem er überhaupt
den Löwenantheil an der Illustration zuerkennt, und dafür würde auch unsere
obige Zuweisung des betreffenden Holzschnittes an Wolgemut sprechen. Nun
ergiebt aber eine genauere Prüfung des Entwurfes, daß nach allen stilistischen
Anzeichen derselbe nicht von der Hand Michel's, sondern von der Pleydenwurff's ist. Sonderbar genug: bei der Uebertragung auf den Holzstock ver-
wandeln sich die reizenden schalkhaften, gefälligen Putten, die ihr Spiel oben
im gothischen Laubwerk treiben, vollständig in die von den Bildern Wolgemut's uns wohlbekannten flämischen, häßlichen Kinder: aus dem äußerst
charakteristischen, ausdrucksvoll nach oben blickenden Kopf des einen der Wald-
menschen links mit der charakteristischen aufgeworfenen Nase wird ein wüst drein-
schauender Kopf mit langer gebogener Nase; die scharf bewegten, gespreizten
Hände Beider verlieren ihre eigenthümliche Form. Damit, daß ein ungeschickter Formschneider das Vorbild verderbt und entstellt habe, wird die auffallende Erscheinung nicht erklärt, denn es handelt sich nicht um eine bloße
Entstellung, sondern um eine Umbildung im Wolgemut'schen Geschmacke. Soll
man nun annehmen, daß Wolgemut seinerseits den Pleydenwurff'schen Entwurf noch einmal nachgezeichnet und diese seine Zeichnung dem Formschneider
übergeben hat, oder daß er selbst den Holzschnitt nach Pleydenwurff angefertigt
hat? Beides wäre denkbar, doch hat die erstere Annahme immerhin mehr Wahrscheinlichkeit für sich, da die wohl erhaltene Londoner Zeichnung schwerlich
direkt als Vorlage für einen Holzschneider gedient hat.

Die Erwähnung einer dem Wolgemut zugeschriebenen Zeichnung legt es
nahe, die Frage zu erörtern, ob uns echte Zeichnungen des Meisters überhaupt
erhalten sind. In den meisten größeren Sammlungen werden Blätter unter
seinem Namen gezeigt: die größte Anzahl wohl in der zu Erlangen, andere in
Berlin, Wien, Pest, Paris, London, Basel. Es sind fast Alles breit und
flüchtig mit der Feder, häufig auf röthlich grundirtes Papier (Erlangen) hingesetzte Entwürfe. Ein gemeinsamer Stilcharakter ist ihnen durchweg eigenthümlich,
und derselbe weist auf die Nürnberger Schule und speziell die Richtung Wolgemut's hin. Der künstlerische Wert aber ist ein sehr verschiedener, und die
Entscheidung darüber, welche Zeichnungen von Wolgemut selbst, welche von
Arbeitsgenossen und Schülern ausgeführt sind, wird erst durch ausführliche

Untersuchungen erreicht werden können, die auch der Verfasser nicht zum Ende
geführt zu haben bekennt.

Als Maler und als Zeichner für den Holzschnitt haben wir Michel Wolgemut kennen gelernt, damit aber, falls anders die verschiedenen hierüber ge-
äußerten Ansichten Recht haben, noch nicht den Künstler nach dem ganzen Um-
fange seiner Thätigkeit gewürdigt. Zwei andere Seiten derselben blieben zu betrachten: die Kunst, in Kupfer zu stechen und die Bildschnitzerei.

Thausing, der allzu früh durch ein grausames Geschick dem Leben und Wirken Ent-
rissene, war es, der in seiner großen Biographie Dürer's zuerst die Behauptung aufstellte, daß auf einer Anzahl Kup fer stiche in der Mitte unten angebrachte W bedeute
Wolgemut. Es waren dies jene Stiche, welche Wiederholungen von solchen Dürer's
sind. Thausing hatte zuerst die W'schen Blätter für die Originale, die Dürer'schen
für die Kopien gehalten, in der zweiten Ausgabe seines Werkes modifizirte er diese
Ansicht und schloß sich der Harck's an, welcher im Einklang mit der von vielen
Seiten geltend gemachten Thatsache, daß die Kompositionen doch zweifellos von
Dürer herrührten, die Vermuthung ausgesprochen hatte, Dürer habe, nach seiner
italienischen Reise wieder als Mitarbeiter in die Werkstatt Wolgemut's zurückgekehrt, zuerst seine Stiche unter dem Zeichen dieser Werkstatt: W ausgehen
lassen und später, selbstständig geworden, dieselben Kompositionen noch einmal
gestochen und nun mit seinem Monogramm versehen. Harck sah sich zu dieser
Erklärung genöthigt, als der einzig möglichen, weil er die von Thausing vor-
gebrachten Gründe dafür, daß die W'schen Blätter die Originale, die Dürer'-
schen die Kopien seien, für unwiderleglich hielt. Nun haben dieselben aber neueren
Forschungen, zunächst Bischer's, dann Schmidt's und Lehrs', nicht Stich gehalten,
und damit verändert sich die ganze Sachlage. Die alte Ansicht, die W'schen Stiche
seien einfach nach den Dürer'schen gemacht, ist wieder zu ihrem Rechte gekommen.
Wer daran festhalten will, daß mit dem W Wolgemut gemeint sei, würde den
Letzteren also als den Kopiisten seines Schülers Dürer auffassen müssen.

Bedeutet aber das W Wolgemut? Diese Frage ist von Lehrs neuerdings
in seiner Schrift über „Wenzel von Olmütz" auf das Entschiedenste verneint
worden. Neben jenen in Nachahmung Dürer's entstandenen Blättern giebt es
eine Anzahl anderer, gleichfalls mit W signirter. Diese, ihrerseits zumeist
Kopien nach anderen Stichen, namentlich Schongauer's, werden, und zwar auch
von Thausing, auf Grund eines „Wenzel von Olmütz" bezeichneten Blattes,
diesem Künstler zugeschrieben. Lehrs nun weist aus bestimmten Eigenthümlichkeiten der Art, in welcher dieser Künstler fremde Vorbilder nachahmt, nach, daß
auch jene mit dem W unten in der Mitte bezeichneten Kopien Dürer'scher
Stiche von demselben Wenzel gemacht sind. Indem er zugleich den Beweis

führte, daß die einzige ältere Nachricht, die Litera W bedeute Wolgemut, als
eine durchaus willkürliche keinerlei beweisende Kraft habe, hat Lehrs die von
Thausing aufgestellte These, Wolgemut sei auch Kupferstecher gewesen, vollständig widerlegt, und hierbei dürfte es, falls nicht ganz neue entscheidende
Thatsachen aufgefunden werden, sein Bewenden haben.

Anders verhält es sich mit der Annahme, Wolgemut habe neben der
Malerei auch die Kunst des Bildschnitzens betrieben. Positive alte Angaben haben
wir freilich auch hierüber nicht, aber der Umstand, daß die größten von dem
Meister ausgeführten Altäre neben den Gemälden auch Bildschnitzereien enthalten, führt von selbst zu ernstlichen Erwägungen. Wiederholt ist von Forschern,
die sich mit den Gemälden Wolgemut's beschäftigten, hervorgehoben worden,
daß die Farbenbehandlung wie die Zeichnung in denselben mehr den Geschmack
und die Kunstweise eines in Holz arbeitenden Bildhauers, als eines Malers
verrathe: man könnte als Beleg hierfür die Härte in der Zeichnung der Umrisse, den Mangel an fein modellirender Abstufung der Töne und die Vorliebe
für die zähe, gelbe Farbe des Fleisches anführen. In der That scheinen, wie
schon oben bemerkt wurde, die Figuren auf den Bildern des Künstlers mehr
bemalten Holzfiguren, als lebenden Wesen nachgebildet zu sein. Aber hieraus
einen bestimmten Schluß ziehen zu wollen, wäre gewagt. Daß Wolgemut in
erster Linie Maler war, beweist schon die Formulirung der ihm zu Theil gewordenen Aufträge. Jene Eigenthümlichkeiten seines Stiles lassen sich auch
ohne die Annahme, daß er vorzugsweise Bildschnitzer gewesen sei, und zwar
einfach aus der mäßigen künstlerischen Begabung erklären.

Entscheidend also kann nur der Vergleich der plastischen Theile an den
von ihm ausgeführten Altären unter einander und mit sonstigen Nürnberger
Werken sein. Einen solchen Vergleich nun hat Bode in seiner „Geschichte der
deutschen Skulptur" zuerst angestellt und ist zu dem Resultate gekommen, daß
eine ganze Gruppe von Holzschnitzwerken, die den wesentlichen Stilmerkmalen
nach zusammengehören, in der Wolgemut'schen Werkstatt entstanden sein muß,
daß aber in keiner Weise ein bestimmter Anhaltspunkt dafür vorläge, dieselben
oder auch nur einzelne derselben als eigenhändige Arbeiten des Meisters anzusehen. Vielmehr müsse man annehmen, daß die Schnitzereien von verschiedenen
Gehülfen ausgeführt worden sind.

Wenn Bode gegen die Behauptung, Wolgemut sei sowohl Maler als
Bildschnitzer gewesen, ganz allgemein schon dies einwendet, daß in Deutschland
überhaupt die verschiedenen Kunstzweige viel getrennter betrieben worden seien,
als in Italien, wo uns im Quattrocento eine häufig geradezu unbegreifliche
Universalität des Schaffens bei ein und demselben Künstler entgegentritt, so
wäre hierauf freilich, bei aller Anerkennung der Richtigkeit dieser Bemerkung
dem Allgemeinen nach, zu erwidern, daß es eben zuweilen doch deutsche Künstler

gegeben hat, die wie Berthold zugleich Maler und Bildschnitzer waren. Aber diese Erwiderung entkräftet die viel entscheidenderen stilistischen Untersuchungen Bode's nicht, welche ihn veranlaßten, in Wolgemut nur den Maler, nicht den Bildschnitzer zu sehen.

Die Forschungen des Verfassers können nichts Anderes, als die Ansichten des um, man darf wohl sagen, alle Zweige des kunstgeschichtlichen Wissens so unvergleichlich verdienten Forschers im Wesentlichen bestätigen.

Prüft man die Bildschnitzereien an den im Obigen als Wolgemut'sche Werke nachgewiesenen Altären, so wird eine zum Theil sehr große Verschieden= heit der Ausführung bei ausgesprochener Verwandtschaft bemerkbar. In Betracht kommen, da vom Hofer Altar nur die Bilder erhalten sind: der Zwickauer, der Haller'sche, der Crailsheimer Altar, ferner das jetzt im Ger= manischen Museum aufbewahrte Mittelstück des Hersbrucker Werkes, der große Schwabacher Altar, der kleine ebendaselbst, der Katharinenaltar in S. Lorenz und das Altärchen auf der Burg. Fast möchte man sagen: so viele Werke, so viele Künstlerhände! Schon die Schnitzereien der beiden erstgenannten Werke, so deutlich sie in Typen, Gewändern und Empfindung den Stempel der Wol= gemut'schen Kunst tragen, weichen in der Ausführung stark von einander ab, und auch bei den späteren würde es gewagt sein, auch nur zwei demselben Bildschnitzer zuzuschreiben. Einmal, bei dem Schwabacher Altar nämlich, kann man, Bode folgend, sogar den Verfertiger der großen Holzfiguren namhaft machen. Veit Stoß nämlich erscheint hier als der Mitarbeiter Wolgemut's an einem und demselben Werke, — ein weiterer interessanter Beleg für den Geschäftsbetrieb unseres Künstlers.

Bei dieser Verschiedenheit der Schnitzereien, wie sollte man mit Bestimmt= heit sagen können, ob und an welchem Werke sich derselbe als Bildhauer be= theiligt hat? Hat er die Grablegung am Haller'schen Altar, hat er die Heiligen in Zwickau gefertigt, oder was sonst? Möglich ist es, daß eines der Werke von ihm herrührt, aber man sieht sich hier nur auf Vermuthungen angewiesen. Das Einzige, was sich mit Sicherheit ergiebt, ist Dies, daß, falls er in Holz zu schnitzen verstand, er solcher Kunst nur ganz ausnahmsweise oblag und in der Regel, ja fast immer bestimmten Mitarbeitern diesen Theil der Aufträge aus= zuführen überließ. Daß der Geist seiner Malereien sich in den plastischen Arbeiten der Werkstattsgenossen wiederspiegelt, ist bei der dominirenden Stellung, die er in Nürnberg einnahm, schließlich nicht verwunderlich, selbst wenn die Annahme Bode's, daß die Bildschnitzer vielfach nach seinen Entwürfen ar= beiteten, nicht allgemeine Zustimmung findet.

Die eingehende Betrachtung der Skulpturen der Wolgemut'schen Werk= statt aber geht über die Aufgabe dieses Buches hinaus. Wer sich derselben widmen will, wird von den oben genannten Werken auszugehen und mit ihnen

eine große Anzahl anderer nicht mit Wolgemut'ſchen Bildern in Zuſammenhang ſtehender Arbeiten, von denen Bode einzelne beſonders wichtige ſchon angeführt hat, zuſammenzuſtellen haben. Hier genügt der allgemeine Nachweis,
daß Wolgemut in allererſter Linie Maler geweſen iſt und, was hiervon die
einfache Folgerung iſt, daß die Schwächen und Mängel ſeiner Kunſtweiſe einzig
und allein aus ſeiner Begabung zu erklären ſind.

Berthold, Pfenning, Hans Pleydenwurff — dieſe drei Namen bezeichnen
ebenſoviele bedeutungsvolle Phaſen in der Geſchichte der Nürnberger Kunſt im
15. Jahrhundert. Nicht ihnen gleichberechtigt darf Michel Wolgemut genannt
werden. Entſcheidende, weit hinaus wirkende Neuerungen, die nur aus einem
genialen Vermögen entſpringen, werden ihm nicht verdankt. Weder durch
Originalität der Anſchauung, noch durch Ausbildung des techniſchen Verfahrens,
noch durch fruchtbringende Einführung einer vorgeſchrittenen fremden Kunſtrichtung hat er ſich ausgezeichnet. In jeder Beziehung bleibt er hinter ſeinem
Lehrer Pleydenwurff zurück, es ſei denn, daß man die reichere Durchbildung
der Landſchaft in Einzelheiten als einen Fortſchritt auffaſſen will. Nur indem
er bedeutende, künſtleriſche Elemente anderen großen Meiſtern: ſeinem Lehrer,
dann Schülein, endlich Schongauer nachahmend entlehnt, vermag er ſeinen
Schöpfungen wenigſtens den täuſchenden künſtlichen Schein energiſchen Lebens
und kühner Gewandtheit zu geben. Aber dieſe Anſtrengung hält nicht dauernd
vor, und nach kurzem, gewaltſam erzwungenem Aufſchwung ſinkt er um ſo ſchneller
auf den Boden nüchterner, platter Alltäglichkeit, in die Sphäre, der er ſeinem
ganzen Weſen nach von je angehörte, zurück. Die ſchnell errungene Gunſt der
Mitbürger, die ſich vollſtändig von ihm blenden ließen, ſeitdem er durch die
Verheirathung mit der ehemaligen Frau ſeines Lehrers mit allen Anſprüchen,
deſſen einziger Erbe und größerer Nachfolger zu ſein, aufgetreten war, bleibt ihm
auch in dieſen ſpäteren Zeiten treu. Er iſt der unbeſtrittene Leiter und
Mittelpunkt des künſtleriſchen Lebens in Nürnberg. Alle großen Aufträge er-
gehen an ihn, und zur Mitarbeiterſchaft zieht er die begabteren Maler und
Bildſchnitzer an ſich heran, indeß die jüngere Generation ſich in ſeine Werkſtatt
drängt, die erſten Anweiſungen von ihm zu erhalten. Und es war, als ſollte
Das immer ſo bleiben, denn dieſem Manne ſchien kein Ende der Tage geſetzt zu
ſein. Viel jüngere, viel begabtere Künſtler ſtarben neben ihm dahin, und er
fuhr fort zu malen und zu zeichnen und zu unterweiſen. Der junge Knabe,
der im Jahre 1486 in die Werkſtatt eingetreten war, der ſie 1490 verlaſſen hatte,
um ſich auf die Wanderſchaft zu begeben, hatte einen weit über die deutſchen Lande
hinaus berühmten Namen erhalten, hatte ſeine Apokalypſe, ſeine zwei Paſſionen
in die Welt ausgehen laſſen — und noch immer war Wolgemut bei der Arbeit.
Unerhörte künſtleriſche Thaten waren geſchehen: ſprach man von Nürnberger
Kunſt, ſo ſprach man von Albrecht Dürer; eine Welt von neuen Ideen hatte

ein anderes Zeitalter für Deutschland herbeigeführt, im Auftrage Kaiser Maximilian's begann Dürer die heidnisch allegorischen Werke des Triumphwagens
und der Ehrenpforte zu entwerfen — und Michel Wolgemut lebte noch immer!
Kann sich das Wesen eines Menschen charakteristischer in seinem Schicksal aus-
sprechen? Ein Künstler und eine Kunstweise, die allmählich, da der belebende
Hauch von Außen nachläßt und keine Bewegung von Innen heraus sich aus-
breitet, in vollständige Stagnation gerathen und so stockend und immer trüber
werdend, langsamer Verflüchtigung preisgegeben, monoton verharren, inmitten
jugendgewaltigen Frühlingslebens ringsum, bis dieses sie ganz überwuchert und
bis auf die letzten Reste aufzehrt.

5. Wilhelm Pleydenwurff.

"Dieser Wolgemut ist seiner Zeit für einen guten künstlichen Maler und
Reißer geacht gewest, darumb auch Albrecht Dürers Vater ihm, Wolgemut,
seinen Sohn Albrechten zu lernen befohlen hat. Was aber gemelter Wolgemut
zu der Zeit gerissen hat, findet man in der Nürnbergischen großen Chronik, sein
Gemäld aber ist die Tafel in der Augustiner Kirche gegen die Schustergasse,
welches der Peringsdorffer hat machen lassen. Er starb 1519."

Diese wenigen, dem Andenken Wolgemut's vom Schreibmeister Neudörfer
in seinen "Nachrichten von Künstlern und Werkleuten zu Nürnberg aus dem
Jahre 1547" gewidmeten Worte sind es gewesen, die wesentlich mit dazu beigetragen haben, daß man bisher zu einer klaren Anschauung von Wolgemut's
Kunst nicht gelangen konnte. So lange man ein Werk, wie den Peringsdörffer Altar, dessen vier große mit Malereien geschmückte Flügel jetzt einen
Ehrenplatz im Germanischen Museum (N. 112—115) erhalten haben, als
eine Schöpfung dieses Meisters ansah, konnte nichts Anderes als die größte
Verwirrung entstehen. Es bliebe ganz unbegreiflich, wie man dieses unzweifelhaft <u>weitaus hervorragendste Werk</u> der Nürnberger Malerschule aus der
zweiten Hälfte des Jahrhunderts vor Dürer mit größter Hartnäckigkeit demselben Künstler zuschreiben konnte, der die Bilder in Zwickau, in der Heiligen-
kreuzkirche, in Hersbruck gemacht, riefe man sich nicht immer wieder in Erinnerung, wie unwiderstehlich stark die Tradition eine Ansicht zu machen
pflegt, und wie sehr es in diesem Falle erschwert war, die festen Anhaltspunkte
für eine vorurtheilslose Kritik zu gewinnen.

Zwar — die Verschiedenheit der Gemälde von den als Wolgemut an-
erkannten war eine zu augenfällige, als daß man sich nicht veranlaßt gesehen

11*

hätte, sie erklären zu wollen. Aber die Forscher beschränkten sich, da sie an Neudörfer's Autorität nicht zu rütteln wagten, darauf, auch für dieses Werk die Mitarbeiterschaft von Schülern anzunehmen. Als sicher von Wolgemut's Hand ausgeführt, betrachtet Hotho nur die großen Heiligenfiguren. Waagen und Schnaase wollten den Antheil eines Schülers auf die Darstellungen der Legende des hl. Veit beschränkt wissen. Derselben Ansicht war v. Seidlitz. Vischer endlich, dem Janitschek sich im Wesentlichen anschließt, giebt Wolgemut selbst die Heiligengestalten, den malenden Lukas und einige Figuren in der „Erhenkung Veits", glaubt aber sonst noch die verschiedene Manier von vier Gehülfen wahrzunehmen, deren erster (R. F.) die Veitlegende, deren zweiter gleichfalls Einzelnes in den Szenen aus dem Leben des Veit ausgeführt, deren dritter (Hans Traut?) die Darstellungen der Heiligen Sebastian und Christoph, deren vierter jene des hl. Bernhard gemacht habe.

Allen diesen Ansichten sei nun, auf Grund unserer eingehenden früheren Untersuchungen, die Behauptung gegenübergestellt, daß Wolgemut überhaupt gar keinen Antheil an dem Peringsdörffer Altar hat, daß vielmehr derselbe von einem anderen, viel bedeutenderen Maler und zwar zum größten Theile von einem und demselben ausgeführt worden ist. So glaubwürdig das Zeugniß Neudörfer's erscheinen mag, so hat doch die Stilkritik hier das letzte entscheidende Wort zu sprechen. Daß Neudörfer mangelhaft unterrichtet war, wie ungenau, ja wie unrichtig viele seiner Angaben sind, ist längst bekannt. Aber damit braucht man in diesem Falle nicht einmal zu rechnen. Der Ueberlieferung nach, die er wiedergiebt, war der Altar in der Augustinerkirche eine Schöpfung von Wolgemut — d. h. so dürfen wir dies interpretiren: ein Werk aus der Werkstatt des Wolgemut. Es wird sicherlich dem Letzteren in Auftrag gegeben worden sein, aber das ist noch kein Beweis dafür, daß es von ihm gemalt wurde, da er, wie ausführlich dargelegt wurde, geschäftlich andere Künstler herangezogen hatte. Also behält Neudörfer in gewissem Sinne ganz Recht, und die aus der Stilkritik gewonnene Thatsache, daß Wolgemut nicht selbst die Bilder gemalt hat, ist mit seinen Angaben in Einklang zu bringen.

Das erste Erforderniß, ehe eine Betrachtung der einzelnen Theile vorgenommen werden kann, ist eine zu versuchende Rekonstruktion des ganzen Werkes. Dasselbe, von Sebald Peringsdörffer gestiftet, schmückte bis zu der Zeit, da in unserem Jahrhundert dieselbe niedergerissen wurde, den Hochaltar der Augustinerkirche. v. Murr, der es noch an dieser Stelle sah, giebt in seiner kurzen Beschreibung an, daß der Schrein in der Mitte die Holzfiguren der Madonna und zweier Heiligen enthielt, und auf den Flügeln — also offenbar den Innenseiten des ersten Flügelpaares — vier Darstellungen, rechts die des hl. Bernhard und des Christoph, links die des malenden Lukas und des Martyriums Sebastian's zu sehen waren. Beide Flügel sind im Germanischen Museum erhalten, wohin sie, wie

Wilhelm Pleydenwurff.

Der hl. Lukas und das Martyrium des hl. Sebastian.

Flügel vom Peringsdörffer Altar im Germanischen Museum zu Nürnberg.

(S. 166.)

Nach: „Gemälde von Dürer und Wolgemut."

die zwei anderen, aus der Moritzkapelle gelangten. Ihre Rückseiten enthalten, die des rechten die großen Heiligenfiguren, Johannes den Täufer und Nikolaus, die des linken Katharina und Barbara. Da nun das zweite im Germanischen Museum aufbewahrte Flügelpaar gleichfalls Heilige zeigt, so ergiebt sich die alte Anordnung leicht. Der Flügel mit den Gestalten der Rosalie und Margarethe war links, derjenige mit Georg und Sebald rechts angebracht. Waren die ersten Flügel geschlossen, so bot sich also dem Blick die Reihe der acht lebensgroßen Heiligen dar. Klappte man aber auch das zweite Flügelpaar zu, so wurden auf den Außenseiten desselben vier Szenen aus dem Leben des hl. Veit sichtbar, links wie er von Frauen versucht wird und wie er im Löwenzwinger weilt, rechts seine Geißelung und seine Erhenkung.

Soweit ist die Gliederung des Ganzen durchaus ersichtlich, nun aber fragt es sich, ob hiermit auch schon alle Bestandtheile des Altares angeführt sind. Nach Analogie der Anordnung anderer Altarwerke von derartig großen Verhältnissen darf man mit Bestimmtheit noch zwei weitere, feststehende Flügel, sowie zwei kleine, innen und außen bemalte Flügel an der Staffel voraussetzen. Was bisher nur vermuthet wurde, daß nämlich vier noch erhaltene Tafeln mit weiteren Darstellungen aus der Veitlegende und zwei erhaltene Predellabilder zum Peringsdörffer Altare gehörten, kann demnach, zumal auch die Maße stimmen, mit voller Bestimmtheit versichert werden. Der historischen Reihenfolge der Begebenheiten im Leben des Heiligen nach vereinte der linke feststehende Flügel (ehe er zersägt wurde) die Darstellungen: Veit wird durch heidnische Priester zur Abgötterei aufgefordert (früher im Landauerbrüderhause, jetzt in S. Lorenz, I. Kapelle l., N. 12) und die Heilung eines Besessenen durch Veit (früher im Landauerbrüderhause, jetzt im Germanischen Museum N. 126). Der rechte Flügel enthielt das Martyrium des Heiligen und seiner Eltern im Oelkessel (früher auf der Burg, jetzt im Germanischen Museum N. 127) und die Szene, wie Veit mit seinen Freunden kniet, indeß ein Engel ihre Seelen aufnimmt (früher auf der Burg, jetzt in S. Lorenz, links im Chore N. 18). Die Staffelbilder (einst in der Moritzkapelle, jetzt im Germanischen Museum N. 123 und 124) zeigen auf der Vorderseite die Heiligen Kosmas, Damianus, Magdalena und Lucia, auf der Rückseite das Martyrium der Zehntausend von Nikomedien und dasjenige der Ursula und ihrer Jungfrauen.¹

So viel über die allgemeine Anordnung! Wenden wir uns jetzt zu einer Betrachtung der einzelnen Kompositionen.

I. In einer Stube, die links durch eine breite Thüröffnung mit einem Nebenraume verbunden ist, sitzt in schlichter bürgerlicher Tracht, ein Käppchen auf dem Kopf, der jugendliche hl. Lukas vor einer Staffelei, ganz vertieft in seine Arbeit. Mit zierlichem Pinselstrich überträgt er das liebliche Bild, das seinem Blicke sich in dem Vorraume bietet, auf die Tafel. Dort nämlich sitzt in goldenem Gewand und blauem Mantel neben dem Heerde, in dem ein Feuer brennt, Maria, das lustig auf ihren Knieen schreitende Kind an sich drückend. Die ganze Umgebung athmet den Geist reinlichster Ordnung, nur einige auf den blanken Steinfriesen verstreute Blumen zeugen davon, daß ein Kind unschuldsvoll holdes Spiel hier getrieben hat. Sonntäglicher Friede weiht die bescheidenen Räumlichkeiten und scheint sich selbst weiter hinaus auf den von Häusern umgebenen Platz auszubreiten, auf den man durch ein von zierlichen Säulen eingerahmtes Fenster hinausschaut. Die Empfindung, die diese schlichte Szene beseelt, ist von solcher Zartheit und Feinheit, daß sie sich der Schilderung durch Worte entzieht — dem Blüthenduft gleich, den jener Schneeglöckchenstrauß anathmet, der, vielleicht eine schüchterne Gabe der Verehrung, im Zimmer der Jungfrau steht. Der sinnig ernste, junge Künstler, der hier die eigenen Züge dem hl. Lukas leiht, wäre wohl im Stande, uns gar Viel von den Geheimnissen deutscher Kunst und deutschen Empfindens zu lehren! Wie er in bescheidener Entfernung, nicht wagend, der hehren Frau sich selbst zu nahen, mit allen Kräften seiner Seele und in gänzlicher Entrücktheit das Göttliche durch seinen Pinsel zu verherrlichen sucht, so haben alle großen deutschen Künstler, in zart ritterlicher Scheu aus ehrfurchtsvoller Ferne die Frau anbetend, das „ewig Weibliche" als Heiligstes, Erlösung Bringendes in lichte Höhen der Verehrung erhoben.

II. An einen Baum gebunden, die von Pfeilen durchbohrten Glieder im Schmerz sich lösend, so sehen wir auf dem zweiten Bilde die jugendliche, feine Gestalt des hl. Sebastian, dessen lockenumflossenes Haupt matt auf die Seite sich senkt. Lieblich zarte Blumen entsprießen zu den Füßen des jung erblassenden Lebens. Rechts legt mit blinzelndem Auge ein Scherge zielend den Bogen an, ein anderer sich bückend spannt die Armbrust, ein dritter verhält sich zuschauend. Im Mittelgrunde naht ein vornehmer Mann zu Pferde, begleitet von einigen Reitern und einem jungen Landsknecht. In der Ferne gewahrt man zwischen Hügeln eine Stadt mit Festungswerken und Kirchen.

III. Zu Füßen des breiten Holzkreuzes ist der hl. Bernhard in schwarzer Kutte niedergesunken und umfängt mit den Armen den Leichnam Christi, dessen Hände sich über seinen Schultern falten, indeß die Füße noch am Stamm geheftet sind. Angstvoll, inbrünstig sucht der Blick des jugendlichen Mönches in den Augen des Heilandes das erloschene Leben. Rechts liegt ein großes Goldgefäß am Boden. In der Ferne breitet sich im klarsten Tageslichte ein von Büschen umgebener Weiher aus, in dem ein Fachwerkhäuschen sich spiegelt; links sieht man die Thürme einer Stadt hinter felsigen Hügeln hervorragen: in er

greifendem Widerspruch diese heiter lächelnde Landschaft zu dem tief ver-
zweiflungsvollen Ernst des seelischen Vorganges.

IV. Und unter diesem Bilde leidenvoller Hingebung ein Bild glaubens-
starker Thatkraft! Auf einen stämmigen Eichenast gestützt, das Gewand über
die Kniee emporgerafft und durch einen Gürtel gehalten, mit im Winde weit ab-
flatterndem rothen Mantel, einer Binde im starken, lockigen Haar, schreitet
Christophorus durch den vorne sich verengenden, nach hinten weit sich zwischen
freundlichen Geländen hinziehenden Fluß, der in hellem, weißem Lichte strahlt.
Sein derbes, bäuerisches, gutmüthiges Gesicht mit der breiten Nase und dem
vollen Bart schaut vertrauensvoll verwundert zu dem rittlings auf seiner rechten
Schulter sitzenden, in ein graues Röckchen gekleideten Christkinde auf, das in
der Linken die Weltkugel, mit der Rechten seinen starken Träger segnend, in an-
muthiger und zugleich hoheitsvoller Bewegung das blonde Köpfchen neigt.
Weiter zurück steht rechts in vom Alter gebeugter Stellung der langbärtige
Eremit und leuchtet mit einer Laterne auf das Wasser hinaus.

Dies sind die Bilder, die sich bei völlig geöffnetem Schrein dem Anblick
darboten. Die folgenden vier, deren jedes die ganze Höhe und Breite eines
Flügels einnimmt, enthalten je zwei lebensgroße Heiligengestalten. Dieselben
sind, auf Konsolen stehend, die mit gothischem Laubwerk geschmückt sind und
auf astartigen, unten in gemeinsamem Postament wurzelnden Armen ruhen, über
den Boden erhoben. Je zwei auf dem Postament befindliche Figuren: zwei
sitzende Löwen oder zwei nackte Putten oder zwei Böcke oder zwei wilde Männer
stützen die auseinandergehenden, Konsolentragenden, verschieden geformten Äste.
Auf dem Boden aber sprießen, mit größter Naturwahrheit wiedergegeben,
mannichfaltige Blumen. Zur Raumausfüllung zwischen den Konsolen sind einmal zwei Papageien, ein anderes Mal ein Pelikan im Neste angebracht. In
stiller Würde und gehaltener Feierlichkeit stehen die großartigen Gestalten, Alle
vertieft in Gedanken, voll heiligen Lebens, in Demuth der ihnen gewordenen
Gnade, zu den Auserwählten des Herrn zu gehören, bewußt, geschmückt und gekleidet wie zu einem Himmelsfeste. Paradiesischer Friede verklärt die durch-
geistigten Züge, die zum reinen Spiegel ungetrübten Seelenlebens geworden
sind. Hoheitsvoll unberührbar und doch segensvoll nah, durch den bloßen Anblick Schmerzen lindernd und Leidenschaften besänftigend, wie jene Madonna in
Heilsbronn — was für Gebete müssen diese Heiligen in den Herzen der aus
den Lebensverwirrungen an heilige Stätten sich flüchtenden Trost und Hoff-
nungsbedürftigen erweckt haben!

Wenden wir zunächst den Blick zu den Frauen! Da gewahren wir:

V. die hl. Rosalie und die hl. Margarethe neben einander. Die erstere,
ein Körbchen mit Rosen in den Händen, einen zierlichen Rosenkranz auf dem

in dicken Flechten über die Ohren aufgenommenen Haar, mit jenem ruhigen
Blick in die Ferne schauend, der, aus ernstem Sinnen in die Welt gesandt,
doch Nichts von derselben gewahrt, die andere mit dem Schleier und der
Krone auf dem gelöst in den Nacken fallenden Haar, in der Rechten den
Kreuzesstab, in der zierlich bewegten Linken den Strick, an welchem der zu
ihren Füßen liegende Drache gefesselt ist, die Augen züchtig demuthsvoll gesenkt.
Ihnen gesellen sich

VI. die beiden königlichen, auf wallendem Haare Kronen tragenden Jungfrauen Katharina und Barbara, sie, die gleich Schwestern innig geeint, fast nie
getrennt, die Eine ohne die Andere, erscheinen: Katharina mit Buch und
Schwert, den Blick zum Boden wendend, Barbara mit seitwärts sich verlierendem
Blick in der Rechten die Palme, mit der Linken den Mantel haltend, unter
welchem der Thurm mit dem Hostienkelch sichtbar wird.

Und weiter rechts dann die Männer

VII. Johannes der Täufer in seinem Fell und Mantel, auf das Lamm
mit der Siegesfahne weisend, das er auf einem Buche in der Linken hält, eine
kraftvolle Erscheinung mit üppigem, in den Nacken sich ausbreitendem, dunklen
Haar und von den Wangen um das Kinn sich ziehendem, dichten Bart, weit
gespannten schwarzen Augenbrauen über dunklen, glühenden Augen, kräftiger
Nase und festgeschlossenem Munde. Ihm zur Seite in Bischofstracht, die drei
goldenen Kugeln auf einem Buche tragend, in der Rechten den Bischofsstab,
Nikolaus, das scharfgeschnittene, geistvolle Gesicht mit unendlich zartem, wohl-
wollendem Ausdrucke zur Seite neigend. Auf dem folgenden Flügel:

VIII. sind zarte Jugend und ehrwürdiges Greisenthum in den Gestalten
von Georg und Sebald neben einander gestellt. Georg, eine Gestalt, in der
sich das holdeste Unbewußtsein in wahrhaft bezaubernder Weise äußert, im
reichen Schmucke blonden, durch einen Reif gehaltenen Haares, von Kopf bis
zur Sohle in Stahl gepanzert, den Mantel über die rechte Schulter geschlungen,
hält als junger Kriegsgott in der Rechten die Keule, in der Linken die Turnier-
stange mit Fahne, die auf dem Halse des getödteten Drachen aufgestemmt ist.
Sebald in seiner Pilgerkleidung, mit langwallendem weißen Barte, ruht mit
gespreizten Beinen, auf der Linken das Modell seiner Kirche, in der Rechten
den treuen Wanderstab, von seinen Wegen aus.

Auch diese Flügel schließen sich, und das Auge umfaßt nun die acht
Szenen aus der Legende des hl. Veit, dem zu Ehren dies ganze Altarwerk entstanden ist. Des besseren Verständnisses der Darstellungen wegen, die ja einen
verhältnißmäßig selten behandelten Stoff wiedergeben, sei hier diese Legende
eingeschaltet, wie sie in kürzester Fassung von Jakobus a Voragine in seiner
„Legenda aurea" erzählt wird.

Wilhelm Pleydenwurff.

Zwei Scenen aus der Legende deß hl. Veit.

Flügel vom Peringsdörffer Altar im Germanischen
Museum zu Nürnberg.

(S 170.)

Nach: „Gemälde von Dürer und Wolgemut."

„Veit, ein auserwählter und glaubenstreuer Knabe, erlitt im Alter von zwölf Jahren das Martyrium. Als es dem Präfekten Valerianus zu Ohren kam, daß er trotz häufiger Züchtigungen von seinem Vater die Götzenbilder verachtungsvoll nicht anbeten wollte, ließ er denselben zu sich kommen und, als er sich weigerte zu opfern, mit Ruthen schlagen. Da geschah es aber, daß die Arme der Peitschenden und die Hände des Präfekten sogleich verdorrten. Laut aufschreiend rief dieser: ‚Wehe mir, ich habe meine Hand verloren!‘ ‚Laß Deine Götter kommen und Dich heilen, wenn sie es vermögen,‘ erwiderte Veit. Worauf Jener: ‚Wärest Du etwa im Stande, Dies zu vollbringen?‘ ‚Im Namen meines Herrn,‘ gab Veit die Antwort, ‚fühle ich die Kraft dazu.‘ Und sogleich in Gebet sich versenkend, erlangte er die Heilung Jenes. Der Präfekt aber sprach zum Vater: ‚Halte Deinen Knaben in Zucht, damit er nicht im Uebel zu Grunde gehe.‘ Da führte Dieser ihn in sein Haus und versuchte eine Wandlung in der Seele des Knaben durch verschiedenartige Künste der Musiker und schmeichelnde Liebkosungen von Mädchen und andere Arten süßer Verführung hervorzubringen. Als er ihn aber in das Brautgemach eingeschlossen hatte, siehe! da strömten aus demselben wunderbar starke Düfte, so daß der Vater und die ganze Familie von übergroßem Dufte überwältigt wurden, und als der Vater durch die Thüre hineinschaute, gewahrte er sieben Engel rings um das Kind stehend. ‚Die Götter,‘ rief er aus, ‚sind in mein Haus gekommen,‘ und in demselben Augenblicke fühlte er sich erblindet. Auf sein Geschrei kam die ganze Stadt Luca in Bewegung, so daß Valerianus herbeieilte und Jenen fragte, was ihm geschehen sei. Der aber erwiderte: ‚Feurige Götter habe ich gesehen und konnte deren Anblick nicht ertragen.‘ Darauf läßt er sich zu dem Tempel des Zeus führen und verspricht feierlich, für die Wiederherstellung seines Augenlichtes einen Stier mit goldenen Hörnern zu weihen. Aber als Dies ohne Wirkung bleibt, wandte er sich mit Bitten an seinen Sohn, ihn zu heilen und erlangte wirklich auf dessen Flehen das Augenlicht wieder. Doch auch so gewann er keinen Glauben, ja dachte vielmehr daran, wie er den Sohn tödtete. Da erschien ein Engel des Herrn dem Erzieher des Knaben, Modestus, und befahl ihm, ein Schiff zu besteigen und Veit in ein anderes Land zu bringen. Als er dies befolgt, kam ein Adler und brachte ihnen Nahrung, und viele Wunder thaten sie dort. Damals nun war des Kaisers Diokletian Sohn von einem Dämon besessen, der verkündete, niemals werde er denselben verlassen, wenn nicht Einer, genannt Veit aus Luca, käme. Man sucht nach Veit, und als er gefunden ist, wurde er zu dem Kaiser geführt, der ihn fragt: ‚Du, Knabe, hast die Kraft, meinen Sohn zu heilen?‘ ‚Nicht ich,‘ erwiderte Veit, ‚sondern der Herr,‘ und er legte Jenem die Hände auf, und sogleich entfloh der Dämon von ihm. Und Diokletian sprach: ‚Knabe, geh mit Dir zu Rathe und opfere den Göttern, damit Du nicht eines üblen

Todes sterben.' Als Veit sich weigerte, ward er mit Modestus ins Gefängniß geworfen, aber plötzlich fiel die Last der Ketten, die ihnen auferlegt war, ab und der Kerker begann in unermeßlichem Lichte zu erglühen. Sobald dem Kaiser Dies berichtet war, ließ er den Knaben in glühendes Pech werfen, aber auch aus diesem ging er unverletzt hervor. Da ließ man einen Löwen auf ihn los, der ihn verschlingen sollte, aber durch die Kraft des Glaubens zähmte er die Wuth desselben. Endlich als der Befehl ergeht, ihn zugleich mit Mo= destus und seiner Amme Crescentia, die ihm immer gefolgt war, an einem Galgen aufzuhängen, verdunkelt sich plötzlich die Luft, die Erde erbebt, Donner= gebrüll erhebt sich, die Götzentempel stürzen zusammen und tödten Viele. Der Kaiser aber, in wildem Schrecken flüchtend, schlägt sich mit den Fäusten und ruft: ‚Wehe mir, daß ich von einem Knaben besiegt bin!' Jene aber, sogleich von einem Engel der Bande entledigt, fanden sich an den Ufern eines Flusses wieder und, dort rastend, übergaben sie im Gebet ihre Seelen dem Herrn. Ihre Körper aber wurden von Adlern bewacht, bis eine Frau mit Namen Florentia sie begrub. Sie erlitten aber das Martyrium unter Diokletian, der um das Jahr 287 zu regieren begann.“

Die acht Hauptereignisse dieser Legende sind es, die der Künstler be= handelt hat.

IX. (In S. Lorenz). Valerianus, in reicher Tracht vor einem Götzen= standbild sitzend, faßt den Knaben Veit beim Arme und weist ihn auf dasselbe hin. Veit erhebt abwehrend die Hand. Hinter ihm steht ein alter Mann, der seinen Hut zieht, und eine Frau; links sieht man zwei Soldaten, rechts den er= staunt blickenden Vater des Heiligen und andere Leute. Diese Tafel trägt die Bezeichnung R. F. 1487.

X. (Germanisches Museum Nr. 112). Zwei Schergen in bunter Tracht schlagen mit teuflisch gehässigem Eifer auf den in einer Stube stehen= den, halbentblößten Veit ein, dessen Hände gefesselt sind. Dahinter steht rechts, ungerührt zuschauend, eine Person, in der man vermuthlich den Vater zu erkennen hat, in der Mitte hinten ein bärtiger, mitleidsvoll blickender Mann, wohl Veit's Lehrer Modestus; ein dritter schaut von links zur Thüre herein.

XI. (Germanisches Museum Nr. 114). In einer von Säulen ge= tragenen Halle gewahrt man den heiligen Knaben mit züchtig gesenkten Augen, wie er dem Anblick dreier in reiche Gewänder gekleideter und mit phantastischem Kopfputz geschmückter Frauen zu entgehen sucht, auf die ihn ein bärtiger Mann, der ihn an der Hand faßt, aufmerksam macht. Die eine der Verführerinnen hält zierlich einen Ring, eine andere spielt eine kleine Harfe. Zwei wüst aus= sehende Männer und eine klar und freundlich blickende Frau in weißem Kopf= tuch (wohl die Amme) stehen im Hintergrund. Hinter Veit aber haben sich als gute Schutzgeister zwei Engel, die aus einem Notenblatt singen, eingefunden.

XII. (Germanisches Museum Nr. 126). In Gegenwart Diokletian's und seines Gefolges heilt Sankt Veit den besessenen Sohn des Kaisers.

XIII. (Germanisches Museum Nr. 127). Der Heilige, Modestus und Crescentia stehen betend in einem großen Kessel, unter dem ein starkes Feuer angelegt ist, das von einem Knechte geschürt, von einem anderen mit einem Blasebalge angefacht wird. Links von einem Fenster aus betrachten der Kaiser und sein Geleitsmann die Marterszene; andere Zuschauer haben sich im Hintergrund versammelt.

XIV. (Germanisches Museum Nr. 114). In einem, von einer Bretterwand eingehegten Raume sitzt Veit, beide Hände erhebend inmitten von drei kleinen Löwen, die sich zutraulich harmlos wie Hunde neben ihm niedergelassen haben. Ueber ihm fliegt mit segnender Gebärde ein Engel, ein anderer, eine Palme in der Hand, tritt zu ihm heran und berührt ihn am Arme. Links, außen an der Thür aber drängen sich drei Männer, die eifrig aufgeregt durch die Ritzen spähen. Ein vierter guckt hinten über die Wand. Im Hintergrunde rechts eine flache Thallandschaft und Straße, links auf breitem Felsen eine Stadt mit schloßartigen Gebäuden.

XV. (Germanisches Museum Nr. 112). An einem kreuzförmigen Galgen hängen, an den gekreuzten Händen festgebunden, Veit und seine beiden treuen Geleiter. Aus dunkler Wolke sprüht Feuer herab auf den entsetzt zurückfahrenden Kaiser und seine Begleiter. Die zwei Henkersknechte sind, von der himmlischen Gewalt niedergeschmettert, schreiend zu Boden gesunken.

XVI. (S. Lorenz). Zwischen Modestus und Crescentia kniet am Ufer eines Flusses, schmerzlich den Blick gesenkt, der Heilige und empfiehlt sich dem Herrn. Indessen sie beten, entfliehen ihre Seelen der irdischen Hülle; ein Engel trägt sie in Form kleiner Gestalten auf einem Tuche dem aus den Wolken sich neigenden Gottvater zu. Auf dem Baume hinter Veit aber harrt der Adler, bei den todten Körpern Wache zu halten.

Dies die Darstellungen an den Außenseiten der zweiten Flügel und an dem feststehenden dritten Flügelpaare. Es bleiben nur noch die Bilder an der Staffel zu erwähnen. Die kleinen Flügel (Germanisches Museum Nr. 123, 124) enthalten auf der Vorderseite auf Goldgrund die Brustbilder der Heiligen Kosmas und Damianus mit Medikamentenschachtel und Glaskolben und die der Magdalena mit Salbengefäß und Lucia mit Kerze, auf der Rückseite in landschaftlicher Umgebung rechts das Martyrium der Zehntausend von Nikomedia, links das der hl. Ursula und ihrer Jungfrauen.

Der Peringsdörffer Altar, den wir dergestalt bis auf die heute fehlenden plastischen Theile als Ganzes rekonstruiren konnten, ist die weitaus bedeutendste und großartigste Schöpfung der Nürnberger Malerschule in der zweiten Hälfte des 15. Jahrhunderts. Wie der Imhof'sche Altar Berthold's, wie Pfenning's Altar in der Liebfrauenkirche, wie Pleydenwurff's Breslauer Altarwerk, so bezeichnet auch er eine von einer großen Künstlerindividualität hervorgerufene Wandlung in der Nürnberger Malerei. Wie jene, gehört er zu den Epochemachenden Meisterwerken, sein Schöpfer zu den Künstlern, die den Homerischen Helden gleich Allen vorangehen, Alles durch ihre Thaten entscheiden.

Will man ganz im Allgemeinen den Fortschritt bezeichnen, der sich in der Schöpfung dieses Meisters gegenüber den Gemälden des Hans Pleydenwurff bemerkbar macht, so könnte in Kürze das Urtheil so gefaßt werden: von der direkten Abhängigkeit, in welche sich Dieser zur niederländischen Kunst gebracht hatte, hat sich der jüngere Meister befreit. Wohl hat auch er dieselbe studirt, aber die erstaunliche Sicherheit in der malerischen Behandlung, die große technische Fertigkeit, die er, die Erfahrungen seines Vorgängers verwerthend, erlangt hat, giebt ihm die Freiheit einer bei weitem originaleren Gestaltung. Da er die fremde Sprache zu beherrschen gelernt hat, vermag er ungehinderter in derselben sein Empfinden auszudrücken. Das zurückgedrängte Nürnbergische Wesen bricht sich mächtig siegreich Bahn: die Kunst Berthold's und Pfenning's feiert eine neue Wiedergeburt auf höherer Stufe der Erscheinung. Auch bei Wolgemut ließ sich das Hervortreten des spezifisch Nürnbergischen Elementes deutlich gewahren, aber es waren die weniger bedeutungsvollen, ja unerfreulichen philiströsen Momente allein, denen er zum Siege verhalf. Im Peringsdörffer Altar ist es der edlere Theil, der in Kraft und Freiheit sich entwickelt. Dieser Maler, nicht Wolgemut, ist der glückliche Nachfolger und Erbe des Hans Pleydenwurff: er ist es, der mit dem ihm Ueberkommenen zu wuchern verstanden hat.

Die erste, am Meisten ins Auge springende Eigenthümlichkeit dieser Gemälde aus der Augustinerkirche ist die außerordentliche Leuchtkraft, Fülle und Wärme der Farben, die von einer selten hohen koloristischen Begabung des Malers zeugen. Er giebt in denselben in Nichts den drei großen älteren Künstlern nach, nur daß die Wahl und Zusammenstellung der Farben, ebenso wie die technische Behandlung eine andere ist. In fettflüssiger, breit verschmolzener Weise ist die Farbe aufgetragen und durch Lasuren transparent gemacht. Ein glühendes Lackroth, ein saftiges Smaragdgrün, ein tiefes, klares Blau, ein leuchtendes Citrongelb (letztere beiden häufig contrastirend neben einander gestellt) sind die dominirenden Farben; daneben finden sich reiche Goldbrokatstoffe. Das Inkarnat bei den jugendlichen Personen von zarter Lichtheit, ist bei den Männern in verschiedenen Nüancen des Röthlichen, Gelben und Braunen gehalten, immer aber von emailartigem Glanz und Durchsichtigkeit. Auch die Landschaft ist farbig belebt: braune Felsen, hellblaues, häufig weiß erglänzen-

Wilhelm Pleydenwurff.

Die hhl. Johannes d. T. und Nikolaus.

Flügel vom Peringsdörffer Altar im Germanischen
Museum zu Nürnberg.

S. (68.)

Nach: „Gemälde von Durer und Wolgemut."

des Wasser, kräftig blaue Berge, rothbräunliche, in feinen Silhouetten vom
Himmel sich abhebende Bäume, hell- oder dunkelgrüne, schuppig gelb gehöhte
Büsche, mannichfache Pflanzen (darunter wiederholt eigenthümlich gelblich
weiße Büschel von Gräsern), blauer Himmel mit weißem Horizont.

Mit diesem Sinne für reiche, ja prachtvolle Färbung verbindet sich das
Streben nach wirksamer Beleuchtung. Wir haben hier deutliche Versuche nach
einem reizvollen Clairobskur in den Köpfen (man vergleiche besonders den Veit
in der Löwengrube, die Henkersknechte auf der Erhenkung Veit's, den hl. Christoph)
und nach Lichteffekten in der Landschaft, wie dies namentlich auf der Darstellung des Christophorus ersichtlich ist, wo im Vordergrund das Wasser in
tiefstem nächtlichen Schatten gehalten ist, nach dem Hintergrunde zu in immer
lichterem Weiß erglänzt.

Neben der koloristischen Begabung aber verrathen die Bilder eine durchaus
auf das Große gerichtete Formenanschauung, ein hohes Gefühl für klare Einfachheit
und edle Verhältnisse. Ein länglich eiförmiges Oval ist die zumeist, namentlich
bei den Jünglingen und Frauen vorkommende Gesichtsform. Eine offene,
klare, flach gewölbte Stirne, hochschwebende feine, am äußeren Ende nach oben
verlaufende Brauen, etwas flach liegende Augen mit großen, sie tiefdeckenden
Lidern, eine breitrückige, kräftig profilirte, etwas gebogene lange Nase mit wenig
geschwungenen, schmal ansetzenden Flügeln, ein Mund mit vollen Lippen, ein
etwas vortretendes kräftiges, zuweilen ziemlich kurzes Kinn, volle weit gerundete
Wangen und voller fleischiger Hals — dies sind im Allgemeinen die charakteristischen Formen der Typen, die man kurz als: bei aller jugendlichen Fülle
doch ins Längliche gezogen, bezeichnen könnte. Das Haar ist zumeist seidenweich
und fällt in weicher, zarter Fülle schlicht auf die Schultern und in den Rücken
herab, seltener ist es wellig gelockt. Die älteren Männer haben in der Regel
kräftig gebogene Nasen und große, als weiche Gesammtmasse behandelte Bärte.
Für die Typen roher Männer aus dem Volke, d. h. für die Knechte und
Schergen, wählt der Künstler neben karrikirt häßlichen Köpfen mit starken Backenknochen und gekrümmter Nase mit Vorliebe denselben Typus mit der breiten
aufgeworfenen Nase, den auch Hans Pleydenwurff und Wolgemut bringen, ja
er scheut sich nicht, den derben Lastträger Christophorus in gleicher Weise zu
bilden. Durchaus eigenthümlich endlich ist die Form der Hand: eine lange
Mittelhand mit knochigen, eckig bewegten, etwas zugespitzten Fingern, die zumeist
gesperrt oder gespreizt bewegt sind. So wird der kleine Finger vielfach in die
Höhe gekrümmt, auch der vierte Finger bewegt sich gern zierlich selbstständig,
daneben aber kehrt häufig eine Haltung wieder, bei welcher die vier Finger an
einander liegen und, in allen Gelenken etwas gebogen, ein wenig der inneren
Handfläche zu gekrümmt sind, wobei die Endglieder gleichsam ganz unorganisch
angesetzt erscheinen.

Die Gewandung ist in tiefen, knorrig eckigen Falten, zwischen denen starke Wulste entstehen, gebrochen.

So viel von Farbe und Form — nun aber, welche Seele drückt sich mit Beider Hülfe aus? Man wird wohl schwerlich fehlgehen, wenn man als den Grundzug dieses Künstlerwesens Milde und Sanftmuth voraussetzt. Eine zarte Innigkeit des Empfindens, Nachgiebigkeit, Fügsamkeit, Beschaulichkeit des Denkens, hold naives Unbewußtsein, Neigung zu Träumerei und Sichversenken in die stille Welt der Phantasie — das ist das Lebenselement dieser Gestalten. Harmlose, kindhafte, reine Naturen, die der Welt und ihren Anfeindungen keinen aktiven Widerstand entgegenzusetzen vermögen, deren Kraft allein in der Fähigkeit des Duldens, in unerschütterlich im Leiden sich bewährender Geduld, in der Inbrunst des Glaubens, Liebens und Hoffens beruht. Wesen, denen der Himmel freundlich es gewährte, das Gebot des Herrn zu erfüllen: „Werdet wie die Kinder!"

Welch' ein Unterschied zwischen diesen Gestalten und denen Pfenning's und Hans Pleydenwurff's, deren Leben von starken Impulsen bewegt im heftigen Wechsel leidenschaftlicher Empfindungen verläuft! Wie weit entfernt doch bleibt der Meister des Peringsdörffer'schen Altares in allen Darstellungen heftiger Erregung, wie sie die Marterszenen verlangten, von der Kraft und Energie in den Werken Jener! Man muß bis zu Meister Berthold zurückgehen, will man eine ihm einigermaßen verwandte Künstlernatur in Nürnberg finden. Und doch trotz Allem bleibt er ein Nürnberger: den tiefen Ernst, die hohen Aspirationen nach dem Erhabenen besitzt er nicht minder wie jene Anderen; mit aller Kraft sprechen sie sich in seiner Zeichnung und seinem Kolorit, in seiner Komposition aus.

Das gesammte Altarwerk nun aber ist in einem durchaus einheitlichen Stil gehalten. Nur so lange man daran festhielt, daß Wolgemut wenigstens der intellektuelle Urheber desselben sei, konnte man dies verkennen. Gehen aber auch alle Theile auf den Entwurf eines und desselben Künstlers zurück, so heißt dies doch noch nicht soviel, als seien alle Bilder auch von diesem selbst ausgeführt. In der malerischen Behandlung machen sich einige Verschiedenheiten bemerkbar. Weitaus das Meiste stammt sicher von dem Meister selbst: Vorder- und Rückseiten der ersten beiden Flügelpaare (Germanisches Museum 112 und 114) sind nach meinem Dafürhalten durchweg von ihm gemalt. Ich finde hier überall die vollständigste Uebereinstimmung, die gleiche Meisterschaft in Zeichnung, Farbe und Malerei, und verstehe es nicht, wie man aus schließlich unwesentlichen Abweichungen auf die Mitarbeiterschaft von Schülern oder Genossen schließen wollte. Dagegen ist eine solche mit Bestimmtheit bei der Anfertigung der letzten, feststehenden Flügel und der Staffelbilder vorauszusetzen. Jene vier Darstellungen aus der Veitlegende, die jetzt einzeln, zum Theil in S. Lorenz, zum Theil im Germanischen Museum aufbewahrt werden, stehen nicht auf der Höhe der künstlerischen Vollendung, wie diejenigen auf den ersten Flügeln: in der Farbe nicht so tief (der Maler wendet unter Anderem ein helles, dem Rosa sich näherndes Karmin an, das ihm ganz eigenthümlich ist), härter und ungeschickter in der Zeichnung, leerer im Ausdruck, lassen sie die feine Modellirung und sorgsame Durchführung vermissen. Will man noch genauer unterscheiden, so dürfte man vielleicht behaupten, daß wiederum die zwei Stücke in S. Lorenz besser als die im Germanischen Museum sind. Von einem andern Gehülfen endlich und zwar von einem, der seiner trocknen Mal= weise nach mehr von Wolgemut, als von unserem Künstler gelernt hat, sind die Staffelbilder ausgeführt.

Wir haben uns den Vorgang also hier wieder ähnlich wie bei einigen der Wolgemut'schen Arbeiten zu denken. Der Meister entwirft alle die Ge= mälde, welche den Altar schmücken sollen. Er selbst führt die Haupttheile aus, überläßt es aber einigen Gesellen, die am wenigsten gesehenen Bilder an den äußersten festen Flügeln und jene weniger bedeutungsvollen an der Staffel zu malen. Von einem der Mitarbeiter, Demjenigen, welcher die beiden Tafeln in S. Lorenz, vielleicht auch die beiden anderen im Germanischen Museum gefertigt hat, kennen wir wenigstens das Monogramm: R. F., welche Buchstaben, wie schon Bischer ausgeführt hat, entweder Vor= und Zunamen oder bloß den Zu= namen und „fecit" bedeuten können. Auf einen der urkundlich bekannten Namen sie zu beziehen, ist nicht möglich.

—— ·—

Nur eine kleine Anzahl von Gemälden ist nachzuweisen, die stilistisch den Bildern des Peringsdörfer Altares so nahe stehen, daß sie dem Meister selbst zugeschrieben oder als Arbeiten seiner Nachahmer bezeichnet werden können. Als höchst wahrscheinlicher Weise eigenhändige Arbeiten vermag ich bisher nur fünf anzuführen. Ganz fraglos von seiner Hand scheint mir zunächst ein Werk von kleinen Verhältnissen, der Rochusaltar in S. Lorenz, zu sein. (Führer Nr. 7.) Im Altarschrein ist die Holzstatue des Heiligen, der dem Engel seine Wunde weist. Auf den Innenseiten der Flügel sind vier kleine Darstellungen aus der Legende: die Geburt des Rochus, — sein Aufenthalt im Gefängniß, vor dem sich Männer und Frauen versammeln, — Bürger betrachten den mit entblößter Wunde in einer Straße liegenden Heiligen, — ein Hund trägt ihm in seiner Ein= samkeit Brod zu, im Hintergrund erscheint ihm der Engel. Die ganz zerstörten Außenseiten zeigten die Legende des hl. Sebastian, dessen Martyrium in kleinen geschnitzten Figuren auch oben als krönender Abschluß des Altarwerkes zu sehen ist. Dem unten angebrachten Wappen nach ist dasselbe die Stiftung eines Mitgliedes der Familie Imhof.

Sollte dasselbe jener Konrad Imhof gewesen sein, dessen Portrait, von Bischer und von v. Seidlitz Wolgemut zugeschrieben, von Stegmann in seiner Schrift über die Rochuskapelle veröffentlicht, in eben dieser Kapelle hängt? Ich möchte es vermuthen, denn auch in diesem Brustbildniß, das bezeichnet ist: „aetatis 23 anno 1486", und folgende Inschrift trägt: „effigies Herrn Cunrath Im Hoff Stiffter dieser Capellen und Gotteshauff zu S. Rochus von Hanns Im Hoff weiland Herrn Bilibalt Im Hoff Seligen Sohn zur gedechtnus herein verordnet worden. A⁰ 1624", hat man eine Arbeit vom Meister des Peringsdörffer Altares zu erkennen. Die kräftige Farbe, sowie die Zeichnung zeigen durchaus seine Art. Der Dargestellte ist ein Jüngling mit langem blonden Haar, in grünem Rock; er ist etwas nach links gewandt und hält in der Hand eine Lilie. — Eine Wiederholung dieses vortrefflichen Portraits, mit der Bezeichnung: Conrat Im Hof XXIII jar 1486 befindet sich auf einem kleinen Altärchen, das in einem der Schränke des 5. Saales im Erdgeschoß des Münchener Nationalmuseums aufgestellt ist. Auf den Flügeln ist das Wappen der Familie und eine halbnackte, allegorische, auf einem Postament stehende Frauenfigur dargestellt. Ob es sich hier um eine originale Wiederholung oder eine alte Kopie handelt, ist nicht leicht zu entscheiden. Die zähe Farbenbehandlung und scharfe metallische Aufhöhung der Haare spricht mehr für Letzteres.

In derselben Sammlung und zwar in demselben Raume (links von der Eingangsthür) hängt eine Tafel mit der Darstellung der Geburt Maria's, die zu den Werken unseres Malers zu rechnen ist. Die Komposition entspricht fast ganz jener „Geburt des Rochus" in S. Lorenz: die hl. Anna liegt im Mittelgrunde im Bette, zwei Frauen beschäftigen sich damit, das neugeborene Kind in einer Holzwanne zu baden, eine dritte tritt von links herzu.

In Betracht kommt ferner das Gebet Christi in Gethsemane im Germanischen Museum (Nr. 111), ein Gemälde, in welchem der Künstler den kühnen Versuch macht, eine nächtliche Szene darzustellen. Ein tiefblauer Nachthimmel, an dem der Mond und der Abendstern leuchten, breitet sich über der dunkeln Landschaft aus. Dem auf die Kniee gesunkenen Christus naht der Engel mit dem Kreuz; links schlafen die drei Jünger, im Hintergrunde schleicht Judas mit Kriegern herbei.

Der Meister des Peringsdörffer Altares, nicht Michel Wolgemut, ist weiter der Maler jenes in der neueren kunstgeschichtlichen Literatur wiederholt erwähnten, interessanten Doppelbildnisses im Amalienstift zu Dessau gewesen, welches in einem guten Holzschnitt in Woltmann Woermanns „Geschichte der Malerei" (II, S. 121) publizirt worden ist und in jüngster Zeit irrthümlicherweise von Stegmann für ein Selbstportrait Wolgemut's angesehen wurde. Es stellt in anmuthig naiver Weise ein verlobtes oder jung vermähltes Paar in einer Stube, aus der man durch zwei Fenster in eine friedliche Landschaft hinein

Wilhelm Pleydenwurff.

Die hhl. Rosalie und Margarethe.

Flügel vom Peringsdörffer Altar im Germanischen
Museum zu Nürnberg.

(S. 167.)

Nach: „Gemälde von Dürer und Wolgemut."

schaut, vor. Beide haben sich höchst sorgsam und zierlich festlich geschmückt.
Der jugendliche Gatte mit langem, hellblondem, weichem Haar trägt auf weißem
Hemde eine über der Brust breit ausgeschnittene Jacke mit gelb, grün und
grau gestreiftem Aermel, eine Art losen rothen Mäntelchen über der linken
Schulter und eine rothe, mit kleinem Federstutz gezierte Kappe, an der sich die
gelben, grünen und grauen Streifen wiederholen. Er wendet sich zu der Frau,
welche, in ein rothes Gewand gekleidet und eine weiße Haube auf dem Kopf,
in behäbiger Stellung die Arme übereinandergelegt hat, und reicht ihr einen
Ring. Ein Paar, das trefflich zusammenpaßt, für dessen eheliches Zusammen-
leben man das beste Horoskop stellen möchte. Die großen, etwas derben Züge
sind der Ausdruck kräftiger, gesunder Naturen, die ihre Stellung im bürger-
lichen Leben voll ausfüllen werden. Gutmüthigkeit, Ehrlichkeit, Offenherzigkeit
und klarer Verstand kommt der offenbar etwas sensitiveren Natur des Mannes,
dessen Tracht und Haltung von ausgesprochenem Sinn für Eleganz und künstlerischer Phantasie zeugen, von Seiten der Frau entgegen. Der gewählte Geschmack und die Sorgfalt, mit welcher der Jüngling sein Aeußeres möglichst
wohlgefällig auszugestalten bestrebt war, erinnert an die Selbstportraits Dürer's.
Man könnte sich wohl denken, daß es das Bildniß eines Künstlers ist.
Sollte es der Maler selbst sein, der sich hier mit seiner Frau Liebsten wiedergegeben hat? Nicht unmöglich; glaubt man doch beide Typen bereits sehr gut
zu kennen, und zwar eben von den Bildern des Meisters des Peringsdörffer
Altares her. Das Abbild dieser Frau sind die Figuren, die auf dem Rochusaltar und der „Geburt der Maria" in München dargestellt sind. Und der Mann
scheint gleichsam das Prototyp von jugendlichen Männergestalten, wie dem
hl. Georg auf dem Peringsdörffer Altar, der gleich einer Idealisirung gerade dieses
Typus wirkt. Danach müßte der Maler, falls sich die Hypothese bestätigen
würde, im Jahre 1475, welche Jahreszahl auf der einen Fensterbrüstung zu
lesen ist, etwa im Alter von 20 bis 22 Jahren gestanden haben. Jedenfalls aber ist das Dessauer Doppelbildniß das früheste beglaubigte Gemälde
des Meisters.

Ein Jahr später, scheint es, hat derselbe den Auftrag erhalten, die Zeich-
nungen für die zum Andenken des Peter Knorr († 1476) gestifteten Glas-
malereien des fünften Fensters links im Chore von S. Lorenz anzufertigen.
Denn seinen Stil verrathen diese außerordentlich schönen Gemälde, welche den
Stifter, umgeben von den Heiligen Heinrich, Kunigunde, Lorenz, Nikolaus, Sebald,
Paulus und Engeln, ferner den Tod und die Krönung Maria's, die Verklärung
Christi, die Heiligen Margaretha, Helena, Magdalena, Johannes den Täufer
und das Schweißtuch der Veronika darstellen. Die auf den Stifter bezügliche
Inschrift lautet nach Hilpert: „Petrus Knorre Decretorum doctor Sacre

imperialis aule comes prepositus ecclesie Sti. Gumperti Onoldspacensis z. plebanus hujus Ecclesie Sti. Laurencii ob. MCCCCLXXVI."

Noch ein anderes Fenster in derselben Kirche, das berühmte Volkamer'sche (das vierte rechts im Chor), steht dem Stil der Malereien nach dem Künstler nahe, ohne daß ich doch mit gleicher Bestimmtheit, wie für das Knorr'sche, seine Autorschaft behaupten möchte. Mit Recht wird es der wunderbaren Pracht der Farben wegen zu dem Schönsten gerechnet, was die deutsche Glasmalerei im 15. Jahrhundert hervorgebracht hat. „Es ist," so sagt Hilpert, „von Peter Volkamer gestiftet, der mit zwei Söhnen, seiner Gemahlin und der Gemahlin des einen Sohnes, Namens Nikolaus, sowie dessen zwei Töchtern unten vorgestellt ist und 1493 starb. In Beziehung auf die Glieder dieser Familie sieht man in anderen Feldern den hl. Nikolaus, den hl. Sebald, die hl. Barbara und die hl. Apollonia, dann den hl. Ritter Georg, wie er den Lindwurm erlegt, und den hl. Sebastian, wie er erschossen wird. Weiter nach oben liegt der Patriarch Jakob in prächtiger Kleidung, aus dessen Leibe ein Baum entspringt, auf dem Könige und zwar die Stammväter der Mutter Gottes sitzen, darüber die hl. Katharina und Maria mit dem Kinde, daneben der hl. Johannes und die hl. Ursula, auf der andern Seite der hl. Andreas und die hl. Dorothea. Weiter oben ist ein Ecce homo und eine Mater dolorosa, darüber Zierrathen im altdeutschen Stil, zu oberst der Allerhöchste und der hl. Geist zwischen Engeln." Nach Hilpert muß es schon um's Jahr 1480 gemalt sein. 1730 wurde es renovirt, 1818 wieder gereinigt, 1850 in zwei lithographischen Blättern von G. Eberlein publizirt.

Wenn ich endlich noch die kleine, durch trüben Firniß sehr beeinträchtigte Tafel mit der Darstellung der Verklärung Christi im Chore von S. Lorenz links erwähne, so geschieht das nicht, weil ich sie als ein sicheres Werk des Meisters betrachtete, sondern nur weil sie entschiedene Verwandtschaft mit dessen Bildern zeigt. Bloß eine nähere Prüfung, die mir nicht vergönnt war, würde ein bestimmteres Urtheil erlauben. Nach Hilpert wäre sie zum Gedächtniß des M. Leonhard Mayer von Vilseck, der 1500 starb, gestiftet. Ist der Stifter richtig angegeben, — er ist in der Tracht eines Kanonikus dargestellt, — so muß das Bild noch zu seinen Lebzeiten entstanden sein, da es jedenfalls früher als 1500 anzusetzen ist. Auf einem Hügel, zu dessen Fuß die drei Jünger, erregt nach oben schauend, knieen, steht in weißem Gewande, von weißen Wolken umgeben, der Erlöser. Ihm zur Seite erscheinen die Brustbilder von Moses und Elias.

Ist demnach die Liste der dem Meister des Peringsdörffer Altares zuzuschreibenden Werke auch eine sehr kurze, so genügen dieselben doch, das früher gewonnene Urtheil über den Künstler zu bestärken. Seine Thätigkeit fällt, wie es scheint, vorzugsweise in die siebziger und achtziger Jahre des fünfzehnten Jahrhunderts. Das früheste erhaltene Datum ist 1475, das späteste 1487. Sicher geht man nicht fehl, wenn man ihn für einen jüngeren Zeitgenossen Wolgemut's ansieht. Auch ohne sich auf die Vermuthung zu stützen, daß das Dessauer Portrait ihn selbst darstellt, dürfte man annehmen, daß er etwa in den ersten fünfziger Jahren geboren sei, und daß ihm vermuthlich kein langes Leben beschieden war, da nur verhältnißmäßig wenig Bilder von ihm erhalten sind und diese in einem kurzen Zeitraum entstanden zu sein scheinen. Hierin ist uns vielleicht ein Anhaltspunkt für die Frage, wer denn dieser phantasievolle Meister gewesen ist, geboten.

Drei bedeutendere Männer sind, wie wir aus den urkundlichen Mittheilungen zu schließen berechtigt waren, neben Wolgemut die Hauptvertreter der Kunst der Malerei in der zweiten Hälfte des Jahrhunderts in Nürnberg gewesen: Hans Beuerlein, Hans Trautt und Wilhelm Pleydenwurff. Der älteste unter ihnen ist Beuerlein gewesen. Da er schon 1461 als Meister angeführt wird, darf man annehmen, daß seine Kunst etwa auf der Stufe derjenigen des Hans Pleydenwurff und der frühen Manier Wolgemut's gestanden hat. So dürfte er schwerlich mit dem, einen entschieden vorgerückteren Stil zeigenden Meister des Peringsdörfer Altares identifizirt werden. Auch scheint er, wie erwähnt, vorzugsweise Freskomaler gewesen zu sein. Das Einzige, was bei Entscheidung unserer Frage zu seinen Gunsten angeführt werden könnte, ist die Thatsache, daß Beuerlein zwischen 1485 und 1488 in eben jener Augustinerkirche, für welche 1487 der Peringsdörfer'sche Altar angefertigt wurde, Wandmalereien ausgeführt hat. Doch liegt in derselben nichts Entscheidendes, ist doch auch der zweite der obengenannten Maler, Hans Trautt, bei der künstlerischen Ausschmückung jener S. Veitskirche thätig gewesen: nach Neudörffer hat er den Kreuzgang ausgemalt.

Viel eher als Beuerlein kann demnach Hans Trautt in Betracht kommen. Die Lebensdaten desselben würden einigermaßen stimmen. Er wird zuerst 1477 in den Bürgerverzeichnissen erwähnt. Obgleich er noch 1505 gelebt hat, scheint er in Folge von Erblindung schon früher (nach v. Murr 1488) seine Thätigkeit aufgegeben zu haben. Dieselbe würde also hauptsächlich in die siebziger und achtziger Jahre fallen. Die Annahme, unser Meister sei mit Hans Trautt eine und dieselbe Person, hätte also einige Wahrscheinlichkeit für sich. Ja, es könnte weiter für dieselbe angeführt werden, daß jene beglaubigte, den hl. Sebastian darstellende Zeichnung von Trautt in Erlangen eine offenbare Verwandtschaft mit den Bildern des Peringsdörfer Altares, speziell jener Darstellung des Sebastian zeige. In der That ist hierauf wiederholt aufmerksam gemacht worden. Daß ein direkter Zusammenhang zwischen der Zeichnung und dem Gemälde existirt, ist nicht zu bezweifeln. Ist auch die Stellung des Heiligen auf ersterer etwas verschieden, so stimmt doch das ganze Motiv der Bewegung mit jenem überein. Es ist ein ganz ähnlicher behauener Baumstamm, an den der arme Dulder gebunden ist; der rechte Arm ist wie dort gesenkt und an einen seitwärts abstehenden Ast gefesselt; wie dort sind die Beine etwas gesperrt und tritt der rechte Fuß auf den linken. Die Verschiedenheit liegt darin, daß auf der Zeichnung der Körper mehr nach links gewandt, der linke Arm über den Kopf zurückgebogen, der letztere mehr aufrecht gehalten ist und das weiße, sonst durchaus verwandt behandelte Hüftentuch nach rechts statt nach links flattert. Auch die Formen des schlanken, aber jugendlich vollen Körpers mit den stark eingezogenen Hüften, den spitzen Ellenbogen, dem scharfen Schienbein entsprechen, abgesehen davon, daß auf der Zeichnung die Rippen stärker hervorgehoben sind, ganz denen des Gemäldes. Besonders auffallend aber ist die Uebereinstimmung in den Händen und Füßen: die rechte Hand mit den krampfhaft geschlossenen Fingern ist fast ganz gleich. Wäre nicht eine deutliche Verschiedenheit in den Gesichtstypen wahrnehmbar, man würde kaum anders urtheilen können, als daß einer und derselbe Künstler Zeichnung und Gemälde gefertigt habe. Aber eben die Gesichtszüge machen stutzig: der Kopf auf der Zeichnung ist kürzer, anmuthiger, ich möchte sagen: dem modernen Schönheitsgefühl bei Weitem mehr entsprechend: auch hier verwandte Einzelheiten: die großen gesenkten Augenlider, das Kinn mit dem Grübchen, das etwas heraufgezogene untere Lid, aber doch ein anderer zierlicherer Gesammteindruck, der besonders durch die hübsche, kürzere und geradere Nase und den feinen Mund bedingt wird. Die Entscheidung ist schwer! Denn die Zeichnung zeigt ferner eine solche technische Meisterschaft in der Modellirung des Fleisches durch bräunliche Schatten, röthliche Konturirung und weiße Lichtaufhöhung, daß auch hiernach sehr wohl das Blatt dem Maler des Peringsdörffer Werkes zuertheilt werden dürfte.

Und doch kann man sich trotz Allem schwer hierzu entschließen. Die Beziehung zu einem bestimmten Bilde ist eine überaus nahe, ja frappant in die Augen fallende, aber der künstlerische Geist und Geschmack ist doch ein anderer, als der unserem unbekannten Meister eigenthümliche, ich möchte sagen, ein noch mehr vorgeschrittener. Nähme man ohne jede Voraussetzung das Blatt in die Hand, man würde es in den Anfang des 16. Jahrhunderts setzen und als eine Studie betrachten, zu der Hans Traut jenen Sebastian auf dem Altarwerk sich als Vorbild genommen. So und nicht anders vermag ich es mir zu erklären. Wer weiß, ob nicht die Erzählung von der Erblindung des Malers eine bloße Fabel ist und derselbe nicht vielmehr zu jenen Künstlern gehört, welche, bis in das 16. Jahrhundert hinein thätig, noch in später Zeit von den großen Neuerungen Dürer's beeinflußt, zu einer Wandlung in ihrem Stile gelangt sind. Dafür ließe sich wohl auch der Umstand geltend machen, daß sich, soviel mir bekannt geworden ist, derartige farbig aquarellirte Zeichnungen vor Dürer sonst nicht nachweisen lassen.

Beweist demnach auf der einen Seite das Blatt in Erlangen Nichts in der Frage, ob der Meister des Peringsdörffer Altares Hans Traut gewesen ist, so haben wir andererseits in den Angaben Neudörfer's sogar direkt gegen die Wahrscheinlichkeit einer Identität redende Zeugnisse. Zu dessen Zeit wußte man noch sehr gut, daß die Wandmalereien im Klostergang der Augustinerkirche von Hans Traut waren, das Altarwerk aber einem anderen Meister oder, besser gesagt, einer anderen Werkstatt, nämlich der Wolgemut's, verdankt wurde. Das sind nicht willkürliche Bestimmungen Neudörfer's, sondern Mittheilungen damals noch wohlbekannter Thatsachen. Man hat kein Recht, daran zu zweifeln, daß die Altargemälde aus dem Atelier Wolgemut's hervorgegangen sind und daher Nichts weder mit Hans Beuerlein, noch mit Hans Traut, die Beide selbstständige Meister gewesen sind, zu thun haben.

Der Arbeitsgenosse Michel Wolgemut's und der Theilhaber an dessen Geschäft in diesen Jahren ist uns nun aber nicht unbekannt: es ist kein Anderer als sein Stiefsohn Wilhelm Pleydenwurff, der Sohn des berühmten Meisters Hans. Sollte Wilhelm Pleydenwurff nicht der Schöpfer des Peringsdörffer Werkes und der verwandten Bilder sein?

Was wir von seinem Leben wissen, läßt sich mit dieser Annahme zunächst sehr wohl vereinen. Wilhelm dürfte um die Mitte des Jahrhunderts geboren sein: seine Thätigkeit fällt offenbar in die achtziger, wohl auch schon in die siebziger Jahre, er ist verhältnißmäßig jung 1494 gestorben. Daß er Maler war, ist weiter durch die urkundlichen Mittheilungen und die Angabe in der Schedel'schen Weltchronik beglaubigt. Für die Thatsache aber, daß Wolgemut größere an ihn ergangene Bestellungen seinem Stiefsohn übertrug, haben wir das wiederholt erwähnte Zeugniß aus dem Jahre 1491, in welchem Letzterer, an Stelle des 1490 damit beauftragten Wolgemut, den Schönen Brunnen bemalt und vergoldet und für diese Arbeit vierhundert Gulden empfängt. Alles dies also würde für unsere Hypothese sprechen. Aber wir können über bloße Vermuthungen weiter zu positiven Bestimmungen gelangen und brauchen hierfür nur auf jene Untersuchungen zurückzugehen, die oben über den Antheil Wilhelm's an der Illustrirung der Weltchronik und des Schatzbehalters geführt worden sind.

Durch die genaue Prüfung der Eigenthümlichkeiten von Wolgemut's Stil war es möglich geworden, mit annähernder Bestimmtheit zu unterscheiden, welche Holzschnitte auf seine Zeichnungen, welche auf diejenigen Pleydenwurff's zurückzuführen sind. Hierbei hatte es sich gezeigt, daß die weitaus besseren Illustrationen von Letzterem herstammen, daß sie einen Künstler von ungleich höherem Schönheitsgefühl, edlerer Empfindung und reicherer Phantasie verrathen.

Ein Vergleich nun dieser Pleydenwurff'schen Holzschnitte mit den zuletzt
besprochenen Bildern ergiebt nach meinem Dafürhalten mit Evidenz, daß
Wilhelm Pleydenwurff der Schöpfer des Peringsdörfer Altares war. Dieselbe
seelische Empfindung, dasselbe Formengefühl athmet aus Beiden. Hier wie dort
die zart anmuthigen, naiven Jünglings= und Frauengestalten, dieselben vornehmen, würdevollen Männer, hier wie dort die reichen, mannichfaltigen Trachten:
der zierliche, geschmackvolle Kopfputz der Frauen, der häufig bis in Einzelheiten
genau übereinstimmt, der modische Zuschnitt der Gewänder und Schuhe, die
duftig zarten, das Haupt schmückenden Kränze, hier wie dort die mit sorg-
samem künstlerischen Geschmack in verschiedenartigster Weise gestalteten Frisuren
der Haare. Die Blumenkelche, aus denen die Halbfiguren erwachsen, die kunst-
reichen Postamente, auf denen die einzelnen Gestalten in den Holzschnitzwerken
stehen, vergleichen sich durchaus jenen ornamentalen Trägern der Heiligen auf
dem Peringsdörfer Altar. Endlich findet sich, als das vielleicht am Meisten
schlagende Beweismittel für die Identität des Malers und des Zeichners, die
vollständigste Uebereinstimmung in der so charakteristischen Form und Bewegung der Hände. Gegenüber allen diesen Analogien will die kleine Abweichung, die sich in der, in den Holzschnitten mehr krausen Behandlung des
Haares bemerkbar macht, Wenig bedeuten.

Auf Einzelheiten braucht nicht eingegangen zu werden: ein Jeder wird
leicht die Bestätigung dieser Behauptung einer vollständigen stilistischen Uebereinstimmung aus einem selbst flüchtigen Vergleiche gewinnen. Es mag genügen,
einige der Illustrationen der Weltchronik, an denen derselbe mit besonderem Erfolge anzustellen ist, anzuführen; es seien genannt: die Engelversammlung
(Fol. II), die Patriarchen (Fol. X), Noah (Fol. XIV verso), die Amazonen
(Fol. XIX verso), die Sibyllen (Fol. XXXV verso), Ulysses bei Circe
(Fol. XLI), König Ladislaus (Fol. CCL), Maximilian (Fol. CCLVIII).

So ist es denn nicht der vielgefeierte Michel Wolgemut, sondern der junge
Wilhelm Pleydenwurff, ein seines Vaters würdiger Sohn, gewesen, welcher als
der edelste und bedeutendste Vertreter der Nürnberger Malerei am Ausgange
des an künstlerischen Thaten so reichen Jahrhunderts anzusehen ist. In dem
bisher in bescheidener Verborgenheit verbliebenen Mitarbeiter Wolgemut's haben
wir den eigentlich schöpferischen Künstler dieser Zeit zu verehren. Ein Maler
von größter koloristischer Begabung, poetisch gestaltender, liebenswürdiger Phantasie und hohem Gefühl für Schönheit und Adel der Formen, hat er in dem
Studium der Natur und der Weiterbildung des Technischen einen so großen
Schritt vorwärts gethan, daß nur ein weiterer bis zur Kunst eines Dürer
übrig blieb. Sein erster Lehrer ist zweifelsohne sein Vater gewesen, zu gleicher
Zeit aber scheint er auch dem Künstler, welcher die Katharinenbilder geschaffen
hat, nahe gestanden zu haben, da seine Bilder wiederholt, namentlich in den

Trachten, Beziehungen zu jenen zeigen. Ja, dieselben treten stärker hervor als
diejenigen zu Wolgemut, welche man doch unwillkürlich voraussetzen möchte.
Seine Typen wie seine Farben unterscheiden sich in der That im Allgemeinen
so stark von denen seines Stiefvaters, daß von irgend welchem bedeutenderen
Einfluß, den dieser auf ihn gewonnen, nicht wohl die Rede sein kann. Ein
vorübergehender Aufenthalt in den Niederlanden mag ihn vielleicht mit Dirk
Bouts bekannt gemacht haben: einzelne Eigenthümlichkeiten in seiner Farbenzusammenstellung, sowie seine Versuche in wirkungsvollen Beleuchtungen könnten
darauf hindeuten. Immerhin, wenn dies der Fall, hat er die Originalität
seines deutschen Wesens in hohem Maße zu bewahren verstanden und ist zu einem
durchaus selbständigen bedeutenden Stile gelangt. In dem ihn umgebenden
Leben, nicht in fremden künstlerischen Vorbildern fand er die Quelle der Inspiration: dieses Leben wandelte er nach dem ihm eingeborenen Ideale um. So
gelangte er, wie alle großen Künstler, zur Freiheit, — einer Freiheit, die sein Vater
noch nicht erreicht hatte. Die fleißigste Naturbeobachtung spricht sich in Allem
aus: in der Zeichnung und Modellirung des Nackten, in den Trachten, im
Landschaftlichen, in den mit wunderbarer, fast Dürer'scher Treue wiederge-
gebenen Pflanzen aus, deren er nie genug anbringen kann. Worauf sich aber
sein Augenmerk besonders richtet, ist die Erreichung plastischer, räumlicher
Illusion durch Wiedergabe der zarten Nüancen der Lichtwirkung. Durch Lasuren sucht er dem Fleische Transparenz zu geben, ja geradezu ein Clairobskur
hervorzubringen; er wagt sich an bestimmte Lichteffekte, bemüht sich, durch
seine Abstufungen in der Landschaft der wirklichen Luftperspektive nahezu-
kommen. Rechnet man hierzu die oben bereits näher besprochene, auf große
Formen gerichtete Zeichnung in den Typen und in der Gewandung, so wird
der Fortschritt, der in diesen Werken gegen die früheren wahrzunehmen ist,
hinreichend gekennzeichnet sein.

Unschwer ließen sich andererseits die Grenzen dieser Begabung angeben:
jedes stärkere, leidenschaftliche Empfinden, ekstatische Exaltation, wie kühne Ent-
schlußfähigkeit gingen unserem Künstler ab, daher er denn auch nur in den
Darstellungen mehr beschaulichen Charakters und einzelner Figuren dauernd zu
fesseln und zu erfreuen, den Beschauer niemals im tiefsten Innern zu bewegen
oder zu erregen vermag. Eine edle, vornehme, aber nur einseitig große
Künstlernatur, deren höchste Bedeutung vorzugsweise in dem rein Malerischen
zu suchen ist.

Ein anderer Ruhmestitel aber neben dem, den Peringsdörffer Altar geschaffen zu haben, kommt Wilhelm Pleydenwurff zu: derjenige nämlich, der erste
Lehrer Albrecht Dürer's gewesen zu sein. Diese Behauptung mag bei der allgemein feststehenden Ansicht, Dieser sei der Schüler Wolgemut's gewesen,
kühn klingen, einer Ansicht, die sich auf Dürer's eigene kurze Aufzeichnung,

sein Vater habe ihn im Jahre 1486 zu Wolgemut in die Werkstatt gegeben, stützt, und gleichwohl ist sie durch gewichtige Thatsachen zu bekräftigen. Daß Dürer Lehrling bei Wolgemut gewesen, steht fest; welcher Meister aber, Wolgemut oder Pleydenwurff, auf ihn den bestimmenden Einfluß des Lehrers gewonnen, ist eine andere Frage. Der große Maler, der in eben jener Zeit, als Dürer in die Lehre kam, das mächtige Werk für die Augustinerkirche ausführte, war Wilhelm Pleydenwurff — wie sollten es nicht diese farbenleuchtenden Gemälde gewesen sein, die als ein Wunder der Malerei von dem Knaben angestaunt wurden? Alles Interesse konzentrirte sich dazumal in der Werkstatt sicher auf die von Peringsdörffer bestellten Tafeln. Was zu gleicher Zeit noch daneben entstand, wie jenes Bild des Todes der Maria, das jetzt im Germanischen Museum hängt, war nicht im Stande, Geist und Phantasie zu begeistern. Der gleichsam offizielle Vertreter der Malerei im Atelier Wolgemut's war Pleydenwurff: an ihn wird sich Dürer, soweit er der Kunst der Malerei sich damals widmete, gehalten haben. So würde sich auch jene Aussage eines Jugendgenossen auf der im Britisch Museum befindlichen Dürer'schen Zeichnung der „Frau mit dem Falken" erklären: „Das ist och alt hat mir albrecht dürer gemacht E er zum maler kam in des wolgemuts hus uff den oberen boden in dem hindern hus in biwesen Cunrat lomayrs säligen". Bischer hat zuerst die Aufmerksamkeit auf die eigenthümliche Fassung dieser Inschrift gelenkt und aus ihr die Folgerung gezogen, daß Dürer nicht Wolgemut, mit dem er weder als Zeichner noch als Maler Uebereinstimmung zeige, sondern „vorerst einem Gesellen oder einem Geschäftsgenossen Wolgemut's" — welchen, läßt Bischer, der hier alle Möglichkeiten erwägt und neben Hans Traut und Beuerlein auch Wilhelm Pleydenwurff anführt, unbestimmt — „als Lehrling und Handlanger zugewiesen wurde". Nun ist es freilich nicht nothwendig, die Worte: „in des wolgemuts hus" in direkten Zusammenhang mit dem „maler" zu setzen: mit ebendemselben, ja größerem Rechte können sie auf das Folgende bezogen werden, so daß der Sinn wäre: „Dürer hat die Zeichnung in Wolgemut's Haus rc." gemacht, immerhin bleibt die Angabe: „e er zum maler kam" auffallend und darf zu Gunsten meiner Annahme, Dürer's eigentlicher Lehrer sei Wilhelm Pleydenwurff, gedeutet werden.

Zwingender aber spricht für dieselbe Dürer's Kunst selbst. Sein ältestes uns erhaltenes Gemälde: das Bildniß seines Vaters vom Jahre 1490 in den Uffizien zeigt eine von Wolgemut's Arbeiten ganz abweichende, den Peringsdörffer Bildern aber durchaus verwandte technische Behandlung. Wie in diesen findet sich die Anwendung fettflüssiger Farben, die weich und pastos verschmolzen sind. Freilich ist dies nur ein vereinzeltes Dokument, da die nächst ältesten Bilder, das Selbstportrait von 1493 und die Madonna mit der Nelke in Köln, schon unter dem Eindruck des in den Wanderjahren erlebten

Neuen stehen, aber sein Zeugniß wiegt schwer. Ja selbst in späteren Arbeiten Dürer's, namentlich im Portrait und in der Landschaft, lassen sich unzweifelhaft gewisse Reminiscenzen an die Kunst Pleydenwurff's gewahren. Schon bei Besprechung des Dessauer Bildnisses blieb es nicht unerwähnt, daß dasselbe nach seiner auf geschmackvoll zierliches Herausputzen der dargestellten Persönlichkeit bedachten Auffassung gleichsam vorbildlich für die bekannten Selbstportraits Dürer's erscheint. Durch poetisch fein empfundene Bildnisse, wie das des Konrad Imhof, wird Dürer mit der seit den van Eyck's sich vererbenden Sitte, durch eine in die Hand der dargestellten Persönlichkeit gegebene Blume geheime Dinge zart symbolisch anzudeuten, bekannt gemacht: in seinem Bildniß von 1493 stellt er sich selbst mit dem Blümlein „Mannstreue" dar.

Weiter sind es die Landschaften auf Pleydenwurff's Bildern, die als Ausgangspunkt für Dürer's eigene Studien zu betrachten sind. Einzelne, wie jene mit dem Weiherhäuschen auf der Vision des Bernhard könnten geradezu von Diesem gemalt sein. Wem fiele nicht hierbei jener frühe Stich der „Madonna mit der Heuschrecke" ein? Auch in der leidenschaftlichen Freude an gewissenhafter Wiedergabe der Pflanzen ist Pleydenwurff der direkte Vorgänger Dürer's: von ihm zuerst wohl wurde der lernbegierige Knabe auf den Werth des sorgfältigsten Studiums aller Einzelerscheinungen hingewiesen. An meisterlicher Wiedergabe der Natur stehen die verschiedenen Blumen und Kräuter, die zu Füßen der Heiligen auf dem Peringsdörffer Altar sprießen, den Aquarellstudien Dürer's kaum nach.

Endlich läßt sich die wohlbekannte Behandlung der Gewänder in des Letzteren Werken ihrem wesentlichen Charakter nach vielmehr auf Pleydenwurff's als auf Wolgemut's Geschmack zurückführen. Gerade die Stoffe der Heiligen auf dem Peringsdörffer Altar entsprechen in ihrer wuchtigen Schwere, in den gesteiften, röhrenförmigen, starkwulstigen Falten mit den tief eingesattelten Einschnitten und den astartigen Einbugungen den von Dürer vorzugsweise dargestellten und zu so gewaltiger Ausdrucksfähigkeit durchbildeten.

Dies Alles spricht überzeugend dafür, daß Dürer während seines Aufenthaltes in Wolgemut's Atelier weniger Dieses, als vielmehr Wilhelm Pleydenwurff's Schüler gewesen ist und an dessen Werken zuerst sein malerisches Können herangezogen hat. Auch von der Seite dieser Betrachtungen her fällt also ein helles, verherrlichendes Licht auf die Erscheinung des ganz in Vergessenheit gerathenen hervorragenden Meisters.

Neben Albrecht Dürer hat es aber gewiß manchen Anderen gegeben, der sich Schüler Pleydenwurff's nennen durfte. Die Spuren seines Einflusses sind in vielen, ja den meisten Bildern zu gewahren, die, noch in dem älteren Stile vor Dürer gehalten, in den folgenden zwei Jahrzehnten in Nürnberg gemalt wurden. Ich erwähne von den weniger

interessanten, mittelmäßigeren, nach deren Verfertigern zu forschen der Mühe nicht
lohnt, die „Messe Gregors" vom Jahre 1493 im Germanischen Museum
(Nr. 131), die Heiligen Apollonia und Barbara ebendaselbst (Nr. 106 und 107),
zwei Tafeln: der „Bethlehemitische Kindermord" und „Johannes auf
Patmos" in der Pfarrkirche zu Schwabach, sowie den sehr rohen Sebastian-
altar ebendaselbst. Die zwei, von Dürer abgesehen, bedeutendsten Schüler Wilhelm's aber sind jener am Peringsdörfer Altar mitthätige Gehülfe, den wir den
Meister N. F. nennen dürfen und der Künstler, welcher den Hochaltar in Heilsbronn gemalt hat. Da Letzterer, als der entschieden begabtere und als einer jener
Maler, die man als „die Meister des Ueberganges" bezeichnen kann, eine etwas
ausführlichere Betrachtung verdient, so genügt es hier, mit einigen Worten
auf jenen N. F., den wir ganz aus den Augen verloren haben, zurückzukommen,
und zwar aus dem Grunde, weil sich ihm, wie ich glaube, außer den Bildern
der Veitslegende, die er nach den Zeichnungen des Lehrers angefertigt hat,
noch ein Altarwerk, in dem er offenbar selbstständig aufgetreten ist, zuschreiben läßt.

Es ist dies der jetzt in seine Theile zerlegte Hochaltar der Pfarrkirche in
Forchheim. Erhalten sind, einzeln an den Pfeilern aufgehängt, eilf Tafeln;
ursprünglich waren es vermuthlich zwölf. Acht derselben stellen Szenen aus
der Passion Christi vor: sie bildeten wohl die vier ersten Altarflügel. Die
anderen drei, die man sich als Bestandtheile der feststehenden Flügel denken
mag, behandeln eine Heiligenlegende. Ob das große, neu bemalte Schnitzwerk,
das jetzt im Seitenschiffe angebracht ist und den Abschied Christi von den
Frauen vor den Stadtmauern von Jerusalem darstellt, das Mittelstück des
Altares bildete, wage ich nicht zu entscheiden. Es ist eine großartige Komposition im Stile des Veit Stoß, aber viel einfacher in der Gewandung und in
den Typen bereits ganz Dürerisch. Jene Darstellungen aber sind folgende:

1. Das Gebet Christi in Gethsemane.
2. Die Gefangennahme.
3. Christus von Kriegsknechten vor Kaiphas geführt.
4. Christus an der Säule gegeißelt.
5. Die Dornenkrönung.
6. Christus von Pilatus dem Volke gezeigt. Rückseite: Szene aus der
   Legende eines Bischofs.
7. Die Kreuztragung.
8. Die Kreuzigung.
9. Der hl. Christophorus das Wasser durchschreitend. Rückseite: Szene
   aus der Legende eines Bischofs.

10. Ein Bischof, auf den Wellen des Wassers schreitend, segnet einen Bauern, der mit seinem Wagen durch das Wasser fährt. Rückseite: Legenden eines Bischofs.

11. Enthauptung eines jugendlichen, vornehm gekleideten Heiligen auf einem Marktplatz. Rückseite: Szene aus der Legende eines Bischofs.

Die in diesen ungemein farbigen Bildern ausgesprochenen Beziehungen zu den Werken Pleydenwurff's sind sehr mannichfaltige und in den Typen nicht minder wie in dem Kolorit wahrzunehmen. Es ist ohne Zweifel der Meister N. F.: dieselbe ziemlich trockene Farbenbehandlung, dieselbe Art, die Haare in etwas hölzerner Weise aufzuhöhen, dieselben ins Derbere umgewandelte Typen Pleydenwurff's (charakteristisch die sehr vorquellenden Augäpfel und die schweren Augenlider), dasselbe eigenthümliche transparente, rosaliche Karmin, wie auf den von ihm gemalten Veitbildern. Nur zeigt er sich hier freier und unabhängiger. Die Kompositionen sind von großer Lebhaftigkeit, häufig begegnen stark von leidenschaftlicher Erregung verzerrte Köpfe. Eine gewisse Ungleichheit in der Ausführung macht sich zum Schaden des Eindruckes geltend; neben recht gut gezeichneten Figuren sieht man arg verzeichnete, ungeschickt bewegte; die Anatomie des Nackten ist schwach, die Modellirung wenig sorgfältig. Das Beste sind jedenfalls die landschaftlichen Theile der Darstellungen; in ihnen macht sich häufig eine recht feine Naturbeobachtung bemerkbar, so namentlich in den zierlich gebildeten Bäumen. In der Darstellung des wellenbewegten Wassers sucht der Maler offenbar die Kunst seines Lehrers zu überbieten: er giebt es als eine grüne, durchsichtige Masse, auf der sich kleine Schaumwellen kräuseln.

Verdient auch der Meister N. F. demnach einige Beachtung, so ist ihm doch keine höhere Bedeutung zuzuerkennen. Er fristet in seiner Weise dem Stile Pleydenwurff's eine Zeit lang das Leben, ohne über denselben hinaus zu nennenswerthen Fortschritten zu gelangen. Das war vor Allem Albrecht Dürer, in nur bei Weitem geringerem Maße dem Meister des Heilsbronner Altares vorbehalten.

6. Einzelne andere Meister und Werke aus der zweiten Hälfte des 15. Jahrhunderts.

Die Charakteristik der künstlerischen Bestrebungen von 1450 bis 1500 kann in völlig erschöpfender Weise aus der Betrachtung der Thätigkeit der vier Maler, mit denen wir uns im Vorhergehenden beschäftigt haben, jener zwei älteren: Hans Plendenwurff und dem Meister des Löffelholz'schen Altares, und der zwei jüngeren: Michel Wolgemut und Wilhelm Pleydenwurff gewonnen werden. Eine Prüfung der Gemälde jener Zeit, die außer den bereits besprochenen Werken dieser Künstler noch erhalten sind, vermag keine neuen Gesichtspunkte zu eröffnen, kann die gewonnenen Ansichten zu bestärken oder zu vertiefen. Und doch darf, soll anders der Überblick über das künstlerische Schaffen ein annähernd vollständiger und umfassender sein, der Versuch nicht versäumt werden, aus dem weiter Vorhandenen einen Schluß auf die Existenz überhaupt, dann auf die verschiedenartige Bedeutung von Malern zu ziehen, die gleichzeitig mit den uns näher bekannt gewordenen den künstlerischen Wünschen der Nürnberger Bürger Rechnung trugen. Die folgenden Abschnitte sind freilich fast ebensoviele unbeantwortete Fragen — aber selbst Fragen können eine gewisse Belehrung und Aufschluß in sich tragen! Wir werden uns mit Werken nicht unbedeutender Künstler, von deren Wirksamkeit bloß dies oder jenes vereinzelte Zeugniß erhalten ist, zu beschäftigen haben — als befänden wir uns in einem Kreise von zumeist ganz fremden und zum Theil nur dem Namen nach bekannten, durch den Zauberspruch der Wißbegierde hervorbeschworenen Schatten, die wir alle einzeln und nach kurzen abgerissenen Aeußerungen kennen lernen sollten, in kärglichst bemessener Zeit, ehe das Dunkel sie dem Blick wieder entrissen.

1. Der Meister des Krell'schen Altärchens in S. Lorenz.

✠

Ein Geistlicher, Jodokus Krell, der 1483 gestorben ist, soll den kleinen Altar, der in der Mitte des Chores von S. Lorenz hinten sich befindet, gestiftet haben. Der Auftrag, den er dem Maler gab, lautete: auf dem Mittelstück Maria mit dem Kinde zwischen den Heiligen Bartholomäus und Barbara, auf den Flügeln noch einmal dieselben Heiligen und ferner Jakobus major und Helena, auf der Staffel aber Christus und die zwölf Apostel, sowie acht Heilige, deren Namen meinem Gedächtnisse entfallen sind, darzustellen. Er wählte sich unter den Künstlern Einen, der vermuthlich keine allzu großen Ansprüche machte, da er neben seinen großen Zeitgenossen, deren angesehenster ja selbst für Breslau zu arbeiten hatte, eine ziemlich bescheidene Stelle einnahm. Der Krell'sche Altar erinnert uns daran, daß es zur Zeit Pfenning's noch einen Maler gab, der die Traditionen der Kunst Meister Berthold's in seiner Weise aufrecht erhielt, jener nämlich, den wir nach dem Wolfgangsaltar benannt haben. Die durch ihn vertretene alterthümliche Richtung mußte nun endlich, wie dies das Geschick von Bächen neben einem großen Flusse ist, in die siegreich vorwärtsdrängende Kunstweise münden. Wie aber der einströmende Bach eine Zeitlang noch sein Wasser im Strome beisammenhält und, seine Färbung wahrend, nur allmählich sich mit den reißenden Elementen, in die er eingetreten, vermischt, so erhielt sich inmitten der großen, durch Hans Pleydenwurff hervorgerufenen Bewegung jene ältere Manier noch eine Weile erkennbar, trotz der nicht abzuwehrenden Beeinflussung durch jene. Der Maler des Jodokus Krell, von mittelmäßiger Begabung, blieb in den Netzen der Tradition, in die ihn der Meister des Wolfgangsaltares, der vermuthlich sein Lehrer war, verstrickt hatte, wenn er sich auch den neuen, starken Eindrücken, die, wie es scheint, ihm namentlich von den Bildern des Löffelholz'schen Altares kamen, nicht verschließen konnte. Auf halbem Wege stockend, unselbstständig, ohne wirkliche Schaffenskraft und -trieb, vermag er nicht mehr, als ein vorübergehendes Interesse zu erwecken. Ja, man würde schnell an seinen Bildern vorübergehen, erregten nicht gewisse Absonderlichkeiten, sowie unerwartete Feinheiten im Detail die Neugierde. Wie es so oft bei Künstlern seines Schlages der Fall ist, sucht er, da es ihm nicht gelingen will, in dem Hauptsächlichen, den Figuren, Bedeutendes zu gestalten, durch ungewöhnliche Farbenzusammenstellung und sorgfältige Behandlung der Nebendinge Eindruck zu machen. Mit überraschender Feinheit in der Wiedergabe aller Einzelheiten führt er seine Landschaften aus — eine Ansicht von Nürnberg, die sich auf einem der Gemälde als Hintergrund befindet, gehört zu dem Reizvollsten, was man in dieser Art in Nürnberg sehen

kann. Dann sind es die kostbaren brokatenen Stoffe, die einen teppichartigen
Hintergrund für die stehenden Heiligen bilden, welche durch ihre Farbenpracht
zur Bewunderung zwingen, etwa wie jene auf den Werken des Kölnischen
Meisters des Bartholomäus. In manchen Einzelheiten, wie den durchsichtigen
Heiligenscheinen, dem mächtigen perrückenartigen Haarwuchs des Bartholomäus
und dgl. mehr macht sich ferner noch das bewußte Streben, durch Abweichung
vom streng Konventionellen Effekt zu machen, bemerkbar. An Allem dem haftet
der Blick, indeß er, wie gesagt, bei den Figuren selbst kaum weilt, die von
grobem Gefüge und steifer Haltung sind, sehr untersetzte Verhältnisse, sowie
rundliche, derb gezeichnete Köpfe und unorganische Hände mit ungelenken
Fingern aufweisen. Das Fleisch, das blühend wirken soll, ist wächsern, das
Auge ausdruckslos und glasig.

Die zwei Flügel mit den Gestalten des Bartholomäus und der Barbara
sind jetzt von dem Altare getrennt und in der fünften Kapelle des linken
Seitenschiffes untergebracht.

Das einzige andere Bild, das ich von dem Maler gefunden habe, ist ein
Altarflügel, den hl. Jakobus als Pilger darstellend, im Germanischen
Museum (in der ehemaligen Kirche Nr. 423).

2. Der „Auszug der Apostel" in München.

Wiederholt im Verlaufe unserer Untersuchungen haben wir uns mit
Werken aus der Münchener Pinakothek zu beschäftigen gehabt. Nur Eines unter
den Nürnberger Bildern daselbst hat bis jetzt keine Erwähnung gefunden: die dem
Wolgemut zugeschriebene Tafel, auf welcher dargestellt ist, wie die Apostel, ge=
treu dem Worte ihres Herrn, Abschied von einander nehmen, um in die ver=
schiedenen Weltgegenden das Evangelium zu tragen. Die Szene ist von dem
Maler in ebenso naiver, als ergreifender Weise geschildert worden. Ein Stück
Weges aus der im Hintergrund am Wasser liegenden Stadt sind die Boten des
Herrn noch zusammen gewandert, nun schlägt die Scheidestunde. An einem
Brunnen haben sie sich erquickt: noch stärkt sich Petrus mit einem Trunke aus
der Pilgerflasche zur langen Wanderung nach Italien; Johannes, der sich
Asien zum Ziele erwählt hat, will seinem Beispiele folgen und schöpft sich
Wasser. Von ihnen aber trennt sich bereits mit zurückgewandtem Blick Jakobus
der Aeltere; er weist auf den Weg durch Judäa, den er beschreitet, indessen
Thomas in entgegengesetzter Richtung in das ferne Indien aufzubrechen sich anschickt.

In inniger Umarmung weilen Bartholomäus, der mit thränenschwerem Blick vor sich hinstarrt, und Andreas, der mit bewegtem, liebevollem Auge von ihm ein Abschiedswort erbittet. Weiter zurück giebt der alte Philippus dem jungen Jakobus ein Weilchen das Geleit und guten väterlichen Rath zu gleicher Zeit, ehe er dem ihm bestimmten Lande Phrygien sich zuwendet. In weiter Ferne aber ziehen einsam Mathias nach Palästina, Thaddeus nach Mesopotamien und Matthäus nach Persien ihre Straße.

Schon die feine Wiedergabe der zartesten seelischen Empfindungen, die Innigkeit, mit welcher der Vorgang bis ins Kleinste von der Phantasie aus gestaltet wurde, würde in diesem Gemälde das Werk eines edlen und ernsten Künstlers erkennen lassen. Aber auch die sorgfältige malerische Behandlung, das energische koloristische Gefühl, die durch geschickte Lasuren hervorgebrachte Transparenz und Leuchtkraft der Farben führen zu der gleichen Ueberzeugung. Wer ist dieser Künstler, der auf gleiche Rangstufe wie Hans und Wilhelm Pleyden-wurff gestellt werden muß? Es ist unmöglich, dies Werk kurz damit abzu-fertigen, daß man es in die Schule Wolgemut's registrirt, wie Bischer es thut, oder es als Wolgemut's Schöpfung zu betrachten, wie dies in der Regel ge-schieht. Hierfür ist es viel zu bedeutend, läßt sich auch in manchen Einzelheiten (wie in den Händen und besonders in der Figur des Johannes, was Bischer richtig bemerkt hat), eine Verwandtschaft speziell mit Wolgemut's frühestem Werke, dem Hofer Altar, sicher nicht ableugnen. So wäre denn etwa ein anderer großer, bis jetzt uns ganz unbekannter Meister als sein Schöpfer vorauszusetzen? Möglich, aber nicht wahrscheinlich. Das wäre dann Einer gewesen, der den direkten Uebergang von Hans zu Wilhelm Pleydenwurff bildet, denn das Bild zeigt die auffallendsten Beziehungen zu dem einen wie dem anderen Maler. Die Farbengebung, das Clairobskur in den Köpfen erinnern vielfach an den Peringsdörffer Altar, die Zeichnung der Typen, die Gestalten und die Hände an den Stil des älteren Pleydenwurff, die Landschaft, der Baumschlag, die Pflanzen, die Thiere (Eidechsen, Hirschkäfer und Frosch) an die Manier des Vaters ebensowohl, wie an die des Sohnes, ja endlich auch an die Wolgemut's. Man könnte allenfalls die Vermuthungen abwägen, ob es eine späte Arbeit des Hans oder eine frühe des Wilhelm sei, wobei allerdings nach kurzem Schwanken die Wagschale sich doch entschieden zu Gunsten des Ersteren senken würde. Am wahrscheinlichsten bleibt es, daß „der Auszug der Apostel" zu den letzten Werken des Hans Pleydenwurff zu zählen ist, und daß bei der Ausführung, aber bloß bei dieser, vielleicht Michel Wolgemut, der ja um diese Zeit in Jenes Atelier war, mit betheiligt war.

3. „Das Gebet zu Gethsemane" in der Gallerie zu Darmstadt.

✤

Aehnliche Schwierigkeiten, wie der Auszug der Apostel in München, bietet für die Bestimmung des Meisters ein Gemälde, das, fälschlich der „Oberdeutschen Schule" zugeschrieben, in Darmstadt (Nr. 231 der Gallerie) aufbewahrt wird. Ein durchaus bedeutendes Werk, dessen Komposition an diejenigen des gleichen Gegenstandes von Michel Wolgemut deutlich erinnert, und das in sehr ähnlicher Weise, wie das soeben besprochene Bild, eine eigenthümliche Mischung der Stileigenthümlichkeiten des Hans Pleydenwurff und Wolgemut's aufweist. Zuerst möchte man es dem Letzteren zuweisen und zwar der Zeit, in welcher der Crailsheimer Altar entstanden ist, dann aber bei näherer Prüfung beginnt man ernstlich an der Berechtigung einer solchen Ansicht zu zweifeln. Der Maler scheint Wolgemut doch weitaus überlegen zu sein. In wundervoller Kraft und Harmonie schimmern die Farben, alle Details der Zeichnung sind energisch durchgebildet, die Köpfe in höchst wirkungsvollem Helldunkel gehalten, die Gewänder in zahlreichen Falten geknittert und gebrochen, die Landschaft mit dunkelblauen Bergen und rother Abendbeleuchtung am Himmel ist auf einen tiefen, warmen Ton gestimmt. Auch hier bleibt die Entscheidung vorläufig ungewiß.

♨

4. Die Kreuzigung aus Ebern im Germanischen Museum.

✤

Ein Nachfolger des Hans Pleydenwurff scheint der Maler gewesen zu sein, der jene, jetzt zwischen den Flügeln des Peringsdörffer Altares aufgehängte Kreuzigung im Germanischen Museum (Nr. 117) angefertigt hat, die aus dem kleinen, in der Bamberger Gegend gelegenen Städtchen Ebern stammt. Allem Anschein nach ist er freilich nicht ein Nürnberger gewesen, da er sich, namentlich was seinen Farbengeschmack anbetrifft, wesentlich von der Gruppe unserer Künstler unterscheidet, dürfte aber dennoch entscheidende Anregungen, wie erwähnt, von Einem derselben empfangen haben, wie man Dies besonders aus seinen Männergestalten schließen kann. Ein Künstler von nicht zu unterschätzender Begabung und tüchtigem Können, dem es aber an Energie der Gestaltung fehlt, um sich einem Mann wie Hans Pleydenwurff vergleichen zu lassen. Die

Nürnberger Schule um 1470.
Der Auszug der Apostel.
Pinakothek zu München.
(S. 190.)

Nach: „Gemälde von Durer und Wolgemut."

Färbung des Bildes ist eigenthümlich flau und kühl: ein helles Grün, ein fades Blau, ein lichtes Zinnoberroth und ein Bleigrau in den Rüstungen bilden den charakteristischen Akkord. Die hierin sich aussprechende Weichlichkeit und Mattheit macht sich auch in den Frauentypen geltend, die von etwas kleinlichem Gepräge sind. Keine weite landschaftliche Perspektive, sondern bloß ein schlichter grüner Boden. Die Komposition ist sehr figurenreich, ganz in der Art der Münchener und der Schönborn'schen Kreuzigung.

Eine andere kleinere Darstellung des Gekreuzigten im Germanischen Museum (in der Kirche, ohne Nummer, hängt über Nr. 420) zeigt eine nahe stilistische Verwandtschaft mit derjenigen aus Ebern. Vielleicht könnte man auch die Brustbilder von Christus und Maria (Nr. 437, 433) ebendaselbst anführen.

5. Die Kreuztragung von 1485 in S. Sebald.

Schon früher, als wir uns mit der Frage beschäftigten, in wie weit Wolgemut die Stiche Martin Schongauer's kennen gelernt und benutzt habe, wurde kurz auf ein Bild aufmerksam gemacht, das, an einem Pfeiler in S. Sebald angebracht, mit fleißiger Benutzung der Schongauer'schen Kreuztragung entworfen worden ist. Eine Komposition von Hunderten dicht gedrängter Figuren mit dem Kalvarienberg im Hintergrunde, in einem schweren braunen Ton gehalten, aus dem nur einzelne weiße oder gelbe, scharf beleuchtete Gewandtheile und wehende Tuchzipfel — ähnlich wie auf den Bildern des Meisters vom Erfurter Altar — hervorblitzen. Die Nachahmung Schongauer's beschränkt sich nicht auf die Entlehnung des Hauptmotives, der auf einen Stein sich stützenden, zusammengebrochenen Heilandsfigur, sondern geht so weit, daß das Antlitz Christi genau nach dem des Stiches kopirt ist. Der hohe Standort und die kleinen Verhältnisse der Figuren erschweren es sehr, zu einem positiven Urtheile über den Maler zu gelangen. Einzelnes erinnert noch an den Erfurter Meister, an Hans Pleydenwurff, Anderes an Wolgemut, doch gestehe ich, auch unter den Werken der Zeitgenossen des Letzteren Nichts gefunden zu haben, was mit Sicherheit derselben Hand zuzuschreiben wäre. Nach Meyer soll das Bild, das 1485 batirt ist, eine Stiftung des Hans Tucher gewesen sein; man sieht die Wappen der Tucher, Ebner, Harsdorfer und Rieter.

6. Jakob Elsner.

✦

In der Augsburger Gallerie befindet sich unter Nummer 670 das Portrait eines jungen, blauäugigen Mannes, der, eine schwarze Kappe auf dem blonden Haar, in ein rothes Hemd, karminfarbene Aermel und einen braunen, ärmel=losen Mantel gekleidet, nach halb links gewandt, einen Rosenkranz in den Händen, dargestellt ist. Auf der Rückseite liest man folgende, bereits im Kataloge der Sammlung verzeichnete alte Inschrift:

„abj 10 maʒo im 1471 jar bin ich Jorg Ketzler d. Elter von meiner mütter selige genant Katharina und mein vatter Seliger genant Petter Ketzler und das nebenpildt ist von Jacob Elsner noch mir abgemolt worden auf abj 10 lugo Jm 99 Jar so das ich eben auff die zeyt alt gewesen bin 28 jar und 9 wochen ich (?) Jorg Ketzler burger zu Nuremberge — Kost 7 fl. 2 d."

Hier wäre denn also einmal ein Bild gegeben, das den Namen seines Autors enthält, und dieser Name ist uns auch anderweitig bekannt. Unter dem Titel: „Jacob Elsner, Illuminist", bringt Neudörfer in seinen „Nachrichten" (Lochner'sche Ausgabe, S. 139) folgende Mittheilungen:

„Dieser Elsner war ein sehr angenehmer Mann bei den ehrbaren Burgern, des Lautenschlagens verständig, derhalben ihn auch die großen Künstler im Orgelschlagen, welche waren Sebastian Imhof, Wilhelm Haller und Lorenz Staiber lieb haben, waren mit Andern ihrer Gesellen täglich um und bei ihm. Er conterfetet sie auch und illuminiret ihnen schöne Bücher und machet ihnen ihre Wappen und Kleinot, damit sie vom Kaisern und Königen begabt waren, in ihre Wappenbrief. Dieser Zeit war Keiner hier, der das gemalte Gold so rein machet wie er."

Also zu gleicher Zeit ein guter Maler und ein guter Musikant ist dieser Elsner gewesen, der nach Doppelmayr erst nach 1546 gestorben ist. Er zählte nicht zu den eigentlichen Tafelmalern, sondern zu den das kleinere Genre der Miniatur und der Wappenmalerei betreibenden Künstlern. Das spricht sich nun auch sehr deutlich in dem Augsburger Bildniß aus, das mit zäher, trockener Farbe in fleißiger, sorgfältiger, aber etwas unfreier Weise ausgeführt ist und sich der Technik nach durchaus von den Arbeiten eines Wolgemut oder eines Wilhelm Pleydenwurff unterscheidet, so sehr es andrerseits in Auffassung und Kolorit an Letzteren erinnert.

Ich glaube mich nun nicht zu irren, wenn ich noch in einem anderen, bereits früher kurz erwähnten kleineren Werke die Art des Künstlers wieder=erkenne, in jenem Klappaltärchen des Münchener Nationalmuseums

nämlich, welches auf dem einen Flügel das Portrait des Kunz Imhof, auf
dem anderen das Wappen der Familie und eine halbnackte, auf einem Postament
stehende allegorische Frauenfigur zeigt (in einem der Glasschränke des 6. Saales
im Erdgeschoß). Das Bildniß, welches die Bezeichnung: „Conrat Im Hof
XXIII jar 1486" trägt, ist eine Kopie jenes schönen, von mir dem Wilhelm
Pleydenwurff zugeschriebenen Portraits in der Rochuskapelle und offenbar, der
Zeichnung jener Frau nach zu schließen, später als 1486 entstanden. Man
könnte annehmen, daß der treffliche Orgelspieler Sebastian Imhoff seinem lieben
musikalischen Freunde den Auftrag gegeben habe, eine Wiederholung von jenem
Abbild seines Verwandten zu machen. Jedenfalls ist auch dieses Münchener,
wie das Augsburger Gemälde, das Werk eines Wappenmalers und zeigt genau
dieselbe technische Behandlung.

Beide aber sind von Jakob Elsner in seiner Jugendzeit ausgeführt worden,
als er noch ganz unter dem Einflusse der älteren, vor Dürer herrschenden
Richtung, speziell der Kunst Wilhelm Pleydenwurff's stand. In welcher Weise
er dann später gemalt, ob auch er ein Nachahmer Dürer's geworden, dafür
fehlt uns jeder bestimmte Anhaltspunkt, denn das Einzige, was mit ihm in
Beziehung gesetzt werden kann, die Miniaturen des sogenannten „Gänsebuches"
in der Sakristei der Lorenzkirche, dürfen nicht mit voller Sicherheit als seine
Schöpfung betrachtet werden. Angeblich befand sich ebendaselbst ein Meßbuch
von 1513 in kleinem Folio, von Anton Kreß, dem Probst an der Lorenzkirche,
bestellt, das 1617 der Familie Kreß wieder ausgeliefert und von dem jedes=
maligen Aeltesten derselben aufbewahrt wird. Rettberg nun, dem wir diese
Nachricht verdanken (Nürnberg's Kunstleben, S. 144), kannte, wie es scheint,
dieses Meßbuch von 1513 und fand die Miniaturen übereinstimmend mit jenen
des Gänsebuches, daher er auch in den Bildern dieses letzteren Arbeiten Elsner's
sah. Er sagt darüber: „als Schreiber des Choralbuches nennt sich ein gewisser
Friedrich Rosendorn (nicht Rondorn, wie im „Sammler" steht). Die beiden
Bände dieses sogenannten „Gänsebuches", Winter= und Sommertheil, enthalten
die Festtagslektionen für das ganze Jahr und wurden im Auftrage des Anton
Kreß 1507 begonnen und 1510 vollendet. Die Darstellungen (ausführlicher
beschrieben im zweiten Hefte des Sammlers, S. 18 fg.) beziehen sich auf die
Hauptfeste wie Weihnachten, Dreikönigsfest, Ostern, Himmelfahrtsfest u. s. w.,
so: die Geburt Christi, Anbetung der Könige, Auferstehung u. a. m., wobei
nebenbei allerlei, zum Theil launige Anspielungen und Schelmereien in Ara=
besken eingeschoben sind. Namentlich sind auf dem Himmelfahrtsblatte singende
Gänse abgebildet mit dem Wolf als Vorsänger und dem Fuchs als Gehülfen:
von dieser Vorstellung, die von jeher gefiel und als Wahrzeichen beliebt blieb,
hat das Buch jenen Namen des „Gänsebuches" erhalten".

7. Der Meister der Rathhausbilder in Goslar.

Unter den Aufträgen, die Michel Wolgemut erhielt, ist einer bisher nur flüchtig erwähnt worden, ohne nähere Untersuchung darüber, wie und von wem derselbe ausgeführt wurde. Es ist jener, welcher die Malereien betrifft, die Wände und Decke eines Zimmers im Rathhaus der altehrwürdigen Kaiserstadt Goslar schmücken. In seinem „Archiv für Niedersachsens Kunstgeschichte" (III. Abth. 33 ff.) hat Mithoff zuerst Mittheilung davon gemacht, daß nach J. M. Kratz' Forschungen im Jahre 1500 Wolgemut die Aufforderung, diese in Leimfarben auf Leinwand gemalten Bilder zu malen, erhielt und ihm dafür im folgenden Jahre das Ehrenbürgerrecht und die Aufnahme in die Brauergilde von Goslar zu Theil wurde. Hielte man sich nur an diese urkundlichen Mittheilungen, so müßte man die Autorschaft Wolgemut's für unbestreitbar erachten. Aber selbst echte Urkunden können täuschen und irrthümliche Ansichten hervorrufen — dafür ist dieser Fall einer der interessantesten Beweise! Die Stilkritik feiert hier einen Triumph über die scheinbar positivste Art kunstgeschichtlicher Forschung, indem sie im vollen Widerspruch zu den Dokumenten den wahren Sachverhalt aufdeckt. Nicht Wolgemut, der sehr mit Unrecht den Ruhm und die Ehre davontrug, sondern ein anderer Künstler, dessen Name in bescheidener Dunkelheit verblieb, hat die Gemälde geschaffen. Das ist mit vollem Recht bereits von Robert Vischer ausgesprochen worden.

Die Thatsache, so räthselhaft sie dem Uneingeweihten erscheinen mag, kann nach Allem, was wir von des Meisters Geschäftsbetriebe erfahren haben, durchaus nicht mehr überraschen. Wir haben gesehen, daß der Peringsdörffer Altar in allen seinen Theilen von einem anderen Maler gefertigt wurde, daß auch an dem bei Wolgemut bestellten Schwabacher Altar fast Nichts von seiner Hand, sondern bei Weitem der größte Theil von einem Künstler gemalt ist, dem wir später noch unsere Aufmerksamkeit zuwenden werden. Wie in diesen beiden Fällen, so hat Wolgemut es auch gemacht, als die Stadt Goslar sich an ihn mit einer großen Bestellung wandte: er hat seinen Namen hergegeben, die Arbeit aber einem Anderen zugewiesen.

Merkwürdig genug, denn es handelte sich hier um eine Aufgabe, die fesselnd und anregend wie wenige andere für jeden phantasiebegabten Künstler sein mußte! Acht Jahre, bevor Julius II., das Werk Sixtus' IV. wieder aufnehmend, den Riesenplan der Ausschmückung der Sixtinischen Kapelle mit einem die ganze Heilsgeschichte umfassenden Cyklus von Wandgemälden faßte und Michelangelo anvertraute, haben die Rathsherren der alten Kaiserpfalz im Harz ein ähnliches Programm für die künstlerische Ausstattung ihrer Rathhauskapelle entworfen. Eine bescheidene Stube mit niedriger holzgetäfelter Decke, mit Holz verkleideten Wänden und kleinen Fenstern, durch die man auf die mittelalterlichen Giebel der stillen, traulichen Stadt hinausschaut — ein unbeschreibliches Gefühl tiefer Rührung bemächtigt sich der Seele, läßt man bei Betrachtung der Bilder, mit denen jede Fläche bedeckt ist, die Gedanken hinausschweifen zu jener fürstlichen Kapelle im Vatikan. Ein anderer Raum, ein anderes Volk, ein anderer Himmel, eine andere Kunst — wie könnte man zu vergleichen wagen! Nicht ein Vergleich: die überraschend plötzlich eintretende Wahrnehmung, daß diese entgegengesetzten Welten doch durch die Gewalt einer großen Idee unlöslich verbunden waren und sind, ist es, welche uns in stummer Ergriffenheit verharren läßt. Derselbe Glaube hier, wo einst im sturmbewegten Wolkenzug um der dunklen Berge Spitzen Wotan als gewaltiger Herrscher sich zeigte, wie dort, wo auf sonndurchglühten Hügeln die Tempel olympischer Götter leuchteten, derselbe Glaube an die erlösende Liebesthat des Einen, welcher der Welt das Göttliche offenbarte. Und aus diesem Glauben erwachsen eine Weltanschauung, die alles geschichtliche Werden nur auf dieses eine Erlösungswerk bezog, welche die göttlichen Strahlen der Offenbarung selbst rückwärts in die antike heidnische Welt einen milden Glanz entsenden ließ, in der prophetischen Vorahnung und Sehnsucht nach dem kommenden Heiland das 'auch diesen Zeiten gewährte göttliche Gnadengeschenk gewahrte, wie sie auf der anderen Seite die Weltgeschichte seit dem Kreuzestode des Erlösers nur als die allmähliche Befreiung aus der Noth der Sünde zur Freiheit reiner Gottesverehrung, als die Vorbereitung zur endlichen Verwirklichung des Gottesreiches im Jüngsten Gericht erfaßte. In Kampf und Leiden, Sehnen und Sinnen war durch anderthalb Jahrtausende hindurch dieser Gedanke zu einer allbeherrschenden und alldurchdringenden Macht geworden, und zu gleicher Zeit sollte er — zum letzten Male als ein im Bilde zusammengefaßtes Glaubensbekenntniß eines sterbenden Zeitalters — in Italien und Deutschland von der Kunst verherrlicht werden.

Umfassender freilich ist der Cyklus in der Sixtinischen Kapelle: die Szenen aus dem alten Testament fehlen in Goslar. Aber hier wie dort finden wir die von himmlischer Weisheit erleuchteten Propheten und Sibyllen, die Vorfahren Christi, die wichtigsten Ereignisse aus Christi Leben, endlich das Jüngste Gericht als Abschluß des Ganzen. Die Vertheilung der Darstellungen in der Rathsstube ist derart, daß die vier großen Felder der Decke die Verklärung, die Geburt Christi, die Anbetung der Könige, die Darstellung im Tempel, die sechszehn kleineren die zwölf Propheten und vier Evangelisten enthalten, an den Wänden die Figuren der dreizehn Sibyllen, zwölf Könige und einige Heilige (Kosmas, Damianus, Nikolaus und Katharina), in der anstoßenden kleinen Kapelle die Passionsgeschichte, die Dreieinigkeit und das Jüngste Gericht in kleineren Ver-

hältnissen verbildlicht sind. In einer Fensternische ist, nach Mithoff's Mittheilungen
im „Archiv" Johann Papen, der Bürgermeister, als Stifter neben der hl. Anna
selbdritt, der Himmelskönigin Maria auf der Mondsichel, den Schutzpatronen
von Goslar: Judas Thaddäus und Simon, sowie dem hl. Matthäus dargestellt.

Was die Propheten und Evangelisten anbetrifft, ist nicht Viel zu bemerken;
der alten Tradition zufolge halten sie Schriftbänder, auf denen ihre Weis=
sagungen zu lesen sind. Viel eingehenderes Interesse erwecken die Figuren der
Sibyllen und Könige. Die ersteren, durch reiche phantastische Tracht geschmückt,
sind nach Alter, Ausdruck und Attributen durchaus verschieden individuell ge=
bildet. Ein ganz bestimmtes Programm mit detaillirten Angaben muß dem
Maler vorgelegen haben, an welches er sich, abweichend von der mehr allgemein
gehaltenen Tradition, der auch noch ein Künstler wie Syrlin bei Anfertigung
der Chorstühle in Ulm folgte, gehalten haben muß. Man braucht nicht lange
zu suchen: in jener von Wolgemut und Pleydenwurff illustrirten Weltchronik
finden wir neben den ähnlich phantastisch gebildeten Brustbildern der Sibyllen
nähere Angaben über deren Geschichte, Tracht und Bedeutung. Woher Schedel
diese speziellen Angaben genommen, glückte mir bisher nicht aufzufinden, doch
bediente er sich offenbar derselben Quelle, auf welche das bereits von Piper
in seiner „Christlichen Mythologie" (1. S. 479) und von Görres in seinen
„Teutschen Volksbüchern" (Heidelberg, 1807, S. 241) erwähnte Volksbuch zurück=
geht, welches den Titel: „Offenbarung der Sibillen Weissagung" oder „Zwölf
Sibillen weissagungen vil wunderbarer Zukunfft von Anfang bis zu end der welt"
trägt. Wenigstens stimmt das Volksbuch in fast Allem genau mit der Welt=
chronik überein. (S. Näheres darüber im Anhang.) Da werden nun, ab=
gesehen von den Weissagungen, die sich in gleicher Weise auf den Bildern in
Goslar finden, folgende nähere Angaben über die einzelnen Sibyllen gemacht.

Die Persische Sibylle trägt ein goldenes Kleid und einen weißen
Schleier, die Libische einen Rosenkranz auf dem Kopfe. Die Delphische,
mit schwarzem Gewande angethan und das Haar um den Kopf gebunden, hält
in der Hand ein Horn. Die Chimerische, jugendlich gebildet, mit aufgelösten
Haaren, ist mit blauem, goldverziertem Gewande bekleidet. Auch die Samische
ist jugendlich und schön, hat das Haupt bedeckt mit einem zarten Schleier, hält
die eine Hand vor die Brust und tritt ein Schwert mit Füßen. Die Kumä=
ische, mit unbedecktem Haupte, in güldenem Kleid, trägt zwei Bücher, das
eine in der Hand, das andere auf den Knieen. Die Hellespontische „ist
gewesen ein alt weib mit einem Beurischen Purpurkleyde angethon gebunden
mit einem alten Weiler umb ihre Kele hat sie ein alt verwurffen kleydt umb=
gewickelt". Von der Phrygischen wird gesagt, sie sei „gekleydt mit einem
roten klend. Sie ginge mit bloßen armen, unnd ihre har waren über ihren
rucken gebreyt unnd zeigt mit einem finger" — wozu in der lateinischen Aus=

gabe der Weltchronik noch gefügt ist, sie sei „antiqua facie saturnina" gewesen.
„Die Sibylla Europea, geziert und jung mit einem rotfarbenen, scheinendem an
gesicht. Ihr Haubt war umbwicklet mitt einem gantzem subteilem schleyer oder
weyler. Sie war mit einem roten gůldinen kleyd bekleydet. Ihr haupt und löck
waren unbedeckt und hatt ein brieflin in ihrer hant." „Die Tiburtinische
Sibylle ist nit fast alt gewesen gekleydt mit einem roten kleyde und hat ein
Bockshaut von oben herab uff den hals über die schultern herabgehn. Ihre harlöck
waren unbedeckt und hatte einen brieff inn ihrer handt." Die Erithräische „mit
einem Nonnem kleyde angethon unnd hat einem schwartzen weyler auff ihrem
haupt nit fast alt und etlicher massen under ihrem angesicht betrübt. Sie hatt ein
bloß schwerdt in ihrer handt und under ihren füßem hat sie einen gůldinen ringk,
geziert mit sternen als der Himel." Die Sibylla Agrippa endlich „war
nit fast jung, mit einem rosenfarben kleyd angethonn unnd einem rosenfarbem
mauntel umbhenckt hielt gewönlich ein handt inn der schoß, sahe mit ver=
wunderung gehn Himmel hatte inn der lincken handt einem brieff."

An diese Schilderungen hat sich der Künstler in Goslar gehalten, ohne sich
in der Freiheit, welche für möglichst reiche und farbige Tracht seiner Phantasie
geboten war, beschränken zu müssen. Als dreizehnte Sibylle hat er sich, wie
auch das Volksbuch, offenbar „Nichaula, die Königinn von Saba" gedacht, die
einst zum weisen Salomon gekommen und demselben gar wunderbare Weis
sagungen verkündigt hat.

Wer aber sind die zwölf thronenden Könige zu Seiten der Sibyllen?
Mithoff nimmt an, es seien römische Kaiser, doch wäre dies nur dann zu ver=
muthen möglich, wenn jede Sibylle, so wie die Tiburtinische, das Göttliche
einem Kaiser geoffenbart hätte. Da das aber nicht der Fall ist, so ist es kaum
anders denkbar, als daß auch diese fürstlichen Personen dem Alten Bunde an=
gehört, Vorgänger des Messias gewesen sind, und da darf man wohl am Ersten
in ihnen die gekrönten Vorfahren Christi aus der Wurzel Jesse erkennen, wie
dieselben ja aller Wahrscheinlichkeit nach auch in der Sirtinischen Kapelle in
jenen Familienbildern in den Zwickeln über den Propheten und Sibyllen ver=
herrlicht werden. Jörg Syrlin hatte an seinen Chorstühlen in Ulm an ihrer
Stelle die Weisen und Helden des Alterthums gebracht. Das Einzige, was
unsrer Annahme entgegenstehen würde, ist die bestimmte Anzahl von zwölf
Königen, doch erklärt sich diese leicht aus dem Gedanken des Künstlers, sie den
Sibyllen als Gegenbilder zu gesellen, sowie aus der Beschränkung des Raumes.
Oder liegt auch hier vielleicht eine bestimmte, in ähnlicher Weise, wie für die
Sibyllen bestimmt formulirte Tradition des Mittelalters vor? In der Auf=
stellung des Stammbaumes Christi, wie sie die Schedel'sche Weltchronik enthält,
sind freilich eine bei Weitem größere Anzahl von gekrönten Ahnen des Heilandes
angeführt, ebenso wie auch in späteren Genealogieen, wie z. B. in der mit

Holzschnitten von Tobias Stimmer geschmückten „historia genealogiae Jesu Christi", die 1594 in Frankfurt veröffentlicht wurde. Doch finden wir, was für eine solche Tradition sprechen dürfte, auch sonst auf deutschen Kunstwerken des 16. Jahrhunderts, wie z. B. auf einem Holzschnitt vom Meister M. F. (Bartsch IX. p. 424) einen Stammbaum mit zwölf Königen. In reichen, buntfarbigen Kostümen, mannichfach, wenn auch gerade nicht ausdrucksvoll bewegt, wechseln dieselben in der Goslarer Kapelle mit den zierlich geputzten Frauen ab. Man würde sich nicht wundern, fände man alle diese Figuren statt an feierlicher Stelle als Wandgebilde eines frohen Festen gewidmeten Saales.

Der Prophezeihung und Vorahnung ist für die Darstellung ein bei Weitem größerer Raum zugestanden, als der Erfüllung. In sehr kleinen Verhältnissen sind in dem anstoßenden Altarraum der „Ecce homo", die Kreuztragung, die Kreuzigung, Christus als Weltenrichter und die Dreieinigkeit gehalten. Kaum wagt man daran zu denken, wie anders, mit welcher ungeheuren Entfaltung aller Mittel Michelangelo den Abschluß seines ganzen Cyklus von Darstellungen mit dem „Jüngsten Gericht" fand. Eine bescheidene Inschrift, welche vielleicht zugleich die endgültige Beendigung der künstlerischen Arbeit anzeigt, sagt: „dedicatio hujus altaris est in die commemorationis omnium defunctorum 1506."

Der Geist der Nürnberger Kunst beseelt alle diese Gemälde, das ist auf den ersten Blick erkennbar. Aber es ist nicht mehr der Stil Wolgemut's oder Wilhelm Pleydenwurff's, sondern ein weiter vorgeschrittener, der sich in Zeichnung und Komposition äußert. Der Künstler, welcher sie entworfen hat, kannte bereits die Jugendwerke Albrecht Dürer's; er hatte gesehen, mit welcher Freiheit und Lebendigkeit dieser die Szenen aus der Kindheit Christi behandelte; er hatte die aus Italien stammenden Putten kennen gelernt und ihnen neben den gewandeten Engeln ihren Platz bei der Geburt Christi angewiesen; er nahm sich die mit breiten Strichen kühn hingesetzte Landschaft, welche Dürer auf seinen früheren Werken hat, zum Vorbild, suchte dessen mäßig knorrige Gewandbehandlung sich zu eigen zu machen. Kurz, er folgte den Spuren des großen Reuerers, ohne doch auf der andern Seite dem befangenen älteren Stil Wolgemut's ganz ungetreu zu werden. Und bei aller Anlehnung an Nürnberger Vorbilder bewahrte er in Zeichnung und Farbe seine Eigenart. Die Letztere ist bei aller Buntheit von einer gewissen Trockenheit und entbehrt der Tiefe und Kraft. Die Umrisse treten dunkel mit Schärfe hervor, das Fleisch ist weißlich gehalten, das Wangenroth grell in Zinnober aufgesetzt. In der Zeichnung aber zeigt sich eine gewisse Willkür und Neigung zur Uebertreibung bestimmter charakteristischer Körperformen. Die Männertypen erinnern etwa an die in Dürer's Apokalypse und haben dicke Nasen mit einem knorpelichten Buckel in der Mitte. Die Frauen sind anmuthig, ja zeugen von ausgesprochenem Schönheitsgefühl; sie

haben zumeist sehr zugespitztes Kinn und dunkle Augen. Ungemein kennzeichnend
ist die Form der Hände: die Finger sind lang und knochig mit kurzen Nägeln
und wie gebrochen in den dick angeschwollenen Gelenken. Kurz, es sind hier
so deutlich faßbare Merkmale eines durchaus individuellen Geschmackes, daß
der Meister leicht in anderen Arbeiten wiederzuerkennen sein muß.

Und in der That ist denn auch schon von Robert Vischer mit Bestimmtheit ein uns bekannter Künstler als Verfertiger der Bilder in Goslar namhaft
gemacht worden: Hans Raphon, der einzige aus beglaubigten Werken uns bekannte bedeutendere Maler dieser Zeit in den niedersächsischen Gegenden. Und
zwar hat Vischer seine Behauptung auf Grund eines Altares, der sich, dem
Raphon zugeschrieben, in der Gallerie zu Braunschweig befindet und im Jahre
1506 für den Dom dieser Stadt gemalt wurde, abgegeben. Die Uebereinstimmung
ist in der That eine so schlagende und vollständige, daß nach meiner Ansicht
kein Zweifel darüber, daß der in Goslar thätige Künstler auch dieses Gemälde
ausgeführt hat, aufkommen kann. Vielleicht tritt der Einfluß Wolgemut's hier
noch schärfer hervor. Eine andere Frage aber ist es, ob das Braunschweiger
Bild wirklich von Hans Raphon gemalt wurde. Ein Vergleich mit des Letzteren
authentischen Werken im Museum zu Hannover ergiebt nach meinem Dafürhalten mit Bestimmtheit, daß dies nicht der Fall ist. Bei entfernter Verwandtschaft machen sich so wesentliche Unterschiede bemerkbar, daß der Name
Raphon's unter dem Altar in Braunschweig gestrichen werden muß.

Weiter aber finden wir nun den Stil des Meisters von Goslar noch in einem
anderen Altarwerk, in jenem nämlich der Predigerkirche zu Erfurt, das in
der Mitte Schnitzwerk, auf den Flügeln die Darstellungen des Abendmahles, des
Gebetes in Gethsemane, der Geißelung, der Dornenkrönung, der Kreuzabnahme,
der Grablegung, der Himmelfahrt Christi, der Himmelfahrt Mariä, sowie die
zwei großen Figuren des Petrus und Paulus enthält. Mit Recht hat Scheibler
schon früher in diesen Bildern Arbeiten aus der Werkstatt Wolgemut's erkannt,
gemahnen doch namentlich, abgesehen von vielem Anderen, die lividen bläulichen Töne im Fleisch an des Nürnbergers spätere, unerfreuliche Schöpfungen.
Vischer ging weiter und hielt den Künstler für einen thüringischen Schüler
Wolgemut's — nach meinem Dafürhalten ist es kein Anderer, als unser
Maler, dessen Name freilich noch in Dunkelheit gehüllt bleibt.

So hätten wir denn in diesen Werken zu Goslar, Braunschweig und
Erfurt einen interessanten Beleg dafür, daß, wie etwa um die Mitte des Jahrhunderts die Nürnberger Kunst durch einen Schüler Pfenning's Herrschaft in
den angrenzenden sächsischen Landen gewann, sie so zum zweiten Male durch
einen Schüler Wolgemut's daselbst Geltung erlangte. Dasselbe, was für
Breslau und die schlesische Kunst gilt also auch für die von Thüringen und
Niedersachsen: das Abhängigkeitsverhältniß von Nürnberg. Noch im Jahre 1500

scheint sich der Meister von Goslar hier bei Wolgemut als einer von dessen Arbeitshelfern aufgehalten zu haben, bald darauf ist er als ein Sendbote des fränkischen künstlerischen Glaubensbekenntnisses in seine Heimath heimgekehrt und hat hier an den verschiedensten Orten neben Hans Raphon, dem gefeiertsten Maler derselben, seine Thätigkeit entwickelt.

Geheimnißvoll bleibt bei dem Allen nur noch Eines, woher nämlich Kratz seine Angaben über die Bestellung der Bilder in Goslar bei Wolgemut genommen hat. Die vorauszusetzende urkundliche Notiz, die wir auf Treue und Glauben anzunehmen genöthigt sind, ist trotz Nachforschungen nicht wieder aufzufinden gewesen. Haben die Goslarer sich ferner wirklich an den Nürnberger Michel Wolgemut und nicht vielmehr an einen heimischen Maler desselben Namens gewandt? Der Name Wolgemut, als der einer auch in Goslar angesessenen Familie, kommt, wie mir Dr. Pallmann mittheilt, in den dort aufbewahrten Urkunden öfters vor. Nach Lochner stammte eine hauptsächlich durch einen Endres Wolgemut vertretene Kaufmannsfamilie in Nürnberg aus Goslar. Wie dem aber auch sei, immer kann doch darüber kein Zweifel aufkommen, daß der für Goslar thätige Künstler ein Schüler des Nürnberger Wolgemut gewesen ist.

8. Die Bamberger Maler.

Durften wir im letzten Kapitel einen Schüler Wolgemut's in seiner Thätigkeit bis nach Niedersachsen verfolgen, so kehren wir jetzt in den engeren Bannkreis von Nürnberg wieder zurück und wenden uns für kurze Zeit den Spuren der künstlerischen Thätigkeit in der alten, dereinst so glorreichen Stadt Bamberg zu, welche zu einer Zeit, da Nürnberg noch ein bedeutungsloser Flecken war, Könige in ihren Mauern beherbergte und mit stolzen Bauten geschmückt war. Lange dahin sind jene Zeiten des Glanzes in der Periode, mit der wir uns beschäftigen; die großen Aufgaben der Kultur hat Nürnberg übernommen, und hier suchen auch die wenigen wirklich begabten Maler Bambergs ihre Erziehung. Sie kennen zu lernen, ist heute die kleine Gallerie droben neben der Kirche S. Michael der einzige Ort. In den meisten Fällen ist es freilich schwer zu sagen, ob wir Arbeiten von Bamberger oder Nürnberger Künstlern vor uns haben. Beim ersten Betreten der Sammlung glauben wir lauter alten Bekannten zu begegnen, Hans Pleydenwurff, Michel Wolgemut und ihren Nürnberger Zeitgenossen und Schülern. Aber das ist eine Täuschung: weder von Diesem noch Jenem, dessen Name uns auf die Lippen kommt, sind hier

Werke vorhanden. Wir sehen uns gleichsam geäfft: das sind alles Bilder von Künstlern, die mit mehr oder weniger Glück jene Nürnberger nachahmen, zum Theil unbedeutende Nürnbergische, zum Theil lokale Maler, in deren Werken das Licht der großen Nürnberger Kunst abgeschwächt und kraftlos wiederstrahlt. Nur einige wenige Stücke verdienen unsere Aufmerksamkeit, einige andere können mit wenigen Worten abgemacht werden. So jenes große Altarwerk (Nr. 21–23 des Verzeichnisses), das dem Andenken von drei Frauen der Familie Volckamer gewidmet ist und die Jahreszahlen 1483, 1494 und 1521 trägt, das zudem, dem Familienwappen nach zu schließen, gar nicht einmal eine Bamberger Arbeit, sondern von einem späten zurückgebliebenen Schüler des Wolgemut in Nürnberg gemalt ist. Ferner die roh ausgeführte Tafel mit der Darstellung des Abschieds der Apostel (ohne Nummer). Auch der Crucifixus mit Heiligen (Nr. 2), obgleich hier ein geschickterer Meister nicht ohne Empfindung, anschließend an Hans Pleydenwurff, sich ausdrückt, und die fälschlich „Art des Herlin" genannte Darstellung des Todes der Maria (Nr. 19), die, freilich ganz zerstört, die Nachahmung Wolgemut's deutlich erkennen läßt. Was uns beschäftigt, ist einmal ein Bild, welches die Predigt des Johannes Kapistranus darstellt (Nr. 1), das andere Mal ein in seine einzelnen Tafeln zerlegtes Altarwerk mit Bildern aus der Legende der hl. Klara (Nr. 11—18).

Die Predigt des Kapistranus. In diesem Gemälde ist die Erinnerung an eines der eindrucksvollsten Ereignisse, von welchen die Nürnberger Historiker zu erzählen wissen, bewahrt worden. Auf seiner Wanderschaft durch Deutschland kam am 17. Juli der berühmte Franziskaner Johannes Kapiûran in die Stadt und entflammte durch seine Predigt — ein älterer Savonarola — die Bürgerschaft, Buße zu thun und allem sündigen Treiben des Luxus und des Spieles zu entsagen, durch Wunder und Heilung von Kranken seine göttliche Mission bezeugend. Ein alter Chronist (in den „Jahrbüchern", Chroniken der deutschen Städte, X, S. 190), ganz unter dem Eindrucke des Erlebten, berichtet darüber, wie folgt:

„Da man zalt noch Christus gepurt 1400 und 52 jar am mantag noch sant Margaretentag, daz was an sant Alexus tag des heiligen peihtigers, da kam der andechtig vater zwischen ehten und neun ein geriten zu frawentor, dem ging man gar herlich engegen mit dem heiltum und mit aller herlicheit und ging der ganz rat hin auß piß fur daz tor und entpfingen in durch ir pfarer und doctor gar mit großer erwirdigkait als es des den wol wirbig was, wann man des gleichen in disen landen nie gesehen hat noch gehort, in der ganzen heiligen geschrift, in der er durch leucht was mit allen dem, damit man den heiligen cristulich gelauben beweren und beschirmen schol; und was sant franziscu orden, genant pruder Johanes de Kapostreno, und was ein walich. darnoch am eritag da hilt er meß am Marckt an unser lieben frawen Kapellen, da het man im ein herrlichen

ſtul zu gericht, nahent als der heiligtumſtul, dar auf hilt er alle tag meß und
darnoch predigt er in latein wol auf anderhalb ſtunt, und daz predigt denn
ſeiner prüder einer deutſch, und ſtund alletag uber meß zu leſen umb den jar-
auß, weret gemeinclich die meß und predig latein und teutſch pei vile ſtunden.
daz tet er alle tag, die weil er hie was, vier ganez wochen. auch het man vor
dem ſtul umbſchranckt, da die prieſterſchaft ſas, und den juden het man ein
ſundere ſtat umbſchranckt, da ſie innen ſaßen, juden, jüdin. da het man wol
wort gehort und ſolten engel geret haben es wer genuck geweſen. auch macht
man miten uber den Marckt ſchrancken, daz die man auf dem oberen teil gegen
den Salezern ſaßen, die frawen auf dem untern teil; auch het man den
Fiſchmarkt umbſchranckt angehaben pei der apedecken pei den fleiſchpencken pis
oben fur des Hans Rieters haus pei ſan Sewalt, dar innen ſaßen eitel krancke
und prechenhaftig menſchen, ein mal pei ahtzehen hundert menſchen, da gieng
denn der andehtig wirdig vater zu in ein und beruret ſie mit dem wirdigen
heilitum des großwirdigen heiligen ſant Bernhardins und pat got mit rechter
andaht fur ſie, da wurden plint geſehent, taub hornt, lam gent und vil
großer mercklicher Zeichen geſchohen da. und an ſant Lorenczen tag da verprent
er auf dem Marckt noch ſeiner lateiniſchen predig, die weret nochen 3 ganez
ſtund, darnoch zunt man an 3 tauſend 600 und 12 ſpilpret und mer wenn
20 tauſent würfel und kartenſpiel an zal und 72 ſliten. er ſagt auch gar
ſchone ding von frid und erbeit mit ganezem fleiß umb und reit ſelben drei
mal hin auß zu dem markgrafen zwie gen Pillpenrewt und ein mal gen Swobach, und liß dennoch nie kein meß noch predig unter wegen.“

Es iſt der denkwürdige Augenblick, da die um den leidenſchaftlichen
Prediger, der inmitten eines freien Platzes auf einer Kanzel ſteht, verſammelten
Zuhörer Kleidungsſtücke und allerlei andere Dinge dem Feuer übergeben, der
auf dem Bamberger Bilde dargeſtellt iſt. Sehr kräftig in der Färbung ſteht
der Künſtler dem Stile nach in der Mitte zwiſchen Hans Pleydenwurff und
Michel Wolgemut, an Beide gemahnend, etwa wie jener Maler, der die
Kreuzigung von 1485 in S. Sebald zu Nürnberg ausgeführt hat, dem er ſich
am Erſten vergleichen läßt.

Der Klarenaltar. Als ein direkter Schüler Pleydenwurff’s und Wolgemut’s, und zwar als ein Meiſter, der mit Ehren genannt zu werden verdient,
muß auch Jener aufgefaßt werden, welcher die acht Tafeln mit Darſtellungen
aus der Legende der hl. Klara gemalt hat. Trotzdem die Gemälde ſehr gelitten haben, kann man noch immer den kräftigen braunen Geſammtton, die
ſichere und gute Zeichnung, ſowie vor Allem die mit großer Liebe bis in alle
Einzelheiten ausgeführte Landſchaft bewundern. In dieſer Letzteren zeigt der
Maler ſeine beſondere Kunſt, ja unter den Nürnbergern iſt Keiner, der ihm an
ſorgfältigem Studium und getreuer Wiedergabe der verſchiedenſten Arten von

Bäumen und Thieren, die er in reichlicher Anzahl anzubringen liebt, gleich-
kommt. Der Boden ist zumeist felsig, mit üppiger moosgrüner Vegetation, die Fern-
sicht in lichtem Grün mit hohen blauen Bergen gehalten. Städte mit zierlich
gezeichneten Häusern beleben den Hintergrund. Bei den Figuren, die am Meisten
an die des Meisters des Löffelholzaltares erinnern, sind die weit aufgerissenen
Augen, die Hände mit den gespreizt bewegten, langen, knochigen, zugespitzten
Fingern besonders charakteristisch.

Auf dem ersten Bilde sieht man Ortolana, die Mutter der hl. Klara, im
Gebete vor einem Altare knieen, während dessen ihr die Voraussagung der Heilig-
keit des Kindes, das sie erwartet, zu Theil wird. Das zweite zeigt die Begegnung der Jungfrau mit dem hl. Franz, der sie ermahnt, aller weltlichen Eitelkeit zu entsagen. Wie sie die Lehren erfüllt, gewahren wir auf dem
dritten: da ertheilt ihr, der demüthig bei einem Feste Zurücktretenden, der
Bischof von Assisi den Palmzweig. Weiter ist dargestellt, wie sie vom hl. Franz,
der ihr die Haare abgeschnitten hat, das Ordenskleid empfängt, wie sie durch
ihr Gebet das Kloster vor der Plünderung durch die Sarazenen bewahrt, wie
sie dem Papste Innocenz IV. ihre strengeren Ordensregeln übergiebt, und wie
sie auf dem Sterbelager ruhend von ihm besucht wird. Den Beschluß macht
die Darstellung jener wunderbaren göttlichen Besiegelung seines Werkes, welches
ihr Lehrer und geistiger Vater Franz in der Stigmatisation auf dem Berge
Alvernia empfängt.

Durch neuere Forschungen sind wir darüber unterrichtet worden, wer der
Maler dieses Cyklus von Bildern gewesen ist. In der höchst anregenden, mit
warmer Lebendigkeit geschriebenen Abhandlung über „Georg III., Schenk von
Limpurg, der Bischof von Bamberg in Goethe's Götz von Berlichingen"
(Bamberg 1888) berichtet Franz Friedrich Leitschuh, daß sie von dem in
Diensten des Bischofs stehenden Hans Wolf herrühren, dessen Name von
1508 bis 1538 in den Kammerrechnungen nachzuweisen ist. Es ist derselbe
Künstler, der mit einem anderen, Lucas Benedikt, Dürer bei seinem Eintreffen
in Bamberg 1520 so freundlich und ehrenvoll empfing, indem er ihm einen
Humpen des besten Weines übersandte. Der Hauptauftrag, den er von seinem
fürstlichen Gönner erhalten hat, dürfte wohl jener gewesen sein, die von demselben neu in Stand gesetzte Altenburg bei Bamberg mit Malereien zu verzieren, für deren Ausschmückung er auch sonst durch Anfertigung von Entwürfen für Glasgemälde, die von Veit Hirschvogel ausgeführt wurden, sorgte.
Auch ein Bildniß des Bischofs, das er gefertigt, wird urkundlich erwähnt.

Dieser Hans Wolf, den wir, nach den erhaltenen Lebensdaten zu schließen,
freilich für vorgeschrittener im Stil halten sollten, als die jedenfalls noch im
15. Jahrhundert entstandenen Klarenbilder verrathen, wurde in früherer Zeit
mit einem älteren Bamberger Künstler Namens **Wolfgang Katzheimer**

verwechselt, über den wir durch Jacob Heller's (Kunstblatt 1847, S. 58) und
Leitschuh's Forschungen jetzt gleichfalls näher unterrichtet sind. Diesen zufolge
ist er von 1487 bis 1508 in Bamberg nachzuweisen. Der erste größere Auftrag, von dem wir hören, war der für die Malerei von zwei Kirchenfenstern
in S. Sebald zu Nürnberg: das sogenannte Maximilians- und das Bamberger Fenster im Chore, die lange irrthümlich dem älteren Veit Hirschvogel
zugeschrieben wurden. Dann weiter wird eine Altartafel erwähnt, die er 1505 für
die Wallfahrtskapelle Gügel bei Schloß Giech ausführte. Drei der von Peter
Vischer gegossenen Grabplatten im Bamberger Dom, diejenigen Heinrich's III., Groß'
von Trockau (gest. 1501), Veit's I., Truchseß von Pommersfelden (gest. 1503)
und Georg's II., Marschalks von Ebnet (gest. 1505) sind nach Leitschuh's
Ausführungen von Katzheimer in der Zeichnung entworfen worden. Endlich
gehen die von demselben Forscher (im „Repertorium für Kunstwissenschaft"
1886) eingehend behandelten Holzschnitte der 1507 erschienenen „Bambergischen
Halsgerichtsordnung" gleichfalls auf seine Zeichnung zurück. Für alles
Nähere, betreffend diese beiden Maler von Bamberg, darf auf die erwähnte Schrift über Georg III. verwiesen werden, in der ein Gesammtbild
der künstlerischen Thätigkeit, die am Anfang des 16. Jahrhunderts in dieser
Stadt in Folge der Anregungen des Bischof's herrschte, dargeboten wird.

9. Die Portraits.

Langsam nur, Schritt vor Schritt vorwärtsschreitend, entwickelt sich in
Deutschland im 15. Jahrhundert die Portraitkunst. Zu derselben Zeit, als
die van Eyck's in Flandern mit unbegreiflicher Sicherheit, ja mit einer vielleicht
in gewissem Sinne nie übertroffenen Schärfe die Individualität sehen und im
Bilde getreu, unbeeinflußt von allgemeinen ihnen innewohnenden Ideen wiedergeben, gewahrt der deutsche Künstler die Außenwelt noch wie durch einen
Schleier hindurch. Selbst da, wo er redlich bemüht ist, das Individuum als
solches wieder zu geben, schafft er einen Typus, unter dem mächtigen Zwange des
ihm eigenthümlichen Bildes stehend, das er sich von dem Menschen im Allgemeinen
gemacht hat. Die Stifter auf den Gemälden Berthold's, ja selbst Pfenning's,
sind schließlich nur durch ihre Tracht und Stellung von den Heiligenfiguren unterschieden. Erst aus den niederländischen Werken lernt der Deutsche die Möglichkeit getreuester Wiedergabe der Natur gerade auf diesem Gebiete kennen.
Den Flandrern folgt er, indem er das Bildniß aus seiner untergeordneten
Stellung auf Devotionswerken befreit und zum Vorwurf selbstständiger Gemälde

macht. In den sechziger Jahren etwa tauchen auch in Deutschland jene kleinen Tafeln auf, auf denen, zumeist von einfarbigem, einfachem Hintergrund sich lösend, und bloß bis zur Brust sichtbar, die charakterseiten Bildnisse wackerer Bürger und Bürgerinnen wiedergegeben sind. Die Haltung der meist halb zur Seite gewandten Figur, der ruhig geradaus schauende Blick, das Motiv der Bewegung der Hand: Alles spricht von der ehrlichen Naivetät, mit welcher die Maler vorgingen. Auch für das Portrait bildet sich so ein bestimmter Typus aus: die Verschiedenheiten liegen bloß in der mehr oder minder reichen und zierlichen Tracht, in den kleinen Abweichungen der Haltung der Hand, die entweder ruhig auf einer Brüstung liegt oder, wie dies von den van Eyck's erfunden war, eine Blume hält, sowie in der höheren oder geringeren künst= lerischen Vollendung.

Da muß es denn, selbst für den vielgeübten kritischen Blick, eine schwierige Aufgabe sein, mit Bestimmtheit die Art und Weise eines oder des andern Meisters zu erkennen. Weiß man doch häufig genug nicht einmal zu sagen, welcher deutschen Schule ein Portrait zuzuweisen ist. Nur bei einigen wenigen Bildnissen, wie dem des Kanonikus Schönborn, jenem des Konrad Imhof und dem Doppelbild im Amalienstift zu Dessau, konnte mit einiger Wahrscheinlichkeit der Maler genannt werden. Eine Anzahl anderer derartiger Werke mag im Folgenden, ohne daß der stets sehr gewagte Versuch, sie mit einem Maler in Beziehung zu setzen, gemacht würde, kurz erwähnt werden.

Zu den ältesten gehört ein Doppelbildniß im siebenten Saale des Mün= chener Nationalmuseums, das uns einen etwa fünfundvierzigjährigen Mann von langen hageren Gesichtszügen, in hoher Mütze, und seine Frau auf rothem Hintergrunde zeigt. Offenbar handelt es sich hier um eine Nürnberger Arbeit in der Art des Wolgemut, vielleicht um ein Selbstportrait eines Künstlers. Auf einer der Tafeln befindet sich die Jahreszahl 1479.

Ein Jahr älter ist das öfter bereits als Werk Wolgemut's besprochene Bildniß der Ursula Tucher, Frau des Hans, einer geborenen Harsdörffer († 1504), in Kassel (Nr. 2), das leider durch Uebermalung und Verputzung sehr gelitten hat. Die in ein grünes Kleid und eine breite weiße Haube gekleidete Frau schaut nach halb links heraus und hält in der linken Hand eine Nelke. Der Hintergrund war ursprünglich hellroth. An Sorgfalt der Behandlung und Feinheit der Auffassung übertrifft es entschieden die eben erwähnten Bilder, die einen etwas derben und hausbackenen Realismus verrathen.

Die früher gleichfalls Wolgemut zugeschriebenen drei Portraits von Mit= gliedern derselben Familie in Kassel und Weimar vom Jahre 1499 werden, nachdem auf dem Kasseler Bilde das Monogramm Dürer's sich gefunden hat, wohl ziemlich allgemein und mit Recht jetzt dem Letzteren zugeschrieben.

Dagegen haben wir in zwei Bildnissen im Germanischen Museum,

die ihrem Stil nach große Verschiedenheiten zeigen, Schöpfungen älterer Nürn
berger Maler vor uns. Das Eine (Nr. 108) zeigt auf blaugrauem Hinter=
grund einen mit einem schwarzen Rock und großem, schwarzen Hut bekleideten,
ungemein drastisch und lebendig aufgefaßten, älteren Mann, der mit seinen
blauen Augen hell und freimüthig die Welt betrachtet; das zweite (Nr. 91)
einen Jüngling in schwarzem Pelzrock und schwarzer Kappe, dessen kindlich
offene, liebenswürdige Züge von ausgesprochen vornehmem Charakter ihn
wohl einem Maler als Vorbild zu einem hl. Georg hätten geeignet erscheinen
lassen können. Der Ring in seiner Hand deutet vielleicht darauf, daß das
Bildniß als Geschenk für die von ihm Erwählte bestimmt war. Bei einem
dritten Portrait (Nr. 110) bemerkt der Katalog, daß es möglicher Weise eine
Jugendarbeit Dürer's sein könne, und in der That wird man lebhaft an Diesen
erinnert. Dargestellt ist in farbiger Tracht: einem blauen Wamms mit ge=
schlitzten Aermeln, braunem Ueberkleid und rother Kappe, ein Jüngling mit
lang wallendem blonden Lockenhaar, der in der Rechten das Blümlein „Manns=
treu" hält. Ob von Dürer gemalt oder nicht, jedenfalls gehört das Bild
keinem der von uns behandelten Meister an.

Nur kurze Erwähnung verlangen dann weiter die Portraits eines Mannes
und einer Frau vom Jahre 1501 im letzten Erdgeschoßsaal des National=
museums zu München. Derb und ungeschickt, sind sie vielleicht von einem
Schüler des Wilhelm Pleydenwurff ausgeführt worden.

Ferner kommt ein ganz vortreffliches Bildniß eines blonden Jünglings in der
Akademie zu Wien (Nr. 571) in Betracht, das dort der alt-niederländischen
Schule zugeschrieben wird. In warmem, röthlichen Tone gehalten und in sorg=
fältig verschmolzener Weise behandelt, fesselt es durch die Lebendigkeit des
Blickes und eine gewisse Kühnheit der Auffassung. Eine räthselhafte alte In=
schrift nennt den Namen „Schilther" und die Jahreszahl 1394, wofür ich keine
Erklärung finde. Auch läßt sich nicht mit Sicherheit behaupten, daß das Bild
der Nürnberger Schule beizuzählen ist.

Endlich verdient ein bei aller Einfachheit ausnehmend schönes Jünglings=
portrait auf rothem Grund, das wie ein direktes Vorbild der frühen Dürer'=
schen Portraits wirkt, im Besitze von Mrs. Louis Jay in Frankfurt a. M.,
ein 1483 datirtes, einem Grafen Rageneck angehöriges männliches Bildniß
(Wappen mit zwei Zangen), das ich 1890 bei Herrn Konservator Hauser in
München sah, und das dem Sigmund Holbein zugeschriebene Brustbild einer
Frau mit großer Haube in der Nationalgallerie zu London (Nr. 722),
das nach Scheibler's Ansicht von Wolgemut ist, besondere Aufmerksamkeit.

IV.

Die Malerei
in der Uebergangszeit vom 15. zum 16. Jahrhundert.

Wilhelm Pleydenwurff ist der Letzte in der Reihe jener großen Maler, welche als Träger der Entwickelung der fränkischen Kunst im 15. Jahrhundert zu betrachten sind. Die Zeit der Erfüllung ist gekommen: bereits im Jahre 1494 beginnt, von der Wanderschaft heimgekehrt, Albrecht Dürer seine künstlerische Thätigkeit. Der Knabe, der acht Jahre früher, die Anfangsgründe der Malerei zu erlernen, in die Werkstatt Wolgemut's gekommen war, ist zum Meister herangewachsen, und die Geschichte der Nürnberger Kunst ist fortan die Geschichte der Kunst Albrecht Dürer's. Wer neben ihm schafft und strebt, geräth in den Bann seines mächtigen Geistes. Die letzten hemmenden Bande fallen, und was ein Jahrhundert lang mit rastlosem Eifer erarbeitet und erstrebt worden ist, entfaltet sich in den Werken des Genius zu voller Freiheit.

Mit Wilhelm Pleydenwurff wäre also, in strengem Sinne genommen, die Geschichte der Nürnbergischen Malerschule im 15. Jahrhundert zu schließen, gäbe es nicht einige Meister, die, wenn auch ohne jede eingreifende Wirksamkeit, doch als letzte Vertreter und Ausläufer der älteren Richtung zu einer Zeit, da Dürer schon sein volles Können entfaltet, noch thätig sind. Altersgenossen von Dürer, zum Theil wohl noch etwas älter als Dieser, machen sie in ihrer Weise, soweit es eben ihre bescheidene Begabung zuläßt, den Versuch, über das bisher Geleistete hinaus zu einem noch höheren Stile zu gelangen. Eine unbekannte, aber geahnte Welt galt es zu entdecken: indessen Dürer derselben, kühn den Blick nur nach vorwärts gewandt, entgegensteuert, wagen die Anderen, Kraftloseren nicht, von der alten gewohnten Erde sich zu trennen. Sie halten fest an dem sicheren ererbten Besitz und begnügen sich damit, von den Errungenschaften, welche der kühne Entdecker mit heimbringt, einige sich zu Nutze zu machen, ohne das gelobte neue Land doch mit eigenen Augen geschaut zu haben.

14 *

Man kann diese Maler also als in der älteren Kunstweise befangene Zeitgenossen Dürer's bezeichnen. Sie unterscheiden sich durchaus von seinen eigentlichen Schülern, wenn sie auch bis zu einem gewissen niederen oder höheren Grade von ihm beeinflußt wurden. Ihre Werke beanspruchen nicht mehr oder weniger Interesse als jene Nebenerscheinungen überhaupt, welche die großen Thaten begleiten und eigentlich nur dazu dienen, den unermeßlichen Abstand klar zu machen, der zwischen bloßer Begabung und wahrhaft genialer Schöpferkraft liegt.

Bilder, die auf dieser Halbstufe stehen, giebt es in nicht ganz geringer Anzahl. Wir dürfen uns hier darauf beschränken, nur die wichtigeren anzuführen, die uns mit zwei verschiedenen Malern bekannt machen.

1. Der Meister des Heilsbronner Hochaltares.

Zu den Werken, die bis auf die neueste Zeit dem Michel Wolgemut zugeschrieben wurden, gehört auch der Schrein des Hauptaltares in der Kirche
zu Heilsbronn. Zwar waren schon v. Rettberg, Schnaase und Waagen nicht ohne
Bedenken geblieben, da der freiere Stil der Gemälde denn doch schwer mit
demjenigen des Meisters in Einklang zu setzen war, dennoch hielt man an
dieser Namengebung fest, bis v. Seidlitz es mit Bestimmtheit aussprach, an
Wolgemut sei nicht zu denken.

Der erste Eindruck, den wir, dem Altar uns nähernd, empfangen, ist die
heitere helle Farbigkeit; ein lichtes Blau, schimmerndes Weiß und das klar
leuchtende Gold von feingemusterten Brokatstoffen, auf den Zusammenklang
dieser drei Farben scheint das Ganze gestimmt zu sein. Zart und licht auch
ist das Inkarnat gehalten, hellgelblich mit milden, pfirsichfarben rosa Tönen
bei den Frauen, kräftiger gelb oder bräunlich mit aufgehöhtem lebhaften Roth
bei den Männern; das weiche Weiß in den Lichttheilen läßt die Köpfe eher
aus Wachs als aus Fleisch gebildet erscheinen. Frauen mit hellbraunen,
nur halb geöffneten Augen, goldblondem, in schlichten Strähnen fallenden Haar,
kräftig gebildete, aber mit zarter Zurückhaltung sich gebärdende Männer mit
langen, weich gewellten, sauber und kräftig gehöhten Bärten, deren Haare am
Ende rund sich kräuseln. Alle Gestalten zahm in der Bewegung, aber von
ausdrucksvoll intensivem Blick. Die Gesichtszüge, abgesehen von einzelnen zier-
licher gebildeten Frauentypen, derb, ja häufig plump: unter hohen, rund gespannten Brauen in tiefen Höhlen liegende, unter schweren, großen Lidern etwas
vorquellende Augen, fleischige Nasen mit dicker runder Kuppe, volle Lippen,
volle Wangen, rundes Kinn (häufig Ansatz zum Doppelkinn). Die Nase
im Ansatz scharf eingesattelt, gebogen, mit kurzer, leicht aufgeworfener

Spitze. Die Hände mit breiter Handfläche, die unmerklich in die ziemlich
kurzen, am Ende ein wenig nach oben geschwungenen, zugespitzten Finger mit
langen Nägeln übergeht. Die Finger liegen zumeist eng an einander, und
dann springen wie eine scharfe Kante die spitzigen Mittelknöchel hervor: der
Daumen ist steif bewegt und am Ende klobig verdickt. Das Christkind, ziemlich
schlank, ja mager gebildet mit unschönem Kopf: kleinem Schädel, dicker Nase,
aufgedunsenen Backen.

Man könnte demnach bei näherer Betrachtung in diesen Gemälden
einen sonderbaren Widerspruch zwischen der Zartheit der Farbenstimmung
und der im Allgemeinen robusten Formenbildung und hierin das besonders
Charakteristische dieser Kunstweise finden. Am Feinsten auch der Zeichnung
nach sind jedenfalls die Darstellungen der „Verkündigung" und der „Geburt",
am Derbsten die Gestalten an der Rückseite des Altars gehalten. Doch darf
hieraus nicht etwa geschlossen werden, daß verschiedene Hände thätig gewesen
sind, vielmehr hat nur derselbe Meister dort mit größerer Sorgfalt, hier etwas
nachlässiger gearbeitet.

Seinem Temperament nach vergleicht sich der Künstler am Ersten Wilhelm
Pleydenwurff, ohne doch an künstlerischer Begabung, sowohl was Phantasie,
als was Wärme und Kraft des Empfindens und Schönheitsgefühl betrifft, an
denselben heranzureichen. Die Anmuth seiner Frauenfiguren wie die Würde seiner
Männergestalten ist mehr eine gesuchte, äußerliche, als Ausdruck des inneren
Wesens. Das Bestechende liegt einerseits in der großen Gewandtheit im
malerischen Vortrag, in der flotten, sicheren Pinselführung, die von ausgesprochenem Talente zeugt, andererseits in dem munteren, mild wirkenden
Kolorit, das zwar so wenig wie die Typenbildung auf irgend welche hervorragende Gestaltungskraft schließen läßt, im Gegentheil nur seinerseits gleichfalls Aeußerung eines ziemlich matten, halben Künstlerthumes ist, dennoch aber
eines gewissen Reizes nicht entbehrt.

Der Lehrer dieses Malers kann sicher kein Anderer als Wilhelm Pleydenwurff
gewesen sein, ein Blick, namentlich auf die Heiligenfiguren an der Rückseite des
Altares, genügt, davon zu überzeugen. Dieselben sind deutlich etwas plumpe Nachbildungen jener edlen Gestalten des Peringsdörffer Altarwerkes. Daß er aber auch
die älteren Werke Nürnberger Meister wohl gekannt und studirt hat, scheint mir aus
Vielem hervorzugehen. Unwillkürlich erinnert man sich bei manchen Köpfen der
Typen sowohl des Meisters des Wolfgangsaltares als Pfenning's, wie denn auch die
Komposition der Himmelfahrt Maria's auf jene am Tucher'schen Altar zurückzuführen ist. Aber vom Alten hinweg hat dann der Künstler das Auge auch auf die
neuen Schöpfungen des Meisters gerichtet, welcher der Ruhm Nürnbergs geworden war. Von Dürer's Werken beeinflußt, wenn auch jeder direkten Nachahmung derselben sich fernhaltend, bestrebt er sich, die strengeren Formen der

Kunst Wilhelm Pleydenwurff's zu lockern, die massige Fülle der Farbe jenes flüssig zu machen, das Harte zu schmeidigen und zu erweichen, in der Komposition zu Gunsten einfacher, breiter Anordnung das unnöthige Detail zu beseitigen und durch geschicktere perspektivische Hintereinanderstellung der Figuren der Wirklichkeit näher zu kommen, wie er auch in der Landschaft auf Vereinfachung und Einheitlichkeit des Gesammteindruckes ausgeht. So steht er denn, halb noch befangen in der älteren Richtung, gleichsam an der Schwelle der neueren Kunst.

Folgende Darstellungen sind es, die sich an dem Altar, dessen Schrein in geschnitzten Figuren die Anbetung der hl. drei Könige enthält, befinden. Die Vorderseite enthält vier Bilder:

1. Die Verkündigung. Der am Betpult knieenden Maria nähert sich der Engel. Durch ein Fenster sieht man in der Höhe Gottvater, von Engeln umgeben, der die Taube herabsendet. 2. Die Geburt Christi. Maria kniet betend vor dem Christkind, dessen weißes Tuch von zwei Engeln gehalten wird. Hinter ihnen kniet Joseph mit dem Lichte in der Hand, indessen von hinten zwei Hirten hereinschauen. Die Komposition verräth Bekanntschaft mit Dürer's frühen gleichen Darstellungen. 3. Die Darstellung im Tempel. Vor dem Altartisch, um den sich Frauen und Männer versammelt haben und auf dem Simeon das Kind hält, kniet Maria betend. 4. Die Himmelfahrt Maria's. Unten knieen die Apostel um das leere Grab, unter ihnen Petrus mit dem Sprengwedel. In der Höhe beugt sich Maria in ganzer Größe, von einem Engel gehalten, vor Gottvater, dessen Mantel von Engeln getragen wird.

An der hinteren Seite der äußeren Flügel befindet sich links: 5. Die Messe des hl. Gregor. Er kniet mit einem Bischof im Beisein von zwei Kardinälen vor dem Altar, auf dem Christus als Schmerzensmann erscheint. Unten sieht man die Stifterin mit acht Töchtern in Verehrung. 6. Auf der rechten Seite: Die Kreuzigung. Links vom Crucifirus Maria von Johannes gehalten und zwei Frauen, rechts Soldaten und ein Pharisäer. Unten die Figuren des Stifters mit seinen neun Söhnen.

Die hintere Wand des Schreines ist in vier Bilder getheilt, die nach Muck's nicht ganz zuverlässiger Angabe ursprünglich sich an anderen Altären befunden hätten.

7. Die Dreieinigkeit zwischen einem Bischof mit dem Kirchenmodell und dem hl. Franz von Assisi. 8. Maria als Himmelskönigin inmitten der Heiligen Magdalena, Margarete, Dorothea, Klara und Apollonia. 9. Der hl. Gereon mit einem dornigen Stab in der Hand und sieben hl. gewappnete Krieger. 10. Die hl. Ursula umgeben von ihren Jungfrauen und dem Papste.

Das umfassende Werk, das in den Arbeiten von Hocker (Abbildungen der Stifter Taf. VI, S. 9), Muck und Stillfried ausführlich besprochen wird, ist von Friedrich IV., Markgrafen von Brandenburg († 1536) und dessen Gemahlin

Sophie, welche eine Tochter des Königs Kasimir von Polen war († 1512), und zwar wie Stillfried, abweichend von Muck, der es 1522 entstanden glaubt, überzeugend nachweist, im Jahre 1502 oder 1503 gestiftet worden.

Das zunächst zu erwähnende Bild des Meisters ist vom Jahre 1504 datirt und befindet sich auf der rechten Seite des Chores von S. Lorenz. Es stellt die hl. Sippe dar und ist eine Stiftung der Familie Löffelholz. Schon Scheibler erkannte die Identität des Stiles mit dem des Heilsbronner Altares, und ich stimme seiner Ansicht durchaus bei.

Weiter möchte ich dann in der „Auffindung des hl. Kreuzes" im Germanischen Museum (Nr. 200), soweit die arge Zerstörung dieses Bildes überhaupt noch ein Urtheil zuläßt, den Stil des Künstlers wiedererkennen.

Außer diesen beiden Stücken findet sich sonst Nichts mehr von ihm in Nürnberg. Wohl aber bemerken wir bei einer Wanderung durch die Heils= bronner Kirche noch andere Werke von seiner Hand. Das Ansehen, das er sich bei den Mönchen dort durch den Hauptaltar erworben hat, muß ein großes gewesen sein. An ihn wandten sich die Aebte, die ein künstlerisches Andenken von sich zurücklassen wollten, und oft genug scheint er in das stille Städt= chen hinausgewandert zu sein, wo seine Kunst mehr Anerkennung fand, als in Nürnberg, das zu gleicher Zeit denn doch, von Dürer selbst abgesehen, ganz andere, bedeutendere Künstler besaß. Den Meister von Heilsbronn, so kann man ihn geradezu taufen, so lange sein eigentlicher Name nicht bekannt geworden ist.

Da hat er denn zunächst den kleinen Gregors=Altar links im Mittelschiff des Chores gemalt, auf dessen Flügeln die Anbetung der heiligen drei Könige und an dessen (jetzt übermalter) Staffel die Beweinung Christi zu sehen ist. Das ist nun freilich kein großes Meisterstück, was er hier zu Stande gebracht hat; es entspricht ganz den Bildern an der Rückseite des großen Altares, ja ist viel= leicht noch um einen Grad derber. Der Stifter, der auf der Staffel dargestellt ist, war nach Muck der Abt Johann Wenk, der von 1518 bis 1529 der Hirt dieser Mönchsgemeinde war und die Tafeln 1519 für 22 Gulden malen ließ, eine Angabe, an deren Richtigkeit ich zweifeln möchte.

Bei Weitem besser, ja einer gewissen Großartigkeit nicht entbehrend, sind die Malereien an den Flügeln des Altares am Ende des linken Seitenschiffes. Es sind die zwei großen, frei und stattlich bewegten Gestalten der Barbara und Katharina, die vor aufgespannten Teppichen stehen. An Ort und Stelle giebt man sie als Werke des Matthias Grünewald an. Hier hat der Künstler sich zu solcher Kühnheit und Freiheit aufgeschwungen, daß man auf den ersten Blick an Arbeiten des Hans von Kulmbach erinnert werden könnte: breitmächtige Figuren mit groß drapirter Gewandung, vornehmer Haltung des Kopfes, in vollstem Gegensatze zu den sehr kleinlichen Holz= schnitzereien im Schreine stehend. Diese Bilder repräsentiren offenbar eine vor=

Der Meister des Heilsbronner Hochaltares.
Die Darstellung im Tempel und die Himmelfahrt der Maria.
Flügel vom Hochaltar zu Heilsbronn.

(S. 215.)

Nach einer photogr. Aufnahme von K. Herberth in Rothenburg a. d. T.

geschrittene Stilperiode des Meisters, der hier mit seinem größten Zeitgenossen zu rivalisiren wagt. Interessanter Weise ist der Altar datirt: 1513, wäre also früher als der zuvor erwähnte entstanden. Gestiftet wurde er vom Abt Sebald Bamberger (1498—1518).

Aus derselben Werkstatt kommen schließlich wohl auch die beiden Tafeln mit der Beweinung Christi und der Kreuzigung, die jetzt im rechten Seitenschiffe aufgehangen sind. Dieselben, nach Muck (I, S. 225) Ueberreste des Bernhard-altares und im Auftrage des gleichen Abtes angefertigt, haben sehr durch Uebermalung gelitten, doch erkennt man noch so viel, daß sie ganz im Stile des Hauptaltares gehalten sind.

Zwei in der kleinen Gemäldesammlung der Pfarrkirche zu Schwabach aufgehängte Altarflügel: Johannes den Täufer und Antonius darstellend, sind als wenigstens den Werken des Meisters nahe verwandte Stücke zu nennen.

Welchen Namen dieser Künstler getragen haben mag? Den Vermuthungen ist hier ein gewisser Anhaltspunkt geboten. Befragen wir die bei Muck (I, S. 191 ff., S. 247) gegebenen urkundlichen Notizen, welche in Heilsbronn beschäftigte Maler namhaft machen, so finden wir deren vier erwähnt: im Jahre 1491 einen Erhard und einen Johann Wagner, in den folgenden Jahren einen Johannes von Speyer, auch Hans Speyer oder Hans Speyer genannt, endlich 1524 einen Jakob Elmstetter, der von dem Abte Wenk „zur Noth-durft angenommen wurde".

Von einem Einzigen aber nur, Hans von Speyer, erfahren wir Näheres. Ihm ward in den Jahren 1488 bis 1495 der Auftrag zu Theil, den neu errichteten Anbau an der neuen Abtei mit Wandgemälden, die offenbar die Legende des hl. Bernhard darstellten, sowie mit Schnitzwerk zu schmücken. Er erhielt: „216 talenta pro pictura S. Bernhardi; 3 fl. pro ymaginibus vitae S. Bernhardi; 6 fl. pro imagine beatae virginis et clipeo fontis salutis in fenestris capellae". Weiter fertigte er gleichfalls im Auftrage des Abtes Hannolt für die Nikolaikapelle eine, den hl. Nikolaus darstellende Tafel; endlich wird als von ihm ausgeführt das Votivbild des Abtes v. J. 1494 erwähnt, das, wie früher bemerkt wurde, irrthümlicher Weise von Muck mit der Madonna Pfenning's identifizirt wird, offenbar aber nicht mehr erhalten ist. Muck vermuthet, daß er auch jene alte Madonna von 1365 restaurirt habe.

Den Aufträgen nach zu schließen, war demnach dieser Hans von Speyer ein vielseitiger und tüchtiger Künstler, Wandmaler, Tafelmaler und Bildschnitzer in einer Person. Muck behauptet, daß er auch unter den folgenden Aebten beschäftigt worden sei; bestätigte sich dies, so dürften wir in ihm vielleicht den Meister des Hochaltares zu sehen haben. Wie oben (S. 103) bemerkt wurde, ist es nun aber weiter sehr wahrscheinlich, daß dieser Hans kein Anderer als Hans Traut ist, der als Wandmaler besonderen Ruf genoß, und so hätten wir demnach in den oben besprochenen Gemälden Schöpfungen eben dieses bisher fast ganz in Dunkel gehüllten Künstlers erhalten. Die Zeichnung in Erlangen, in der wir die Nachahmung des Wilhelm Pleydenwurff, zugleich aber einen vorgeschritteneren, von Dürer beeinflußten Stil wahrnehmen, würde dieser Annahme nicht widersprechen, dieselbe vielmehr unterstützen, wie andererseits in der Vorliebe für das Lichte, Heitere des Kolorites eine künstlerische Verwandtschaft der Heilsbronner Bilder mit dem Altarwerk des Wolff Trautt in München aufzufinden wäre. So scheint in der That die Vermuthung, daß der Meister des Heilsbronner Altares Hans Trautt ist, nicht ungewichtige Gründe für sich zu haben.

Wie denn aber eine Hypothese zumeist gleich eine andere im Gefolge hat, so könnte man sich auch in diesem Falle versucht sehen, auf freilich unsicherem Boden noch weiter zu bauen und die Frage aufzuwerfen, ob aus den Arbeiten des Sohnes nicht ein Rückschluß auf die Kunstweise des Vaters, des älteren, 1407 und 1438 erwähnten Hans von Speyer, zu ziehen möglich sei. Daß in den Heilsbronner Werken Anklänge an die ältere Nürnberger Malerei, und zwar, wie mit einigem Nachdruck zu betonen ist, besonders an die Schöpfungen des Meisters des Wolfgangsaltares zu finden sind, wurde bereits oben bemerkt. Sollte dieser Meister des Wolfgangsaltares der Vater Hans Trautt gewesen sein? Der Chronologie nach wäre dies wohl denkbar. Hans der Jüngere wird 1477 bereits in den Bürgerverzeichnissen genannt; demnach dürfte er in den fünfziger, vielleicht schon in den vierziger Jahren geboren sein. 1438 wird der ältere zuletzt genannt, doch sagt das nicht soviel, als wäre er damals schon gestorben. Er kann noch zehn oder zwanzig Jahre länger gelebt haben. Die Werke des Meisters des Wolfgangsaltares müssen in den dreißiger, vierziger und fünfziger Jahren entstanden sein, könnten also wohl von Hans dem älteren gemalt sein. Nur der eine Umstand macht bedenklich, daß der Letztere nämlich schon 1407 als Maler thätig war und daß wir keine Bilder des Meisters des Wolfgangsaltares kennen, die in die ersten Jahrzehnte des Jahrhunderts anzusetzen wären. — So bleibt denn dies Alles nur eine Erwägung, aus der sich nichts Gewisses ergiebt!

2. Der Meister des Schwabacher Altares.

✦

Wie die Heilsbronner Klosterkirche, so hat auch die Pfarrkirche zu Schwabach ihren Meister, der im Anfange des 16. Jahrhunderts für ihre Ausschmückung besonders gesorgt hat. Der Wunsch der Schwabacher war es zwar, die Gemälde ihres Hauptaltares von dem berühmten Wolgemut selbst ausgeführt zu erhalten, und durch sorgfältigste Formulirung des Kontraktes suchten sie, wie wir bereits wissen, sich in dieser Beziehung zu sichern, aber Alles, was sie erreichten, war doch nur, daß Wolgemut einen ganz kleinen Theil der Gemälde, nämlich die Bilder an der Staffel, eigenhändig gefertigt hat, der Hauptsache nach ist das Werk von einem anderen Künstler geschaffen worden.

Es gehört zu jenen ganz großen Altarwerken mit zwei beweglichen und einem festen Flügelpaar. Die Schnitzereiarbeit, die unzweifelhaft von Veit Stoß herrührt, erstreckt sich auch auf die Innenseiten der ersten Flügel. Die beiden Heiligen, denen besondere Verehrung dargebracht wird, sind Johannes der Täufer und Martin. Sie schließen denn auch im reich geschmückten Schreine die in großen Figuren dargestellte Gruppe der Krönung Maria's ein. Die zu beiden Seiten befindlichen Reliefs stellen die Geburt Christi, das Pfingstfest, die Auferstehung und den Tod Mariens dar. Als krönende Figur des ganzen Aufbaues erscheint Christus als Weltenrichter zwischen Maria und Johannes und zwei Posaunen blasenden Engeln. In dem Staffelschrein sieht man die Jünger um den Herrn beim Abendmahl geschaart.

Der übrige Schmuck besteht aus Gemälden, und zwar behandeln die in zwei Reihen angeordneten acht Bilder, welche man, sind die ersten Flügel geschlossen, gewahrt, die Legende jener beiden Heiligen. Die Reihenfolge ist, von links oben begonnen, folgende.

1. Die Taufe Christi. Johannes, in der Linken ein Salbengefäß, ist am Ufer des Jordan, der sich nach hinten an Bergen vorbei im Meere zu verlieren scheint, auf das Knie niedergesunken und segnet den mit gesenktem Haupte zu ihm sich wendenden, im Wasser stehenden Christus. Am Uferrand rechts steht ein Engel, das Gewand Christi haltend; in den Wolken erscheint Gottvater mit segnender Gebärde.

2. Die Enthauptung des Johannes. Im Vorhofe des Kerkers, zu Füßen einer Säule, liegt mit auf dem Rücken gefesselten Armen der Leichnam des Heiligen. Der Henker, in der Rechten das Schwert, ist im Begriff, das Haupt Johannis auf die Schüssel zu legen, welche ihm die reich gekleidete Tochter der Herodias hinhält. Dieselbe schaut nach rechts rückwärts, als hinge ihr Auge noch an dem befehlenden Blick der Mutter, die sie ausgesandt. Links sieht man fünf Männer, die mit verschiedenen Empfindungen dem Vorgang beiwohnen.

3. Das Gastmahl des Herodes. Rechts an einem mit Geräthen und Utensilien besetzten Tische sitzt im Turban und Hermelinkragen der König, neben ihm seine Gemahlin mit hoher Haube. Ein Diener scheucht mit einem Wedel die Fliegen. Von links schreitet Salome mit dem Haupt des Täufers heran, gefolgt vom Henker, der einen neugierigen Blick wirft, welches ihr Empfang sein werde. Im Hintergrunde ist in einer Säulenhalle der Leichnam, von einigen Männern bewacht, zu sehen.

4. Die Predigt Johannes'. Eine Anzahl von Männern und Frauen in Nürnberger Bürgertracht sitzt oder steht am Ufer des Jordan, an dessen anderer Seite links der Täufer predigt.

5. (Untere Reihe links). Der hl. Martin im Bischofsornat, von zwei Diakonen bedient, erhebt am Altar die Hostie. Zwei Engel halten über seinen Armen ein weißes Tuch. In andächtiger Verehrung und Staunen verharrt rechts eine Schaar von Männern.

6. Auf einem freien Platz vor einer Kirche reitet auf einem Schimmel der jugendliche, vornehm gekleidete Martin nach links. Er wendet sich ein wenig zurück und theilt mit dem Schwerte seinen Mantel für den vor ihm knieenden Krüppel.

7. Martin im Ornat erweckt durch seine segnende Gebärde drei aus Gräbern emporsteigende, in weiße Tücher gehüllte Todte, die anbetend vor ihm niederknieen. Im Mittelgrunde eine Kapelle und weiter hinten Leute mit einem Sarge.

8. Auf den Wink des heiligen Bischofs, der, umgeben von vornehmen Männern, vor einem Altar steht, bricht die auf demselben befindliche Götzen-statue in Stücke. Einer der im Rücken des Wunderthäters befindlichen Männer erhebt das Schwert zum Schlage.

Werden auch diese zweiten Flügel geschlossen, so bieten sich auf den fest=
stehenden Flügeln die beiden überlebensgroßen Gestalten des Johannes und
des Martin, auf dem anderen vier Szenen der Leidensgeschichte dem Blicke dar.

9. Die Gefangennahme. In dichtem Gedränge von Kriegern, die Jesus
anpacken, giebt Judas dem Heiland den Kuß. Links vorne holt Petrus zum
Schlage gegen den zu Boden gefallenen Malchus aus.

10. Christus vor Pilatus. In einer offenen Halle sitzt Pilatus und
wäscht sich, von zwei Männern bedient, die Hände, indem seine Gemahlin,
von hinten zu ihm tretend, ihm etwas ins Ohr zu flüstern scheint. Links
wird unter Gebärden des Hohnes und Hasses Christus von Soldaten herbei=
geführt.

11. Die Kreuztragung. Von Schergen mit Stöcken bedroht und von
Soldaten geleitet, schreitet Jesus, das große Kreuz tragend, in fast aufrechter
Haltung nach rechts. Er richtet den Blick auf die vor ihm knieende Veronika,
die das Schweißtuch hält. Aus dem Thore links folgen Reiter in vornehmer
Tracht.

12. Die Kreuzigung. Links zu Seiten des Crucifixus Maria zusammen=
brechend, von Johannes und einer Frau gehalten, hinter ihnen zwei andere
Frauen. Rechts Longinus auf Christus weisend und drei Männer.

13. Johannes der Täufer, von einem großen rothen Mantel umwallt,
schreitet, mit der Rechten auf das unten stehende Lamm weisend, die Linke vor
der Brust bewegt, in einer Landschaft nach rechts.

14. Martin in reicher pelzverbrämter Tracht, auf einem Schimmel sitzend,
theilt seinen Mantel mit dem Bettler.

Die Rückseite des Schreines ist wie die des Altares in Zwickau mit
gothischem Rankenwerk bedeckt. In der Mitte desselben steht ein Baum, auf dem
oben Maria mit dem Kinde befindlich und zu dessen Füßen Anna und Joachim
zu sehen sind. In den Blumenkelchen sitzen Putten und in der Höhe je ein
Paar: ein Mann und eine Frau. An der Rückseite der Staffel sind zwei
Engel mit dem Schweißtuch dargestellt.

Das erste kritische Urtheil über diese Gemälde hat Hotho abgegeben.
Dieser scharfsüchtige Kunstkenner erkannte bereits, daß nur die Predella von
Wolgemut selbst gemalt wurde. Waagen dagegen gab nur die beiden großen
Heiligenfiguren dem Meister und glaubte im Uebrigen den Antheil zweier
Schüler unterscheiden zu können. Dieser Ansicht schloß sich Woltmann an.
Dann war v. Seidlitz der Ansicht, daß außer jenen zwei Figuren und der Staffel
auch die Predigt des Johannes von Wolgemut selbst stamme, die anderen Bilder
dagegen von einem Schüler Dürer's ausgeführt seien. Bischer endlich vertrat
wiederum Hotho's Standpunkt.

Schon früher habe ich es hervorgehoben, daß nach meinem Dafürhalten nur die Staffelbilder von Wolgemut, diese aber höchst charakteristische Beispiele seiner Kunst sind. In allen übrigen Darstellungen, abgesehen von den Malereien auf der Rückseite, die zu sehr gelitten haben, als daß ich ein positives Urtheil wagen würde, sind von einer anderen, und zwar einer und derselben Hand. Auch die Predigt Johannes', obgleich hier einige Köpfe stärker, als dies sonst der Fall ist, den Wolgemut'schen Typen verwandt sind.

Der Künstler nun, dem Wolgemut die Arbeit anvertraut hat, und der, wie die Jahreszahl auf dem einen Bilde lehrt, schon im Jahre 1506 dieselbe in Angriff genommen hatte, ist ein durchaus anders gearteter, als der etwa gleichzeitig mit der Ausführung des Heilsbronner Hochaltars beschäftigte. Nur in dem Einen läßt er sich diesem vergleichen, daß auch er unter dem Einflusse der Dürer'schen Kunst stand. Ja, er hat sich in viel höherem Grade die neuen Errungenschaften zu eigen gemacht, so daß er mit ziemlicher Willkür, ja in etwas zügelloser Weise mit denselben wirthschaftet. Mit herausfordernder Keckheit entwirft er seine Kompositionen und handhabt er den Pinsel. Alles ist bei ihm Leben, Bewegung: Formen und Farben scheinen in einen förmlichen Aufruhr gerathen zu sein. Es ist ein Geschlecht von unruhigen, aufgeregten Persönlichkeiten, das wir auf diesen Bildern kennen lernen, Menschen, die nicht von starken, leidenschaftlichen Erregungen bewegt werden, sondern nur von einer Art oberflächlicher, zweckloser Lebhaftigkeit beseelt sind. Jeder zeigt sich in seiner Weise geschäftig und emsig, und zwar verräth sich die Aktivität eigentlich viel weniger in den Gebärden als in den Augen. Die im Verhältniß zu den ziemlich langen Körpern kleinen Köpfe haben eine so hastige, jähe Art zu schauen, daß die Blicke gleich Blitzen über die Bildfläche zu schießen scheinen. Hierin wie in der momentanen Bewegung suchte der Meister seine künstlerische Freiheit zu dokumentiren. Bei Dürer hatte er gesehen, wie weit die bildende Kunst zur dramatischen Wiedergabe eines einzigen Augenblickes befähigt ist, und sein höchster Ehrgeiz war es, seinem großen Vorbilde es gleichzuthun. Man sieht seinen Bildern ordentlich das Vergnügen an, das es ihm machte, das Auge in immer neuer Stellung und Bewegung darzustellen, wie es bald seitwärts nach außen, oben oder unten, bald geradeaus nach oben oder unten blickt. Indem er das Glanzlicht in der Pupille angiebt und den dunkeln Augapfel scharf vom leuchtenden Augenweiß abheben läßt, vermag er dem Verlangen nach Ausdrucksfähigkeit gerade dieses Organes Genüge zu thun.

Das Traurige ist nur, daß all' diese Mühe in gewisser Beziehung unnöthig verschwendet ist. Es kommt nämlich schließlich wenig darauf an, ob überhaupt diese Männer und Frauen lebhaft blicken oder nicht. In ihren kleinen Schädeln steckt so wenig Gehirn, es sind so ganz nichtssagende, bäurisch beschränkte, erbärmlich kleine Naturen, daß man sich in keiner Weise für ihr

Sein und Ihun interessiren kann. Was sind das für sonderbare Gesichter mit den unbedeutenden Stirnen, den dicken, kurzen, aufgeworfenen Nasen mit knolliger Spitze, dem kurzen Untergesichte, den kleinen unausgebildeten fleischigen Ohren, dem dicken, kurzen, kraus gelockten oder längeren flatternden Haar, den struppigen, aus langgezogenen, gewellten Haaren bestehenden Bärten! Am Ersten läßt man sich noch die jugendlichen Erscheinungen gefallen, die etwas ungemein Harmloses, Kindliches haben. An Verzeichnungen ist kein Mangel, der Künstler nimmt es mit der Anatomie nicht allzu genau; bei den nackten Figuren namentlich kehrt ein arger Fehler immer wieder: die Arme sind viel zu tief angesetzt, wodurch Brust und Schultern ganz unförmlich werden. Die in halbem Profil gesehenen Gesichter mißrathen ihm häufig derart, daß sie ganz schief wirken. Man sieht es ganz deutlich, daß er direkte sorgfältige Naturstudien sich nicht hat angelegen sein lassen, sondern daß er sich seinen Stil durch flotte, sorglose Nachahmung fremder Vorbilder gebildet und, nur auf den Effekt bedacht, eine gewisse Routine erworben hat. Auch in der Zeichnung der Gewänder hat er sich eine ganz bestimmte Manier angewöhnt: große Flächen wechseln mit sehr lang ausgezogenen steifen Falten, an deren Ende die Gewandmasse, wie an den Aermeln, in unruhigem Gewirre sich staut.

Rechnet man dazu, daß der Künstler die Figuren in eine scharfe, ja grelle Beleuchtung setzt, weiße Strahlen auf einzelne Gestalten oder einzelne Theile derselben fallen läßt, dunkle Farben mit ganz hellen in Kontrast setzt, die im Ganzen etwas trübe, in schmutzigem Blau und Moosgrün gehaltene Landschaft durch einzelne Streiflichter beleuchtet, also auf härtere Lichteffekte bedacht ist (besonders auffallend in der „Gefangennehmung"), so wird man sich einen ungefähren Begriff von der Wirkung dieser Bilder machen können.

Was nun die malerische Behandlung anbetrifft, so verfolgt der Meister eine ganz eigene Methode. Er wendet nämlich für das Inkarnat in ganz monotoner Weise eine ausgesprochen gelbe Farbe, die dem Fleisch etwas Pergamentartiges giebt, an und setzt, ohne sie nur im Geringsten zu verschmelzen, unvermittelt weiße Glanzlichter darauf. Auch die Haare höht er mit ziemlich derben einzelnen Strichen auf.

Alles in Allem ist es ein Künstler, dem es an Phantasie so wenig als an Handfertigkeit fehlt, der seinen Darstellungen durch die verschiedensten Mittel Lebendigkeit und plastische Wirkung zu verleihen bestrebt ist, der aber im Grunde genommen jeder ernsten schöpferischen Gestaltungskraft und aller Größe der Naturanschauung ermangelt. Indem er, statt schlicht der Natur zu folgen, Dürer's Werke zum Vorbild nimmt, muß er unausweichlich in die Manier verfallen, da er doch nur Aeußerlichkeiten, nicht den Geist selbst aus jenen entnehmen konnte. So kommt es, daß er schließlich nur auf eine be-

stimmte Wirkung hinarbeitet, wenn man will auf eine gewisse Täuschung des
Betrachters, dem durch kecken Vortrag, eigenthümliche Beleuchtung und mannichfache Bewegung imponirt werden soll.   Ein recht kindliches Unterfangen!

Auf alle die Elemente hinzuweisen, welche die Nachahmung Dürer's bezeugen, wäre unnöthig, weil überflüssig.   Ohne auf die hier geltend zu machende
Kompositionsweise, das Christusideal, die Trachten, die Architektur näher
einzugehen, sei nur ganz im Allgemeinen dies hervorgehoben, daß der Maler
offenbar ebensowohl die Gemälde, als die Holzschnitte und Kupferstiche Dürer's
studirt hat.   Die Gebirgs- oder Meerlandschaften, die er mit Vorliebe darstellt,
sind freie Wiederholungen der frühen Dürer'schen, ja man kann die Nachbildung
bis in die Zeichnung der Hände verfolgen.

Aber weiter: man darf, wie ich glaube, sogar mit Bestimmtheit das Werk
Dürer's nennen, das vor allen Anderen für den Stil des Schwabacher Altares
bestimmend gewesen ist: es ist das für Friedrich den Weisen 1502 ausgeführte
Altarwerk, das jetzt in Ober-S. Veit bei Wien aufbewahrt wird.   Die Typen (man
vergl. Christus, Johannes Evangelista, die Frauen, die alten Männer, vor
Allem aber die Landsknechte), sowie die Malereien und Farbengebung speziell
auf diesen Bildern sind die direkten Vorbilder Jener in Schwabach.   Und dies
führt zu immer weiteren Betrachtungen: gerade die Theile des Veiter Altares,
die hier in Betracht kommen, sind offenbar nicht von Dürer, sondern, wie
schon Thausing bemerkt hat, von Hans Schäuffelein ausgeführt worden.
Zwischen Dürer und dem Schwabacher Meister stünde also dieser tüchtige
Meister.   Und nicht Dürer selbst, sondern eben sein Schüler Hans Schäuffelein
wäre es, dem unser Künstler wenigstens die Eigenthümlichkeiten des malerischen
Vortrags verdankt.   Keine Frage, daß dies der Fall! ist doch die nahe Verwandtschaft der Schwabacher Malereien mit den Arbeiten Jenes wiederholt auf-
gefallen, ja hat man doch sogar so weit gehen wollen, sie für Jugendwerke
Schäuffelein's zu halten.   Dies freilich hieße die Begabung und Bedeutung des
Letzteren arg verkennen: Alles aber in der malerischen Behandlung (vor Allem
das Haar und die Landschaft) weist darauf hin, daß der Meister des Schwabacher Altares zugleich als Nachahmer Dürer's und Schüler Schäuffelein's zu
betrachten ist.

Dies beweisen nun ferner auch einige andere Werke, die man auf Grund
des Vergleiches mit dem Schwabacher Hochaltar ihm zuerkennen muß.   Sie
seien kurz besprochen, ehe wir uns Aufschluß darüber zu geben versuchen, ob er
vor Schäuffelein noch einen anderen Lehrer, also in früherer Zeit einen anderen
Stil gehabt hat.

Da sind zunächst zwei Altarflügel in der Schwabacher Kirche zu erwähnen,
die man beim ersten Anblick für Arbeiten des Nördlinger Meisters zu halten

Der Meister des Schwabacher Altares.
Die Kreuztragung.
Flügelbild vom Hochaltar zu Schwabach.
(S. 220.)

Nach einer photogr. Aufnahme von Kantel in Schwabach.

geneigt wäre, bei näherem Zusehen aber als bloße Nachahmungen erkennt. Sie nehmen unter den Werken unseres Malers dieselbe hervorragende Stelle ein, wie die zwei Heiligenfiguren in Heilsbronn unter denen des früher be sprochenen Meisters. Und merkwürdiger Weise sind es auch dieselben heiligen Frauen: Barbara und Katharina, die in ihnen dargestellt sind. In mächtig drapirte, schwere Gewänder gekleidet, mit lang herabfließendem, üppigen Haar, die Kronen auf dem Haupte, die Eine mit gesenktem Blicke, Rad und Schwert in der Hand, die Andere den Hostienkelch haltend, den vollwangigen Kopf zur Seite geneigt und herausschauend, verrathen sie, bis zu welchem Grade es dem Künstler gelingen konnte, in die Welt Dürer'scher Gestalten sich einzuleben.

Viel weniger glücklich war er bei der Ausführung der beiden Flügelmalereien an dem im linken Seitenschiffe derselben Kirche befindlichen Altare, in denen er in ungemein stürmischer Weise den Abschied der Apostel darstellte.

Ein viertes Altarwerk, das an diese Werke erinnert, finden wir in Heils bronn rechts vom Hauptaltar, und zwar enthält es vier Mariendar stellungen in ziemlich kleinen Figuren. (Photographien von Herberts.) In dreien derselben sind direkt mit nur geringen Veränderungen oder Verein fachungen Dürer'sche Kompositionen, nämlich die entsprechenden Holzschnitte des Marienlebens, kopirt worden. Bei der Geburt der Maria beschränkte der Maler sich auf vier Figuren. Genau dem Holzschnitt entsprechen Anna, die Frau, die ihr Suppe reicht und die bei der Wanne mit dem Kinde sitzende Wärterin, sowie auch das Bett und die Truhe mit dem darauf liegenden Kissen. Frei ent worfen ist nur die Figur einer Frau, die gebückt Wasser in das Bad gießt, und die links stehende Wiege.] In ähnlicher Weise entspricht der „Tempelgang Maria's" dem Blatte Dürer's: die Architektur, die Gruppe von Joachim, Anna und ihren Begleitern vorne, die kleine, mit flatternden Haaren die Treppe hinaufsteigende Maria, der Hohepriester sind getreu reprobuzirt: weggelassen sind die Männer neben dem Letzteren, die Wechsler links vorne, an deren Stelle ein einzelner auf die Balustrade gelehnter, alter Mann getreten ist, und die Frau, welche Maria nachschreitet. An Stelle des Kriegers über dem Portal ist die Figur Mosis mit den Gesetzestafeln angebracht. Am Genauesten aber hielt sich der Maler in der „Verlobung des Joseph und der Maria" an sein Vorbild. Hier kopirte er Alles, bis auf die zwei am weitesten hinten be findlichen Männerköpfe, und beschränkte sich darauf, die Figuren ein wenig mehr auseinanderzurücken, was zur Folge hatte, daß die Frau ganz rechts, von der bei Dürer nur wenig zu sehen ist, ganz sichtbar wurde.

Auf dem vierten Bilde ist Maria als „mater misericordiae" dargestellt. Sie breitet schützend den Mantel aus vor der durch Kaiser, Papst, Kardinal und andere Männer repräsentirten Menschheit. Links in Wolken sieht man die Dreieinigkeit: Gottvater schwingt das Schwert gegen die sündige Welt,

Christus als Schmerzensmann hält den Hieb auf, indem er es an der Spitze faßt. Auf dem Schwert sitzt die Taube.

Trotz einiger Abweichungen in Zeichnung und Behandlung — das Fleisch hat durch Anwendung grünlicher Schatten einen in's Olivenfarbene stechenden Ton erhalten — wird man doch bei diesen Gemälden, die nach 1511, dem Jahre der Publikation des Marienlebens, entstanden sein müssen, vielleicht an den Schwabacher Meister denken können. Die bestimmte Behauptung aber, daß sie von ihm herrühren, vermag ich nicht aufzustellen.

Mit größerer Sicherheit können zwei ohne Nummern in dem Kirchenraum des Germanischen Museums an der linken Wand aufgehangene Tafeln, die Geburt und die Heimsuchung darstellend, für ihn in Anspruch genommen werden.

Alle diese Bilder nun sind in demselben Stile, der in den Nachahmungen Dürer's und Schäuffelein's wurzelt, gehalten. Keines aber giebt uns sichere Andeutungen auch darüber, aus wessen Schule der Künstler ursprünglich hervorgegangen ist. Aus der Mitarbeiterschaft Wolgemut's an dem Schwabacher Altar könnte man schließen, daß er noch 1506 in dessen Werkstatt arbeitete, und daß er daher vielleicht ursprünglich Schüler desselben gewesen ist, — aber, wie gesagt, weder in der Zeichnung, noch in der Farbe, noch auch in der Technik verrathen seine Bilder nur im Geringsten eine derartige Beziehung zu Wolgemut. Hierüber also ließe sich eine Vermuthung erst aus= sprechen, wenn wir Bilder aus seiner früheren Lebenszeit kennen gelernt hätten. Möglich, daß dies einmal der Fall sein wird, daß man etwa in Bildern wie der hl. Brigitte im Germanischen Museum (Nr. 129) Arbeiten einer ersten Phase seiner Entwickelung nachzuweisen vermöchte — der Verfasser gesteht ein, seine Aufmerksamkeit auf diese schließlich nicht sehr bedeutungsvollen Fragen nicht eingehend gerichtet zu haben. Und so darf denn dieser späte Hülfsarbeiter Wol= gemut's vorläufig nur als ein ganz unter dem Einflusse der Dürer'schen Kunst stehender Künstler betrachtet werden.

———

Mit demselben Rechte nun, könnte man sagen, wie der Maler des Schwa= bacher Altares verdiente an dritter Stelle hier noch ein anderer Meister ge= nannt zu werden, jener nämlich, welcher die sieben kleinen Darstellungen aus dem Leben Christi in der Dresdner Gemälde=Galerie ausgeführt hat (Nr. 1875—1881). In der That bezeichnen dieselben in ähnlicher Weise den Uebergang von der älteren Kunst zu derjenigen des 16. Jahrhunderts. Man hat vor einiger Zeit sogar daran gedacht, sie als Werke aus der späteren Schaffensperiode Wolgemut's anzusehen. Durchaus der Zeichnung nach unter dem Einfluß der frühen Dürer'schen Schöpfungen, namentlich der Apokalypseholz

schnitte geschaffen, tragen sie in der malerischen Behandlung noch einen alterthümlichen Charakter. Aus dem Letzteren aber schließen zu wollen, daß sie von
einem älteren Meister herrühren, wäre wohl durchaus irrig. Vielmehr scheint
die von Woermann und Scheibler ausgesprochene Ansicht, daß es Jugendwerke
eines bedeutenden Meisters aus dem Kreise Dürer's, vielleicht des Hans
Schäuffelein, sind, eine bei Weitem berechtigtere zu sein, und daher gehören sie
auch nicht mehr in den Rahmen dieses Buches, sondern in die Untersuchung
über Dürer's Schüler, indessen der Meister des Schwabacher Altares als Mitarbeiter Wolgemut's hier seinen Platz finden durfte.

Schluß.

Durch anderthalb Jahrhunderte hindurch haben wir im Zusammenhange die Geschichte der Nürnberger Malerei verfolgt und sind bis zu dem Augenblicke gelangt, da das Letzte und Höchste, was ihr zu erreichen bestimmt war, in den Werken Albrecht Dürer's hervortrat. Dieselben ihrer ganzen Bedeutung und ihrem Gehalte nach klarer kennen und voller würdigen zu lernen, dazu dürften alle diese Forschungen auf einem bisher dunklen Gebiete nur wenig beitragen können. Die Dürer'sche Kunst braucht für ihr Verständniß kaum der historischen Berücksichtigung der Grundlagen, auf denen sie sich erhoben, so wenig wie die aller jener auserlesenen Geister, welche auserkoren waren, zu vollenden und abzuschließen. Tragen doch die Schöpfungen solcher „Vollender" Alles in sich, was vorarbeitend und vorbereitend während eines langen Zeitraums zuvor geschaffen wurde, und vernichten und erhalten sie doch zu gleicher Zeit die Thätigkeit aller ihrer Vorgänger, indem sie vermöge der erreichten höchsten Meisterschaft des Gestaltens die Jenen innewohnende Empfindungswelt in höchster Potenz zum Ausdruck bringen. Es wäre eine große und verhängnißvolle Täuschung, zu welcher nur zu sehr die historische Auffassung der Kunst zu verleiten droht, annehmen zu wollen, daß das Verständniß der Werke des vollendenden Genies nur aus der Kenntniß seiner Vorgänger zu gewinnen oder wenigstens wesentlich zu fördern sei. Es verhält sich damit vielmehr gerade umgekehrt: wir haben gelernt und lernen noch immer, das Eigenthümliche und Bedeutungsvolle primitiverer Kunstbestrebungen erst auf Grund der aus den die reifste Vollendung vertretenden Werken gewonnenen Anschauungen zu erfassen. Von den Höhen kommt uns das Licht, mit dem wir die Tiefen durchforschen. Die großen abschließenden Thaten des Geistes sind der erste Ausgangspunkt aller geschichtlichen Betrachtung — sie allein gewähren den Aufschluß auch über alle anderen Erscheinungen: sie sind es, aus denen wir schließlich die erhabene Ahnung von dem geheimnißvollen Zusammenhang aller Aeußerungen und Gestaltungen menschlichen Werdens gewonnen haben.

Der Norm unseres Erkennens, welches alles Geschehen nur unter dem Gesetze von Ursache und Wirkung zu fassen vermag, folgend, wurde der Geist unwiderstehlich getrieben, solches Heldenwirken sich zu erklären. Er that es zuerst im Zustande vorwaltender naiver Einbildungskraft, indem er sich das Leben der Großen sagenhaft ausgestaltete, sich beschränkend auf die eine, ihn ganz beherrschende Persönlichkeit. Allmählich erst suchte er die Bedingungen derselben in anderen, vorausgehenden und umgebenden Faktoren, bis er dazu gelangte, in weiter Aneinanderkettung der Thatsachen eine ununterbrochene Entwickelungsreihe fortschreitender Ereignisse festzustellen. Seiner scharfsinnig erreichten Erfolge gewiß und ihrer sich mehr als billig rühmend, vergaß er nun nur allzu leicht, woher ihm zu allererst die Offenbarung gekommen. Und seine Undankbarkeit vermag so weit zu gehen, daß er, die ihm gesetzten Grenzen überschreitend, die Lebensthat des Genies auf alles Vorangegangene bis in's Kleinste zurückführen zu können glaubt, bis die Individualität vor lauter anderen sie bedingenden Individualitäten gänzlich verschwindet. Was es Anfangs bloß zu erklären galt, hieß es nun gleichsam mechanisch konstruiren. Und es fehlt nicht viel, daß die begreifliche Freude an hochzielenden bloßen Bestrebungen die Würdigung des vollendeten Erreichten untergraben wird. Damit aber würde die geschichtliche Forschung, die ein Akt der Gerechtigkeit sein soll, zu einem der Unbill.

Eine besonnene Erwägung wird stets genau die scharfe Linie erkennen, welche die Betrachtung des Allgemeinen von der des Individuums sondert; sie wird von ihr aus gleichsam nach beiden Seiten Ausschau halten. So gewiß das Genie tief in einer bestimmten Zeit und einem bestimmten Volke wurzelt, so gewiß seine That die That dieser Zeit und dieses Volkes überhaupt ist, so gewiß alle die Vorbedingungen einer höchsten Ausbildung der Ausdrucksmittel, deren es bedarf, für sein Erscheinen nöthig sind — so gewiß ist es auch, daß es aus allem Diesen nie wirklich erklärt und begriffen werden kann, sondern nur aus ihm selbst, aus seiner individuellen Persönlichkeit, die sich eben ihrem gewaltigen Vermögen nach weit von Allen unterscheidet.

Nicht um das Verstehenlernen des Genies, wie man sich, in solche Arbeiten vertieft, nur zu gerne schmeicheln möchte, auch nicht um dasjenige der Wesenseigenthümlichkeiten eines ganzen Volkes, denn dieselben sind mit größerer Be-

resistente Construction!!

stimmtheit aus den Schöpfungen eben des Genies zu abstrahieren, handelt es sich in Untersuchungen, wie den von uns geführten, sondern zunächst nur um die gerechte Würdigung, ja Neuentdeckung bedeutender Künstler, deren Wirken mit Unrecht in volle Vergessenheit gerathen war, dann aber weiter um den Nachweis einer allgemeinen Gesetzmäßigkeit auch auf einem bisher nicht er-hellten Gebiete geistigen Lebens und künstlerischen Schaffens.

Zum ersten Male dürfte in dieser Geschichte der älteren Nürnberger Malerei auf das Deutlichste nachgewiesen und dargelegt worden sein, was bisher nur geahnt wurde, daß unsere deutschen Malerschulen der Renaissancezeit eine lange, in sich geschlossene, in höchstem Grade beachtenswerthe Entwickelung gehabt haben, so gut wie diejenigen Italiens; daß dieselbe, trotz des Mangels aller biographischen Nachrichten, bloß auf Grund stilistischer Vergleiche mit einiger Deutlichkeit wahrgenommen werden kann; daß endlich diese Entwicklung eine allen entscheidenden Thatsachen nach derjenigen italienischer Schulen analoge gewesen ist. Mag der Charakter und das Ideal der Nürnberger Kunst ein von demjenigen der Florentiner noch so Verschiedenes sein, die allgemeinen Gesetze des Werdens sind die durchaus gleichen — ausgenommen vielleicht die eine Thatsache, daß in Toskana die Anlehnung an eine fremde, ausgebildetere Kunst, nämlich die byzantinische, in ganz früher Zeit, schon im 13. Jahrhundert, stattfindet, und daß von da an die weitere Gestaltung eine ganz originale, un-abhängige ist, während in Deutschland die Anfänge selbstständig sind und erst zu einer Zeit gereisten Vermögens eine weiter entwickeltere Kunst, die flandrische, zum Vorbild genommen wird. Daß die italienische Tafelmalerei überhaupt eine längere, dreihundertjährige Geschichte bis zur Erreichung ihrer Vollendung hat, die deutsche nicht viel mehr als anderthalb Jahrhundert alt war, als die Zeit der Blüthe eintrat, ist eine zwar sehr bemerkenswerthe, aber die Ana-logie des Werdeprozesses nicht umstoßende Wahrnehmung.

In der Nürnberger, so gut wie in der Florentinischen Malerschule, mit der sie ihrer Eigenart und ihrer Bedeutung nach am Treffendsten verglichen werden kann, giebt es ein Trecento, ein Quattrocento und ein Cinquecento. Hier, wie dort — immer abgesehen davon, daß die italienische der deutschen Malerei voraus ist und zu gleicher Zeit eine höhere Vollendung aufweist — ist im 13. Jahr-hundert die Kunst eine allgemein typisch gestaltende; sie giebt Leben, Bewegung in kühnen, ja gewaltsamen Zügen, aber sie entbehrt des Vermögens, zu indivi-dualisiren und bleibt zugleich flächenhaft dekorativ. Das fünfzehnte Jahr-hundert ist hier, wie dort, die Zeit des Studiums der Einzelerscheinung und des Strebens nach räumlich plastischer Wirkung durch Ausbildung der malerischen Technik, der Perspektive und der Modellirung in Licht und Schatten. Im 16. Jahrhundert endlich liegt das Ideal wiederum im Typischen, das nun

aber auf Grund der gewonnenen Resultate mit dem vollen Anspruch auf überzeugende Wirklichkeit auftritt.

Die Phasen sind dieselben, der tiefgehende Unterschied liegt in dem durchaus verschiedenen künstlerischen Charakter des Deutschen und des Italieners.
Mit einem etwas kühnen Ausdruck könnte man sagen: der Italiener sucht und
sieht das Typische in der Form der Erscheinung, der Deutsche in dem Wesensausdruck. Was man, allgemein gesprochen, für einen Mangel im geistigen
Vermögen des Italieners verglichen mit dem des Deutschen halten kann, wurde
für ihn als bildenden Künstler ein Vorzug. Die entschieden reichere Phantasie
des Germanen, die in geheimer Wechselwirkung mit seinem tief erregbaren
Gefühlsleben steht, trat ihm in der nur durch Maß zu erreichenden Ausbildung
einer idealen Formenwelt hindernd in den Weg. Er wollte mehr bringen, als sich
in den engen Grenzen der religiösen, bildenden Kunst geben ließ, sollte derselben ihr gutes Recht auf strenge Gesetzmäßigkeit und Harmonie, auf Schönheit gewahrt bleiben. Ihm war es vor Allem leidenschaftlich um die Ver-
deutlichung und Verbildlichung der unendlich mannichfachen Empfindungswelt
zu thun: er wollte den Kern alles Wesens, das Ding an sich, nicht die Erscheinung allein darbieten, und gerade deßwegen, die Schranken der Malerei überschreitend, die nur durch die Erscheinung das Wesen andeuten kann, machte er
es sich selbst unmöglich, stilistisch vollendete Werke in dieser Kunst zu schaffen.
Vermöge seiner Phantasie und seines starken, tiefinnerlichen Gefühlslebens
zum Dichter und Musiker geboren, hat er die bildende Kunst zur Ausdrucksfähigkeit dieser anderen Künste zwingen wollen. Es wird ewig wunderbar
bleiben, wie weit ihm dies gelungen! Aber einen Stil — das Wort im
Sinne einer streng und zugleich frei gesetzmäßigen Kunstform genommen — wie
die antike und die italienische Kunst, hat die deutsche bildende Kunst nie besessen.

Und nun bei dieser größten Verschiedenheit des Wesens und demzufolge
der Resultate in jedem einzelnen Falle doch die gleiche stufenweise vorschreitende
Entwickelung in dem Gestaltungsvermögen! Daß Dem so ist, dünkt wohl nicht
schwer begreiflich, handelt es sich doch hier um etwas mehr Aeußerliches. Das
angestrebte Ideal mag so verschieden, wie nur denkbar sein, der Weg zu demselben ist ein ganz analoger: er ist schließlich nichts Anderes als die Schulung
des Auges, die Natur zu sehen, in deren Formen nur selbst das höchste Ge-
dachte zur Anschauung gebracht werden kann. Mit dem ersten Versuche, die Natur
zeichnend nachzuahmen, ist auch schon der Trieb gegeben, sie genauer zu beobachten.
Derselbe wächst in ganz logischer Weise mit zunehmendem Vermögen der
Wiedergabe. Läßt sich dies im Leben des Einzelnen wahrnehmen, so ist es
nicht minder der Fall bei Völkern im Ganzen, wobei man freilich zu beachten
ist, daß der entschiedene Anstoß zur Ausbildung des einen oder anderen Sinnes
im Interesse einer herrschenden Idee, d. h. zu künstlerischer Thätigkeit den-

selben von ganz bestimmten kulturellen Faktoren gegeben wird, auf welche dem nach stets die künstlerische Thätigkeit zurückzuführen ist.

Bei ganzen Völkern sind es nun aber einzelne hochbegabte Individuen, denen die entscheidenden Fortschritte in der Kunst, die Natur zu sehen und wiederzugeben, verdankt werden. Und die Thätigkeit dieser Künstler zu erfassen und vergleichend darzulegen, ist Aufgabe und Inhalt der Kunstgeschichte.

Auch die Geschichte der Nürnberger Malerei ist, wie wir gefunden haben, die Geschichte einer Anzahl hervorragender Meister — Meister, welche die gleiche Bedeutung und das gleiche Interesse für die Freunde und Verehrer deutscher Kunst haben, wie die seit lange uns wohlbekannten Künstler des 15. Jahrhunderts in Italien für die freilich bei Weitem zahlreicheren Liebhaber der italienischen Malerei. Ihrem Streben und ihrer Begabung nach dürfen Berthold, Pfenning, Hans und Wilhelm Pleydenwurff, die uns als die eigentlich schöpferischen, genialen Bahnbrecher in Nürnberg erschienen sind, durchaus Männern, wie Masaccio, Uccello, Fra Filippo Lippi, Botticelli, Ghirlandajo verglichen werden — wohl gemerkt: bei ganz verschiedener Art! Sie sind nicht minder große und kühne Neuerer und verhalten sich genau so zu Dürer, wie Jene zu Michelangelo. Sie verdienen es wahrlich, gekannt und geliebt zu sein, denn auch in ihnen, wie in unsern größten Künstlern, tritt uns unverfälscht, wenn auch nur für den liebevoll eingehenden Blick nach seiner ganzen Fülle erkennbar, unser ureigenstes germanisches Empfinden und Wesen kühn und bedeutend entgegen, auf das sich zu besinnen in einer Zeit gedankenloser Zersplitterung der geistigen Kräfte und treulosen Aufgebens der höchsten Kulturaufgaben zur dringenden ernsten Pflicht wird.

Und kein Zweifel, daß gerade in dieser fränkischen Kunst der Malerei das Größte dieses deutschen Wesens zu Tage getreten ist! Sie hat das Primat in Deutschland, wie es Florenz in Italien gehabt hat. Während die Kölner und die schwäbischen Maler nur gewisse Seiten des Germanenthums wiedergeben, bringt der Nürnberger dasselbe voll zum Ausdruck. Tief leidenschaftlich und erregt ist er durchaus Dramatiker, ein Darsteller des Lebens in der Bewegung, stets getrieben, bis an das Letzte in den Aeußerungen des Affektes zu gehen. Er kann dies aber wagen, weil der Fülle seiner Einbildungskraft die Schärfe seines Beobachtungsvermögens die Waage hält. Gerade die Gewalt seines Gefühlslebens ist es, die ihn zum liebevollsten Studium der Natur führt, die ihn das Sehen lehrt. Das Stärkste, Erschütterndste an Empfindungen zu geben, fühlt er sich durch sein Wesen getrieben: es überzeugend Anderen darzustellen, bleibt ihm kein anderes Mittel, als durchaus wahrhaft zu sein, und dies vermag er nur durch getreueste Beobachtung der Wirklichkeit. So erklärt sich das wunderbare Phänomen, daß er zugleich der phantasievollste Erfinder und der nüchternste Beobachter ist, daß seine Thätigkeit gleichsam zwischen zwei Extremen wechselt, deren Versöhnung und Ausgleichung sein Kunstwerk wird. Der Energie der Empfindung entspricht die Strenge und Geschlossenheit der Form: der künstlerische Sinn geht durchaus auf das Große, Bedeutende, Erhabene und duldet nichts Halbes. Für die Darstellung einer Handlung wird stets der äußerste, inhaltreichste Moment gewählt, in welchem alle Kräfte zu ungestümster Wirkung entfesselt sind; selbst wo einzelne Figuren in Ruhe wiederzugeben sind, wird diese Ruhe in eine innere Bewegung, die sich in den Gesten und im lebhaft momentanen Blicke ausdrückt, umgesetzt.

Diesem männlich energischen Charakter der Nürnberger Kunst gegenüber vertritt die Kölnische Malerei das zarte weibliche Element lyrischer Gefühle. Anmuth, Weichheit, Zärtlichkeit spricht aus allen ihren Schöpfungen, — ihre Befähigung liegt nach Seiten des kontemplativen, nicht des aktiven Wesens hin. Die Spannkraft ihres künstlerischen Empfindens reicht nicht so weit, mit überzeugender Lebensfülle lebhaft bewegte Handlungen darzustellen: sobald die Kölnischen Maler die Leidensgeschichte Christi, das Martyrium der Heiligen darzustellen haben, gerathen sie aus Mangel an innerer Energie in die Uebertreibung. Wo der Nürnberger, das Kühnste wagend, furchtbar, bis zum Entsetzen erregend ist, wird der Kölner bizarr ungeheuerlich. Die gewaltsamen Bewegungen stehen im grellsten Widerspruch zu dem kindlich naiven, milden Charakter der Figuren. Es fehlt ihm, was dem Nürnberger im höchsten Grade zu eigen, das Vermögen, die unendliche Mannichfaltigkeit der Charaktere zu sehen und wiederzugeben: so vermag er auch nicht, deren Konflikte im künstlerischen Bilde zu gestalten. Sein Theil war es, mit warmem Lebensgefühl die Seligkeit einer in sich beruhigten Welt friedvollen, liebereichen Waltens, eines verklärten, harmonischen Seins zum künstlerischen Ausdruck zu bringen. So war er, seiner Begabung nach, darauf angelegt, in allem Wechsel das Bleibende zu gewahren, das Dauernde in Gemüthszuständen, nicht die Bewegung in Affektsäußerungen wiederzugeben. Insofern es der bildenden Kunst nun überhaupt eigenthümlich, ihrem Wesen entsprechend ist, das Verharrende zu ihrem Vorwurfe zu nehmen, ja, wo sie Vorübergehendes zu schildern hat, diesem durch weise Wahl eines hierfür günstigen Momentes der Handlung doch den Charakter gleichsam eines dauernden Zustandes zu verleihen, könnte man in Werken der Kölnischen Malerschule in vielleicht höherem Grade, als in denen der fränkischen, die Befähigung zur Ausbildung eines eigentlichen malerischen Stiles erkennen. In der That ist wohl in keinem Werke einer anderen deutschen Malerschule Schönheit der Form, Harmonie der Farbe und Abgewogenheit der Komposition in gleicher Weise vereinigt zu finden, wie in dem Dombilde des Meisters Stephan. Alles in Allem genommen, was Monumentalität des Stiles anbetrifft, ist es vielleicht als die höchste Leistung der deutschen Malerei in der Renaissancezeit zu betrachten. Und es ist bezeichnend genug,

daß es eben der kölnischen Schule angehört. Dieselbe Zeit, in der es entstanden ist, sieht in Nürnberg den Tucher'schen Altar entstehen: der Vergleich
belehrt über den tiefgehenden Unterschied im Wesen des kölnischen und Nürnbergischen Malers. Ich stehe nicht an, Pfenning seiner innersten Begabung
nach für größer und bedeutender als Stephan zu halten; ein gewaltigerer und
erhabenerer Geist beseelt ihn, aber Stephan's Schöpfung wirkt harmonischer
und daher schöner, weil sie innerhalb der Grenzen des stilistischen Ausdrucksvermögens der Malerei gehalten ist, von Pfenning aber dieselben überschritten
werden. Und Pfenning ist darin typisch für die Nürnbergische, wie Stephan
für die Kölnische Kunst. Bei den Nürnbergern bleibt beim bildnerischen
Schaffen gleichsam ein Ueberschuß künstlerischer Kraft übrig, der nicht in den
Formen der bildenden Kunst aufgeht und daher dieselben zersprengt, wofür das
staunenswertheste Zeugniß stets Dürer's Schaffen bleiben wird, das nach meinem
Dafürhalten nur von diesem Gesichtspunkte aus ernstlich verstanden und erfaßt
werden kann, wie ich dies in meinem Aufsatz über Albrecht Dürer in den
„Bayreuther Blättern" von 1888 eingehend darzulegen versucht habe.

Diese Kraft ist es nun aber auch gewesen, die der Nürnberger Malerei
eine ungleich ausdauerndere Entwicklung gesichert hat, als der kölnischen. Beide
Schulen machen die ganz analogen Phasen durch. Dem Meister Berthold in
Nürnberg entspricht durchaus der fälschlich Wilhelm genannte Meister in Köln,
der die Madonna mit der Bohnenblüthe und die verwandten Bilder gemalt
hat. Die zweite entscheidende That geht zu gleicher Zeit hier von Stephan
Lochner, dort von Pfenning aus — dieselben Wandlungen vollziehen sich hier
wie dort. Zu gleicher Zeit auch wird in beiden Städten durch einen bedeutenden Künstler, einerseits den Meister der Lyversberger Passion, andrerseits Hans
Pleydenwurff die niederländische Manier eingeführt. In strengstem, gesetzmäßigen Parallelismus schreitet das Werden vorwärts bis zum Ende des
Jahrhunderts. Da aber hat derselbe auch sein Ende. Während in Nürnberg
die Zeit des flandrischen Einflusses nur der Uebergang zu einer Periode
freiesten, nationalen Schaffens wird, in welcher Dank der vorausgehenden
Studien alle Anlagen zur glänzendsten und kühnsten Entfaltung gelangen, vermag
die kölnische Malerei sich nicht zu einem neuen Aufschwunge zu erheben. Sie
hat nicht mehr die Kraft, die Banden fremder Kunstweise zu lösen, sondern er-
stirbt allmählich in ihrer Gefangenschaft. Selbst wenn „der Meister vom Tode
der Maria", der ein Zeitgenosse Dürer's war, wirklich ein Kölner gewesen, so
würde er nur ein Zeugniß davon ablegen, wie unvermögend die Kölner Schule
war, einen wahrhaft originalen und genialen Künstler am Anfang des
16. Jahrhunderts hervorzubringen. Einen Maler, der mit Dürer in eine
Parallele zu stellen wäre, hat sie nicht gehabt. Die Werke Stephan's sind das
Größte gewesen, dessen sie fähig war: mit ihnen war ihr Gestaltungsvermögen

erschöpft, eben weil jene tiefste, schöpferische Kraft, die in Nürnberg endlich einen Dürer entstehen ließ, ihr mangelte. Wir haben in der Geschichte der beiden Schulen gleichsam das Bild eines Wettlaufes vor uns; lange Zeit halten die beiden Konkurrenten gleichen Schritt, so daß man zweifeln könnte, wem die größere Kraft und Ausdauer verliehen: da plötzlich sieht man den Einen ermatten, immer weiter bleibt er zurück, bis unser Interesse ganz von ihm sich abwendet, dem Siegreichen zu, dessen Muth und Feuer mit jedem Schritte zu erstarken scheint, bis er den Lorbeer sich errungen.

Nürnberg und Köln bilden so, dem Parallelismus wie dem verschiedenen Ausgange ihrer Entwicklung nach, den interessantesten Vergleich. Zwischen ihnen mitten inne steht die schwäbische Kunst, deren Charakter, gewissermaßen einen Kompromiß zwischen den Extremen verbildlichend, von der schwärmerischen Zärtlichkeit der Einen, wie von der kühnen Leidenschaftlichkeit der Anderen gleich weit entfernt stets, wo sie nicht unter den Einfluß der benachbarten Franken sich begiebt, ein gewisses Maaß bewahrt. Auch ihre Entwickelung im 15. Jahrhundert ist eine der beiden von uns betrachteten durchaus entsprechende gewesen — mit Nürnberg ist ihr aber auch der Wiedergewinn der Selbstständigkeit, die Erhebung zu höchsten abschließenden Leistungen im Beginn des 16. Jahrhunderts gemeinsam. So möchte sie wohl den Wettstreit mit dieser aufnehmen. Aber, so große Meister sie aufzuweisen hat, einen so hohen Rang Hans Holbein einnimmt — nimmer doch läßt sich derselbe Dürer vergleichen, so wenig wie jener arme, ehrliche Lukas Moser, dessen reiz- und phantasievolle Kunst so wenig Freunde fand, daß er bei der Vollendung seines Altares von Tiefenbronn in einen Wehruf über seine Zeit ausbrach, seinem Zeitgenossen Pfenning.

Den Nürnbergern war mit der höchsten Kraft auch die höchste Aufgabe zugefallen. Nicht nach der einen oder anderen Seite, in seiner ganzen unermeßlichen Fülle und Tiefe hat sich germanisches Wesen nur durch sie in der bildenden Kunst offenbart, durch sie Alle, die uns in diesen Forschungen nahegetreten sind, so verschieden auch die Stufe ihres künstlerischen Ausdrucksvermögens sein mochte, bis zu Dem, der verwirklichte, was sie Alle erstrebt und gewollt: Albrecht Dürer. Nur wer aber selbst ahnend in tiefer Ergriffenheit erkannt, welches dieses germanische Wesen denn ist, was es gewirkt in den vergangenen Jahrhunderten, zu welchen Aufgaben es auch fernerhin einzig berufen sein könnte, wird sie ganz verstehen, ihrer Eigenart gerecht werden können. Noch einmal sei es hervorgehoben: ein stärkster allgemeiner künstlerischer Drang, der einem überreichen Seelenleben entspringt und dasselbe nach allen seinen Regungen Anderen mittheilen möchte, sucht, unter der Herrschaft der geistigen Bedingungen einer ganzen Zeit stehend, seine Befriedigung in einer Kunst, deren Ausdrucksmittel zu schwach und deren Grenzen zu eng für ein volles Sichgenügen sind — in solcher Weise dürfte man das Wesen der deutschen, und vor Allem der Nürnberger Malerei charakterisiren! Nicht aus einem Mangel, sondern aus einer übergroßen Fülle, nicht aus einer Schwäche, sondern aus der Kraft der künstlerischen Begabung, nicht aus einem nüchternen Haften an den Erscheinungen der Wirklichkeit, sondern aus der Vertiefung in das innerste Wesen alles Lebens erklärt sich die den oberflächlichen Betrachter abschreckende Maßlosigkeit in Ausdruck und Bewegung, die scheinbare Willkür in der Komposition, der Mangel an Schönheit und Harmonie in den Formen dieser Kunstwerke. Nichts wäre thörichter, als, was nur zu häufig geschieht, die realistische Wiedergabe der Erscheinungswelt für das eigentliche Schaffensprinzip der deutschen Maler zu halten, da dieselbe doch nur nothwendiges Mittel zu einem viel höheren Zwecke: der wahrhaftigen Verbildlichung der Gefühlswelt in den Erscheinungen ist. Der Idealismus, nicht der Realismus, so paradox dies klingen mag, ist es, welcher auch der deutschen Malerei, wie allen künstlerischen Aeußerungen des Germanen den ewigen, ureigensten Gehalt verleiht — aber eben ein Idealismus höchster Art, der weit über den schönen Schein hinaus nach wahrhaftigstem Wesensausdruck strebt. Derselbe Idealismus, dessen schöpferische Kraft in den Dichtungen Shakespeare's, Goethe's und Schiller's, in den Tonwerken Bach's, Mozart's und Beethoven's immer neu gestaltend sich geoffenbart hat, bis er in Richard Wagner's Kunstwerk den allerschöpfenden, im höchsten Sinne stilistischen künstlerischen Ausdruck gewann — derselbe Idealismus, welcher der Welt das Christenthum Martin Luther's, die philosophische Weltanschauung Kant's und Schopenhauer's geschenkt hat! Jener Idealismus, der gleichbedeutend ist mit der von tief leidenschaftlichem Gefühlsleben beflügelten Geisteskraft, die weit über die dumpfe Befriedigung egoistischen Sinnenlebens und über alles Beziehen der Verstandesthätigkeit auf einen individuell erstrebten praktischen Vortheil sich hinausschwingend, die moralische Bedeutung der Weltordnung erkennt, in jeder Erscheinung das Wesen, in jedem Vereinzelten das Allgemeine, in jedem Sein ein Werden, in „allem Vergänglichen nur ein Gleichniß" gewahrt — die Kraft, in deren Herrschaft allein das Heil der Zukunft liegt!

Anhang.

I.

Urkunde

über die Ausgleichung des Gewinnes an der nach Vertrag vom 29. Dezember
1491 gemeinsam unternommenen Ausgabe der Hartmann Schedel'schen
Chronica mundi.

(Nürnberger Stadtarchiv Litterae 11 [auch L. 120] Fol. 306 ff.)

✱

Dieselbe wurde zuerst von Thausing seinem Aufsatz: „Michel Wolgemut
als Meister W." in den „Mittheilungen des Institutes für Oesterreichische
Geschichtsforschung", V. Bd., S. 124 ff. publizirt. Sie lautet hiernach:

„Seboldt Schreyer für sich selbst und mitsampt Lazaro Holtzschucher von
ir und irer mitvormund wegen Sebastian Camermeisters seligen geschefts an
einem und Michel Wolgemut für sich selbst auch als ein vormund junkfrauen
Magdalena, Wilhelm Pleidenwurffs seligen verlassne tochter, Helena, etwa des
gemelten Wilhelm Pleidenwurffs und itzo Simon Zwelffers eliche hausfrau
auch derselb Simon Zwelffer, ir hauswirt, und die obgemelt Magdalena, ir
tochter bei gemeltem Pleidenwurff geboren, am andern teil bekennen ver-
samentlich und unverscheidenlich: Nachdem vergangner jar die gemelten
Schreyer, Camermeister eins und Wolgemut und Pleidenwurff andertails einen
vertrag und gemainschaft eins trucks einer neuen cronicken mit figuren mit
einander gemacht hetten. laut und inhalt derselben bekantnus zwischen inen
an pfintztag nach dem heiligen cristtag den neunundzwainzigsten tag des monats
decembris im tausend vierhundert und in dem zweiundneunzigisten jar darumm
ausgangen und im gerichtsbuch mit einem L bezeignet am zwaihundertisten
und zwaiundachzigisten plat eingeschrieben, das sie sich sollicher gemainschaft halb
entlich vertragen, vereint und die gewinung, so uber dem abzug des, so darauf
gangen ist, daran erstanden were, getailt hetten; und in sollicher teilung ist

worden dem gemelten Schreyer und Camermaisters vormunden an parschaft
achtundneunzig gulbin reinisch; item mer ist in von schulden plieben neunund-
zwainzig gulbin, so sie für verschenkte pücher im handel schuldig gewesen sind
und die schuld, so Mathes Fusz zu Lyon schuldig bleiben der bei hundert und
achtzehn gulbin ist, auch zwen gulbin, so Hanns Wetmann ratschreiber seligen,
schuldig bliben ist, welche drei posten thun hundert und neunundvierzik gulbin
reinisch. Item mer von schulden, nach dem losz geteilt, sind in worden die
schulden, so die hernachgeschrieben person schuldig sind, nemlich: Hanns von
Robolentz zu Parisz bei zwaihundert und achtunddreißig gulbin reinisch funf-
zehen schilling, Jorig Resselmann zu Augspurg für pücher und scheben achzig
gulbin reinisch siben schilling ein haller, her Mathes Walker zu Pforthheim
dreiundsiebenzig gulbin, Walter von Lebnitz zu Cretz, des Ernst eiden, fünfund-
siebenzig gulbin, Diebolt Feger zu Ofen sechsundfünfzig gulbin, Cristoff Grün-
hofer fünfundzwainzig gulbin, Michel Worin bei achzehen gulbin und vier
schilling, Jeronimus, puchfürer zu Prag fünfzehen gulbin fünf schilling, Linhart
Streber acht gulbin, die Staufferin sechs gulbin, Hanns Gerber zu Nürmberg
fünf gulbin zehen schilling, Contz Schnell zu Nürmberg eilf gulbin ein schilling
sechs heller, Conradt Schreck par rest ein gulbin, Jeonimus puchbinder, zwen
gulbin, Paulus Wagner zu Straszpurg vier gulbin, Conradus Celtis, poet,
zwen gulbin zehen schilling — summa der schulden nach dem losz geteilt in
sechszehen posten begriffen, thun sechshundert und einundzwainzig gulbin reinisch
zwelf schilling siben heller in golt. Item mer ist ine darzu worden auch nach
den losz geteilt die pücher so gen Meyland und Rum (Como) geschickt und von
denselben noch unverrechnet sind, außerhalb des, so daran bezalt und davor in
rechnung kumen ist, nemlich: Jorigen Eyselein gen Meyland geschickt latein
roch ungebunden 44 pücher, mer eingebunden gemalt latein ein puch: daran
hat er geantwort Peter Bischer zu Maylannd, so der gemelter Bischer hie
verrechet hat, einundzwainzig gulbin sechs pfund 7$\frac{1}{2}$ denare; so hat Peter
Bischer zu Rum und Meyland gelassen von püchern, so er mit im gefürt hat
und unverkauft sind gewesen: latein roch ungebunden hundert und neunund-
sechzig und teutsch roch ungebunden eilf pücher, mer latein roch eingebunden
acht und latein gemalt eingebunden drei pücher; davon hat der, dem Bischer
die bevolhen hat, verkauft und gelöst auch zalt, so auch verrechet ist, für zehen
gulbin reinisch. Item so ist in gemelter teilung worden dem gemelten Micheln
Wolgemut und Wilhelm Pleidenwurffs seligen erben, nemlich Helena, seiner
verlassen Wittwen, itz Simon Zwelffers eelicher hausfrauen, und Magdalena,
irer tochter, an parschaft auch achtundneunzik gulbin reinisch, item mer von
schuld vierundsechzig gulbin, so sie für verschenkte pücher in handl schuldig
bliben sind, mer sechzehen gulbin zehen schilling für ein latein und zwai teutsch
roch ungebunden und sechs latein roch eingebunden pücher, so durch sie zu

Leipzigk verrechent pliben sind, und einundzwainzig gulden zehen schiling, so
Wolgemut für drei teutsch gemalt eingebunden und ein teutsch ungemalt eingebunden pücher schuldig worden ist, mer sechzehen guldin zehen schilling, so
Simon Zwelsser zu Leipzigk Conntzen Humel geborgt hat, und achtzehen
guldin zehen schilling für pücher, so Hanns Schmidhoffer von pücher, im durch
den Zwelsser geantwort, verkauft hat und gemelten Zwelsser zu verrechen ge-
büren, auch zwelf guldin für drei latein und drei teutsch alle roch ungebunden
Pücher, so gemelter Schmidhoffer für sich selbst von Zwelsser gekauft hat:
summa der sechs posten thun hundert und neunundvierzig guldin reinisch. Item
mer von schulden nach dem losz geteilt sind in worden die schulden, so die hernach geschrieben person schuldig blieben sind, nemlich: her Friderich Lindtner
in etlichen posten tuth zwaihundert und funfzig guldin reinisch vier schilling
drei haller, Hanns Huslein zu Wien tut ein rest sechsundachtzig guldin zehen
schilling, Johannes Petri zu Passau sechsundsechzig guldin, Hanns Rumel
wechselgelt und scheiden (sic) achtundfunfzig guldin, Jorig Walch zu Wien
funfzig guldin vier schilling ein haller, meister Kilian Vischer zu Basel einund-
zwanzig guldin zehen schilling, Degerbeck tut an zwaien tuchen zwanzig guldin
breizehen schilling neun heller, Gebort Wigerick zu Lübeck sechzehen guldin fünfzehen schilling, Peter Klug an zwaien pasten vierzehen guldin, Jorg Würffel
zu Ingelstat sechs guldin, Steffen Zwickeff zu München zwen guldin, Heinrich
Ingweiler drei guldin, Wolff Sorg zu Augspurg siben guldin zehen schilling,
Merten Schweringer zu Wien fünf guldin, Jorg Espenloer zu Aisstet drei
guldin, Hanns Hack zu Dantzko vier guldin zehen schilling, Heinrich Kepner ein
rest drei guldin sieben schilling neun heller, Jorg Wettelbach zween guldin,
Johann Faber zu Frankfort ein guldin zehen schilling: summa der schulden
nach dem losz geteilt in neunzehen posten begriffen, thun sechshundert einund-
zwanzig guldin reinisch vierzehen schiller zehen heller in gold. Item mer ist
ihnen darzu worden auch nach dem losz geteilt etliche pucher, so an etliche ende
geschickt worden sind, soviel derselben unverkauft, unuberantwort und unbezalt
daran blieben ist, und nemlich so ist Linhard Taschner gen Vasuna und
Breszlaw geschickt, so im noch zu verrechen geburen, latein roch ungebunden
sibenundsibenzig und teutsch roch ungebunden vierundzwanzig, mehr latein roch
eingebunden vier und teutsch roch eingebunden vier und latein gemalt gebunden
pücher (?) an den itzgemelten und unuberantwort zwei pücher, hat er auf
rechnung gegeben hundert und sechsundzwainzig guldin reinisch; mehr Merten
Schmid zu Bamberg hat noch par rest fünfzehen guldin, latein und teutsch
roch ungebunden Pücher zu verrechen; Niclas Salman zu Crakaw hat noch zu
verrechen latein roch ungepunden neun, latein gemalt eingebunden ein, latein
ungemalt eingebunden ein und teutsch roch eingebunden vier pücher: Hannszen
Auchers diener gen Lyon geschickt latein roch ungebunden pücher einundvierzig,

daran hat er auf rechnung gegeben bei fünfundachzig gulbin zehen schilling;
Anthoni Kolben gen Venedig geschickt latein roch ungebunden zwenund=
zwainzig, teutsch roch eingebunden sechs, latein roch eingebunden zwen, teutsch
roch eingebunden zwen, latein gemalt ungebunden zwai Pücher, daran hat er
verkaufen anno neununbneunzig verrechet latein roch ungebunden zwelf, latein
gemalt eingebunden zwai, teutsch roch ungebunden zwai und teutsch roch ein=
gebunden (?) und daraus geloszt auf abzug alles uncoftenen so er ausgeben
hat, einunbfunfzig duccaten achtzehen pfening sechzehen haller und hat noch un=
verkauft gehabt latein roch ungebunden zehen, latein eingebunden zwai, teutsch
roch ungebunden vier und teutsch roch eingebunden ein cronicka; daran hat er
zalt Hannsen Geiger vierzig ducaten, der hie darfür zalt hat am freitig nach
Corporis Christi den achten junii negstvergangen fünfundfünfzig gulbin reinisch,
die in der parschaft ausgetailt sind; Petern Werner gen Bononien geschickt
vierzig latein roch ungebunden Pücher, daran er zalt hat zwainzig gulbin
reinisch; Hannesen Firleger gen Florenz geschickt latein roch ungebunden acht=
unbsechzig, latein roch eingebunden ein und latein gemalt eingebunden ein
cronicka; soliche pücher sind laut seiner rechenzettel verkaufen unz an fünfund=
zwainzig pücher; so ist er aber das, so er daran zalt hat, an den verkauften
püchern noch schuldig bei vierzig gulbin reinisch: Jheronismus Rotmunden ge=
schickt gen Genua latein roch ungebunden zwenundzwainzig, latein roch einge=
bunden ein und latein gemalt eingebunden ein cronicka: daran hat er Petern
Vischer zu Genua geantwort vierzig gulbin reinisch acht pfund.

Soliche obgemelte teilung haben auch bede teil in irem wert, als ein jedes
stuck oder schuld erfunden würt, als gnügig angenommen, also das kein tail
dem andern verschafft oder verrer anzeigung darumb zu thun schuldig sein soll,
funder ein jeder sage dem andern teil und sein erben für sich und sein erben
umb alle vergangner handlung und sachen, so sich des trucks und der pücher
halben verlassen haben ganz quit, lebig und losz, kein klag noch vorbrung
nit mer zu haben noch zu gewinnen. In forma meliori testes: Caspar Kresz
und Bernhardin Volkmeyr. Actum sexta Achacy den zwenundzwainzigsten
tag des monats junii anno etc. nonno etc."

II.

Der Testamentsvertrag von Michel Wolgemut und seiner Frau Barbara.

Derselbe wurde zuerst von Lochner im „Anzeiger für Kunde der deutschen Vorzeit" 1871, S. 278 seinem wesentlichen Inhalte nach bekannt gemacht, dann von Hans Stegmann in seinem Aufsatz: „Ueber das Leben Michel Wolgemut's" im „Repertorium für Kunstwissenschaft", XIII. Bd., S. 68 f. vollständig mitgetheilt. Er lautet hiernach folgendermaßen:

„Das zur uns kam jungericht Michel wolgemut der Maler burger zu uns und pracht mit unnsers Gerichtspuch Das die Erben Seballt frey und sebald von lochheim vor gericht auff ir ayd gesagt hetten, das sie der geladen zewgen wern das er der genannt Michel wolgemut an ainem und Barbara etwann Hannsen pleydenwurffs seligen und jetzo sein michel wolgemuts eliche wirtin Bürger zu Rmg am anndern tail am sambstag vor unnser lieben frawen tag purificacionis zu latein genannt nächstvergangen veriehen und bekannt, das sie sich mit freyen guten willen wolbedacht(en) sim und mut für sich und all ir erben verainigt und vertragen hetten wie hernach volgt und nemlich also ob sie obgenannt vor dem benannten michel wolgemut irem elichen hauswirt mit tod abgieng das alsdann der benannt ir hauswirt iren zwayen sünen hansen und sebolten so sie bey hannsen pleydenwurff ihren ersten man seligen uber kommen hett, und magdalena ires sunes wilhelm pleydenwurffs tochter irem einigklein inen allen dreyen anderhalb hundert guldein für ihr vetterlich und mütterlich erbtail zu banck ausrichten und bezalen sollt, Und nachdem wilhelm pleydenwurff Irem sune seligen vormals von ir beiden allerley gutt tatt bei seinem leben wider faren were, so sollten von solichen anderthalb hundert gulbin hansen und sebolden ir jedem sechtzig gulden und der benannt magdalena

16*

dreyſſig gulden zuſteen, und viderfaren und ſollten darauff um alle und yebe
vetterlich und mutterlich erbſchafft der benannten hans und ſebolt und der
gemelt magdalena, umb alle anherlich und anfrewlich erbſchafft genugſamblich
quittiren und ſich der nach notturft verzichen und was uber ſolich annderhalb
hunndert gulden vorhannden belyb es were an ligennder oder varennder hab
nichzit davon außgenommen das alles ſolt dem benannten irem elichen haws=
wirt volgen und beleyben alſo das er mit dem allen mit ſein ains hannbt
thun und laſſen möcht wie und was er wolt ungehimbert ir irer erben und
mengklichs von iren wegen. Wo ſich aber begebe, das der genannt michel
wolgemut vor der benannten Barbara ſeiner elichen hawsfrawen mit tod ab=
gieng ſo ſollt er macht haben von aller irer hab die ſie jetzunt zeiten oder hin=
füro uberkomen zwayhundert gulden zu verſchaffen umb gottes und ſeiner oder
ſonſt ſeinen geſipten oder annderen gutten freunden wie wem oder wohin er
wolt ungehynndert der benannt ſeiner elichen hawsfrau irer erben oder
menigklichs von iren wegen und was uber ſolich zwayhundert gulbin die er
alſo wie ob ſtet verſchafft oder verſchickt hett oberbelyb es were ligennds oder
varennds nichzit ausgenommen das alles ſolt volgen und beleyben der be=
nannten Barbara ſeiner elichen hawsfrawen damit mit ir ains hannbt zu
hanndeln und zu tun nach irem gefallen ungehinnbert ſein ſeiner erben und
menigklichs von ſeinen wegen alles getrewlich und ungeverlich. Dentur. lit.
Testes her ſebolt ſchurſtab und her Rummel quarta post purificacionem
Marie anno MLXXXV to.“

III.

Die Bestellungsurkunde für den von Wolgemut gelieferten Schwabacher Altar.

(Nach Köppel in Meusel's „Neuen Miscellaneen" 4, S. 476 f.)

*

„Zu wissen sey allermeniglich. Nachdem Michel Wolgemut, Maler Burger zu Nurmberg, vonn den Ersamen unnd Weyßen Burgermeistern unnd Rate zu Swobach Ein taveln uff den Chor Altar daselbst auff Sechshundert Gulden zu machen angenommen hat, unnd Jnn solichem enderung geschcen ist Alß das er soliche taveln Jm Verding, Sechshundert Gulden oder darunter nach erkant-nuß und daruber nit von gantzen geschnitzten vergulten pilden Jnn die flügel nach aller notturft mit vergulbung unnd Farben ausgestrichen ohngebrüchig furderlichmachen soll, wo aber die tavel an einem oder mer Orten ungestalt wurd, das soll er so lang endern und pussen (peissern?) bis die nach der bestendigen Be-sichtigung von beeden tailen darzu verordnet wolgestalt erkannt wurd, wo aber die tavel dermaßen so großen ungestalt gewinn der nit zu endern were, So soll er soliche Taveln selbs behalten unnd das gegeben gelt on abgang unnd scheden widergeben, alles nach laut zweyer Verschreibung daruber begriffen es das die vermelten Burgermeister unnd Rate zu Swobach dem gedachten micheln wolgemut, durch des fursichtigen Erbern unnd Weyßen Wilhalm Derrers, burgers zu Nurmberg gutlich furbit vorher und yz, vierhundert gulden bezalt unnd uberantwort haben,[1] unnd sollen Jm darzu so die tavel gesetzt unnd be-sichtigt ist Hundert Gulden, unnd was darüber ausstendig pleibe, von derselben Zeit uber ein Jar on allen Verzug unnd scheden entrichten und bezalen doch soll gemelter michel Wolgemut die furderlich fertigen unnd machen Alß das sie uff den nechstkunfftigen kirchweyhungstag zu Swobach gesezt unnd auff-

gericht sey onverzug und ongeverlich, unnd Ich Wilhalm Derrer vorgemelt be=
kenne für mich, unnd all mein erben das Ich gegen vermelten Burgermaistern
unnd Rate zu Swobach umb all vermelt sachen Ein gutwilliger purg und
selbschuld worden bin sein soll unnd will verspich auch sur mich unnd all
mein erben alles das Ihme So Ihm an vermelten Maister Micheln abgeht,
zu wiederkeren unnd abzulegen on allen abgang cost und scheden getreulich
unnd ongevarlich zu waren Urkund Hab Ich mein aygen Innsiegel zu end der
Schrifft furgedruckt am Erichtag nach Sant Marrtag Anno D. Septimo I."

Außerdem stehet in einem alten Schwabachischen Pflicht= und Burgerbuch
auch aufgezeichnet:

„Die Tafel im Chor ist bestellt und kauft von Meister Michel Wolgemut
von Nürnberg um 600 fl. und der Frauen 10 fl. zum Leykauf und ist gesetzt
am Kirchweyung anno octavo".

In Johann Heinrich v. Falkenstein's Chronicon Svabacense, Schwabach
1756 ist diese Notiz auch gegeben, es folgt aber hinter „octavo" noch: „da
der Zeit Gotteshäuß Pfleger Peter Mayer des Raths und Hannß Beringer
aus der Gemeine waren".

(Vergl. Fiorillo: „Geschichte der zeichnenden Künste in Deutschland" II,
S. 325 und Quandt: „Die Gemälde des Michel Wolgemut in der Frauen=
kirche zu Zwickau", S. 5.)

IV.

Die Gemälde im Rathhause zu Goslar.

In den obigen Ausführungen (S. 196 ff.) sind die ihrem geistigen Zusammenhang nach so bedeutungsvollen Bilder, welche ein Schüler an Stelle Michel Wolgemut's für Goslar ausgeführt hat, nur flüchtig behandelt worden. Die Wichtigkeit des zu Tage liegenden Zusammenhanges zwischen den Sibyllendarstellungen und den Schilderungen in Schedel's Weltchronik und in dem Volksbuche erfordert eine eingehendere Behandlung, die hier im Nachtrag gegeben werden mag.

Zunächst einige Worte über das Verhältniß, in dem das Volksbuch zu Schedel's Weltchronik steht. Die älteste Ausgabe desselben, die mir nicht zu Gesicht gekommen ist, ist die von Panzer angeführte von 1516. Der Titel lautet: „Offenbahrung der Sibillen Weißagung mit viel andern Prophetien künftiger ding, die noch bis zu Ende der Welt geschehen sollen. Oppenheim 1516." Die nächste ist die von Piper in seiner „Mythologie der christlichen Kunst" (Weimar 1847, I, S. 479 und 503) benutzte von 1532, welche den Titel führt: „Zwölf Sibyllen Weissagungen vil wunderbarer Zukunst von Anfang bis zu End der Welt besagende. Der Künginn von Saba Küng Salomeh gethane Propheceien. Frankfurt am Main", und zwölf Holzschnitte enthält. Die folgende, welche mir vorliegt, hat den gleichen Titel, ist aber bereichert durch einen Anhang: „Merckliche künfftige ding von s. Brigitten Cirillo Methodio Joachimo Bruoder Reinhart Joanne Liechtenberger und Bruoder Jacob auß Hispanien beschriben. Flavij Josephi des Jüdischen Geschichtschreibers Ein herrlich Zeugnus von Christo. Zeychen vor dem Jüngsten Tag Die Zuokunfst des Herren verkündende. Zu Franckfurt am Meyn Bei Christian Egenolph." Am Schluß die Jahreszahl 1532. Hier fehlen die

Holzschnitte. Die so bereicherte Schrift ist dann nach Görres („Die teutschen Volksbücher", Heidelberg 1807, S. 238) „auf's Neue gedruckt" in Cöln und Nürnberg wieder erschienen.

Die Beschreibung der Tracht und Attribute der Sibyllen im Volksbuche stimmt so vollständig mit den Angaben bei Schedel überein, daß man — so lange nicht eine von Schedel und dem Volksbuch gemeinsam benutzte Quelle nachgewiesen wird — bei der Annahme bleiben muß, daß das Volksbuch seine Angaben Schedel entnimmt. Nur einmal zeigt sich eine Abweichung: von der Sibilla Samia erwähnt jenes, daß sie unter den Füßen ein Schwert gehabt — dieses Detail fehlt bei Schedel. Der Verfasser des Volksbuches hat nun aber ferner auch, was die Geschichte und namentlich die Quellen, aus denen man die Kenntniß der Sibyllen schöpft, anbetrifft, sich getreulich an Schedel gehalten. Nur bringt er zu den Sibyllinischen Aussprüchen die Parallelstellen aus dem Alten und Neuen Testament, namentlich aus den Propheten, was Schedel unterlassen hat. Alles Wesentliche also ist der Weltchronik entlehnt und zwar der lateinischen Ausgabe derselben, da in der deutschen die zusammenfassenden allgemeinen Nachrichten über die Sibyllen nur auf ganz wenige Angaben reduzirt sind.

Im Folgenden gebe ich nicht den Schedel'schen, sondern der Seltenheit dieser Drucke wegen den Text des Volksbuches (nach der Ausgabe von 1532), mit Hinweglassung der Auslegung der Sibyllinischen Sprüche und der Parallel= stellen, die uns hier weiter nicht interessiren. In Klammern füge ich die lateinische Fassung der Sprüche nach Schedel hinzu, wie sie sich auch auf den Bildern in Goslar findet.

Regifter difes Buochs nach Ordenung.

Von dem namen Sibylla, wer sie gewesen, wohere ihr Bücher kommen, und wie sie verkaufft worden.

Der Sibyllenn (als Varro, Lactantius, Euripides, Chrisippus, Nevius, Piso, A. Gellius, Augustinus und andre schreiben), seind zehen gewesen. Unnd seidt hernach zwo, auß warer erfarung hinzuo gesetzt worden, also das von zwölffen in disem Büchlin eygentlich, Unndt von der Künigine Nichaula, als der breizehesten gesagt wirdt.

Die erste Sibylla ist von Persien gewesen, von deren Nicanor meldung thuot, der die geschichten des großen Alexanders von Macedonia beschriben hat.

Die Ander, von Lybia, welcher Euripedes gedenckt in der Vorrede des Buochs der wunder werck.

Die dritt, Delphica, die da geborenn ist inn dem Tempel des Gots Apollinis Delphici, das ist der weißheyt, von deren Chrisippus schreibt.

Die Vierdt, Cymea, Chymeria, odder Chimica, inn Welschen Landen. Von deren Nevius und Pifo in ihren Chronicken sagen.

Die Fünffte, Samia, die Erastones anzeygt, wie er vonn ihr in den alten Kronicken geschriben funden.

Die Sechste, Cumana, Almathea genant, auch von etlichen Erophile, oder Demophile geheyssen.

Die Sibend, Hellespontiaca, die im Troischen land geboren ist, von deren Eraclitus schreibt.

Die Achte, Phrygia, die zuo Ancyra geweissagt hat.

Die Neund, Europea. In welcher Zeit die gelebet unnd geweissagt hat, findt man nit glaublich beschriben.

Die Zehend, Tiburs, Tiburtina oder Albunea, mit namen, die zuo Tibur, als ein Göttin geert würdt.

Die Eyllfft, Agrippa. Deren zeit ihres Lebens und weissagung auch nit glaubwirdiglich beschriben funden würdt.

Die Zwölfft, Erithrea geheyssen, die edelst und erenhafftest under den andern Sibyllen allen. Von deren Apollodorus Erithreus saget, sie sei seine Burgerinn gewesen.

Zum letztenn ist hie bei gesetzt die Weissagung so die Künigim Nichaula, die dreizehest Sibylla, Künig Salomon, von Christo und der Jungfrawen Maria und vil andern wunderwercken und geschichten, die in der Christenheyt vonn Bäbsten, Künigen, Keysern, Geystlichen und Weltlichen, und von dem Endtchrist, wie er zuokünfftig, und sunst vil ding biß zuo end der welt, offenbaret und geweissaget hat.

Dieweil aber alle Propheceien unnd Weissagungenn nach Geystlichem sinn außgelegt werden, sollenn dise auch, nach dem sie der Warheyt am gleichförmichsten, verstanden und gedeutet werden.

Von dem namen Sibylla, und von ihren Büchern.

Das wort Sibylla, ist nit eyn eygner weibsname, sunndern eyn gmeyner name eynes Ampts, eyner jeglichen Jungfrawen odder frawen, die eyn Weissagerin odder Prophetin ist, heyst in Griechischer spraach eyne die erkennet die Götliche Räth unnd heymliche verborgene ding offenbaret. Dann gleicher weiß als das wort Propheta, eynem jeglichen Weissager bedeutet, inn Griechischer Spraach Also bedeut auch Sibylla eyn jegliche erkennerin oder Weissagerin der heymlichen dinng und Götlichen Räthe. Davon heyssen auch ihre Bücher Sibyllini, unnd das sie dieselbigen heymlichenyten innhalten.

Die Römer haben dise Bücher in großen eren und wirden gehalten, und also verwarett, das am ersten durch den sibenden Römischen Künig, Tarquinium

Superbum, mit mehr dann zween menner verordent worden sein, die alleyn die selben Bücher zuo notturft gelesenn. Unnd als sich das volck gemehret, sind aus den Obersten und der Gmeyne, zehen und zum letzten fünfftzehen menner darzuo erwelet und gesatzt wordenn, die zuo den Büchern gangen seind, als zuo dem hause der weyssheyt des Gottes Apollinis, als die Römer gethon, so sie von den unsterblichenn Göttern wolten weissheyt pflegen und Rath empfahen.

Unnd als ettliche sagen, seind die selben Bücher also ann Tag und ghen Rom kommen.

Eyn alt unbekant weib ist bei Tarquinio Superbo erschinen und hat ihm Neun bücher angezeygt, und seynd gebotten unnd zuo erkennen geben, die Bücher hatten innen die Räthe und Götliche weissagungen künftiger dinnge. Und als der Künig dem Weib ihr begert gelt unnd die Neun Bücher nit geben wolte, verbrennet sie derselben drei vor seinem angsicht. Den andern Tag fragt das weib den Künig abermals, ob er die übrigenn sechs Bücher umb das erst gebotten gelt nemen wolte, Meynet der Künig das were onbillich das er umb die sechs als vil, als umb die neun, geben solt. Das weib ward zornig, und verbrant noch drei Bücher, und wolt dannocht dem Künige die letzten drei Bücher nitt anderst geben, dann sie ihm am ersten die Neun heth gelassen. Der Künig nam die drei letzten Bücher für die erste summ gelts, darum er die neun hett mögen kauffen. Die frav gienge von dem Künig und ward fürter nit mehr gesehen.

Andere sagen es sei Sibylla Cumana, die hab, wie obgemelt die Neun Bücher dem Fünfftenn Römischenn Künig Tarquinio Prisco zuo kauffe geben wöllen, unnd wie obgemelt, mit den büchern und dem Künige gehandlet. Unnd als er die letzten drei Bücher gehalten, hab er alle künftige dinng der Römer darinn geschriben funnden.

Dieweil ditz Büchlein meldet und auffweist der Propheten unnd Sibyllen Verkündung, und Weissagung, künftiger wunderwergk, die auff Erden geschehen sein und geschehen sollen, muostu nit sehen uff die unverstentliche, heymliche verborgene wort und sinn, darinn begriffen. Dann gemeynlich alle Propheten und Weissager, haben in gebrauch gehabt, tunckel zureden, unnd die künftige dinng, durch verborgene Sprüch unnd geleichnussen offenbaret.

Von der Ersten Sibyllen leben, wesen und weissagung.

Sibilla Persica, vonn dem lannde Persia, also genant, welche Zeit die gelebt hab, ist nit egentlich geschriben. Alleyn sie ist angethon mit gold geziert und geschleyert.

Sie hat von Christo unnserem seligmacher also geweissaget. Nim war, du willdes unvernünftiges Thier, du wirdest under die füß getretten. Unnd der

Herre würt geboren in den umbkreyß der Erden, unnd der leib unnd schoß einer Jungfrawen würdt sein das heyl der Völcker.

Und seine süß werden sein in der unvermüglicheyt der menschen unnd das unsichtbar war wirt betast."

(Bei Schedel [fol. XXXV. verso] und in Goslar: „ecce bestia conculcaberis et gignetur dominus in orbem terrarum et gremium virginis erit salus gencium et pedes ejus in valetudine hominum invisibile verbum palpabitur.")

Das Volksbuch sagt weiter:

„Dise Sibylla hat auch vonn Christo dermaßen geweissaget. Mit fünff Gersten broten, unnd zweyen Fischen, würdt er in der wüstenung settigen fünfftausend menschen. Unnd von dem aufgehobenen würdt er erfüllenn zwölff körb, in hoffnung viler menschen." — —

Von der Anderen Sibyllen.

Sibylla Libica, von dem lannd Libia also genant. Welche Zeit dise in wesen und gelebt habe, ist nit gantz wissentlich. Dann das sie eynen Rosenkrantz uff ihrem haupt getragen. Hat nit fast jung, also von Christo geweissagt.

Nemet ware, es würdt kommen der Tag, Unnd der Herre würt erleuchten die Finsternus. Und der knopff der Jüdischen samlung würdt zertrennet. Unnd die lessten der menschen werden aufhören. Sie werdenn sehen den Künig der lebendigenn. Und er würt herrschen und regnieren in Barmhertzigkeyt. Unnd der leib seiner muoter würt seyn eyn Wagschlüssel aller menschen.

Nach dem würt er kommen in die hende der ungerechten. Und sie geben Gott backenstreych mit ihren unreynen beslecktem henden. Er würt verschmecht und erbarmlich, und würdt den erbermlichen hoffnung erzeygen.

(Bei Schedel fol. XXXV. verso] und in Goslar: „ecce veniet dies et illuminabit dominus densa tenebrarum et solvetur nexus sinagoge et desinent labia hominum et videbunt regem viventium et tenebit illum in gremio virgo domina gencium et regnabit in misericordia et uterus matris ejus erit statera cunctorum.")

Von der dritten Sibylla.

Sibylla Delphica, ein sunderlich fürnemige Weissagerin. Ist zuo ihren zeitten, als Eusebius schreibet, in großen Ehren gewesen. Chrisippus schreibt auch von ihr, ihm buoch von der Gotheyt. Würt Delphica genant, von der stat Delphi da sie im Tempel Apollinis geboren ist, Schwartz bekleydt, hat eyn horn in ihrer hand. Hat mercklich vom Trojanischen krieg, Vonn der geburt, leben und sterben Christi geweissagt, under andern also.

Du solt erkennen deinen eygnen Herren, der eyn warer Gottes Suon ist. Unnd an eynem anderen Ende. Es wirdt geboren eyn Prophet, on leiblich vermischung der muoter, auff einer Jungfrawen u. s. w.

(Bei Schedel [fol. XXXV. verso] und in Goslar: „nascetur propheta absque matris coitu ex virgine ejus.")

Von der vierdten Sibylla.

Sibylla Chimeria oder Chimica, aus Welschland, hat in ihrer jugent also geweissagt: Eyn töchterlin wird auffgehn in dem ersten angesicht der Jungfrawen. Dardurch wirdt die Geburt Marie angezeygt, spricht fürder also.

Sie ist hübsch vonn angesicht, lanngen haers. Wirdt sitzen uff eynem breytten stuole.

Das selb Töchterlin wirdt füren und erneren eyn kindt, und gibt ihm zuo essen.

(Bei Schedel [fol. LXXVIII. verso] das Aussehen angegeben: vestita celestina veste deaurata capillis per scapulas sparsis et juvenis. Die Weissagung lautet: In prima facie virginis ascendet: puella facie pulchra: capillis prolixa: sedes super sedem stratam: puerum nutriens dans ei ad comedendum jus proprium: lac de celo missum.)

Von der Fünfften Sibyllen.

Sibylla Samia, vonn der Inselenn Samos also genant. Sie hat jung geweissaget, under ihren füssenn hat sie ein schwerdt, unnd ein handt gelegt auff ihre brust. Unnd hat also (als Eratostenes geschrieben hat, wie das er in den alten uffschreibungen der Geschichten deren von Samo, funden habe) auß eingebung des heyligen geysts geweissagt.

Nemet war, es würdt kommen der reich, und würdt geboren von eyner armem Unnd die wilden unvernünfftigen Thier des Erdtreichs werden ihn anbetten, unnd sie werden schreien, unnd sprechen. Ihr söllen ihn loben in den Vorhöfen der Himel.

(Bei Schedel fol. XXXV. verso] und in Goslar: Ecce veniet dies et nascetur de paupercula et bestie terrarum adorabunt eum. Clamabunt et dicent: laudate eum in atriis celorum.)

Von der sechsten Sibylla.

Sibylla Cumana, von der stat Cume, mit ihrem rechtenn namen Amalthea. Hat gelebt zuo der Zeit Tarquinii Prisci, der da war ein fürweser, und der fünfft Küng zuo Rom. Diese Sibylla ist gekleydt gewesenn mit einem gül= denen kleyde. In der einen handt truog sie ein uffgethon subteil Buoch. Unnd in der linckenn handt, hatt sie ein buoch uff ihrem knie, und gieng mit unbedecktem haupt.

Sie hat von Christo also geweissagt.

Ein grosse newe Ordnung der Welt unnd Zeit würdt von gantzem unnd newem an, geborn. Jetz kompt wider die Jungfraw. Auch kompt wider das reich Saturni. Jetz würdt ein newes geschlecht geboren, von dem hohen Himmel herab gelassen.

Die keusche Lucina günde jetzunndt dem Kinde, das da geboren würdt, bei welchem das Eiserin alter würdt abgehn, und ein güldin volck in der gantzen welt entstehn. Jetz regniert dem Apollo.

(Bei Schedel [fol. LXIX, verso] und in Goslar: Magnus ab integro seculorum nascitur ordo. Jam redit et virgo redeunt saturnia regna. Jam nova progenies celo demittitur alto. [Virgil Ecl. IV, 5. 6.])

Von der Sibenden Sibyllen.

Sibylla Hellespontiaca, die ettliche nennen die Trojanische Sibylla, und das sie im Trojaner land in der gegend Marinesso, bei der stat Sirgithium ge= boren ist. Sie ist gewesen ein alt weib, mit einem Beurischen Purpur kleyde angethon, gebunden mit einem alten Weiler, unnd ihre kele hat sie ein alt ver= wurffen kleyd umbgewicklet, und hat gelebt zuo Zeiten Solonis und Syri. Dise Sibylla hat also von Christo, als Heraclides von ihr schreibt, geweissagt.

Vonn der hohen wonunge der Himmel, hat Gott weit seine demütigen herab gesehen, und würdt geboren in den letzsten tagenn von einer Jüdischen Junckfrawen, in den wiegelin des Erdtreichs.

(Bei Schedel [fol. LXIV, verso] und in Goslar: de excelso celorum habitacolo prospexit humiles suos et nascetur in diebus novissimis de vir= gine hebrea cum cunabilis terre.)

Von der Achten Sibylla.

Sibylla Phrigia, vonn dem land also genat, gekleydt mit einem roten kleyd. Sie ginge mit blossen armen, unnd ihre har waren über ihren rucken gebreyt. Unnd zeigt mit einem finger also von Christo weissagende.

Gott würdt geißeln die mechtigenn des Erdtreichs. Vonn dem hohen berg Olympo würdt kommenn der hohe Gott. Unnd sein rath würdt gesterckt in dem himel. Und ein Jungfraw würdt verkündet in den tälern der verlassenen stett.

(Bei Schedel [fol. XXXV. verso) unnd in Goslar: ex olimpo excelsus veniet et firmabit consilium in celo et annunciabitur virgo in vallibus desertorum.)

Von der Neundten Sibyllen.

Sibylla Europea geziret und jung mit einem rotfarbenn scheinendenn angesicht. Jhr haubt war umbwicklet mitt einem gantzenn subteilenn schleyer oder weyler. Sie war mit einem roten güldinen kleyd bekleydet. Jhr haupt und löck waren unbedeckt, und hat ein brieflin in ihrer hant. Hat von Christo also geweißsagt.

Der würdt kommen, und gehn über die bühel, und über die verborgene wasser des hohenn bergs Olympi. Er würdt herrschen und regieren in armuot, und würdt herrschen inn dem schweigen und würdt außgehen vonn dem leib einer Jungfrawen.

(Bei Schedel [fol. XXXV. verso] unnd in Goslar: veniet ille et transibit colles et latices olimpi regnabit in paupertate et dominabitur in silencio et egredietur de utero virginis.)

Von der Zehenden Sibylla.

Sibylla Tiburtina, von der Statt darbei sie geboren unnd erneret, also geheyßen, sunst mit namenn Albunea genant. Sie hat gelebt zuo zeittenn Octaviani des Keysers, ist nit fast alt gewesen, gekleydt mit einem roten kleyde. Und hat ein Bockshaut von oben herab uff den hals über die schultern herab gehn. Jhre harlöck waren unbedeckt, und hatte einen brieff inn ihrer handt. Sie hat gantz klärlich von der Geburt Christi geweissagt, also.

Christus würdt geboren zuo Betlehem, und würd verkündiget zuo Nazaret. So der würdt regierenn der Ochs, ein fridmacher unnd gründen der ruoge. O das ist ein selige muotter der brüst den werden seugen. Davon geschribenn steht. Betlehem du bist nit die geringste oder kleynst under den Fürstenthumbenn Juda. Dann auß dir würdt außgehen der hertzog der da würdt regieren mein Volck Jsrahel. Dann er würt selig machen mein volck von sünden. Jtem er würdt genant Nazareus, vonn der statt Nazareth. Jn Nazareth ist verkündet wordenn durch den Engel Gabriel. Jtem zur Zeit Augusti, der ein ochs, stier oder farr genanndt würdt, ist der fridmacher Christus geboren.

(Bei Schedel [fol. XCIII. verso] und in Goslar: nascetur Christus in Betlehem et annunciabitur in Nazareth regente tauro pacifico fundatore quietis. O felix illa mater cujus ubera illum lactabant.)

Auß rat diser Sibyllen hat diser Augustus Christum in der schoß der Jungfrawen im Himel erscheinende, angebett.

Von der Eylfften Sibylla.

Sibylla Erithrea, die edelst under allen Sibyllen. Also vonn der Insulen, darinnenn ihr Gedicht funden wordenn sein, genant. Sie würdt auch Erophila geheyßen, auß Babilonia entsproßen, mitt einem Nonnenkleyde angethon, unnd hat einenn schwartzen weyler auf ihrem haupt, nit fast alt und etlicher maßen under ihrem angesicht betrübt. Sie hatt ein bloß schwerdt in ihrer handt. Und under ihren füßen hat sie einen güldinen ringk, geziert mit sternen, als der Himel.

Apollodorus Erithreus sagt sie sei ein (sein) Burgerinn gewesenn, und hab den Griechen geweissagt und verkündt, das die Stadt Troja solte vertilget werden, unnd das der Poet Homerus vil meern und lügen schreiben werde. Sie hat auch vonn Christo unserem Herren, und der Jungfrawen Maria also geweissagt.

In dem letzten alter würdt Gott genibert und gedemütiget, und der Göttliche Suon würdt mensch unnd die Gottheyt würd vereynigt mit der Menschheyt. Unnd das semlin würdt ligenn inn dem hew, unnd würdt generet, gefürt unnd gezogen durch dienstbarkeyt und ampt eines töchterlins u. s. w.

(Bei Schedel [fol. LVI, verso] und in Goslar: in ultima etate humiliabitur deus: humanabitur proles divina unietur humanitati divinitas. jacebit in feno agnus et puellari officio educabitur.)

Vonn diser fürnemsten unnd edelsten Sibylla Erithrea, hat sanct Augustinus in seinem achtzehenden Buoch von der stat Gottes, am XXIII Capittel, geschriben wie Flactianus ein Römischer Rather, ein beredter gelerter man, als sie mitt einander vonn Christo redten, im ein griechisch buoch fürglegt hette, darinn von diser Sibyllen Erithrea vil, wie sie von Christo geweissagt hette, geschriben stünde, und ihm darinnen siben und zwentzig Verß angezeygt, Griechisch geschriben, und zeyten an dise meinung. Jesus Christus ein suon Gottes und seligmacher u. s. w.

Davon du daselbst weitleuffiger von dieser unnd anderen Sibyllen geschriben findest, das sie umb ihrer fürtreflichem Jungfrawschafft und keuscheyt wegen, von ingebung des heyligem geystes, alles von Gott und seiner Menschwerdung geweissagt haben, und deßhalb auch zuo der stat Gottes gehörenn, darzuo wir ewig zu wonen begeren.

Von der Zwölfften Sibylla.

Sibylla Agrippa war nit fast jung, mit einem rosenfarben kleyd angethonn, unnd einem rosenfarbenn manntel umbhenckt, hielt gewonlich ein handt inn der schoß, sahe mit verwunderung gehn Himmel, hatte inn der linckten handt einenn brieff. Und hat sie also geweissaget also vonn Christo unserm Herren.

Das unsichtbarlich liecht würdt angegriffen unnd würdt keimenn als ein wurtzel, unnd würdt außgedört, als das blat an dem baum, und seine zierlicheyt würdt nit erscheinen, und der mütterlich leib würdt umbgeben, und Gott würdt wennenn, der doch ist die ewig Freud, und würdt getretten von den menschen. Er würt geboren auß einer muotter, als Gott, unnd würdt wandeln als ein sünder. Ein heydnischer mensch hat gesehen dise glori.

(Bei Schedel [Fol. XXXV verso] und in Goßlar: „Invisibile verbum palpabitur. Germinabit ut radix siccabit ut folium, non apparebit venustas ejus. Circumdabitur alvus maternus et florebit deus leticia sempiterna et ab hominibus conculcabitur. nascetur ex matre, ut deus conversabitur ut peccator. homo quidam gentilis vidit hanc gloriam".)

Nichaula, die Königin von Saba.

Hier wird im Volksbuch eine Schilderung von ihrem Besuch beim König Salomon gegeben. Darin heißt es:

„Von dieser Königinn würt gesagt, das sie gewesen sei eine rechte Sibylla, ein Prophetin und warsagerin der heymlichen Räthe zuokünfftigen dinge Gottes und ein ehr erbieterinn und libhaberinn Gottes, unnd hat under anderen ihren Offenbarungen angezeygt ein holtz, und gesagt. Es solt ein man daran gespannet werden, unnd welches Todts willen das reich solte zergehn.

Das selbig holtz, als man sagt, ist zuo der zeit als Jesus Christus leiden solt, funden worden in einem weiher, darauß man gemacht hat das Creutz, daran Jesus gespannet und gestorben ist.

Die Sibylla hat nit angehangen den leiblichen wollüsten und begirden, sunder nachgevolgt unnd gelernet alle ehrliche Künste, in ehren und tugenten."

Es folgt eine lange, eingehende Prophezeiung, die sie Salomo über das Christenthum, seine Entwicklung unnd seinen Verfall, über das Erscheinen des Antichrists und das Jüngste Gericht giebt.

Auf einen Vergleich der Sibyllendarstellungen überhaupt und damit auf eine Untersuchung, wann und wie bestimmte Attribute und Typen sich festgesetzt haben, kann hier nicht näher eingegangen werden. Die wesentlichen

Vorarbeiten sind von Piper in seiner „Mythologie der christlichen Kunst" gegeben worden. Von besonderer Wichtigkeit ist jene Folge von Kupferstichen, die Baccio Baldini nach deutschen Vorbildern gefertigt hat, da in Tracht und Einzelheiten ein gewisser Zusammenhang mit den Angaben Schedel's nachzuweisen ist.

Im Folgenden seien nur noch die auf den Schriftrollen der Propheten und Evangelisten in Goslar verzeichneten Sprüche angegeben.

1. Mychee V: Tu Bethlehem terra Juda non eris minima.
2. Abacuck III: In medio duum animalium cognoscetur.
3. Danielis II: Lapis angularis abscissus est sine manibus de monte.
4. Sophonie III: Rex Israel dominus in medio tui.
5. Zacharie II: Ecce ego venio et habitabo in medio vestri.
6. Malachie III: Veniet ad templum sanctum suum quem vos queritis.
7. Balam XXIIII: Orietur stella ex Jacob.
8. Jesaje: Omnes de saba veniunt aurum et thus deferentes.
9. Daniel XXI: Reges tarsis et insule munera offerent.
10. Jsaje VII: Ecce virgo concipiet et pariet filium et vocabitur nomen ejus Emanuel.
11. Jeremie XXXI: Novum faciet dominus super terram mulier circumdabit virum.
12. Ezechielis XLIIII: Hec porta clausa erit et dominus deus israhel ingressus est per eam.

Die Evangelisten.

Mathei II: cum natus esset Jesus in bethelen magi ab oriente venerunt.

Marci II: cum inducerent puerum jhesum parentes ejus in templum.

Luce II: missus est angelus Gabriel a deo.

Johannis I: verbum caro factum est.

Diese vier Stellen beziehen sich auf die vier Hauptdarstellungen an der Decke: die Verkündigung, Geburt, Anbetung der drei Könige und Darstellung im Tempel.

V.

Chronologisches Verzeichniß der urkundlich genannten Nürnberger Maler des 14. und 15. Jahrhunderts.

✻

Durch die eigene Erfahrung darüber belehrt, wie mühsam es für den Forscher ist, sich in den an verschiedenen Stellen publizirten Verzeichnissen Nürnberger Künstler über die Aufeinanderfolge und Thätigkeitsdauer derselben zu orientiren, hielt ich es für gerathen, die zerstreuten Notizen zusammenzustellen und in einer mehr übersichtlichen Weise zu ordnen. Die so verdienstvollen Forschungen, vor Allem Christoph Gottlieb von Murr's, der als der Erste die Bürgerverzeichnisse auf die Künstlernamen hin durchsucht und die Resultate in seinem „Journal zur Kunstgeschichte und zur allgemeinen Literatur" (Bd. XV S. 23 ff.: die Maler, Bd. I S. 41 ff.: die Bildhauer, Goldschmiede ꝛc., S. 129 ff.: die Formschneider) veröffentlicht hat, dann J. Baader's, der seinerseits neue Verzeichnisse auf Grund eigener Untersuchungen in seinen „Beiträge zur Kunstgeschichte Nürnbergs", I. und II. Reihe und den weiteren Beiträgen (Jahrbücher für Kunstwissenschaft I, S. 221 ff. und II, S. 73 ff.) gab und G. W. K. Lochner's (Anmerkungen zu Johann Neudörfer's „Nachrichten" in den „Quellenschriften für Kunstgeschichte" X, Wien 1875) ermöglichen die Aufstellung eines stattlichen Registers. Es handelt sich hier nur um die Maler und Formschneider, und zwar schien es gerathen, ein besonderes Verzeichniß für die eigentlichen Maler, in welches ich alle die „Maler" genannten Künstler aufnahm, ein anderes für die Kartenmaler und Formenschneider anzulegen. Schon R. Vischer machte darauf aufmerksam, daß alle die Mitglieder der Familie Wolgemut, welche v. Murr neben Michel anführt, abgesehen vielleicht von dem einen: Valentin, offenbar nicht als Maler anzusehen sind, Murr sie vielmehr nur anführte aus Interesse für die Genealogie des Michel Wolgemut. Und in gleicher Weise haben alle die „Schön's", welche sich bei v. Murr angegeben finden, keinen Anspruch darauf, in einem Künstlerverzeichniß genannt zu werden. Murr notirte diese Namen einzig im Hinblick auf die Möglichkeit, daß Martin Schongauer, den er ja noch Martin Schön nannte, in Beziehung mit dieser Familie zu setzen sei.

Die Notizen über drei durch künstlerisch thätige Mitglieder ausgezeichnete Familien: die Trautt's, Pleydenwurff's und Wolgemut's, stelle ich zum Schlusse zusammen.

✤

I.

Verzeichniß der Maler.

1310. Nicolaus pictor. Murr: „in dem ältesten Wandelbüchlein kommt vor: 1310. fol. 11. b. Cunzel bohemus frater Nicolai pictoris sententiavit se a Civitate perpetuo sub pena suspendii."

1311. Winsch rot, maler. Murr: „pag. 11. Sifrit Glaser. Fid. (Fidejusserunt) Heinr. Wusto Sartor. et Winsch rot maler. An Michahels abend." Es dürfte derselbe Künstler oder der Vater eines Meisters sein, den Baader in den Jahren 1363 und 1378 unter dem Namen F. Weinschroter anführt.

1329. Otto pictor. Murr: fol. 17. b. Otto pictor exclusus est a Civitate ad unum annum ad V miliar. sine pene (poenae) adjectione."

1360. Sebolt, moler. Wohnte auf der Sebalder Seite. (Murr.) Vielleicht der C. Sebolt, den Baader im Jahre 1363 erwähnt gefunden hat.

1360. Wetzel, moler. Sebalder Seite. (Murr.)

1360. Rübel, moler. Sebalder Seite. (Murr.)

1360. Fridel, moler. dto. (Murr.)

1363. Wunstein. (Baader.)

1363. Lutz an der Prukk. (Baader.)

1363. Erhart, moler. (Baader.) Wird auch 1378 erwähnt.

1363. F. Weinschroter. S. oben 1311 Winsch rot. (Baader.)

1363. H. Egweiler. Wird auch im Jahre 1378 erwähnt. (Baader.)

1363. Seytze Stepphan. (Baader.) Vielleicht ein Ahnherr des 1483 und 1486 erwähnten Hans Seitz?

1363. Herman de Ayßtet (Eichstädt). Auch 1378 erwähnt. (Baader.) Vielleicht in verwandtschaftlicher Beziehung zu dem 1373 genannten Hans Moler von Eystet, falls es sich nicht gar um ein Verlesen des Vornamens handelt und wir denselben Künstler in Beiden zu sehen haben.

1363. Jakob, moler. Auch 1378 erwähnt. (Baader.)

17*

1363. **Berthold von Stainach.** Auch 1378 erwähnt. (Baader.) Zu unterscheiden von

1363. **Berthold, Meister, Bildschnitzer und Maler.** Auch 1378 erwähnt. (Baader.) Es frägt sich, ob dies derselbe Künstler, der 1396 genannt wird, oder gar der Berthold, welcher 1406 und 1413 erwähnt wird, 1423 die Malereien am Rathhause ausführt und noch in den Listen 1427—30 auftritt. Die Möglichkeit ist nicht ganz ausgeschlossen, doch erscheint es durchaus unwahrscheinlich. Man vergleiche oben die Auseinander-setzungen S. 39 f. Offenbar ist aber dieser ältere Berthold gleichfalls ein hervorragender Künstler gewesen.

1363. **Conrat Paum.** Auch 1378 erwähnt. (Baader.)

1363. **Hermann, moler von Augspurg.** Auch 1378 erwähnt. (Baader.)

1363. **Herman von Wirtzburg.** Auch 1378 erwähnt. (Baader.)

1373. **Hans, moler de Eystet** (Eichstädt). Auf der Sebalder Seite. (Murr.) Vielleicht verwandt oder identisch mit dem 1363 erwähnten Herman de Aystet.

1378. **S. Murr.** (Baader.)

1378. **Herman de Ingestat** (Ingolstadt), Maler und Tartschenmacher. (Baader.)

1378. **Meister Ott.** (Baader.) Ein Kartenmaler Clas Ott 1507.

1378. **C. Jung von Meines.** (Baader.)

1378. **Herman mit dem Fladen.** (Baader.)

1378. **Der Murret Cünzel.** (Baader.)

1378. **C. Wolfhart.** (Baader.)

1383. **Herman Hager.** (Baader.) Zu vergleichen wäre der von Murr 1397 genannte Hans Hoger.

1383. **Mertein, moler.** (Baader.)

1383. **Hanns Keck, Goldschlager und Maler.** (Baader.)

1388. **Debolt, Moler.** (Baader.) Offenbar identisch mit dem von Murr 1397 und 1413 erwähnten Dyepolt. Zu vergleichen der 1413 an-geführte Thebolt Ploß, Goldschmied.

1390. **Ulrich, Moler.** (Baader.) Vermuthlich derselbe Ulrich wird von Murr 1421, wohnhaft auf der Sebalder Seite, erwähnt. Sollte es der von Baader unter dem Jahre 1402 genannte Ulrich von Weißen-burg sein?

1391. **Heim Münchhausen.** (Baader.)

1391. **Nyclas Pauß.** (Baader.)

1391. **Seifrit Geysenwenger.** (Baader.)

1392. **Meister Rudolf.** (Baader.)

1392. **Cunz Klügel.** (Baader.)

1393. Hans Backanden, Bildschnitzer und Maler. Offenbar identisch mit Murr's Hans Jacunde, 1397 auf der Sebalder Seite ansässig, im Viertel Domus Jobs Tezels.

1396. Bertholt, Moler. (Baader.) Entweder der 1363 und 1378 erwähnte Meister Bertholt, oder der noch später unter dem Jahre 1413 anzuführende Bertholt.

1396. Cunez Herregott. (Baader.)

1397. Hans Hoger. Auf der Lorenzer Seite angesessen. (Murr.) Zu vergleichen der unter 1383 genannte Herman Hager. Es könnte sich um ein Verlesen des Namens handeln. Ein Steinmeißel C. Hager wird 1363 und 1378 erwähnt.

1400. Nyclas Holtheimer. Auf der Lorenzer Seite angesessen. (Murr.) Auch hier drängt sich die Frage auf, ob nicht der 1407 genannte Nyclas Holtzinger derselbe Künstler ist.

1402. Ulrich von Weißenburg. (Baader.) Vermuthlich der in den Jahren 1390 und 1421 erwähnte Moler Ulrich.

1403. Nyclas von Münster. Auf der Lorenzer Seite ansässig. (Murr.) Von Baader im Jahre 1404 erwähnt.

1403. Meister Berthold. Jedenfalls identisch mit dem 1413, vielleicht auch mit dem 1363, 1378 und 1396 genannten Maler. (Baader.)

1407. Nycl Holtzinger. Auf der Sebaldusseite. (Murr.) Man vergleiche den Nyclas Holtheimer 1400.

1407. Hans von Speyer. Auf der Sebaldusseite. 1438 kommt er auf der Lorenzer Seite vor. (Murr.) Vielleicht der Vater des Hans Trautt. Siehe den Exkurs über die Familie Traut. Vergl. auch Hans von Speyer 1495.

1408. H. Ziegler. (Baader.) Von Murr im Jahre 1413 auf der Lorenzer Seite erwähnt.

1409. C. Pregelhan. (Baader.)

1409. Hanns Raben. (Baader.) Von Murr unter dem Jahre 1421 als „Hans Rab" erwähnt.

1413. Meister Berchtold, Moler. Ob dieser Meister derselbe ist, wie der 1396 erwähnte B. oder der 1363 und 1378 bereits genannte, muß dahingestellt bleiben. Mit Sicherheit aber darf, wie dies oben in dem Aufsatze über den Meister des Imhof'schen Altares auseinandergesetzt ist, gesagt werden, daß er es war, welcher 1423 die Malereien am Rathshaus auszuführen hatte und der noch 1427—1430 in den Bürgerlisten, als auf der Sebalder Seite angesessen, angeführt wird. (Murr.) Siehe im Uebrigen die näheren Ausführungen oben auf S. 89 f.

1413. C. Kolb, Moler. Sebalder Seite. (Murr.) Ein Goldschmied Heintz Kolb wird 1447 genannt.

1413. Andres Frankenberger. (Baader.)

1416. Braun Loblich. (Baader.) Unter dem Jahre wird „Prawn Moler",
unter den Jahren 1463, 1464 ein Fritz Prawn, 1465 ein Fritz
Prawn, Moler alias Loblich, von Murr als auf der Sebalder
Seite angesessen, 1474, 1476, 1477 ein Friedrich Prawn auf der
Lorenzer Seite angeführt. 1480 wohnt er auf der Sebalder Seite.
Entweder nun handelt es sich hier um einen und denselben Maler oder
zwei gleichnamige Künstler derselben Familie, also etwa um Vater und
Sohn. In ersterem, dem Beinamen „Loblich" nach wahrscheinlicheren
Falle müßte der Maler allerdings ein sehr hohes Alter erreicht haben:
nehmen wir an, daß er 1416 ganz jung, etwa 20 Jahre war, so würde
er 1480 im Alter von 84 Jahren gestanden haben. Im Jahre 1463
wird von Murr direkt unter ihm ein „Georg filius", offenbar sein
Sohn, angeführt, freilich ohne den Zusatz, daß er Maler gewesen sei.
— Ein Fritz Prawn Goltsmid wird 1413 auf der Sebalder Seite
angeführt.

1418. Andres Eysenploser, Maler. (Murr.) Ist dies vielleicht der
1427 erwähnte „Endres Moler" (Murr)? Zu vergleichen wäre auch
der 1438 angeführte Andres von Prewßen.

1418. Hanns Peutmüllner, Moler und Bildschnitzer. (Baader.)

1421. Bartolomes von Keczz. (Baader.) 1468 wird ein Sigmund von
Ketzsch genannt, offenbar ein Verwandter.

1421. Ulrich, Moler. Sebalder Seite. (Murr.) Vielleicht der 1402 er=
wähnte Ulrich von Weißenburg. Vergleiche auch den Ulrich von 1390.

1421. Adam von Wurmbs. Sebalder Seite. (Murr.)

1423. Cunrat Luckenbach. (Baader.) Offenbar ein Verwandter von dem
1436 angeführten Hanns Luckenbach.

1425. Symon, Moler. (Baader.)

1428. Conrat Per. (Baader.)

1427—30. Endres, Moler. Sebalder Seite. (Murr.) Ist dies der 1418
genannte Andres Eysenploser oder der Andres von Prewßen von 1438?

1427—30. Ott Vos. Sebalder Seite. (Murr.) Derselbe kommt unter
1447 bei Baader vor. Letzterer bereits vermuthet in einem 1442 ge=
nannten „Otto der Moler" denselben Künstler.

1435. Walther Staudigel. (Baader.) Ein Hanse Staudigel wird von
Baader unter den Steinmeißeln erwähnt (um das Jahr 1380).

1436. Hanns Luckenbach. Vermuthlich ein Verwandter des 1423 ange=
führten Cunrat Luckenbach, malte damals in der Rathsstube. (Baader.)

1438. Andres von Prewßen. Sebalder Seite. (Murr.) Vielleicht der
Andres Eysenploser (1418) oder der Endres Moler (1427—30).

1440. Jacob Maber, moler. Sebalder Seite. (Murr.)

1440. Hanns Schultheus, moler. Lorenzer Seite. (Murr.) 1441 als Hans Schultheiß von Baader, 1456 als Hans Schulß, 1458 als H. Schultes, 1462, 1463, 1464, 1465 als H. Schultheis, 1470 als Hanns Schulz von Murr angeführt. Innen auf der Lorenzer Seite.

1442. Georg Denckel. (Baader.)

1442. N. Walch. Restaurirte damals die Gemälde in der Rathsstube. (Baader.)

1442. Conrat Wolff. (Baader): „diesem wurde am 16. Nov. 1442 er-laubt, sich in der innern Stadt niederzulassen. Wahrscheinlich saß er vorher in einer der Vorstädte."

1443. Ulrich Nüremberger. (Baader.)

1445. Conrat Wees. (Baader.)

1451. Hans Pleidenwurff. (Lochner: Anzeiger für deutsche Vorzeit, II, 278.) Derselbe kommt in den Bürgerlisten bis zum Jahre 1472 häufig vor. Siehe über ihn oben S. 105 ff. und den Excurs.

1453. Jordan Has. (Baader.) Derselbe kommt bei Murr als: „Jordan Haß" 1462 und noch 1481 und 82 vor, auf der Sebalder Seite. In den späteren Beiträgen bringt Baader Folgendes bei: „Zwischen Jordan Has, Maler zu Nürnberg, und Hanns Volk, Bildschnitzer zu Halle in Sachsen ereignete sich im Jahre 1475 eine Frevelsache, die von dem Gerichte zu Nürnberg verhandelt wurde. Volk verlangte, daß die Sache an sein eigenes Gericht gewiesen werde. Der Rath zu Nürnberg ging aber darauf nicht ein." Offenbar ein Verwandter des Jordan war:

1455. Hans Has. (Baader.)

1457. Hans Heller. (Baader.) Offenbar identisch mit dem von Murr 1463, 1464, 1465 und 1466 genannten Hanns Haller, der auf der Sebalder Seite wohnte. Ein Jeronimus Haller lebt 1484 in Wöhrd.

1457. Ulrich Müllner. (Baader.) Derselbe findet sich bei Murr öfters: 1458, 1459, 1460, 1464, 1465, 1467, 1468, 1469, 1471, 1472 und 1477 angeführt. Er wohnte auf der Sebalder Seite. Ein Messingarbeiter C. Müllner wird 1397, ein Briefmaler Hanns Müllner wird 1479 er-wähnt, ein Kartenmaler Endres 1519, ein Briefmaler Fritz 1496.

1459. 1460. Erhart, Maler. Auf der Sebalder Seite. (Murr.) Ver-gleiche die Bemerkungen zu 1462 Cristein Gerhart. Vielleicht der Erhard, der 1491 in Heilsbronn thätig war. (Muck I, S. 247.) Ein Karten-maler Erhard wird 1462 genannt.

1459. 1460. Ulrich Pfeylfack, Maler. Sebalder Seite. Auch 1463 (Pfeyfack) und 1465 (Pfeilfack) erscheint derselbe Name bei Murr. Es frägt sich aber, ob es derselbe Künstler ist und nicht vielmehr ein gleich-namiger Sohn. 1463 nämlich finden wir eine Kun Ulrich, Malerin,

1466 dieselbe angegeben mit Beifügung des Namens Pfenlsack in Klammern. Offenbar handelt es sich hier also um die Frau des 1460 erwähnten Ulrich. Sie wohnt 1463 auf der Sebalder Seite, während im gleichen Jahre Ulrich auf der Lorenzer Seite angeführt wird. 1465 erscheint Ulrich wieder auf der Sebalder Seite, und Frau Ulrich wird nicht erwähnt. Dagegen im Jahre 1466 wird bloß die Frau Ulrich auf der Sebalder Seite genannt, von ihm ist nicht mehr die Rede. Die einfachste Erklärung wäre die: im Jahre 1463 machte sich Ulrich Pfenlsack, nachdem er bisher auf der Sebalder Seite gewohnt, auf der Lorenzer ansässig. Seine Frau blieb in der alten Werkstatt und galt den Behörden als Inhaberin. Die wahrscheinlich aus geschäftlichen Rücksichten vorgenommene Trennung aber fand bald wieder ihr Ende: schon 1465 kehrt Ulrich wieder in die alte Wohnung zurück, um ver- muthlich schon in diesem Jahre das Zeitliche zu segnen, da 1466 er nicht mehr, sondern nur die Frau Ulrich erwähnt wird. Will man diese Auffassung nicht gelten lassen, so hätte man anzunehmen, daß der alte Ulrich schon 1463 verstorben war, seine Witwe in dem- selben Hause wohnen blieb, indeß ihr Sohn, der jüngere Ulrich, sich auf der Lorenzer Seite niederließ. Dieser wäre dann 1465 in des Vaters Wohnung zurückgekehrt. Ich gestehe, daß diese letztere Auffassung wenig wahrscheinlich ist und schwierig mit der Thatsache in Einklang zu bringen wäre, daß 1465 der Sohn, 1466 die Mutter als Inhaberin des Hauses genannt wird.

1459. **Hans Smalz.** (Baader.)

1460. **Lorenz Mandauer.** (Baader.)

1461. **Peter Kraus.** Auf der Lorenzer Seite. (Murr.) Ich möchte ver- muthen, daß seine Frau die Barbara Peter Molerin war, die 1467, 1468, 1469 und 1470 auf der Lorenzer Seite von Murr genannt wird. Die Anführung der Frauen weist in der Regel darauf hin, daß sie Witwen sind: so dürfte also Peter Kraus vor 1467 gestorben sein.

1461. **Hanns Peurlein.** Unter den Bilderschnitzern von Baader erwähnt. 1493 bei Murr als Maler, 1518 von Baader als Hans Peurl ange- führt. Vermuthlich verwandt mit Linhart Peurl (1474) und Seitz, Peurl Goldschmied (1452). Vergl. im Uebrigen oben S. 101.

1461. **Valentein Wolgemut.** (Murr.) Ueber diesen Meister, der, wie schon Vischer vermuthet hat, der Vater des Michel Wolgemut ist und bis 1469 erwähnt wird, vergl. den Exkurs über die Familie Wolgemut.

1462. **Cristein Gerhart, Malerin.** Sie wohnte auf der Sebalder Seite und wird noch in den Jahren 1463 und 1470 erwähnt. (Murr.) Offenbar die Witwe eines Malers Gerhart. Einem solchen sind wir in den Listen noch nicht begegnet. Sollte es der 1459 und 1460 auf der Sebalder Seite wohnende Erhart gewesen sein?

1462. **Mates**, Maler. Auf der Lorenzer Seite. (Murr.) Auch 1463 erwähnt. 1459 und 1460 wird ein Formschneider Mathes, 1485 ein Maler Mathes Koler genannt, 1491 ein Mathes Prunner.

1463. **Georg Prawn**. Auf der Sebalder Seite. (Murr.) Der Sohn des Fritz Prawn gen. Loblich. Siehe diesen zum Jahre 1416. Ein Georg wird 1469 (Baader), 1471, 1472, 1474 und 1477 (Jorg) auf der Sebalder Seite genannt. Vermuthlich ist dies eben Georg Prawn. Möglich nun, daß dieser Georg weiter aber zu identifiziren ist mit dem Gorg Briefmaler, der 1480 auf der Sebalder Seite wohnt.

1464. **Heinrich Pferlehuffen**. (Baader.) Murr, der ihn 1473 und 1480 anführt, und zwar als auf der Sebalder Seite angesessen, schreibt den Namen das eine Mal: Ferlhauße, das andere Mal: Verlshaufer.

1464. **Hans Beheim**. Auf der Sebalder Seite. (Murr.) Wiederholt genannt: 1467, 1468, 1469, 1474, 1477 und 1480. Wohl ein Mitglied der Familie, die Nürnberg so zahlreiche Künstler geschenkt hat.

1464. **Fritz Pyemerin**, Malerin. Auf der Lorenzer Seite. (Murr.) Offenbar die Witwe eines sonst nicht genannten Fritz Pyemer.

1465. **Paulus Kopp**. (Baader.) Als Paulus Koppel erscheint er unter den Jahren 1467 bis 1469 bei Murr, auf der Sebalder Seite.

1466. **Franz Prawn**, Maler. Sebalder Seite. (Murr.) Verwandt mit Fritz Prawn (s. 1416) und Georg Prawn (s. 1463)?

1466. **Caspar Heun**. (Baader.) Murr schreibt ihn Hewn und erwähnt ihn 1471 und 1472.

1466. **Thoman Marckhart**. (Baader.) Wohl der 1470 angeführte Thoman Moler, Lorenzer Seite. (Murr.) Ein Kartenmaler Jörg Marckart kommt 1487 vor.

1467. **Niclas Kerner**, moler. Lorenzer Seite. (Murr.) Auch 1468, 1469, dann unter dem Namen Karner 1486 und 1499 (Baader) angeführt. Murr berichtet: „in dem Mendelischen XII Brüderstiftungsbuche heißt er Kerner. Er war nur drey Wochen Bruder, als er 1505 starb."

1468. **Sigmund von Ketzsch**. (Baader.) Wohl ein Verwandter des 1421 genannten Bartolomes von Keczß.

1468. 1469. **Hanns Engelhart**, moler. Sebalder Seite. (Murr.)

1469. **Benedict Frieß**. (Baader.)

1469. **Georg**, Moler. (Baader.) Bei Murr 1471, 1472, 1474, 1477 auf der Sebalder Seite angeführt. Wohl Georg Prawn, s. das Jahr 1463.

1469. **Haidenreich Törnheimer**. (Baader.)

1470. **Anna Balentin Wolgemut**, Malerin. Die Witwe des Valentin. Vergl. den Exkurs über die Familie Wolgemut.

1471. **Marx Schön**. (Baader.) Er malte in diesem Jahre und 1479 für den Rath von Nürnberg die Verzierungen und Initialen zu dessen Jahresregistern.

1473. **Michel Wolgemut** zum ersten Male genannt.

1474. **Linhart Peurl**. (Baader.) Offenbar ein Verwandter von Hans Beurlein oder Peurl. Siehe diesen 1461. Ein Goldschmidt Seitz Pewrl wird 1452 genannt. — Linhart's Frau Agnes starb 1520. (Bösch, Mitth. des Germ. Muj. 1887, S. 70.)

1476. **Conrat Mut**. Auf der Sebalder Seite. (Murr.) Auch 1477 er= wähnt (Mutt). Wohl identisch mit dem von Baader unter demselben Jahre 1476 angeführten „Conrat Moler". Vielleicht auch eine und die= selbe Person mit

1477. **Conrat**, Maler von Wirtzpurg. (Baader.)

1477. **Hans Trautt**. (Baader.) Vielleicht der Sohn des Hans von Speyer. Vergl. oben zum Jahre 1407. Von Murr zum Jahre 1486 auf der Sebalder Seite angeführt. Der Onkel des Wolfgang Trautt. Er war 1505 noch am Leben. Siehe oben S. 102 und den Exkurs über die Familie.

1479. **Caspar Rieß**. (Baader.)

1479. **Wolthaußer** (zu Wöhrd). Nach Murr.

1480. **Hans Schönwetter**. (Baader.)

1480. **Marx**. Auf der Lorenzer Seite. (Murr.)

1482. **Peter Zoller**. (Baader.)

1483. **Ulrich**, Pildschnitzer und Maler. Er bemalte nach Baader die Fahne aus Kupferblech, sowie das Eisenwerk und die Fenster bei der Schlagglocke an dem südlichen Thurme von S. Sebald. Ein Ulrich, Bildschnitzer, wird 1461, ein Bildschnitzer Ulrich Huber 1468 genannt. (Baader.)

1483. **Hanns Seitz**. (Baader.) Von Murr zum Jahre 1486 angeführt, auf der Lorenzer Seite. Vielleicht ein Nachkomme des 1363 erwähnten Stephan Seytz.

1484. **Jeronimus Haller**. In Wöhrd (Murr). Verwandt mit Hans Haller? j. 1457. Vielleicht identisch mit dem Jeronimus, der 1491 angeführt wird.

1485. **Hans Tungolt**. (Baader.)

1485. **Mathes Koler**. (Baader.) Ob identisch mit dem 1462 und 1463 erwähnten Maler Mathes? 1489 wird ein Steinmeißel Mathes Koler angeführt, vielleicht ein Bildhauer, da unter den Steinmeißeln bis zum Ende des 15. Jahrhunderts auch die Bildhauer zu suchen sind. Dann

aber wäre wohl der Maler und der Bildhauer Mathes Koler eine und
dieselbe Person.

1486. **Hanns Dumel.** Auf der Sebalder Seite. (Murr.)

1486. **Heintz von Kulmach.** Auf der Lorenzer Seite. (Murr.) Eine
sehr wichtige Notiz, die bisher nicht genügend beachtet worden ist, obgleich schon Murr darauf hinwies, daß dieser Künstler vielleicht der unter
Dürer's Zeitgenossen eine so hervorragende Stellung einnehmende Hans
Sueß von Kulmbach ist. Dann wäre dieser Schüler Dürer's also älter
als sein Lehrer gewesen: er erschiene als selbstständiger Künstler schon zu
einer Zeit, als Dürer erst als Lehrling in die Werkstatt Wolgemut's eintritt.
Auf die wichtigen Folgerungen, die sich hieraus ergeben würden, kann
hier nicht näher eingegangen werden: es mag nur erwähnt werden, daß
offenbar zwischen mehreren Künstlern zu unterscheiden ist: ein Hanns (Sueß)
von Kulmbach ist nach den von Lochner und Baader beigebrachten urkundlichen Mittheilungen 1522 gestorben; ein anderer Maler Hanns
Süß starb nach Baader anno 1534 oder Anfangs 1535. Welcher von
Beiden der 1511 erwähnte Hans Sues ist (Baader), muß vorläufig
dahingestellt bleiben. Ein dritter Hans Süß (der Jüngere) gab am
5. Mai 1545 vor dem versammelten Rathe sein Bürgerrecht auf.
(Baader.) — Darf man für „Heintz" aber „Hans" setzen?

1487. **Hanns Summerbach.** (Baader.)

1489. **Hanns Arnolt.** (Baader.)

1489. **Mertein, Maler.** (Baader.)

1489. **Leonhart Schürstab der Aeltere** kaufte im Jahre 1489 von Lienhart
von Aloben ein Haus nahe der Veste am Eck um die Summe von
100 fl. Z. J. 1514 quittirte er den Erben Peter Oßner's über 25 fl.
(Baader, Jahrb. II, S. 74.) — Ein Maler N. Schürstab malte gewöhnlich die Todtenschilde zu den Begängnissen, die z. B. 1513, 1516,
1519 für verschiedene Fürsten abgehalten wurden (Baader I, S. 224).

1490. **Wilhelm Pleydenwurf.** Auf der Sebalder Seite. (Murr.) Auch
in den Jahren 1492, 1493 und 1494 erwähnt. Voraussichtlich der
Sohn des Hans Pleydenwurf, s. oben S. 103. 163 ff. und den Exkurs
über die Familie weiter unten.

1490. **Stephan Eysler.** (Baader.) Ein Jobst Eyßler, Goldschmied, wird
später als Vormund der Kinder Michel Wolgemut's genannt.

1491. **Jeronimus.** (Baader.) Vielleicht der 1484 verzeichnete Haller.

1491. **Johann Wagner,** 1491 in Heilsbronn thätig. (Muck I, S. 247.)

1491. **Matheis Prunner.** (Baader.) Ob identisch mit dem 1462 und
1463 genannten Maler Mathes?

1495. Hans von Speyer in Heilsbronn. (Muck.) S. oben S. 217 und
den Exturs über die Trautt's.

1496. Georg Aysteter. (Baader.) Vergl. Georg Maler 1469—77 und
die 1363 und 1373 genannten Herman und Hans von Eystet.

1497. Cunrat Eckel. (Baader.)

1498. Urban Kettner. (Baader.)

1499. Sebald Baumhauer. Auf der Sebalder Seite. (Murr.) Neu-
dörfer, der diesen Maler noch persönlich gekannt hat, sagt, daß „Albrecht
Dürer ihn für einen guten alten Maler rühmte". Nach Murr war er
Kirchner bei St. Sebald vom Jahr 1510—1517, und kaufte 1499
des Juden Seligmann Sart's Haus, „zwischen Veit Wisenberger's des
Bildschnitzers und Sebald Tucher's hausern gelegen, in der Judengasse
das jetzt zur rothen Rose heißt und dem sel. D. Johann Caspar
Birkner zugehörte. Man schrieb ihm zu Murr's Zeiten eine große
Tafel in der Sakristei der Predigerkirche zu Nürnberg zu, welche das
Leiden Christi darstellte, mit der Bezeichnung: 1513. An Sant parthel-
mes abent. — Von noch vorhandenen Werken wird eine Zeichnung in
der Ungarischen Nationalgalerie genannt, s. oben S. 103 f. Gestorben ist
Sebald nach dem Todtengeläutbuch im Germanischen Museum (Bösch,
Mitth. des Germanischen Museums 1887, S. 70) erst 1533, nicht wie
Murr angiebt 1517 — oder handelt es sich um einen älteren und
jüngeren Maler desselben Namens? Seine Frau Anna starb 1562.

1499. Hanns Albrecht. (Baader.) Auch 1511 erwähnt. (Baader.)

1499. Hanns Schnell. (Baader.)

1501. Bartholmes Grünfeld. (Baader.)

1504. Hanns von Haidlberg. (Baader.)

1508. Thomann Schott. (Baader.) Ist das der Maler Tomann, der
1509 die kunstreiche Uhr der Frauenkirche bemalt hat? (Baader S. 110.)

1511. Michel Hirschvach. (Baader.)

1512. Hainz Coler. (Baader.) Verwandt mit Mathes Koler 1485?

1514. Jacob Elmsteter. Auch 1523, 1525 und 1529 erwähnt. (Baader.)
1524 in Heilsbronn (Muck). S. oben S. 217.

1515. Leonhard Hohenperger. (Baader.)

1518. Heintz Staygel. (Baader.)

1519. Georg Hertenstain. (Baader.)

1520. Hanns Hofman. (Baader.)

II.

Verzeichniß der Briefmaler, Kartenmaler, Glasmaler und Formenschneider.

1428. H. Pömer, Formschneider. (Baader.)

1433. Ell, Kartenmacherin. Sebalder Seite. (Murr.) Wohl dieselbe wie

1435. Elis, Kartenmacherin. Sebalder Seite. (Murr.)

1438. Margret, Kartenmalerin. Sebalder Seite. (Murr.) S. Margret 1477.

1441. Michel Winterpergt, Kartenmaler. Er wurde nach Baader's Mittheilung, der in den Jahrbüchern für Kunstwissenschaft I., S. 79 seinen Brief an den Rath publizirt hat, „durch die Predigten des Johannes Capistranus, der 1452 zu Nürnberg das Kreuz predigte, und Andere, die ihm da sagten, daß er mit seinem handwergk kartenmalen sein sele gegen Gott nicht bewarn müg', so sehr erschüttert, daß er das Kartenmalen aufgab und mit Weib und Kindern nach Feucht zog."

1445. Hanns Paur, Kartenmaler. (Baader.) Ein Balirer Hanns Pauer von Ochsenfurt erhielt nach Conrad Roritzer 1458 die Oberleitung des Chorbaues von St. Lorenz und starb 1462.

1447. Michel Töld, Glasmaler. (Baader.)‚ Bei Murr 1465 und 1466 (Told) angeführt.

1449. Hans, Formenschneider. In den Jahren 1451, 52, 56, 57, 59, 60, 65, 66, 67, 68, 69, 71, 72, 73, 78, 80, 81, 82, 84, 88, 90 und 92 bei Murr, 1496 bei Baader erwähnt, also durch 43 Jahre hindurch. Murr meint, es seien ein Vater und ein Sohn des gleichen Namens gewesen, was aber nicht nöthig anzunehmen ist.

1459. Mathes Kypfenberger, Formschneider. (Baader.) Wohl identisch mit

1459. 60. Mathes, Formenschneider, der von Murr genannt wird und auf der Lorenzer Seite wohnte. Zu vergleichen wäre etwa noch der Maler Matthes, der 1462 genannt wird.

1459. Niklas Dürndrot, Briefmaler. (Baader.)

1462. Pueri Stephan, Kartenmaler. (Murr.) Auf der Sebalder Seite.

1462. Erhard, Kartenmaler. Auf der Lorenzer Seite. (Murr.) Vergl. Erhart 1459.

1465. H. Hylprant, Kartenmaler. Auf der Sebalder Seite. Vor 1467 verstorben, da in diesem Jahre die „pueri Hylprant" erwähnt werden. (Murr.)

1465. H. Swind, Kartenmaler. Sebalder Seite. (Murr.)

1466. Hans Sporer, Briefmaler. Auf der Lorenzer Seite. Es ist dies der als Verleger bekannte Künstler. Murr erwähnt eine auf der

Bibliothek zu Zwickau befindliche, deutsche Ausgabe der Ars moriendi mit in Holz geschnittenem Text, auf der die Bezeichnung „Hans Sporer hat diß puch priff moler 1473" steht. 1493 ist er in Bamberg und publizirt hier eine Reihe von kleinen Schriften (s. Muther: „die deutsche Bücherillustration" I. S. 93 f.), 1494 wurde er wegen seinen Flugschriften in's Gefängniß geworfen. „Bamberg fragte bei Nürnberg nach seinem Leumund. Der Rat antwortete, Sporer habe schon vor 15 Jahren seine Hausfrau mit einem Stiefel so gewaltiglich geschlagen, daß sie erkrankte und starb." (Baader.) Dann scheint er nach Erfurt gegangen zu sein, wo er 1498 und 1500 Schriften publizirte. Schon Murr vermuthete, daß ein 1545 in Erfurt erwähnter Hanns Sporer, Buchdrucker, mit ihm verwandt sei, vielleicht auch ein Buchdrucker Johannes Spörer, der 1498 in Erfurt lebte. 1421 und 1438 kommt ein Goldschmied Andres Sporer vor. Vergl. auch

1472. **Junghannß**, Briefmaler. Dieser Name befindet sich nach Murr auf dem Exemplar des „Antichrist" in der herzoglichen Bibliothek in Gotha: „der junghannß priffmaler hat das puch zu nirenberg 1472." „Er nennt sich hier bloß als Verkäufer und Illuminirer des Buches." Murr nimmt mit Bestimmtheit an, er sei der Sohn des oben genannten Hans, Formenschneider, was möglich, aber nicht bewiesen ist. Auch stellt er die Frage auf, ob er vielleicht identisch sei mit Hans Sporer. Mit einiger Sicherheit darf man annehmen, daß es der 1473 bei Murr erwähnte Hanns Briefmaler ist.

1472. **Hanns Hurneck**, Formschneider. (Baader.)

1472. **Nikolaus Vinck**, Formenschneider. (Baader.) 1473, 1480, 1481 und 1482 auf der Lorenzer Seite angesessen. (Murr.) Ein Goldschmied Fritz Fynk oder Vinck kommt 1397 und 1413 vor.

1474. **Agnes**, Briefmalerin. Auf der Lorenzer Seite. (Murr.)

1477. **Margret**, Briefmalerin. Sebalder Seite. (Murr.) Wohl dieselbe wie 1438.

1478. **Conrat Schönmaler**. Auf der Lorenzer Seite. (Murr.) Es frägt sich hier allerdings, ob „Schönmaler" nicht bloßer Zuname ist. v. Murr meint, es könne so viel als „Illuminirer" bedeuten. Eine Kun. Schönmalerin, vielleicht die Frau des Conrat, kommt 1481 und 1482 auf der Lorenzer Seite vor. Vielleicht eher die Frau des Lorenz Kün 1485.

1478. **Jakob**, Kartenmaler. Lorenzer Seite. (Murr.) Auch 1480 erwähnt. Vergl. Jakob Benchinger 1491 und Jakob Besler 1507.

1479. **Hanns Müllner**, Briefmaler. (Baader.) Verwandt mit dem Maler Ulrich Müllner, der von 1457 bis 77 auf der Sebalder Seite genannt wird? Ein Hanns Müllner wird von Baader unter den Bildschnitzern genannt (1477). 1496 kommt ein Fritz Müllner vor. 1519 ein Endres Müllner.

1480. Georg (Gorg), Briefmaler. Sebalder Seite. (Murr.) Etwa der 1484 erwähnte Georg Glockendon?

1481. 82. Perchinger, Kartenmaler. Lorenzer Seite. (Murr.) Identisch mit dem 1491 genannten Jakob Benchinger?

1484. Adam Sumenhart, Kartenmaler. (Baader.)

1484. Georg Glockendon, Illuminist. (Baader.) Der uns durch Neudörfer's Mittheilungen und Lochner's Ausführungen bekannte Miniaturmaler, der 1515 starb. Erwähnt finden wir ihn noch in den Jahren 1490 (Zwistigkeiten zwischen ihm und Hanns Rüger betreffs des Letzteren Sohnes, der Lehrling bei ihm war) und 1491, sowie 1499, in welchem Jahre er ein Haus im Taschenthal kaufte. Sein und seiner Frau Kunigunde Kinder waren die später berühmten Illuministen Nikolaus und Albrecht, sowie vier Töchter: Ursula (Jörg Harber's Hausfrau), Veronika (Paulus Lengenfelder's Frau), Ottilia und Agnes.

1485.? Lorenz Kün, Kartenmaler. (Baader.)

1486. Wilhelm, Illuminirer. Lorenzer Seite. (Murr.)

1487. Jörg Marckart, Kartenmaler. (Baader.) Vielleicht verwandt mit dem Thoman Marckhardt, der 1466 als Maler angeführt worden ist.

1489. Hanns Lenngfer, Kartenmaler. (Baader.)

1490. Jorg Rauhe, Kartenmaler. Baader erwähnt, daß er 1490 beschuldigt wurde, daß er der Stadt öffentlicher Verräther und heimlicher Knecht sei. Der Rath gab ihm ein Zeugniß, daß dies nicht wahr sei. — Ein Bildschnitzer Ulrich Rawh kommt 1382 und 1413 vor.

1491. Jakob Benchinger, Kartenmaler. (Baader.) Vielleicht der 1481 bei Murr erwähnte Perchinger.

1496. Fritz Müllner, Briefmaler. (Baader.) Verwandt vielleicht mit Ulrich Müllner dem Maler (1457 bis 77 erwähnt), dem Briefmaler Hanns Müllner, der 1479 genannt wird, und dem Kartenmaler Endres Müllner (1519).

1497. Paulus Peltzle, Briefmaler. (Baader.)

1498. Konrat Frankendorfer. Murr: „Er kommt in einer Solgerischen lateinischen Handschrift der alljährlichen Evangelien und Episteln auf hiesiger Stadtbibliothek (in fol. Nr. 9.) am Ende vor. Liber — per me Conradum Frankendorffer Nurmergensem civem nitidissime characterisatus. Anno virginalis partus MCCCCLXXXXVIII. In die Gregorii.

1499—1504. Hans, Briefmaler in Wöhrd.

1501. Hanns Leysenrewter, Kartenmaler. (Baader.)

1507. Jakob Besler, Kartenmaler. (Baader.)

1507. Clas Ott, Kartenmaler. (Baader.) Vergl. den Maler Ott 1378.

1515. **Endres Rickl**, Briefmaler. (Baader.)
1518. **Niclas Molmann**, Briefmaler. (Baader.)
1519. **Endres Müllner**, Kartenmaler. (Baader.) Vergl. die Anderen
      dieses Namens: den Maler Ulrich (1457—77), Briefmaler Hans (1479),
      Briefmaler Fritz (1496).
1519. **Hanns Hanser**, Illuminist. (Baader.)

✱

III.

Verzeichniß einzelner Familien.

1. Die Trautts von Speyer.

Es seien hier nochmals der Uebersicht halber in Kürze alle Notizen zusammengestellt, die oben (S. 102, 217) bereits gegeben wurden.

Die Trautts werden wiederholentlich als aus Speyer stammend erwähnt.
Dies führte mich auf die Vermuthung, ob nicht der Maler Hans von Speyer,
der 1407 auf der Sebalder Seite, 1438 auf der Lorenzer Seite wohnte, der
Familie angehört, ja der Vater des Hans Trautt war. Dieser Letztere hat nach
Neudörffer den „Kreuzgang zu den Augustinern gemalet und darin viel erbare
Herren conterfeyet." Er wird in den Bürgerverzeichnissen 1477 und 1486 erwähnt, in welchem Jahr er auf der Sebalder Seite wohnte. Er soll in
seinem Alter — Murr giebt das Jahr 1488 wohl nach dem mir unbekannt gebliebenen, von Georg Fen in schwarzer Kunst gefertigten Bildniß des Künstlers
an — erblindet sein. Er lebte noch 1505, denn am 6. August dieses Jahres
bekannte er: „Veit Stossen 18 fl. für Arbeit zu bezahlen, auf sein gut Vertrauen, da er denn nicht länger entrathen wolle, mit Zeugniß von Wolf
Pömer und Wolf Löffelholz." Eine Urkunde vom 29. August 1547, in welcher
seine Frau die Schwester der Mutter Steffan Arnolt's genannt wird, die etwa
zehn Jahre früher verstorben sei, bringt uns die Mittheilung, daß er in der
Bindergasse wohnte (Lochner zu Neudörffer). Das einzige erhaltene Werk ist
die mehrfach besprochene Zeichnung in der Universitätsbibliothek zu Erlangen.
Sein Sohn — nach v. Murr und Campe sein Neffe — war Wolf Trautt, der „dem
Vater in der Kunst des Malens und Reißens hoch überlegen war". „Er
malet (aⁿ 1502) die Altartafel in der Capelle bei S. Lorenzen (Murr: Tuch-
macherskapelle S. Anna bei S. Lorenzen), so Cunz Horn erbauet (Murr: 1513)
und mit großem Ablaß aus Rom seines Verhoffens geziert hat. Er, Trautt,
blieb ledig und war im Leben mit Hermann Vischer Rothschmieden also einig,
als wären sie Brüder gewesen. Darum er auch dabei war, als dieser Vischer
bei Nacht unter dem Schlitten zerstoßen ward." — Murr erwähnt außerdem,

daß „einer seiner Vorfahren, Hanns Murr, 1512 seine Familientafeln bei
S. Jakob im Chor unter dem Murrischen Familienfenster von ihm malen ließ:
eine Tafel, worauf das jüngste Gericht gemalet ist" (1697 renoviert. Beschreib.
v. Nürnberg S. 324). Neuerdings ist ein Werk dieses Wolf, mit dem Mono=
gramm W. T und der Jahreszahl 1514: der Artelshofer Altar zum Vorschein
gekommen und in das Nationalmuseum zu München gelangt. Es stellt auf
dem Mittelbilde Anna selbdritt und die heilige Sippe, auf den Flügelinnen=
seiten die Heiligen Laurentius und Stephanus, Christoph und Sebastian, auf
den Außenseiten Leonhardt (oder Adjutor) und Katharina, zwei heilige Bischöfe,
auf der Hinterseite eine Frau mit einem Schwert, zu deren Füßen abgeschlagene
Köpfe liegen, dar. Hell und bunt in der Wirkung, zeigen die Bilder lange Figuren,
eine graublaue Landschaft, Renaissancearchitektur und =Fruchtgehänge, Putten mit
geschlitzten Gewändern und bunten Flügeln. Das Inkarnat ist gelblich oder
weißlich mit rosa Tönen, die Behandlung eine flüssige. Nach diesem Werke
lernen wir Wolf Trautt als einen zumeist dem Hans von Kulmbach ver=
wandten, offenbar von diesem beeinflußten Künstler kennen. Möglich, daß, wie
Hager (Kunstchronik XXIV S. 579 ff.) in einem Aufsatz über den Altar an=
nimmt, diese Tafel die für die Annenkapelle gemalte ist: dafür spräche die
Darstellung. Das Datum freilich würde nicht stimmen: da aber die Annen=
kapelle erst 1513 erbaut wurde, muß die Jahreszahl 1502 ja auf einem
Irrthum beruhen.

Wolf Trautt starb nach Kießhaber (Nachrichten I, 132) im Jahre 1520.

2. Die Pleydenwurff's.

Der Maler Hans Pleidenwurff wird zuerst im Jahre 1451 (Lochner in
Frommann's Anzeiger für Kunde deutscher Vorzeit, 1871, II, 278), dann oft bis
zum Jahre 1472 erwähnt. 1458 wohnt er auf der Lorenzer, von 1459 bis
1472 auf der Sebalder Seite, und zwar nach Lochner in derselben Gegend,
vielleicht in demselben Hause, S. 496, das Wolgemut 1478 bewohnt hat.
(Murr's Angaben in Bd. II und Bd. XV widersprechen sich bezüglich der
Wohnung etwas, offenbar sind die Angaben in Bd. II die richtigeren.) 1462
ist er in Breslau gewesen und hat dort den leider verschollenen Hochaltar der
Elisabethkirche vollendet (H. Luchs: Bildende Künstler in Schlesien in der „Zeitschr.
für Geschichte und Alterthümer Schlesiens", 1863 und A. Schultz, „Urkundliche
Geschichte der Breslauer Malerinnung", Breslau 1866, S. 8). 1471 malt er
für den Rath von Nürnberg etliche Briefe „der gelegenheit der lande Burgundie".
1472 ist er gestorben. Seine Witwe Barbara heirathete in zweiter Ehe Michel
Wolgemut. Der Sohn des Hans war Wilhelm Pleydenwurff, der, auf der
Sebalder Seite angesessen, 1490, 1492, 1493 und 1494 erwähnt wird. Er

ift im Jahre 1494 geſtorben. Seine Frau Helena war eine Tochter des Apothekers Dominikus Mülich und heirathete in zweiter Ehe Simon Zwölfer; ſeine Tochter hieß Magdalena und war 1509 noch unverheirathet. Was wir von ſeiner Thätigkeit wiſſen, beſchränkt ſich auf zwei Thatſachen: beide weiſen auf eine nahe Beziehung zu Wolgemut hin. In Heinrich Deichsler's Chronik (ſ. die Chroniken der deutſchen Städte, XI. Bd., S. 566) heißt es zum Jahre 1491:

„Item des jars ward der ſchon prunn hie am Markt mit dem malen und mit dem vergulden volbracht. man gab dem Pleidenwurf, maler, vier hundert gülden.“

Aus einer Notiz des Rathsbuches (Nr. 5, Bl. 146 b, ſ. Deichsler's Chronik, a. a. O., S. 560, Anm. 2) ſehen wir, daß dieſer Auftrag 1490 dem Wolgemut ertheilt war. Offenbar übertrug Dieſer ihn ſeinem Mitarbeiter Pleydenwurff.

Die andere Thatſache iſt die mit Wolgemut 1494 gemeinſam ausgeführte Illuſtrirung der Schedel'ſchen Weltchronik mit Holzſchnitten.

3. Die Wolgemut's.

Um die Aufklärung der Frage nach der Familie Wolgemut's haben ſich beſonders verdient gemacht: R. Viſcher in ſeinen „Studien zur Kunſtgeſchichte“, Paul Rée in der „Kunſtchronik, Wochenblatt für Kunſt und Gewerbe“, 1885 und 1886, Nr. 12, und zuletzt Hans Stegmann in ſeinem Aufſatze: „Ueber das Leben Michel Wolgemut's“ im „Repertorium für Kunſtwiſſenſchaft“ XIII, S. 60 ff.

Das am Früheſten erwähnte Mitglied der Familie iſt ein Conrat Wolgemut, der 1360 auf der Sebalder Seite wohnte. Man hat ihn ehedem trotz Murr's ausdrücklicher Angabe, er ſei nicht Künſtler geweſen, für einen Maler gehalten. Dann erfahren wir von einem Hans auf der Lorenzer Seite, der von 1435 bis 1472 erwähnt wird. Ob er mit einem 1476 bis 1480 ange= führten Heintz (Sebalder Seite) identiſch iſt, muß dahingeſtellt bleiben. Ein Ott Wolgemut wird nur einmal 1456 auf der Lorenzer Seite genannt, ebenſo ein Abraham 1462 (Lorenzer Seite). Von 1456 bis 1460 erſcheint auf der Lorenzer Seite ein Albrecht, der vor 1462 vermuthlich geſtorben iſt, da von 1462 bis 1476 ſeine Frau Elſe genannt wird (Sebalder Seite). Der Albrecht, von dem wir in den Jahren 1466 bis 1473 (Sebalder Seite) er= fahren, dürfte ein anderes Mitglied der Familie ſein. Zum Jahre 1430 wird von Hans Stegmann, 1446 von Baader ein Steinmeißel Jakob Wolgemut angeführt: vielleicht derſelbe Jakob, der dann in Murr's Regiſtern auf der Lorenzer Seite von 1456 bis 1473 begegnet, in welch' letzterem Jahre er ge=

storben sein dürfte, da 1474 an seiner Stelle seine Frau Helena auftritt, die bis 1477 erwähnt wird. Stegmann vermuthet, daß Jakob identisch mit dem von Vischer angeführten Steinmeißel W. sei, der am Ulmer Münster beschäftigt war. Von einem Endres mit Frau Anna und Kindern lesen wir unter dem Jahre 1492 (Sebalder Seite), von einem Hans in Wöhrd 1495.

Alle diese Wolgemut's, abgesehen von dem einen Steinmeißel Jakob, sind wohl sicher nicht Künstler gewesen. Wie bereits oben gesagt wurde, hat v. Murr offenbar nur aus Interesse für Michel W. alle die Bürger angeführt, die den Namen Wolgemut trugen. Ausdrücklich als Maler bezeugt ist uns nun aber Valentein. K. Vischer verdankt man den Nachweis, daß dieser der Vater des Michel Wolgemut war. Zuerst findet man ihn 1461 auf der Lorenzer Seite, dann 1462 bis 1469 auf der Sebalder Seite. 1469 scheint er gestorben zu sein, da 1470 seine Frau Anna Valentin, Molerin, in den Listen auftritt. Bis 1480 erscheint ihr Name und zwar seit 1473 immer unmittelbar neben Michel Wolgemut. Den Beweis dafür, daß sie dessen Mutter war, schöpfte Vischer aus den Angaben zum Jahre 1474, wo unter Michel steht: Anna mater.

Michel Wolgemut, über den oben das Nähere zu vergleichen, wird zuerst 1473 in den Listen aufgeführt. 1473 heirathete er die Witwe des Hans Pleydenwurff: Barbara. Bis 1478 wohnten sie im Hause S. 496; in diesem Jahre kauften sie von Hans Gerstner das Haus S. 497. In zweiter Ehe war er mit einer Cristina verheirathet, die 1521, 1526 und 1530 erwähnt wird (Baader und Lochner) und nach Stegmann's Mittheilung 1550 gestorben ist (s. auch H. Bösch in den „Mitth. des Germ. Mus.", 1887, S. 24).

Von sonstigen Wolgemut's ist ferner zu erwähnen ein Maler Michel Wolgemut, der 1540 in Krems starb — vielleicht, wie Vischer annimmt, ein Sohn des älteren Michel. „Daß er aus Nürnberg stammte, leidet keinen Zweifel; denn seine Mutter, seine Schwester und sein Schwager lebten daselbst und baten den Rath, er möge sich bei der Stadt Krems verwenden, daß ihnen die Verlassenschaft ihres Sohnes und Bruders verabfolgt werde. Der Rath nahm sich der Sache an." (Baader.) Ein anderer Michel Wolgemut, Gesell unter der Vesten, starb nach dem Todtengeläutbuch im Germanischen Museum 1540 oder 1541 (H. Bösch in den „Mittheilungen des Germ. Mus." 1887, S. 27).

Ein Endres W. giebt 1545 sein Bürgerrecht auf. Nach Baader gehörte er zur Familie des Malers Michel — dagegen sagt Lochner: „eine hauptsächlich durch Endres W., dessen Herkunft aus Goslar stammte, vertretene Kaufmannsfamilie, hängt mit dem Maler nicht zusammen." Es bleibt also ungewiß, ob hier derselbe Endres gemeint, und ob ferner auch an den 1492 genannten Endres zu denken ist.

Ein Baumeister („Werkführer") Chriſtoffel oder Chriſtian W. iſt um 1513 in Ueberlingen und Jsny thätig (Vergl. Biſcher nach A. Klemm, Württemb. Baumeiſter und Bildhauer, 1882, S. 159).

Sonſtige bisher nachzuweiſende Künſtlerfamilien ſind

die Prauns: Fritz P. gen. Loblich, Maler, 1416—80 erwähnt — ſein Sohn Georg 1463. — Der Goldſchmied Fritz 1413. — Franz Prawn, Maler, 1466. — Auch in Augsburg giebt es eine Künſtlerfamilie Praun (Peter Praun 1483 und 1486 erwähnt, Hans P. 1511 und 1512). S. Biſcher's Regiſter in den „Studien zur Kunſtgeſchichte".

die Staudigel: Steinmeißel Hans 1380. — Maler Walter 1435.

die Has: Jordan, Maler, 1453—82. — Hans, Maler, 1455.

die Haller oder Heller: Hans, Maler, 1457—66. — Jeronimus 1484.

die Müllner: Ulrich, Maler, 1457—77. — Briefmaler Hanns 1479. — Kartenmaler Endres 1519. — (Ein Meſſingplater C. Müllner 1397). — Briefmaler Seitz 1496.

die Beheim: Ein Balter H. Beheim 1378. — Der Maler Hans 1464—80. — Der Baumeiſter Hans Beheim der Aeltere † 1538. — Der Baumeiſter Hans der Jüngere † 1535. — Der Baumeiſter Paul Beheim † 1561. — Der Erzgießer Sebald † 1534. — Der Maler Hans um 1531 und 1540. — Der Büchſenmacher Jorg [1519. — (Die Maler Bartel und Hans Sebald Beham).

die Beuerlein oder Peurl: Hans, Bildſchnitzer und Maler 1461—1518. — Maler Linhart 1474. — Goldſchmidt Seitz 1452.

die Seitz oder Setz: Maler Stephan 1363. — Maler Hanns 1483 und 1486.

die Sueß: Hans, Maler, † 1522. — Hanns † 1534 oder 1535. — Hans † 1545.

die Schürſtab: Maler Leonhart 1489. — Maler N. 1513—19.

die Sporer: Goldſchmied Andres 1421 und 1438. — Briefmaler Hans 1466 bis 1500. — Buchdrucker Hans in Erfurt 1545. — Buchdrucker Johannes Spörer in Erfurt 1498.

die Vinck: Goldſchmied Fritz 1397 und 1413. — Formſchneider Nikolaus 1472—82.

die Glockendon: Georg, Miniaturmaler, † 1515. — Miniaturmaler Nikolaus und Albrecht, ſeine Söhne.

die Markhart: Maler Thomann 1466. — Kartenmacher Jörg 1487.

die Rauhe: Bildſchnitzer Ulrich 1382 und 1413. — Kartenmaler Jorg 1490.

VI.

Kurze Uebersicht
der in diesem Buche behandelten Gemälde,
geordnet nach den Meistern.

I.
Werke des 14. Jahrhunderts.

1. Die Wandbilder im Schloß zu Forchheim.
2. Das Altarwerk in S. Jakob.
3. Der Martha-Altar im Germanischen Museum (Nr. 4).
4. Die hl. Brigitte im Germanischen Museum (Nr. 5). Dazu gehörig
5. Die zwei Bildchen mit der Legende der Brigitte in der Sammlung zu Bamberg.
6. Altar mit Passionsszenen im Germanischen Museum.
7. Christus als Schmerzensmann und Maria. Heilsbronn. 1370. Stiftung des Arztes Mengot.
8. Madonna. 1365. Heilsbronn.
9. Fünf Darstellungen aus dem Leben Christi von einem Altar. Heilsbronn.
10. Christus als Schmerzensmann, vom Abt Friedrich von Hirzlach gestiftet, zwischen 1346 und 1361.

Uebergangswerke.

11. Epitaph des Paulus Stromer (gestorben 1406) in S. Lorenz.
12. Die Auferstehung Christi in der Liebfrauenkirche.
13. Epitaph der Klara Holzschuherin (gest. 1426) im Germanischen Museum (Nr. 86).

II.
Meister Berthold.

1. Der Imhof'sche Altar in S. Lorenz. Dazu gehörig

2. Christus im Grabe zwischen Maria und Johannes im Germanischen Museum (Nr. 88).

3. Die Deichsler'schen Altartafeln im Berliner Museum (Nr. 1207—10).

4. Der Bamberger Altar im Nationalmuseum zu München. 1429.

5. Der Altar in der Sakristei von S. Jakob zu Nürnberg.

6. Epitaph des Hans Glockengießer (gestorben 1433): der Tod der Maria. S. Lorenz.

7. Epitaph der Walpurg Prünsterin (gestorben 1434): die Geburt Christi. Germanisches Museum (Nr. 87).

8. Die Imhof'sche Madonna in S. Lorenz.

9. Gedenktafel der Gerhaus Ferin (gestorben 1443): Madonna mit Johannes dem Täufer. Nationalmuseum zu München.

10. Maria mit dem Kinde und der hl. Elisabeth. Nationalmuseum zu München.

11. Maria im Aehrenkleide. Nationalmuseum zu München.

12. Die hl. Margarethe und die hl. Rosa. Gemäldegallerie zu Augsburg.

13. Der Deokarusaltar in S. Lorenz zu Nürnberg. Wohl 1437.

14. Anna selbdritt, hl. Katharina und Bischof in S. Sebald.

15. Gedenktafel der Elspet Steffan Teßlin (gestorben 1437) in der Aegidien=kirche.

16. Altarstaffel: Christus und die zwölf Apostel. Germanisches Museum (Kirchenraum Nr. 409).

17. Hl. Barbara in der Sammlung des Konsul Weber zu Hamburg.

18. H. Ursula im Besitze des Major Göringer zu Augsburg.

Schule des Meisters Berthold.

1. Christus im Grabe zwischen Maria und Johannes. In S. Lorenz (Chor links).

2. Tod der Maria. Wiederholung von Nr. 6 oben. Nationalmuseum zu München.

3. Gedenktafel des Heinrich Gartner (gestorben 1437) in S. Lorenz.

4. Altärchen mit Passionsdarstellungen im Germanischen Museum (Nr. 6).

5. Die hl. Margarethe im Germanischen Museum (Nr. 89).

6. Christus auf dem Oelberg und die schlafenden Jünger, zwei kleine Bilder in der Sammlung zu Bamberg.

7. Christus und zwölf Apostel. München, Nationalmuseum.

Glasfenster.

I. Das erste Fenster l. im Chor von S. Lorenz. Einige Reste.

II. Das dritte Fenster l. ebendaselbst.

III. Die Wappen auf der Imhof'schen Empore in S. Lorenz.

IV. Das erste Fenster links hinter der Sakristei im Chore von S. Sebald.

V. Das zweite Fenster ebendaselbst.

VI. Das erste Fenster rechts hinter der Sakristei im Chore von S. Sebald.

VII. Das dritte Fenster ebendaselbst.

VIII. Reste von Glasmalereien in der Nagelkapelle des Domes von Bamberg.

Die Skulpturwerke Meister Berthold's.

a. Christus und die zwölf Apostel am Deokarusaltar in S. Lorenz.

b. Sechs Thonfiguren der Apostel im Germanischen Museum, vier andere in S. Jakob.

c. Die Krönung Mariä im Germanischen Museum (Nr. 672).

d. Der segnende Gottvater im Germanischen Museum (Nr. 635).

e. Das Standbild Karl's IV. im Museum zu Berlin.

Richtung.

d. Madonna. Holzstatue im Germanischen Museum (Nr. 67).

e. Der hl. Petrus an der S. Moritzkapelle.

f. Thonfiguren einer Gruppe der Anbetung der hl. drei Könige im Berliner Museum.

II a.

Der Meister von Wittingau.

1. Drei Tafeln, darstellend das Gebet in Gethsemane, die Auferstehung, die Kreuzigung und Heilige, im Rudolfinum zu Prag. Stammen aus Wittingau.

2. Madonna in der Stiftskirche zu Hohenfurt in Böhmen.

3. Madonna in S. Stephan zu Prag.

4. Altar mit dem Crucifixus aus dem Schloß Pähl bei Weilheim im Nationalmuseum zu München.

II b.

Der Meister der Przibram'schen hl. Familie.

1. Maria mit dem Kinde, Elisabeth und der kleine Johannes im Besitze des Fräulein Gabriele Przibram in Wien.

2. Der Bethlehemitische Kindermord und die Bestattung Mariä im Germanischen Museum (Nr. 83 und 84).

3. Zwei Bruchstücke eines Gemäldes: die Köpfe der Maria und des Johannes, in der Sammlung des Konsul Weber zu Hamburg (Nr. 360 und 361).

III.
Der Meister des Wolfgangsaltares.

1. Der Wolfgangsaltar in S. Lorenz.
2. Altar mit Passionsszenen in S. Lorenz. Das Mittelbild: Christus auf dem Oelberge in der fünften Kapelle rechts, die Flügel mit den Darstellungen des Abendmahles, Christus vor Pilatus, Geißelung und Dornenkrönung in der dritten Kapelle links.
3. Altar mit der Darstellung der Himmelfahrt der Maria, der Verkündigung und der Geburt Christi, von den Imhof's gestiftet. In der Gallerie zu Breslau (203, 205).
4. Gedenktafel des Anton Imhof (gestorben 1449) im Germanischen Museum (Nr. 406, Raum neben der Kirche).
5. Zwei Tafeln: die Heiligen Servatius und Georg. S. Lorenz in der Kapelle neben dem Wolfgangsaltar.
6. Gedenktafel des Friedrich Schon in S. Lorenz, darstellend die Geburt Christi mit den symbolischen Andeutungen der Jungfräulichkeit Maria's.
7. Der Katharinenaltar in der Pfarrkirche zu Schwabach.
8. Kleiner Altar mit dem Crucifixus und Szenen aus der Legende des hl. Veit ebendaselbst.
9. Zwei Tafeln: der hl. Christoph und die hl. Katharina ebendaselbst.

Nachahmung.

Gedenktafel des Ulrich Stark in S. Sebald, Wiederholung des Bildes 6.

IV.
Pfenning.

1. Der Tucher'sche Altar in der Frauenkirche.
2. Die Kreuzigung im Belvedere zu Wien (Nr. 1634).
3. Die Madonna mit den Cisterzienermönchen in der Kirche zu Heilsbronn.
4. Der Haller'sche Altar in S. Sebald (Pfeiler des Längsschiffes).
5. Christus als Schmerzensmann, Heinrich II, Kunigunde und Lorenz in der IV. Kapelle rechts in S. Lorenz.
6. Kleiner Altar mit Passionsszenen in St. Johannes.

7. Die Beschneidung Christi im Museum zu Aachen (Sammlung Weber).
?8. Portrait der Jakobäa, Gräfin von Holland, in der Ambraser Sammlung zu Wien (Nr. 66).

Glasgemälde:

I. Das vierte Fenster links im Chore von S. Lorenz.
II. Das zweite Fenster hinter der Sakristei links im Chore von S. Sebald.
III. Das dritte Fenster ebendaselbst.

Zeichnungen:

Der Tod der Maria in der Universitätssammlung zu Erlangen.

Schule.

1. Christus in der Kelter in der ersten Kapelle links in S. Lorenz.
2. Der Crucifixus zwischen Maria und Johannes im Germanischen Museum (Nr. 416).
3. Das jüngste Gericht ebendaselbst (Nr. 90).

V.

Der Meister des Altares in der Reglerkirche zu Erfurt.

1. Der Hauptaltar in der Reglerkirche zu Erfurt.
2. Kleiner Altar mit den Darstellungen des Abendmahls, der Mannahlese, der Anbetung der hl. drei Könige, einem Martyrium und den 14 Noth=helfern im Germanischen Museum (Raum neben der Kirche).
3. Die Dornenkrönung und die Kreuztragung, sowie die Staffelbilder an dem sonst von Wolgemut ausgeführten Altar in Zwickau.
?4. Ecce homo. Tafel in der Sakristei der Kirche in Zwickau.

VI.

Der Breslauer Meister von 1447.

1. Der Altar der hl. Barbara. Museum der schlesischen Alterthümer zu Breslau.
2. Das Schweißtuch der hl. Veronika, ebendaselbst.
3. Maria mit dem Kinde und Engel, ebendaselbst.
4. Die Wandmalereien, darstellend das Martyrium der Zehntausend und die Legende der hl. Ursula, auf der linken Seite des Chores im Dom zu Breslau.
5. Das Altarwerk des Petrus von Wartenberg im Dom zu Breslau, rechte Seite des Chores. 1468.

VII.
Die Kreuzigung in der Frauenkirche zu München.

VIII.
Hans Pleydenwurff.

1. Die Kreuzigung Christi in der Pinakothek zu München Nr. 233.
2. Die Schönborn'sche Kreuzigung im Germanischen Museum Nr. 116.
3. Altarwerk. Zwei Tafeln mit der Anbetung der hl. drei Könige und die Maria aus der Verkündigung im Germanischen Museum (Nr. 97 und 98). Zwei andere mit der Anbetung der Hirten und dem Verkündigungsengel im Münchener Nationalmuseum.
4. Portrait des Kanonikus Schönborn im Germanischen Museum Nr. 109.
5. Der Landauer'sche Altar. Der eine Flügel mit der Vermählung der hl. Katharina und der Geburt Christi in der Pinakothek zu München Nr. 234, der andere mit der Kreuzigung und Auferstehung in der Gallerie zu Augsburg Nr. 43 und 42.
6. Der Altar der Elisabethkirche zu Breslau. Erhaltene Bruchstücke des Mittelbildes: die Darstellung im Tempel in der Gallerie zu Breslau, Bruchstück der Kreuzigung ebendaselbst, Bruchstück der Anbetung der hl. drei Könige im Museum schlesischer Alterthümer zu Breslau, die Kreuzabnahme in der Permanenten Gemäldeausstellung von Rupprecht's Nachfolger (Brienner Straße 8) zu München.
7. Kleiner Altar in S. Lorenz zu Nürnberg, an zwei Pfeilern des Chores getrennt angebracht; Mittelbild: die Anbetung der hl. drei Könige und Flügel mit „Verkündigung", „Geburt Christi", „Flucht nach Egypten" und „Bethlehemitischer Kindermord".
8. Zwei Tafeln: der hl. Dominikus und der hl. Thomas von Aquino im Germanischen Museum Nr. 121. 122.
9. Die Verlobung der hl. Katharina mit den Heiligen Egidius und Bartholomäus im Germanischen Museum Nr. 96 (genannt Herlen).
10. Joachim und Anna vor der goldenen Pforte. Gallerie zu Rovigo in Italien.

Glasfenster:

I. Das erste Fenster links im Chore von S. Lorenz. Reste erhalten. 1456.
II. Das fünfte rechts ebendaselbst. Von Künhofer gestiftet (gest. 1452).
III. Das Volkamer'sche Fenster in S. Sebald, das dritte rechts im Chore.

IX.
Der Meister des Löffelholz'schen Altares.

1. Der Löffelholz'sche Altar im Westchor von S. Sebald. (Kunigunde Löffelhölz starb 1453.)
2. Der Katharinenaltar in S. Lorenz. Sechs Tafeln mit Darstellungen der Legende der hl. Katharina.
3. Die Verlobung der hl. Katharina in Gegenwart der hl. Barbara, in der dritten Kapelle links in S. Lorenz.

X.
Michel Wolgemut.

1. Der Hofer Altar. Vier Tafeln mit dem „Gebet in Gethsemane", der „Kreuzigung", der „Kreuzabnahme" und der „Auferstehung" in der Pinatothek zu München Nr. 229—232. 1465.
2. Der Altar in der Marienkirche zu Zwickau. 1479.
3. Die Gemälde an der Staffel des Hauptaltares in der Pfarrkirche zu Schwabach. 1507.
4. Der Altar in der Stadtkirche zu Crailsheim.
5. Der Haller'sche Altar in der Kapelle zum hl. Kreuz zu Nürnberg.
6. Der Altar in der Stadtkirche zu Hersbruck.
7. Der Tod der Maria im Germanischen Museum Nr. 120. 1487.
8. Zwei Bischöfe ebendaselbst Nr. 104.
9. Die hl. Anna selbdritt, ebendaselbst (in der Kirche) Nr. 413.
10. Christus am Kreuz zwischen Maria und Johannes ebendaselbst. Nr. 430.
11. Das jüngste Gericht ebendaselbst Nr. 411. Werkstatt.
12. Die Messe des hl. Gregor in S. Lorenz, vierte Kapelle links. 1473.
13. Christus als Schmerzensmann zwischen Philippus und Jakobus, ebendaselbst. 1488?
14. Zwei Tafeln mit je vier Aposteln, die eine in S. Lorenz, erste Kapelle links, die andere in der Frauenkirche. Werkstatt.
15. Drei Bischöfe in der siebenten Kapelle links in S. Lorenz.
16. Christus am Kreuz zwischen Maria und Johannes am Eingang des Chores links ebendaselbst.
17. Die „Himmelfahrt Christi" auf der rechten Seite des Chores ebendaselbst.
18. Altarflügel mit knieenden Leuten ebendaselbst.

19. Die Beweinung Christi ebendaselbst.

20. Der Katharinenaltar in der vierten Kapelle rechts ebendaselbst.

21. Vier Altarflügel in S. Jakob. Die hl. Helena und der hl. Christoph von Wolgemut selbst, Elisabeth und Anna selbdritt aus der Werkstatt? (stark übermalt.)

? 22. Der Tod der Maria in der Tetzelkapelle in der Aegidienkirche 1496.

23. Kleiner Altar mit den Heiligen Wenzel, Martin, Barbara und Elisabeth auf der Burg.

24. Kleiner Altar mit der Legende des hl. Kreuzes in der Pfarrkirche zu Schwabach. Werkstatt.

Glasgemälde:

I. Glasfenster im Chor von S. Jakob. 1497.

II. Das Fenster in der Mitte des Chores von S. Lorenz.

III. Die oberen Theile des dritten Fensters rechts im Chore von S. Lorenz.

IV. Das Glasfenster von 1498 in der S. Johanneskirche.

Werkstattbilder:

1. Der Petersaltar im Chor von S. Sebald. 1487.

2. Der Altar mit der Legende der Maria in der Burg.

3. Das Rosenkranzbild von 1502 in S. Lorenz.

4. Die Krell'sche Tafel im Germanischen Museum. Nr. 125.

Holzschnitte:

1. Illustrationen vom Schatzbehalter. 1491.

2. Illustrationen der Schedel'schen Weltchronik.

Zeichnungen:

Der „Gottvater" von 1490, im Britisch Museum.

Die Zeichnungen in Erlangen, Berlin, Wien, Pest, Paris, London, Basel sind noch nicht kritisch gesichtet.

XI.
Wilhelm Pleydenwurff.

1. Der Peringsdörffer Altar im Germanischen Museum Nr. 112—115, 123, 124. 1487.

2. Der Rochusaltar in S. Lorenz Nr. 7.

3. Das Portrait des Konrad Imhof in der Rochuskapelle. 1486.

4. Die Geburt Mariä im Nationalmuseum zu München, 5. Saal.

5. Das Gebet Christi in Gethsemane im Germanischen Museum Nr. 111.

6. Das Doppelbildniß im Amalienstift zu Dessau. 1475.

Glasfenster:

I. Das Knorr'sche Fenster, das fünfte links im Chore von S. Lorenz. 1476.

II. Das Volkamer'sche Fenster, das vierte rechts ebendaselbst.

Richtung:

1. Die Verklärung Christi im Chore von S. Lorenz links.

Holzschnitte:

1. Ein Theil der Illustrationen des Schatzbehalters.
2. Ein Theil der Illustrationen der Schedel'schen Weltchronik.

Werke von schwächeren Nachahmern:

1. Die Messe Gregor's im Germanischen Museum Nr. 131.
2. Die Heiligen Apollonia und Barbara ebendaselbst Nr. 106 und 107.
3. Der Bethlehemitische Kindermord und Johannes auf Patmos in der Pfarrkirche zu Schwabach.
4. Der Sebastiansaltar ebendaselbst.

XII.

Der Meister K. F.

1. Vier Tafeln mit der Legende des hl. Veit, ursprünglich an dem Perings= dörfer Altar. Zwei in S. Lorenz, zwei im Germanischen Museum Nr. 126 und 127.
2. Der jetzt in seine Theile zerlegte Hochaltar der Pfarrkirche zu Forchheim.

XIII.

1. Der Krell'sche Altar, in der Mitte des Chores von S. Lorenz. 1483. Dazu gehörig die beiden Flügel: Barbara und Bartholomäus in der fünften Kapelle links von S. Lorenz.
2. Der hl. Jakobus im Germanischen Museum (Kirche) Nr. 423.

XIV.

Der Auszug der Apostel in der Pinakothek zu München Nr. 235.

XV.

Das Gebet in Gethsemane in der Gallerie zu Darmstadt.

XVI.

Die Kreuzigung aus Ebern im Germanischen Museum Nr. 117.

XVII.

Die Kreuztragung von 1495 in S. Sebald.

XVIII.

Jakob Elsner.

1. Männliches Portrait in der Gallerie zu Augsburg Nr. 670.
2. Kleines Altärchen mit Wappen und Portrait des Konrad Imhof im Nationalmuseum zu München.

XIX.
Der Meister der Rathhausbilder in Goslar.

1. Die Gemälde im Rathhaus zu Goslar. 1500.
2. Altar in der Gallerie zu Braunschweig Nr. 33. 1506. Dem Hans
   Raphon fälschlich zugeschrieben.
3. Der Hochaltar in der Predigerkirche zu Erfurt.

XX.
Die Bilder in Bamberg.

1. Der Volkamer'sche Altar. Nr. 21—23.
2. Der Abschied der Apostel.
3. Der Crucifixus mit Heiligen. Nr. 2.
4. Der Tod der Maria. Nr. 19.
5. Die Predigt des Johannes Kapistranus. Nr. 1.
6. Der Klarenaltar.

XXI.
Portraits.

1. Das Doppelbildniß von 1479 im Nationalmuseum zu München.
2. Die Ursula Tucher. 1478. In der Gallerie zu Kassel (Nr. 2).
3. Aelterer Mann im Germanischen Museum Nr. 108.
4. Jüngling ebendaselbst Nr. 91.
5. Jüngling ebendaselbst Nr. 110.
6. Doppelbildniß eines Mannes und einer Frau von 1501 im IX. Saale
   des Nationalmuseums zu München.
7. Jüngling in der Akademie zu Wien Nr. 571.
8. Männliches Portrait im Besitze von Mrs. Louis Jay in Frankfurt a. M.
9. Männliches Portrait im Besitze des Grafen Kageneck. 1483.

XXII.
Der Meister des Heilsbronner Altarwerkes.

1. Der Hochaltar in Heilsbronn.
2. Die hl. Sippe von 1504 rechts im Chore von S. Lorenz.
3. Die Auffindung des hl. Kreuzes im Germanischen Museum (Nr. 200).
4. Der Altar mit der Anbetung der hl. drei Könige, links im Chore der
   Kirche von Heilsbronn.

5. Der Altar mit den Figuren der hl. Barbara und Katharina im linken Seitenschiff ebendaselbst. 1513.

6. Die Beweinung Christi und die Kreuzigung, zwei Tafeln im rechten Seitenschiff ebendaselbst.

Verwandt.

7. Zwei Altarflügel: Johannes der Täufer und Antonius in der Pfarrkirche zu Schwabach.

XXIII.
Der Meister des Schwabacher Altares.

1. Der Hochaltar in Schwabach. Alle Bilder mit Ausnahme derjenigen an der Staffel. 1506 und 1507.

2. Die Heiligen Katharina und Barbara in der Pfarrkirche zu Schwabach.

3. Altar mit dem Abschied der Apostel ebendaselbst.

4. Marienaltar im rechten Seitenschiffe der Kirche zu Heilsbronn.

5. Zwei Tafeln im Germanischen Museum (Kirche, ohne Nummer): Die Geburt Christi und die Heimsuchung.

Verwandt.

6. Die hl. Brigitta im Germanischen Museum (Nr. 129).

XXIV.

Die Bilder aus der Marienlegende in der Gallerie zu Dresden (Nr. 1875 bis 1881).

VII.

Verzeichniß der Gemälde,
geordnet nach den Orten der Aufbewahrung.

***

I.

Nürnberg.

A. In der Aegidienkirche.

1. Die Anbetung der hl. drei Könige. Gedenktafel der Frau Benigna hermbrand zingelin († 1463). In der Wolfgangskapelle. Vielleicht Hans Pleydenwurff. Ganz übermalt. S. 116.
2. Christus im Grabe, Engel und Stifter. Gedenktafel des Konrad Zingl († 1447). Ebendaselbst. Vielleicht Pfenning. Total übermalt.
3. Christus am Kreuz, Maria und Johannes. In der Eucharius= kapelle. 15. Jahrhundert. Stil nicht mehr zu bestimmen.
4. Der Katharinenaltar. Gemälde auf den Flügeln. Ebendaselbst. 2. Hälfte des 15. Jahrhunderts.
5. Maria mit dem Kinde und Engeln. Gedenktafel der Frau Elspet Steffan Tetzel († 1437). In der Tetzelkapelle. Ganz übermalt. Stil des Meisters Berthold. S. 35. 45.
6. Der Tod der Maria. Gedenktafel der Frau Margarete Hans Tetzel († 1496). Ebendaselbst. Ganz übermalt. Richtung Wol= gemut's. S. 148.
7. Die Geburt Christi. Gedenktafel der Frau Margarethe Linhart Tetzel († 1476) und Linhart Tetzel's († 1480). Ebendaselbst. Ganz übermalt.
8. Die Verkündigung. Gedenktafel der Frau Margarethe Georg Tetzel († 1450). Ebendaselbst. Ganz übermalt.
9. Christus am Kreuz, Maria und Johannes. Gedenktafel der Frau Anna Kunz Mendel († 1406). Ebendaselbst. Ganz übermalt.
10. Schutzmantelbild. Gedenktafel der Frau Anna Georg Tetzel († 1442). Ebendaselbst. Ganz übermalt.

11. **Der Tod der Maria.** Gedenktafel der Frau Anna Hans Tetzel
(† 1448). Ganz übermalt.

Glasgemälde: Ein Fenster mit Stifterfiguren, I. Hälfte des 15. Jahrhunderts. Richtung Pfenning's. — Fenster mit Madonna, Gottvater,
Maria, Christus. Anfang des 16. Jahrhunderts.

B. In der Frauenkirche.

12. **Der Tucher'sche Altar.** Pfenning. S. 57—63. 66. 71. 77.
84. 130. 214. 234.

13. **Vier Apostel.** Zwei kleine Altarflügel. Wolgemut's Werkstatt.
Gehören zu Nr. 23 in der Lorenzkirche. S. 148.

14. **Die Auferstehung Christi.** An einem Pfeiler. Anfang des
15. Jahrhunderts. Vielleicht von demselben, der Nr. 58 in S. Lorenz
gemacht hat. S. 15.

C. In der Jakobskirche.

15. **Hochaltar.** 14. Jahrhundert. Ganz übermalt. S. 11.

16. **Altar in der Sakristei.** Maria mit Kind und Heilige. Meister
Berthold. S. 28 f. 38.

17. **Die Heiligen Helena, Christoph, Elisabeth, Anna selbdritt.**
Vier Altarflügel. Wolgemut. Die letzteren beiden übermalt. S. 148.

Glasgemälde: Fenster rechts im Chore nach Zeichnung Wolgemut's
1497. — Die wenigen Reste in dem mittleren Fenster und dem links aus dem
Anfang des 16. Jahrhunderts.

D. In der Johanniskapelle.

18. **Die Passion Christi.** Kleiner Altar. Pfenning. S. 71 f. 64. 77.

E. In der Kapelle zum hl. Kreuz.

19. **Der Hochaltar.** Von Michel Wolgemut. S. 141—144. 160.

20. **Maria mit dem Kind und Engel.** Scheint ein Bild aus dem
15. Jahrhundert zu sein, das im 16. übermalt wurde.

F. In der Lorenzkirche.

Wir beginnen die Wanderung im Linken Seitenschiff.

I. Kapelle.

21. **Christus in der Kelter.** Rohes Werk der Schule Pfenning's. S. 23. 78.

22. **Nr. 12.** Legende des hl. Veit. Meister R. F. 1487. S. 170 f.

23. **Vier Apostel.** Zwei Flügel aus der Werkstatt Wolgemut's.
Gehören zu Nr. 13 in der Frauenkirche. S. 147.

Imhof-Empore.

24. **Der Imhof'sche Altar.** Meister Berthold. S. 19—24. 38. 57.

IV. Kapelle.

25. Nr. 13. Die Messe Gregor's. Michel Wolgemut. S. 147.

26. Drei Tafeln mit der Legende der hl. Katharina. Kleiner Führer Nr. 14. Meister des Löffelholzaltares. Gehören mit Nr. 32 zusammen. S. 120.

27. Nr. 15. Christus zwischen Jakobus und Philippus. Gestiftet vom Vikarius Spengler († 1488). Wolgemut. S. 147.

V. Kapelle.

28. Passionsszenen. Zwei Flügel, gehörig zum Mittelbilde hier Nr. 57. Vom Meister des Wolfgangsaltares. S. 50 f. 52.

29. Verlobung der hl. Katharina und Barbara. Meister des Löffelholz'schen Altares. S. 120.

30. Der hl. Bartholomäus und die hl. Barbara. Zu Nr. 43 gehörig. Meister des Bartholomäusaltares. S. 190.

VI. Kapelle.

31. Nr. 16. Die Imhof'sche Madonna. Meister Berthold. 1446. S. 31 f. 23. 45. 52.

32. Drei Szenen aus der Legende der Katharina. Zu Nr. 26 gehörig. Meister des Löffelholz'schen Altares.

33. Allegorie auf die Geburt Christi. Vom Meister des Wolfgangsaltares. S. 53.

VII. Kapelle.

34. Drei hl. Bischöfe. Von Wolgemut. S. 147.

35. Der hl. Georg und der hl. Servatius. Vom Meister des Wolfgangsaltares. Theile dieses Altares? S. 53.

36. Der Wolfgangsaltar. Vom Meister des Wolfgangsaltares. S. 50. 52.

Im Chor von links aus angefangen:

37. Der Deokarusaltar. Vom Meister Berthold. S. 33 f. 23. 38. 41.

38. Kleiner Führer Nr. 18. Szene aus der Veitlegende. Vom Meister R. F. S. 170 f.

39. Christus am Kreuz zwischen Maria und Johannes. Von Wolgemut. S. 147.

40. Rosenkranzbild. Gedenktafel der Frau Anna Nikolaus Paumgartnerin († 1502). Schule Wolgemut's. S. 152.

41. Christus als Schmerzensmann zwischen Maria und Johannes. Schule des Meister Berthold. S. 23. 35.

42. Die Verklärung Christi. Richtung des W. Pleydenwurff. S. 178.

In der Kapelle in der Mitte hinten:

43. Altar mit Madonna und den Heiligen Bartholomäus und Bar

bara. Vom Meister des Bartholomäusaltares. Dazu gehörig Nr. 30.
S. 189.

Rechte Seite des Chorumganges:

44. Die hl. Sippe. Gedenktafel für Johannes Löffelholz († 1504). Vom
Meister des Heilsbronner Hochaltares. S. 216.

45. Nr. 4. Knieende Männer. Flügel eines Altares. Von Wolgemut.
S. 105. 148.

46. Nr. 2. Die Beweinung Christi. Von Wolgemut. S. 105. 148.

47. Nr. 3. Die Himmelfahrt Christi. Von Wolgemut. S. 105. 148.

In der Mitte des Chores:

48. Altar. Führer Nr. 20. Die Anbetung der hl. drei Könige.
Auf den Flügeln: die Geburt, Verkündigung, Flucht nach Egypten
und der Kindermord. Von Hans Pleydenwurff. S. 115.

Im rechten Seitenschiff:

I. Kapelle.

49. Die Anbetung der hl. drei Könige. Gedenktafel für Hans
Schmidmayer († 1476). Kopie nach Dürer'scher Komposition.

II. Kapelle.

50. Nr. 11. Der Tod der Maria. Vom Meister Berthold. S. 23. 31.

51. Tod der Maria. Derbe Nachahmung des Meisters Berthold.

IV. Kapelle.

52. Nr. 10. Der Martha=Altar. Von einem unbekannten tüchtigen
Meister der zweiten Hälfte des 15. Jahrhunderts.

V. Kapelle.

53. Christus, Heinrich II., Kunigunde, Laurentius. Von
Pfenning. S. 70 f. 77.

54. Der Katharinenaltar. Von Wolgemut. S. 105. 148. 160.

VI. Kapelle.

55. Maria mit Kind, Bartholomäus und Barbara. Gedenktafel
für Heinrich Gärtner († 1437). Schule des Meister Berthold.
S. 36.

VII. Kapelle.

56. Enthauptung dreier Heiliger. Rohe Nachahmung W.
Pleydenwurff's.

57. Christus in Gethsemane. Vom Meister des Wolfgangs=
altares. Dazu gehörig Nr. 28. S. 50 f. 52.

58. Christus in Glorie. Gedenktafel des Paulus Stromer († 1406).
Von einem Meister der Uebergangszeit von der Kunst des 14. zu der
des 15. Jahrhunderts. Von demselben vielleicht Nr. 14. S. 15. 23.

19*

59. Nr. 7. Der Rochusaltar. Von Wilhelm Pleydenwurff. S. 175. 177.

G. In der Rochuskapelle.

60. Portrait des Konrad Imhof 1487. Von Wilhelm Pleyden= wurff. S. 176. 185. 195. 207.

II. In der Sebaldskirche.

Im Westchor:

61. Der Löffelholz'sche Altar. S. 118 f. 189.

62. Drei Bilder: die Verkündigung, die Geißelung und Dornen= krönung. Ganz übermalt. Ursprünglich vielleicht im Stile Pfenning's.

Im Längshause.

63. Die Allegorie auf die Geburt Christi. Gestiftet von Ulrich Stark († 1478). Kopie Nr. 33, aber künstlerisch unbedeutend. S. 53.

64. Der Haller'sche Altar. Von Pfenning. S. 64. 69. 77.

Im Chor:

65. Die Kreuztragung von 1485. Von einem unbekannten Meister der zweiten Hälfte des 15. Jahrhunderts. S. 144. 193. 204.

66. Die hl. Anna selbdritt zwischen Katharina und Nikolaus. Von Meister Berthold. Uebermalt. S. 34.

67. Die Geburt Christi. Von Pfenning. S. 69.

68. Der Petrusaltar. Schule Wolgemut's. S. 151.

69. Fresken: das Abendmahl und das Gebet in Gethsemane. Zum Gedächtniß des Hans Stark († 1423). Bis zur Unkenntlichkeit des Stiles übermalt.

70. Verkündigung. Von einem Meister des Ueberganges, Anfang des 16. Jahrhunderts.

Glasgemälde im Chor:

Links das erste und zweite: Richtung Berthold's, das vierte und fünfte: Richtung Pfenning's, das sechste: Richtung Berthold's, das siebente: Richtung Pfenning's. Rechts das erste: Berthold's Richtung, das zweite aus dem 16. Jahrhundert, das dritte: Richtung des Hans Pleydenwurff, das vierte: Berthold's Richtung, das fünfte: Richtung Pfennings, das sechste: Richtung Berthold's. S. 37. 74.

I. In der Sammlung der Burg.

71. Altar mit den Heiligen Martin und Wenzel. Von Wol= gemut. S. 149. 160.

72. Altar mit den Heiligen Heinrich und Kunigunde. Schule Wolgemut's. Anfang des 16. Jahrhunderts. Nicht bedeutend.

K. Im Germanischen Museum.

73. Kleiner Altar der hl. Martha. Nr. 4. Von einem Meister des 14. Jahrhunderts. S. 12.

74. Die hl. Brigitte. Nr. 5. Von einem Meister des 15. Jahrhunderts. Dazu gehörig 119. S. 13.

75. Altärchen mit der Passion Christi. Nr. 6. Unbedeutend. Schule des Meisters Berthold. S. 36.

76. Zwei Tafeln: der Bethlehemitische Kindermord und die Bestattung Mariens. Nr. 83 und 84. Von dem Meister der hl. Familie bei Fräulein von Przibram in Wien. S. 43. 46.

77. Das Holzschuher'sche Epitaphium (1426). Nr. 86. Von einem unbedeutenden Zeitgenossen Berthold's. S. 15.

78. Die Geburt Christi. Gedenktafel der Walpurg Prünsterin († 1434). Nr. 87. Von Meister Berthold. S. 24. 31. 53.

79. Christus als Schmerzensmann zwischen Maria und Johannes. Nr. 88. Vom Meister Berthold. Gehörte zum Imhof'schen Altare in S. Lorenz. Nr. 24. S. 19. 20.

80. Die hl. Margarethe. Nr. 89. Schule des Meisters Berthold. S. 36.

81. Das jüngste Gericht. Nr. 90. Schule Pfenning's. S. 78.

82. Bildniß eines Jünglings. Nr. 91. Meister der zweiten Hälfte des 15. Jahrhunderts. S. 208.

83. Die Vermählung der hl. Katharina. Genannt: Herlen Nr. 96. Von Hans Pleydenwurff. S. 116.

84. Flügel eines Altarwerkes: die Anbetung der hl. drei Könige, Rückseite: Maria aus der Verkündigung. Genannt Schule des Herlen. Nr. 97. 98. Von Hans Pleydenwurff. Dazu gehörig 178 im Münchener Nationalmuseum. S. 108.

85. Der hl. Ambrosius und Augustinus. Nr. 104. Von Wolgemut. S. 147.

86. Christus als Schmerzensmann zwischen Heiligen. Nr. 105. Schwache Arbeit aus der zweiten Hälfte des 15. Jahrhunderts.

87. Die Heiligen Barbara und Apollonia. Nr. 107. Richtung des Wilhelm Pleydenwurff. S. 186.

88. Portrait eines älteren Mannes. Gen. Wolgemut. Nr. 108. Von einem Meister der zweiten Hälfte des 15. Jahrhunderts. S. 208.

89. Portrait des Kanonikus Schönborn. Genannt Wolgemut. Nr. 109. Von Hans Pleydenwurff. S. 109. 207.

90. Portrait eines jungen Mannes. Nr. 110. Im Stile der Jugendarbeiten Dürer's. S. 208.

91. Das Gebet in Gethsemane. Nr. 111. Genannt Wolgemut. Von Wilhelm Pleydenwurff. S. 176.

92. Der Peringsdörffer Altar. Nr. 112—115. Von Wilhelm Pleydenwurff. S. 163—175. 54. 105. 126. 179. 182. 185. 186. 214.

93. Die Schönborn'sche Kreuzigung. Nr. 116. Genannt Wolgemut. Von Hans Pleydenwurff. S. 108.

94. Die Kreuzigung aus Ebern. Nr. 117. Von einem sonst unbekannten Meister. S. 192.

95. Der Tod Maria's. Gedenktafel der Margarethe Hallerin († 1487). Nr. 120. Von Wolgemut. S. 146. 184.

96. Die Heiligen Dominikus und Thomas von Aquino. Genannt Werkstätte Wolgemut's. Nr. 121, 122. Von Hans Pleydenwurff. S. 116.

97. Die Heiligen Kosmas und Damianus, Magdalena und Lucia. Genannt Werkstätte Wolgemut's. Nr. 123, 124. Staffel des Peringsdörffer Altares. Nr. 92. Schule des Wilhelm Pleydenwurff. S. 163—175.

98. Maria mit dem Kinde und Heilige. Nr. 125. Schule Wolgemut's. S. 152.

99. Legende des hl. Veit. Nr. 126, 127. Zum Peringsdörffer Altar gehörig. Nr. 92. Meister K. F. S. 163—175.

100. Die hl. Brigitte. Nr. 129. Richtung des Meisters des Schwabacher Altares. S. 226.

101. Die hl. Brigitte. Nr. 130. Ganz übermalt. Der Meister nicht näher zu bestimmen.

102. Die Messe Gregor's. 1493. Nr. 131. Schule Wilhelm Pleydenwurff's. S. 186.

103. Die Auffindung des Kreuzes. Genannt: Hans von Kulmbach. Nr. 200. Vom Meister des Heilsbronner Altares. S. 216.

104. Die Heiligen Barbara und Johannes Evangelista. Nr. 244, 245. Genannt: Sebastian Daig. Dem Meister des Schwabacher Altares verwandt.

105. Die Krönung Mariä. Genannt: Art des Sebastian Daig. Nr. 250. Dem Meister der Dresdener Bilder verwandt.

106. Gedenktafel des Anton Christian Imhof († 1449). Nr. 406. Vom Meister des Wolfgangsaltares. S. 51.

107. Christus und die zwölf Apostel. Predella. Nr. 409. Vom Meister Berthold. S. 35.

108. Die hl. Anna selbdritt. Nr. 413. Von Wolgemut. S. 147.
109. Christus am Kreuze, Maria und Johannes. Nr. 416. Schule Pfenning's. S. 78.
110. Christus am Kreuz, Maria und Johannes. Nr. 430. Von Wolgemut. S. 147.
111. Altar aus dem 14. Jahrhundert mit Passionsszenen. (Nicht im Gemäldekatalog angeführt, trägt Nr. 756.) Im Raum neben der Kirche. S. 13.
112. Kleiner Altar. Schule des Hans Pleydenwurff. (Nicht im Katalog, Nr. 757.) Ebendaselbst.
113. Die Messe Gregor's. Schule Pfenning's. (Nicht im Katalog, Nr. 769.) Ebendaselbst.
114. Altar mit der Anbetung der drei Könige, den vierzehn Nothhelfern. Ohne Nummer. Ebendaselbst. Von dem Meister des Altares in der Reglerkirche zu Erfurt. S. 81.

II.

Außerhalb Nürnbergs.

Aachen.

Gemäldegallerie:

115. Die Beschneidung Christi. Von Pfenning. Unter den von Frau Weber hinterlassenen Bildern. S. 72. 77.

Augsburg.

Gemäldegallerie:

116. Die hl. Margarethe und die hl. Rosa. Im II. Kabinet. Von Meister Berthold. S. 33.
117. Die Kreuzigung und die Auferstehung Christi. Nr. 42, 43. Von Hans Pleydenwurff. (Gehören zu 167. S. 109 f. 111.
118. Portrait des Peter Ketzler. 1499. Von Jakob Elsner. Nr. 670. S. 194.
118a. Die hl. Ursula von Berthold, im Besitze des Major Göringer. S. 35.

Bamberg.

Städtische Gemäldesammlung:

119. Zwei Darstellungen der Legende der hl. Brigitte. Zu Nr. 74 im Germanischen Museum gehörig. 14. Jahrhundert. S. 13.
120. Das Gebet in Gethsemane. Nr. 32. Schule Meister Berthold's. S. 36.

121. Die Predigt des Johannes Kapistranus. Nr. 1. Unter dem
　　　 Einflusse von Pleydenwurff und Michel Wolgemut. S. 203.
122. Der Klarenaltar. Nr. 11—18. Von Hans Wolf. S. 204 f.
123. Christus am Kreuz und Heilige. Nr. 2. Schule des Hans
　　　 Pleydenwurff. S. 203.
124. Altarwerk der Volkamer. Nr. 21—23. Späte Schule Wol-
　　　 gemut's. S. 203.
125. Der Abschied der Apostel. Ohne Nummer. Ungeschickter Nach-
　　　 ahmer Wolgemut's. S. 203.
126. Der Tod der Maria. Nr. 19. Genannt: Herlen. Wolgemut's
　　　 Schule. S. 203.

Dom:

　　　 Sechs Bruchstücke von Glasfenstern im Stile des Meisters Berthold
in der Nagelkapelle. S. 37.

Berlin.

Königliche Gemäldegallerie:

127. Der Deichsler'sche Altar. Nr. 1207—1210. Vom Meister
　　　 Berthold. S. 24 ff. 23. 38. 46.

Braunschweig.

Gemäldegallerie:

128. Altar. Dem Hans Raphon zugeschrieben. Nr. 33. 1506. Von
　　　 dem Meister der Gemälde in Goslar. S. 201.

Breslau.

Gemäldegallerie:

129. Altar mit der Himmelfahrt Mariä. Stiftung der Imhof. Nr. 203,
　　　 205. Vom Meister des Wolfgangsaltares. S. 50 f. 52. 65.
130. Bruchstück der Darstellung im Tempel und der Kreuzigung
　　　 von dem Hochaltar der Elisabethkirche, zusammengehörig mit 131
　　　 und 184 (in München). Von Hans Pleydenwurff. S. 111 f.

Museum schlesischer Alterthümer:

131. Bruchstücke einer Anbetung der hl. drei Könige (Maria mit dem
　　　 Kinde). Von dem Hochaltar der Elisabethkirche. Von Hans
　　　 Pleydenwurff. Zu 130 und 184 gehörig. S. 111 f.
132. Der Barbaraaltar von 1447. Nr. 9789. Von dem Breslauer
　　　 Meister von 1447. S. 83 ff.
133. Das Bildniß der hl. Veronika. Nr. 332. Von dem Breslauer
　　　 Meister von 1447. S. 90.

134. Maria mit dem Kinde und Engeln. Nr. 9973. Von dem Breslauer Meister von 1447. S. 90.

Dom:

135. Fresken in der linken Seite des Chorumganges, die Marter der Zehntausend und der hl. Ursula. Von dem Breslauer Meister von 1447. S. 90.

136. Der Altar des Petrus von Wartenberg im Chorumgang rechts. 1468. Von dem Breslauer Meister von 1447. S. 90 f.

Caſſel.

Gemäldegallerie:

137. Bildniß der Ursula Tucherin. Nr. 2. Meister um die zweite Hälfte des 15. Jahrhunderts. S. 207.

Chemnitz.

Alterthumsverein:

Die hier aufbewahrten großen Altarflügel werden ganz irrthümlich Wolgemut zugeschrieben.

Crailsheim.

Pfarrkirche:

138. Der Hochaltar. Von Wolgemut. S. 140 f.

Darmstadt.

Gemäldegallerie:

139. Das Gebet in Gethsemane. S. 192.

Deſſau.

Amalienstift:

140. Doppelbildniß eines Mannes und einer Frau von 1475. Von Wilhelm Pleydenwurff. S. 176. 207.

Dresden.

Gemäldegallerie:

141. Die sieben Darstellungen aus der Geschichte Christi. Nr. 1875—1881. Von Hans Schäuffelein? S. 226 f.

Erfurt.

Predigerkirche:

142. Der Hochaltar. Von dem Meister von Goslar. S. 201.

Reglerkirche:

143. Der Hochaltar. Von dem hiernach benannten Schüler Pfenning's. S. 79 ff.

Erlangen.

Universitätsbibliothek:

144. Hans Trautt: Zeichnung des hl. Sebastian. S. 103. 179. 180. 183.
145. Tod der Maria. Zeichnung von Pfenning. S. 74.
    Zeichnungen von Wolgemut und dessen Schule. S. 157.

Florenz.

Uffizien:

Ein männliches Portrait in der Gallerie Ferroni wird nach Vischer von Bayersdorffer für ein Gemälde Wolgemut's gehalten, was ich nicht annehmen kann. Mir scheint es gar nicht Nürnbergische Arbeit.

Forchheim.

Pfarrkirche:

146. Die Tafeln des ehemaligen Hochaltares. Von Meister R. F. S. 186 f.

Schloß:

147. Fresken aus dem 14. Jahrhundert. S. 10.

Frankfurt a. Main.

Bei Frau Louis Jay:

147a. Männliches Porträt. S. 208.

Goslar.

Rathhaus:

148. Gemälde im oberen Rathszimmer. Angeblich von Wolgemut, aber vielmehr von einem Schüler. S. 196—201. 246—257. 125. 126.

Hamburg.

Sammlung des Konsul Weber:

149. Brustbild der hl. Barbara. Vom Meister Berthold. S. 35.
150. Köpfe des Johannes und der Maria. Nr. 360 und 361. Von dem Meister der hl. Familie bei Fräulein Przibram in Wien. S. 47.

Heilsbronn.

Kirche:

151. Hauptaltar. Von dem danach benannten Meister. S. 213—216. 186.
152. Altar am Ende des linken Seitenschiffes. Die Heiligen Katharina und Barbara. Vom Meister des Heilsbronner Altares. S. 216.
153. Altar am Ende des rechten Seitenschiffes. Szenen aus dem Leben Christi. Vom Meister des Schwabacher Altares? S. 225.

154. Altar links im Chor mit der Anbetung der hl. drei Könige. Vom Meister des Heilsbronner Altares. S. 216.

155. Madonna von 1365 in der Vorhalle. 1497 übermalt.

156. Christus als Schmerzensmann. Gestiftet von Abt Friedrich v. Hirzlach. In der Vorhalle. 14. Jahrhundert. S. 13.

157. Bruchstück einer Kreuzigung. Ebendaselbst. 14. Jahrhundert. Ganz übermalt. S. 13.

158. Vier Passionsszenen ebendaselbst. 14. Jahrhundert. S. 13.

159. Die Madonna mit den Cisterzienfermönchen. Von Pfenning. S. 67 f. 70. 73. 77. 167. 217.

160. Christus und Maria. 1370. In dem rechten Seitenschiff. S. 13.

161. Die Beweinung Christi und die Kreuzigung. Vom Meister des Hochaltares. Ebendaselbst. S. 217.

162. Zwei Engel mit der Kette des Schwanenordens. 1471.

163. Zwei Engel mit der Kette des Schwanenordens. 1495.

164. Zwei Engel mit der Kette des Schwanenordens. Vielleicht vom Meister des Hochaltares.

Hersbruck.

Pfarrkirche:

165. Die Flügel des ehemaligen Hochaltares. Von Wolgemut und einem Schüler. S. 144—146.

München.

Alte Pinakothek:

166. Die Kreuzigung. Nr. 233. Von Hans Pleydenwurff. S. 105 f. 129. 137.

167. Die Vermählung der hl. Katharina. Nr. 234. Flügel vom Landauer Altar. Dazu gehörig Nr. 117. Von Hans Pleydenwurff. S. 109. 129.

168. Der Hofer Altar. Nr. 229—232. Von Michel Wolgemut. S. 136—139. 109. 112. 142. 143. 191.

169. Der Abschied der Apostel. Nr. 235. Von einem unbekannten Meister, der von Hans Pleydenwurff beeinflußt war. S. 190.

Nationalmuseum (Erdgeschoß):

170. Der Flügelaltar aus Schloß Pähl. 4. Zimmer Nr. 9. Vom Meister von Wittingau. S. 46.

171. Der Bamberger Altar. Von Meister Berthold. S. 26 f. 24. 38.

172. Maria mit dem Kinde und Johannes. Gedenktafel der Klosterfrau Gerhaus Ferin (starb 1443). Von Meister Berthold. Im 5. Saal Nr. 15. S. 32.

173. Maria mit dem Kinde, Johannes Evang. und Elisabeth.
Ebendaselbst Nr. 11. Von Meister Berthold. S. 33.

174. Maria im Aehrenkleide. Im 7. Saal Nr. 3. Vom Meister
Berthold. S. 33.

175. Doppelbildniß eines Mannes und einer Frau von 1479.
Ebendaselbst. S. 207.

176. Der Tod der Maria. Ebendaselbst. Alte Wiederholung von
50 in S. Lorenz. S. 35.

177. Altärchen mit Portrait des Konrat Imhof. 1486. Im
Glasschrank. Von Jakob Elsner. S. 176. 194 f.

178. Die Geburt Christi (Rückseite Verkündigungsengel). Ebendaselbst Nr. 18. Gehört zu 84. Von Hans Pleydenwurff.

179. Die Geburt der Maria. Von Wilh. Pleydenwurff. S. 176. 177.

180. Die Verkündigung. Ebendaselbst. Nr. 719. Sehr beschädigt, war
aber gut. Richtung des Hans Pleydenwurff. S. 108.

181. Darstellung im Tempel und Anbetung der hl. drei Könige.
Im letzten Saale, linke Wand oben. Nicht bedeutend. Schule des
Hans Pleydenwurff.

182. Doppelportrait eines Mannes und einer Frau von 1501.
Wohl von Schüler des Wilhelm Pleydenwurff. Ebendaselbst. S. 108.

Frauenkirche:

183. Die Kreuzigung. In einer Kapelle des rechten Seitenschiffes. Von
einem Schüler Pfenning's. S. 64. 91.

Permanente Gemäldeausstellung von Rupprecht's Nachfolger (Briennerstraße 8):

184. Altarflügel vom Hochaltar der Elisabethkirche in Breslau. Die
Kreuzabnahme. Von Hans Pleydenwurff. S. 112 f. 137.

Prag.

Rudolfinum:

Die von Scheibler früher Wolgemut zugeschriebenen Altarflügel: Die Hl.
Heinrich und Kunigunde sind Arbeiten eines Künstlers unter Dürer's
Einfluß.

Rovigo.

Gemäldegallerie:

185. Die Begegnung Joachim's und Anna vor der goldenen
Pforte. Von Hans Pleydenwurff. S. 116.

Schwabach.

Pfarrkirche:

186. Der Hochaltar von dem danach benannten Meister. 1507.
Die Predella von Michel Wolgemut. S. 219—224. 125. 126.
127. 131. 134. 135. 142. 160. 245. 246.

187. Der Katharinenaltar. Vom Meister des Wolfgangsaltares. S. 54.

188. Die Heiligen Christoph und Magdalena. Von demselben. S. 54.

189. Die Heiligen Katharina und Barbara. Vom Meister des Hochaltares. S. 225.

190. Altar mit der Kreuzigung und Szenen aus der Veitlegende. Vom Meister des Wolfgangsaltares. S. 54.

191. Der Bethlehemitische Kindermord und Johannes auf Patmos. Unbedeutende Stücke der Schule des Wilhelm Pleydenwurff. S. 186.

192. Altar mit der Auferweckung des Lazarus und der Auffindung des hl. Kreuzes. Wolgemut's Werkstatt. S. 149.

193. Der Sebastiansaltar. Rohe Arbeit der Schule Wilhelm Pleydenwurffs. S. 186.

194. Altar mit dem Abschied der Apostel. Von dem Meister des Hochaltares. S. 225.

Wien.

Belvedere:

195. Die Kreuzigung. Nr. 87. Von Pfenning. S. 64 ff. 71. 77. 107.

Ambraser Sammlung:

196. Portrait der Jakobäa von Bayern. Von Pfenning? S. 72.

Akademie:

197. Männliches Portrait. Nr. 571. Bezeichnet Schilther. S. 208.

Fräulein Gabriele Przibram:

198. Die Heiligen Anna und Elisabeth mit Johannes und Christus. Von dem danach benannten Meister. S. 47.

Würzburg.

Neumünster:

199. Die Anbetung der hl. drei Könige und die Geburt Christi. Von einem unbekannten Meister der Uebergangsrichtung, der aber vermuthlich nicht der Nürnberger Schule angehört. Bezeichnet 1510 oder 1514.

Gallerie der Universität:

200. Zwei Flügel: Geburt Christi und Anbetung der hl. drei Könige. Nr. 160 und 161. Ganz übermalt. Ein ziemlich roher Maler der Richtung Wolgemut's.

Zwickau.

Marienkirche:

201. Der Hochaltar von Michel Wolgemut 1479. Zwei Bilder daran von dem Meister des Altares in der Reglerkirche zu Erfurt. S. 127—134. 82. 125. 126. 142. 160.

202. Christus dem Volke gezeigt. In der Sakristei. Von demselben? S. 82 f.

———⟶⟨⟨———

VIII.

Verzeichniß
der verschollenen oder untergegangenen Bilder der Nürnberger Schule im 14. und 15. Jahrhundert.

❦

Von der weitaus größten Mehrzahl der im Folgenden auf Grund älterer Literatur angeführten Bilder ist mit Sicherheit anzunehmen, daß sie in dem Zeitraum bis 1500 entstanden sind. In einzelnen Fällen aber muß es dahingestellt bleiben. Der bequemeren Uebersicht wegen ist das Verzeichniß sachlich angeordnet. Unter „Murr" ist stets dessen Beschreibung von Nürnberg gemeint.

❦

I.
Darstellungen aus dem alten Testament.

1. Altartafeln. Die Schöpfung Adam's und Eva's, der Baum der Erkenntniß. In der Sammlung Johann Georg Friedrich von Hagen's. Murr. Zu Nr. 53 gehörig.
2. Abraham und die drei Engel. Auf der Burg. Murr. „Von einem alten Meister."
3. Die eherne Schlange. In der Karthäuserkirche. Murr. Vermuthlich ein späteres Bild.

II.
Darstellungen aus dem Neuen Testament.

1. Einzelne Tafeln.

Die Verkündigung.
4. Vom Jahre 1401. In der Aegidienkirche. Murr.

5. Altarflügel in S. Rochus. Murr. Das Mittelstück: Skulptur, Anbetung der hl. drei Könige.

6. In der Predigerkirche. Murr. Vielleicht zusammengehörig mit einer Geburt Christi von 1462, s. Nr. 10.

Dieselbe Darstellung auf den Altarwerken Nr. 57, 66, 72.

Die Heimsuchung.

Auf einem Altar mit Heiligenlegenden in S. Walpurgis, s. Nr. 122.

Die Geburt Christi.

7. In der Sammlung des Johann Georg Friedrich von Hagen. Murr. „Sehr altes Stück".

8. Vom Jahre 1413. In der Katharinenkirche. Murr.

9. Vom Jahre 1434. In der Predigerkirche. Unten der Ecce homo. Murr.

10. Vom Jahre 1462. In der Predigerkirche. Murr. Vielleicht mit Nr. 6 zusammengehörig.

11. Vom Jahre 1498. Ebendaselbst. Murr.

12. In St. Bartholomäus in Wöhrd. Murr. Altar mit den Heiligen Johannes, Katharina und den vier Evangelisten.

Dieselbe Darstellung auf den Altarwerken Nr. 53, 54, 55, 63, 65, 66, 72.

Die Anbetung der hl. drei Könige.

13. In S. Johannes. Gestiftet von Nikolaus Topler († 1484) und Frau Hallerin. Würffel: Vermischte Nachrichten, II, 663.

Dieselbe Darstellung auf den Altarwerken Nr. 52, 54, 60, 61, 63, 65, 66, 68.

Die Darstellung im Tempel.

Auf den Altarwerken Nr. 52, 60, 65.

Die Beschneidung.

Auf den Altarwerken Nr. 59, 65.

Die Flucht nach Egypten.

Auf den Altarwerken Nr. 60, 63.

Der zwölfjährige Christus im Tempel.

Auf dem Altarwerk Nr. 60.

Die Taufe Christi.

Auf dem Altarwerk Nr. 59.

Die Heilung von Petri Schwieger.

14. Vom Jahre 1496. In der Aegidienkirche. Murr.

Die Auferweckung des Jünglings zu Nain.

Auf dem Altarwerke Nr. 73.

Die Auferweckung des Lazarus.
Auf dem Altarwerk Nr. 64.

Der Einzug in Jerusalem.
Auf dem Altarwerk Nr. 67.

Der Abschied von den Frauen.
15. In der Katharinenkirche. Murr. Vielleicht das jetzt im Germanischen Museum befindliche Bild Nr. 251?

Das Abendmahl.
16. Predellenstück von einem Altar. In S. Walpurgis. Murr. Dieselbe Darstellung auf den Altarwerken Nr. 64, 72.

Das Gebet in Gethsemane.
17. Vom Jahre 1476. In der Aegidienkirche. Murr.
18. In der Mendel'schen Kapelle zu den zwölf Boten. Murr. Dieselbe Darstellung auf den Altarwerken Nr. 62, 69, 71.

Christus vor Pilatus.
Auf dem Altarwerke Nr. 71.

Die Geißelung.
Auf dem Altarwerke Nr. 69.

Die Dornenkrönung und Verspottung.
19. Vom Jahre 1439. In der Predigerkirche. Murr. Auch auf dem Altarwerke Nr. 69.

Ecce homo.
20. Vom Jahre 1443. In der Predigerkirche. Altar mit den Heiligen Martin, Katharina, Johannes, Evangelista, Barbara. Murr. Auch auf Nr. 9.

Die Kreuztragung.
21. In der Frauenkirche. Murr. „Und drei andere Darstellungen."
22. In der Predigerkirche. Murr. „Mit Versen." Auch auf dem Altarwerke Nr. 67.

Die Kreuzigung.
23. In S. Lorenz. Zum Andenken von Hans Reiff († 1453) und seiner Frau († 1474), 1812 aus der Kirche genommen. Hilpert. Vielleicht die Kreuzigung von Hans Pleydenwurff in der Pinakothek zu München.
24. In der Sammlung von Friedrich Birkner. Murr. „Von altem vortrefflichen Meister."
25. In der Mendel'schen Kapelle zu den zwölf Boten. Murr. „Außen an der Kapelle aufgehängt."

26. Vom Jahre 1490. In der Predigerkirche. Murr. „Christi Ab= scheidung."

27. Ebendaselbst. Murr.

28. Ebendaselbst. Murr.

29. Vom Jahre 1418. Ebendaselbst. Murr.

Auch auf den Altarwerken Nr. 55, 60, 67. 70.

Christus am Kreuz (Maria, Johannes, Heilige).

30. In S. Sebald. Mayer.

31. In der Aegidienkirche. Murr.

32. Altärchen mit nicht näher bezeichneten Flügelbildern. In der Katharinen= kirche. Waldau: Vermischte Beiträge. S. 412.

33. Altar mit Heiligen. In S. Salvator. Murr. „Vor Dürer."

34. Altärchen mit Petrus und Heiligen. In der Predigerkirche. Murr.

35. Ebendaselbst. Murr.

Auch auf den Altarwerken Nr. 62, 66, 70.

Die Kreuzabnahme.

36. Vom Jahre 1483. In der Predigerkirche. Murr. „Sehr lange Tafel."

37. Vom Jahre 1519. In S. Bartholomäus in Wöhrd. Murr.

Auch auf dem Altarwerke Nr. 67.

Die Beweinung.

Auf den Altarwerken Nr. 52, 69.

Die Pietà.

Auf den Altarwerken Nr. 66, 68.

Die Grablegung.

38. Vom Jahre 1478. Gegenstück zu einer Kreuzabnahme. In S. Lorenz. Murr.

39. In S. Jakob. Murr. Unter dem Fürleger'schen Fenster.

Auch auf dem Altarwerke Nr. 62.

Die Auferstehung.

40. Vom Jahre 1462. In der Aegidienkirche. Murr.

41. In der Predigerkirche. Murr.

42. Kleiner Altar mit den Heiligen Anna und Helena. In S. Bartholo= mäus in Wöhrd. Murr.

Auch auf den Altarwerken Nr. 52, 53, 57, 69, 70, 72, 73.

Christus im Limbus.

Auf dem Altarwerk Nr. 57.

Christus erscheint der Magdalena.

43. In S. Bartholomäus in Wöhrd. Murr.

Auch auf dem Altarwerke Nr. 68.

Die Bekehrung des ungläubigen Thomas.

44. In der Elisabethkapelle im Deutschen Haus. Murr.

Die Himmelfahrt.

45. Gedenktafel des Leonardus Olhafen († 1517). In S. Sebald. Murr.
Auch auf dem Altarwerk Nr. 56.

Das Pfingstfest.

46. Vom Jahre 1510. In der Predigerkirche. Murr.
Auch auf den Altarwerken Nr. 52, 56.

Das Jüngste Gericht.

47. In der Burg. Von Wolgemut. Rettberg.

48. Im Rathhaus. Von Wolgemut. Murr und Roth. Etwa das Bild
im Germanischen Museum Nr. 411?

49. Vom Jahre 1519. In S. Johannes. Murr.

50. Vom Jahre 1423. In der Predigerkirche. Murr.

51. Vom Jahre 1430. Ebendaselbst. Murr.
Auch auf dem Altarwerke Nr. 55.

2. Cyklische Darstellungen auf Altarwerken.

52. Der Hauptaltar in der Frauenkirche. Die Beweinung Christi,
Geburt der Maria, Darstellung im Tempel, Anbetung
der hl. drei Könige, Pfingstfest, Auferstehung, Krönung
Mariä, zwei Heilige. „Von sehr altem Meister.“ Murr.

53. Zwei Tafeln im Besitze des Johann Georg Friedrich von Hagen: die
Geburt Christi, die Auferstehung. Murr. „Von sehr altem
Meister.“ Zu Nr. 1 gehörig.

54. Altärchen: Geburt Christi und Anbetung der hl. drei Könige.
Im Besitze von Friedrich Birkner. Murr.

55. Drei alte Malereien in Wasserfarben: die Geburt Christi,
Kreuzigung, Jüngstes Gericht. Im Besitz von Friedrich
Birkner. Murr.

56. Altar auf der Burg. Mittelstück: Holzskulptur, das Abendmahl.
Flügel: die Himmelfahrt, das Pfingstfest. Staffel: Thomas
und Heilige. Murr.

57. Altar auf der Burg. Mittelstück: Skulptur, Heilige. Flügel: Ver=
kündigung, Auferstehung, Christus im Limbus, Krönung
Mariä. Staffel: Christoph, Andreas, Petrus. Murr.

58. Sechszehn Tafeln: das Leben Christi. Auf der Burg. Murr.
Ob alt?

59. Zwei Tafeln: die Beschneidung und die Taufe. Zu S. Jobst.
Murr. Zu vergleichen das Bild von Pfenning in Aachen.

60. Altar, ehemals (von 1563—1724) in S. Lorenz. Dann in der
Mendel'schen Kapelle zu den zwölf Boten. Die Kreuzigung, An-
betung der Könige, Darstellung im Tempel, Flucht nach
Egypten, der zwölfjährige Christus im Tempel. Murr.

61. Drei Gemälde in der Mendel'schen Kapelle zu den zwölf Boten. Die
Geburt Mariä, Elisabeth, die Geburt Johannes, An-
betung der Könige. Murr.

62. Drei Gemälde ebendaselbst: Christus am Kreuz, Maria und
Johannes, Gebet in Gethsemane, Grablegung. Murr.

63. Drei Gemälde von 1514 ebendaselbst: die Anbetung der Könige,
Geburt Christi, Flucht nach Egypten. Murr.

64. Kleiner Altar in S. Klara: das Abendmahl, die Auferweckung
des Lazarus, die Vermählung der hl. Katharina und
Heilige. „Von den ältesten in Nürnberg." Murr.

65. Kleiner Altar in S. Klara, gestiftet 1341: die Geburt, die An-
betung der Könige, die Beschneidung, die Darstellung im
Tempel, Maria mit dem Kinde, die Messe Gregor's.
Murr.

66. Uraltes Altärchen in der Katharinenkirche: Christus am Kreuz,
Pietà, Verkündigung, Geburt, Anbetung der Könige,
Klara, Barbara. „Eines der ältesten hier." Murr.

67. Altarflügel in der Katharinenkirche: der Einzug Christi in
Jerusalem, die Kreuztragung, Kreuzigung, Kreuzabnahme. Murr.

68. Staffel zu Dürer's Paumgärtneraltar in der Katharinenkirche: Anbetung der Könige, Tod der Maria, Christus erscheint
Magdalena, Pietà zwischen Augustin und Sebald. Murr.

69. Altar in der Katharinenkirche: Gebet in Gethsemane, Geißelung,
Auferstehung, Verspottung. Staffel: die drei Marien,
Joseph von Arimathia, Maria, Christus, Dominikus.
Murr.

70. Altar in der Katharinenkirche: Christus am Kreuz, Auferstehung
und Kreuzigung. Murr.

71. Altärchen mit Holzcrucifix: Christus in Gethsemane, Christus
vor Pilatus, hl. Veronika, Heilige. In der Katharinenkirche.
Murr.

72. Altar in der Predigerkirche: Holzschnitzereien: Maria mit Kind und
Heilige. Bilder: Verkündigung, Geburt Christi, Abend=
mahl, Auferstehung. Murr.

73. Altar in S. Bartholomäus in Wöhrd: Auferstehung, Aufer=
weckung des Jünglings zu Rain. Murr.

III.
Darstellungen der Maria, der hl. Familie und des Marienlebens.

Die Geburt Mariä.

Auf den Altarwerken Nr. 52, 61.

Die Marter Mariä.

74. In der Karthäuserkirche. Nach Würffel's Vermischten Nachrichten. Die
Beweinung Christi? Oder eine Mater dolorosa? Oder eine Pietà?

Der Tod Mariä.

75. In der Kapelle der Maria und der zwölf Nothhelfer. Murr.

76. Vom Jahre 1441. In der Katharinenkirche. Murr.

77. Vom Jahre 1438. In der Predigerkirche. Murr.

Auch auf dem Altarwerke Nr. 68.

Die Krönung Mariä.

78. Vom Jahre 1468. In der Aegidienkirche. Murr.

79. In der Predigerkirche. Murr.

80. Vom Jahre 1482. Ebendaselbst. Murr.

81. Vom Jahre 1487. Ebendaselbst. Murr.

Auch auf den Altarwerken Nr. 52, 57.

Maria.

82. Vom Jahre 1489. „Die Mutter Gottes." Fast lebensgroß. In
S. Lorenz. Murr. Nach Hilpert 1812 fortgenommen. Maria mit
dem Kinde?

83. Maria, Mater dolorosa. Ende des 14. Jahrhunderts. In der Frauen=
kirche. Murr.

84. Vom Jahre 1427. In der Tetzelkapelle in der Aegidienkirche. Murr.
Maria mit dem Kinde?

Maria mit dem Kinde.

85. Vom Jahre 1463. In S. Lorenz bis 1812. Hilpert.

86. In der Aegidienkirche. Stifter Georg Beck († 1490) und Frau
(† 1502). Murr.

87. In der Predigerkirche. „Ein sehr gutes Bild." Murr.

88. Vom Jahre 1431. In der Predigerkirche. Murr.
   Auch auf dem Altar Nr. 65.

Maria mit dem Kinde und Heilige.

89. Maria mit dem Kinde und der hl. Leonhard, Margarethe, Bischof und Stifter. In S. Lorenz. Hilpert.

90. Maria mit dem Kinde und den Heiligen Katharina, Margarethe, Agnes, den vierzehn Nothhelfern und anderen. In S. Jobst. Altärchen. Murr.

Die hl. Anna selbdritt.

91. In S. Lorenz. Zum Andenken an Heinrich Rosenzweyd († 1511) und Frau, geb. Kötzel († 1514). Hilpert.

92. In S. Lorenz. Löffelholztafel 1504. Murr.

93. Mit der Vermählung der hl. Katharina. Große Tafel in der Katharinenkirche. Murr.

94. Wallfahrt zu Maria und Anna. In der Mendel'schen Kapelle. Murr.

Maria im Rosenkranz.

95. In der Predigerkirche. Murr.

Die sieben Freuden Mariä.

96. Maria umgeben von sieben Festesdarstellungen. In der Mendel'schen Kapelle. Murr.

Die hl. Sippe.

97. „Die Mutter der Kinder Zebedäi." 1496. In der Predigerkirche. Murr, der es für frühen Dürer hielt.

98. Joseph, Joachim, Zacharias, Elisabeth. In der Burg. Flügel von einem Marienaltar. Hilpert.

IV.

Gottvater, Christus und Heilige.

Die hl. Dreifaltigkeit.

99. Mit Maria und Joseph. In der Mendel'schen Kapelle. Zum Gedächtniß Conrad Mendel's († 1414). Murr.

Christusbild.

100. „Uralt", in S. Salvator. Von den Peßlern gestiftet. Murr.

Alle Heiligen.

101. In S. Lorenz. Zum Andenken an Anna, Frau des Nikolaus Paumgärtner († 1502). Hilpert.

Die zwölf Apostel.

102. Altar in S. Katharina. Außerdem die vier Kirchenväter, Christoph und Johannes auf der Predelle. Murr.
   Auch auf den Altarwerken Nr. 113, 125.

Die vier Evangelisten.

103. Altärchen in S. Katharina. Außerdem Petrus, Johannes, zwei Heilige.
„Sehr alt und schön." Murr.
Auch auf dem Altar Nr. 12.

Die vier Kirchenväter.
Auf dem Altar Nr. 102.

Die hl. Agnes.
Auf den Altären Nr. 90, 125.

Der hl. Antonius von Padua.
Auf dem Altar Nr. 110.

Der hl. Augustinus.

104. Altärchen in S. Katharina. Außerdem: Sebastian, Jakobus, Heinrich,
Kunigunde, Magdalena. Murr.

Die hl. Barbara.

105. Kleiner Altar in der Katharinenkirche. Außerdem Margaretha, Johannes
und Sebald. Murr.
Auch auf den Altären Nr. 108, 116.

Der hl. Bernhard.

106. Altärchen in S. Katharina. Außerdem Sebald, Laurentius, Bischof
und acht Heilige auf den Predellen. Holzschnitzerei: Katharina zwischen
Heiligen. Murr.
Auch auf den Altären Nr. 114, 125.

Der hl. Christoph.

107. Vom Jahre 1485. In der Predigerkirche. Murr.
Auch auf dem Altar Nr. 102.

Die hl. Cosmas und Damianus.
Auf dem Altar Nr. 121.

Der hl. Dominikus.
Auf den Altären Nr. 110, 116.

Die hl. Dorothea.

108. Dilherrischer Altar in S. Jakob. Außerdem Barbara und zwei
Heilige. Murr.

Der hl. Franz.
Auf dem Altare Nr. 110.

Der hl. Georg.
Auf dem Altar Nr. 121.

Der hl. Giulitta Martyrium.

109. Ehemals in der Sammlung des Dr. Alessandro Volpi. Anzeiger
für Kunde d. d. Vorzeit. 1855 S. 133. Die auf das Bild bezügliche Urkunde lautete: „Anno domini 1470 spectabilis homo
Georgius Langenmantel de Termeno a pictore Norimperge pretio
CCCC denariorum rhenens. pro ecclesia S. Julite et Quirini Ter-
meni emit tabulam pictam in qua martirium S. Julite matris
extat. Hanc tabulam unacum alia pictura ab Alberto Durer Norim-
berge postea emta, quae in capella S. Valentini ——— crucis —
tur — curavit — plebe de Termeno — vicinorum — Curtaz.“

Des hl. Gregor's Messe.

110. Altar in der Frauenkirche. Außerdem Katharina, Antonius von Padua,
Franz, Dominikus, Sebald, Lorenz. Rettberg.

111. In der Predigerkirche. Murr.

112. Auf Altar mit Heiligen. 1496 von Wolgemut. In der Kapelle der
Maria und der zwölf Nothhelfer. Murr.
Auch auf dem Altar Nr. 61.

Der hl. Heinrich II.

113. Altar in der Mendel'schen Kapelle. Außerdem Kunigunde und Apostel.
Murr.
Auch auf dem Altar Nr. 104.

Die hl. Helena.
Auf dem Altar Nr. 42.

Der hl. Hieronymus.
Auf dem Altar Nr. 116.

Der hl. Jakobus.

114. Spengler'sche Tafel in S. Katharina. Außerdem Bernhard und
Sebastian. Murr.
Auch auf dem Altar Nr. 104.

Der hl. Johannes der Täufer.
Auf den Altären Nr. 12, 102, 103, 105, 116.

Der hl. Karl der Große.
Auf dem Altar Nr. 121.

Die hl. Katharina.

115. Altar in S. Margarethe. „15. Jahrhundert.“ Außerdem Heilige.
Auf dem Flügel „uralte Skulptur:“ Maria mit dem Kinde. Murr.

116. Behaim'scher Altar in S. Katharina. Außerdem: Katharina von
Siena, Barbara, Johannes der Täufer, Dominikus, Hieronymus.
Murr.
Auch auf den Altären Nr. 12, 16, 90, 110.

Der hl. Katharina Verlobung.
>Auf der Tafel Nr. 93.

Der hl. Katharina Legende.
117. Große Tafel in S. Rochus. Murr.

Die hl. Katharina von Siena.
>Auf dem Altar Nr. 116.

Die hl. Kunigunde.
>Auf den Altären Nr. 113, 104.

Der hl. Ladislaus.
118. Altar in S. Walpurgis. Außerdem Bischof. Skulptur: Maria mit dem Kinde. Murr.
>Auch auf dem Altar Nr. 121.

Der hl. Laurentius.
>Auf den Altären Nr. 106, 110.

Die hl. Magdalena.
119. Zu S. Klara. 1481 von Nikolaus Topler gestiftet. Vermischte Nachrichten II. S. 666.
>Auch auf den Altären Nr. 16, 104.

Der hl. Markus.
120. Halbfigur im Rathhaus. „Altes Stück." Murr.

Die hl. Margarethe.
>Auf den Altären Nr 105, 125.

Der hl. Martin.
>Auf dem Altar Nr. 121.

Der hl. Nikolaus.
121. Nikolausaltar, ehemals in S. Lorenz. Gestiftet von Agnes, Witwe des Wolfhard Gößwein 1407. Von dort in die Burg gekommen. Außerdem die Heiligen Cosmas und Damianus, Ladislaus, Karl, Martin, Georg. Hilpert.

Der hl. Pantaleon.
>Auf dem Altar Nr. 125.

Der hl. Paulus.
122. Altar in der Aegidienkirche. Murr.

Der hl. Petrus.
>Auf dem Altar Nr. 103.

Der hl. Sebald.
>Auf den Altären Nr. 105, 106, 110.

Der hl. Sebastian.

Auf den Altären Nr. 104, 114.

Der hl. Stephanus.

123. Tafel in S. Sebald. Gestiftet in der Mitte des 15. Jahrhunderts von Nikolaus Muffel für den Stephansaltar (für 200 Gulden). Gedenkbuch des Nikolaus Muffel, Chroniken V. S. 744.

Die Steinigung Stephani.

124. Vom Jahre 1514 in S. Bartholomäus in Wöhrd. Murr.

Der hl. Wolfgang.

125. Der Wolfgangsaltar, gestiftet 1471 von Linhard von Ploben in S. Klara. Außerdem: Pantaleon, Margarethe, Agnes, Bernhard, die zwölf Apostel. Vermischte Nachrichten. II. S. 824.

Ungenannte Heilige.

126. Flügel mit Heiligen. Von Wolgemut; in der Frauenkirche. Rettberg.
127. Altärchen mit vier Heiligen. In der Predigerkirche. Murr.

Auch auf den Altären Nr. 103, 112, 115, 108, 106.

Heiligenlegenden.

128. Acht Heiligengeschichten in S. Lorenz. Murr.
129. Legenden. „Uralte Tafeln.“ In S. Lorenz neben Krell'schem Altar. Murr.
130. Legende eines Heiligen (Dionysius?) In S. Lorenz. Zum Andenken Berthold Krafft's († 1475). Rettberg.
131. Hinrichtung eines Heiligen. 1438. In der Predigerkirche. Murr.
132. Heiligenlegenden und Heimsuchung in S. Walpurgis. Murr.

V.
Verschiedenes.

133. Brotaustheilung an Arme. In S. Sebald. Mayer.
134. Betende Nonnen und Mönche. Ursprünglich in der Predigerkirche, dann in der Burg. Rettberg.
135. Allegorisches Gemälde. In S. Lorenz. Zum Andenken an Katharina, Kunz Siegwein's Wittwe († 1424).
136. „Landschäftlein. Uraltes Stück.“ Im Besitze des Friedrich Birkner. Murr.
137. „Vergiftung der Brunnen und Hostienraub.“ Vom Jahre 1405. In der Campe'schen Kunstsammlung. Kunstblatt 1849, S. 13.
138. Bildniß eines Mannes. 1457. Auf Papier. Im Praun'schen Cabinet. Murr.

VI.

Fresken.

139. Von Hans Beurlein in der Augustinerkirche an der rechten Seite des ersten Fensters der Emporkirche: der hl. Christoph. Murr.

140. Von demselben im Augustinerklostersaale: Magdalena und Christus und Kreuzigung. 1489. Murr.

141. Von demselben in der Predigerkirche hinter der Orgel: ein hl. Christoph. Murr.

142. Von demselben im Kreuzgang der Predigerkirche: Christus am Kreuz und Schächer. 1493. Murr.

143. Von Hans Trautt im Augustinerkreuzgang: Wandmalereien, darin „viel erbare Herren conterfeyet". Murr.

144. Die Fresken im Rathshaus. S. S. 9 f.

145. Wandmalereien im kleinen Kreuzgange der Karthause. Die frühesten aus dem Ende des 14. Jahrhunderts, erkennbar: eine Kreuztragung. Darüber gemalt im 15. Jahrhundert Passionsdarstellungen. Anzeiger für Kunde der deutschen Vorzeit 1857. S. 253.

146. Wandgemälde: eine mit Arabesken verschlungene Schlacht zwischen Menschen und Teufeln. Im Lorenzer Pfarrhof. Von Konrad Künhofer bestellt, Wappen des Fürstbischofs Lambert von Brunn von Bamberg († 1376), des Fürstbischofs Graf Albert von Wertheim, Herr zu Bamberg, († 1421) und des Fürstbischofs Friedrich von Auffeß († 1440). Heideloff, Die Ornamente des Mittelalters, Nürnberg 1845. Heft XIII, Taf. 2 abgebildet.

147. Die Figuren des hl. Lorenz, Stephan und Vincenz, ehemals an der äußeren Mauer des alten Pfarrhofes von S. Lorenz, dann in der Vorhalle des Stiegenhofes im Pfarrhof. Nach Heideloff: 1358. Rettberg, Kunstblatt 1849, S. 14.

148. Fresken des Martin Landauer († 1468) im Chor der Aegidienkirche, Apostel darstellend. Chronik Herdegen's. Vermischte Nachrichten. I. S. 242.

149. Der hl. Christoph in S. Peter und Paul vor der Stadt, zur Zeit Michel Behaim's († 1511). Murr.

150. Die Auferstehung Christi in S. Jakob. 1512, 1569. Renovirt 1632, 1676. Murr.

151. Die Verlobung der hl. Katharina. In der Katharinenkirche. Murr.

152. Das Gebet in Gethsemane und die Grablegung. Ebendaselbst. Murr.

153. Christus schlafend im Schiffe. „Große alte Malerei" ebenda- selbst. Murr.

154. Jüngstes Gericht in der Augustinerkirche.

155. Die Auferstehung Christi in S. Johannes.

VII.

Allgemein, ohne Angabe des Gegenstandes erwähnte Bilder.

156. In der Aegidienkirche. Eine Tafel, 1461 von Nikolaus Muffel auf den Altar corporis sancti gestiftet: „tabula preciosa cum ima- ginibus suis." Chronik des Herdegen. Vermischte Nachrichten I. S. 240.

157. In S. Klara. „Nikolaus Topler hat 1481 auf Magdalenenaltar eine schöne Tafel machen lassen." Vermischte Nachrichten I. S. 666.

158. In S. Klara. „Jungfrau Gerdraut Mysthekin hat 1474 die Tafel auf Marienaltar machen lassen." Vermischte Nachrichten daselbst.

159. In S. Clara. Altarbild, auf dem eine Inschrift von Friedrich Ebner, der 1280 das Kloster gestiftet hat und 1321 gestorben ist. Dies Gedächtniß von seinen Vettern 1333. Waldau: Neue Beiträge I. S. 225.

160. In der Karthäuserkirche. „Ives von Augspurg hat die schöne tafeln an der Brüderkirche gegeben. Kost 25 fl." Waldau: Neue Bei- träge I. S. 184.

161. Heiliger Kreuzaltar. Altartafel 1436 von Nikolaus Muffel ge- stiftet. Kostete 50 Gulden. Mit Christus am Kreuz. Gedenkbuch von Nikolaus Muffel.

Dazu dürften noch erwähnt werden als in Nürnberg ehemals befindlich:

162. In der Karthäuserkirche: ein Marienbild vom Cardinal Pileus von S. Praxedis geschenkt, Tafel mit seinem Wappen. Waldau: Neue Beiträge I. S. 182.

163. In der Karthäuserkirche: eine Madonna, von Lukas gemalt, die Contz Rauch im 14. Jahrhundert aus dem Orient mitgebracht hatte. Eine Wiederholung des Bildes auf dem Berge S. Maria Sardaney. Waldau: Neue Beiträge I. S. 179.

IX.

Verzeichniß der wichtigsten benutzten Schriften.

I.

Für die urkundlichen Quellen.

Die Chroniken der deutschen Städte. Nürnberg. 5 Bände.

Neudörfer: Nachrichten von Künstlern und Werkleuten in Nürnberg aus dem Jahre 1547. Herausgegeben in den "Quellenschriften für Kunstgeschichte". X. Band (Wien 1875) von G. W. K. Lochner.

Doppelmayr: Historische Nachrichten von den Nürnbergischen Mathematicis und Künstlern. Nürnberg 1730.

Würffel: Vermischte Nachrichten über die Geschichte Nürnbergs. Nürnberg 1766.

Christoph Gottlieb von Murr: Journal zur Kunstgeschichte und zur allgemeinen Litteratur. Nürnberg 1775—99. Bd. I, S. 41 ff.: die Bildhauer, Goldschmiede rc. Bd. I, S. 129 ff.: die Formschneider. Bd. XV, S. 23 ff.: die Maler.

Waldau: Vermischte Beiträge zur Geschichte der Stadt Nürnberg 1786.

Waldau: Neue Beyträge zur Geschichte der Stadt Nürnberg. 1790.

Joseph Baader: Beiträge zur Kunstgeschichte Nürnbergs. Nördlingen 1860. I. Reihe. Derselben II. Reihe, 1862.

Joseph Baader: Beiträge zur Kunstgeschichte Nürnbergs in den "Jahrbüchern für Kunstwissenschaft" 1, S. 221 ff. und II, S. 73 ff.

II.

Beschreibungen der Nürnberger Kunstschätze.

Nürnbergisches Zion, d. i. Beschreibung Nürnbergs rc. 1733.

Würfel: Diptychen der Nürnberger Kirchen rc. 1757. III, S. 13 ff.

Christoph Gottlieb von Murr: Beschreibung der vornehmsten Merk-
würdigkeiten in der Reichsstadt Nürnberg. Nürnberg 1778.

Roth: Geschichte und Beschreibung der Nürnberger Karthause, 1790.

J. Ch. Ernst Lösch: Geschichte und Beschreibung der Jakobskirche zu Nürnberg. 1825.

M. M. Mayer: Die Kirche des hl. Sebaldus in „Nürnbergs Merkwürdig-
keiten und Kunstschätze“. Nürnberg 1831.

J. W. Hilpert: Die Kirche des hl. Laurentius. In derselben Publikation.
Nürnberg 1831.

R. von Rettberg: Nürnberger Briefe zur Geschichte der Kunst. Hannover
1846.

R. von Rettberg: Nürnbergs Kunstleben in seinen Denkmalen dargestellt.
Stuttgart 1854.

Hans Stegmann: Die Rochuskapelle zu Nürnberg und ihr künstlerischer
Schmuck. München 1885.

Paul Rée: die Bilder in der Sebalduskirche. In der „Kunstchronik“.
XXIII, S. 66.

Paul Rée: Wanderungen durch das alte Nürnberg. 1889.

Ferner die kleinen in den Kirchen S. Lorenz und S. Sebald feilgebotenen
Führer.

III.
Allgemeines.

Biedermann: Geschlechtsregister des Patriziats zu Nürnberg. Bayreuth 1734.

Siebenkees: Materialien zur Nürnberger Geschichte. Nürnberg 1792.

Der Sammler für Kunst und Alterthum. 1824—26.

Mayer: Der Nürnberger Geschichts-, Kunst und Altertumsfreund. 1842.

Anzeiger für Kunde der deutschen Vorzeit.

Mittheilungen des Germanischen Nationalmuseums.

IV.
Kunstgeschichtliche Forschung.

Fiorillo: Geschichte der zeichnenden Künste in Deutschland. Hannover 1815.
I, S. 242 ff., S. 252 ff. II, S. 324.

H. G. Hotho: Geschichte der deutschen und niederländischen Malerei.
Berlin 1842.

H. G. Hotho: Die Malerschule Huberts van Eyck. Berlin 1855. S. 292
und 476 ff.

Passavant: Kunstblatt 1846, S. 189. Beiträge zur Kenntniß der alten
Malerschulen Deutschlands.

v. Rettberg: Kunstblatt 1849, S. 13 ff. Nachträge zur Geschichte der Kunst von Nürnberg.

G. F. Waagen: Kunstwerke und Künstler in Deutschland. Leipzig 1843. I, S. 146 ff.

G. F. Waagen: Handbuch der Geschichte der Malerei. Die deutschen und niederländischen Malerschulen I, S. 62 ff., S. 162 ff., S. 190 ff.

E. Förster: Geschichte der deutschen Kunst. Leipzig 1853. II, S. 269.

F. Kugler: Geschichte der Malerei. II. Auflage 1847. I, S. 225 ff. II, S. 187 ff.

C. Schnaase: Geschichte der bildenden Künste. II. Auflage. VI, S. 455 ff. VIII, S. 378 ff.

M. Thausing: Albrecht Dürer. II. Auflage. Leipzig 1884. Die ersten Kapitel.

Woltmann-Woermann: Geschichte der Malerei. II, S. 91 ff., 119 ff. Leipzig 1882.

H. Janitschek: Geschichte der deutschen Malerei. Berlin 1890.

W. Bode: Geschichte der deutschen Plastik. Berlin 1886.

H. Knackfuß: Geschichte der deutschen Kunst. Bielefeld 1888.

Lübke: Geschichte der deutschen Kunst. Stuttgart 1890.

V.

Für Michel Wolgemut neben den angeführten Werken:

J. G. Maurer: Chronicon Swabacense. 1756. S. 90.

Meusel: Neue Miscellaneen. IV, S. 476.

Mithoff: Archiv für Niedersachsens Kunstgeschichte. III. Abth. S. 33 ff.

Schmidt: Chronica Cygnea. S. 53 ff.

Schorn: Kunstblatt 1831. S. 44 ff.

Kugler: Kleine Schriften. Stuttgart, 1883. II. S. 28.

A. Springer: Der Meister W. Zeitschrift für bild. Kunst. 1877.

Fritz Harck: Das Original von Dürer's Postreiter. „Mittheilungen des Instituts für österreichische Geschichtsforschung." I, S. 579 ff.

W. v. Seidlitz: Michel Wolgemut. „Zeitschrift für bildende Kunst." XVIII, S. 169 ff.

Sidney Colvin: Eine Zeichnung von Michael Wolgemut. „Jahrbuch der königlich preußischen Kunstsammlungen", VII, S. 98.

Thausing: Michel Wolgemut als Meister W in den „Mittheilungen des Instituts für österreichische Geschichtsforschung". V, S. 124 ff.

Robert Vischer: Studien zur Kunstgeschichte. Stuttgart 1886. Ueber Michel Wolgemut. S. 294 ff.

Hans Stegmann: Ueber das Leben M. Wolgemut's. Im „Repertorium
für Kunstwissenschaft". 1890. S. 60.

Wilhelm Schmidt: Wenceslaus de Olomucz. In der „Kunstchronik". XXII.
S. 193 ff.

Max Lehrs: Wenzel von Olmütz. Dresden 1889.

von Quandt: die Gemälde des M. Wolgemut in der Frauenkirche zu
Zwickau. Dresden und Leipzig.

Richard Muther: Die deutsche Bücherillustration. München 1884. I,
S. 75. II, S. 114.

Die Gemälde von Dürer und Wolgemut in Reproduktionen nach den
Originalen. Herausgegeben von S. Soldan. Text von Dr. Berthold
Riehl. Nürnberg, Soldan.

VI.

Für die Kunstwerke in Breslau, Bamberg und Heilsbronn.

H. Luchs: Bildende Künstler in Schlesien in der „Zeitschrift für Geschichte
und Alterthum Schlesiens". 1863.

A. Schultz: Urkundliche Geschichte der Breslauer Malerinnung. Breslau
1866.

A. Schultz: Untersuchungen zur Geschichte der Schlesischen Maler. Breslau
1882.

E. Kalesse: Das Museum schles. Alterthümer in Breslau. „Zeitschrift f.
bild. Kunst." 1883, S. 287 ff.

H. Lutsch: Kunstdenkmäler der Stadt Breslau.

Schmeidler: Die Haupt- und Pfarrkirche zu S. Elisabeth. Breslau 1857.

Ranke: alte christliche Bilder. I. Heft. Berlin, Dümmler 1861.

Franz Friedrich Leitschuh: Georg III, Schenk von Limpurg, der Bischof
von Bamberg in Goethe's Götz von Berlichingen. Bamberg 1888 wo,
die weiteren Nachweise für Bamberg.

Hocker: Hailsbronnischer Antiquitätenschatz. Onolzbach, 1731.

Georg Muck: Geschichte von Kloster Heilsbronn. Nördlingen 1879.

R. G. Stillfried: Kloster Heilsbronn. Ein Beitrag zu den Hohenzollerischen
Forschungen. Berlin 1877.

F. Lampert: Altdeutsche Bilder im Kloster Heilsbronn. „Kunstchronik" 1877,
S. 749, 817.

Gesammtregister.

Thode, Die Nürnberger Malerschule.

21*